· 天津市重点出版扶持项目 ·

中国社会保障
制度解读

1949~2019

褚福灵

—————

著

天津出版传媒集团
天津人民出版社

图书在版编目(CIP)数据

中国社会保障制度解读：1949—2019 / 褚福灵著
. -- 天津：天津人民出版社, 2020.12
ISBN 978-7-201-16604-9

Ⅰ.①中… Ⅱ.①褚… Ⅲ.①社会保障制度–研究–
中国–1949–2019 Ⅳ.①D632.1

中国版本图书馆 CIP 数据核字(2020)第 220348 号

中国社会保障制度解读:1949—2019
ZHONGGUO SHEHUI BAOZHANG ZHIDU JIEDU:1949-2019

出　　版	天津人民出版社
出 版 人	刘　庆
地　　址	天津市和平区西康路 35 号康岳大厦
邮政编码	300051
邮购电话	(022)23332469
电子信箱	reader@tjrmcbs.com

责任编辑	金晓芸　张　璐
特约编辑	燕文青
装帧设计	明轩文化·邵亚平

印　　刷	天津新华印务有限公司
经　　销	新华书店
开　　本	710 毫米×1000 毫米　1/16
印　　张	28
插　　页	4
字　　数	310 千字
版次印次	2020 年 12 月第 1 版　2020 年 12 月第 1 次印刷
定　　价	168.00 元

前　言

中国政府高度重视发展社会保障事业，新中国成立 70 年来，包括社会保险、社会救助在内的社会保障制度建设取得了巨大成就。

1951 年颁布《中华人民共和国劳动保险条例》，为职工及其家属在生老病死等方面提供相应保障；1978 年颁布《国务院关于安置老弱病残干部的暂行办法》和《国务院关于工人退休、退职的暂行办法》，为老弱病残职工及其遗属提供收入保障；2010 年公布《中华人民共和国社会保险法》，建立由养老保险、医疗保险、工伤保险、失业保险、生育保险构成的覆盖全民的社会保险制度框架；2014年颁布《社会救助暂行办法》，建立由最低生活保障、特困人员救助供养、灾害救助、医疗救助、就业救助、住房救助、临时救助等构成的覆盖所有贫弱群体的社会救助体系；2011 年发布《在中国境内就业的外国人参加社会保险暂行办法》，以及 2019 年发布《香港澳门台湾居民在内地（大陆）参加社会保险暂行办法》，建立覆盖海外及中国港澳台地区劳动者与居民的社会保险制度。自 1949 年到2019 年，中国逐步建立了覆盖全民、城乡统筹、内外协同的社会保障制度体系。

2016 年 11 月 18 日，国际社会保障协会（ISSA）在其第 32 届全球大会期间，将"社会保障杰出成就奖"（2014～2016）授予中华人民共和国政府，以表彰中国近年来在扩大社会保障覆盖面工作中取得的卓越成就。[①]

为总结新中国成立 70 年来社会保障制度建设方面的经验，进而为建立更高质量的社会保障制度提供理论支持，本书将中国社会保障制度分为养老保障、医疗保障、就业保障、伤残保障、生育保障、贫弱保障等部分，就制度现状和制度变迁进行分析，对社会保障热点问题进行解答。

中国养老保障制度由职工基本养老保险、城乡居民基本养老保险、补充养

---

① http://www.mohrss.gov.cn/SYrlzyhshbzb/dongtaixinwen/buneiyaowen/201611/t20161118_259793.html

老保险、老年人权益保障等制度构成,经历了劳动保险与离退休制度阶段、基本养老保险制度探索创建阶段和基本养老保险制度初步建成阶段的制度变迁。

中国医疗保障制度由职工基本医疗保险、城乡居民基本医疗保险、补充医疗保险、医疗救助和医疗福利等制度构成,经历了劳保医疗、公费医疗和传统农村合作医疗阶段、城镇职工基本医疗保险制度探索阶段和全民医疗保障制度建立阶段的制度变迁。

中国就业保障制度由失业保险、就业促进、劳动报酬和劳动保护、就业援助等制度构成,经历了计划经济背景下的"统包统配"就业阶段、转轨经济背景下的待业保险与双轨就业阶段和市场经济背景下的失业保险与就业促进阶段的制度变迁。

中国伤残保障制度由工伤保险、残疾人保障、职业病防治、军人抚恤与烈士褒扬等制度构成,经历了劳动保险与单位保障阶段、工伤保险探索阶段和工伤保险完善阶段的制度变迁。

中国生育保障制度由生育保险、生育妇女劳动保护、母婴保健、婴幼儿照护等制度构成,经历了劳动保险与单位保障阶段、生育保险探索阶段和生育保险完善阶段的制度变迁。

中国贫弱保障制度由最低生活保障、特困人员救助供养、临时救助、儿童保障等制度构成,经历了传统社会救济阶段、城乡社会救助制度探索阶段和城乡社会救助制度整合阶段的制度变迁。

在社会主要矛盾已经转化为人民日益增长的美好生活需要和不平衡不充分的发展之间的矛盾的新时代,在全面开启建设社会主义现代化强国、实现中华民族伟大复兴的历史征程中,应当按照"全面建成覆盖全民、城乡统筹、权责清晰、保障适度、可持续的多层次社会保障体系"的总体要求,从中国国情出发,深入推进新时代社会保障制度创新。一是建成全面覆盖的"多支柱"社会保障体系,实现制度覆盖创新;二是建成预防为先的"多层级"社会保障体系,实现保障手段创新;三是建成城乡统筹的"一卡通"社会保障体系,实现保障技术创新;四是建成权责清晰的"协同式"社会保障体系,实现保障体制创新;五是建成保障适度、可持续、多层次的社会保障体系,实现保障机制创新。

本书梳理了中国社会保障制度发展的历史脉络,构建了中国社会保障制度的逻辑架构,建立了中国社会保障知识体系,解答了中国社会保障热点问题,体系严谨,内容丰富,是中国社会保障制度研究的新成果。

本书侧重中国社会保障制度介绍与分析,同社会保障理论分析、社会保障运行评价、社会保障国际比较相区别,并相互补充,相辅相成。"中国社会保障制度解读"介绍的是制度建设,不是理论分析,也不是运行评价;同时介绍的是中国的社会保障制度,不是国外的社会保障制度,也不是社会保障国际比较。

本书是社会保障工程研究的组成部分。该研究系列成果包括:《中国社会保障制度解读(1949～2019)》《社会保障原理》《社会保障评估理论与实践》《社会保障国际比较》《社会保障国际标准研究》《中国社会保障发展指数报告(2016～2018)》《"一带一路"国家劳动力成本与劳动保障水平研究报告(2016～2018)》等。该系列研究,将社会保障制度研究与技术研究相结合,将社会保障理论研究与运行研究相结合,将中国社会保障研究与国外社会保障研究相结合,努力打造社会保障工程研究的知识体系与方法体系,为完善中国社会保障体系提供理论参照,为中国特色社会主义理论体系建设添砖加瓦。

本书的中英文版同时出版,可作为大专院校社会保障学科专业用书、社会保障学科教学科研人员参考书,也可作为国家机关、企业事业单位和外事部门社会保障岗位工作人员的工具书。

本书参阅了大量文献,在此向原作者表示感谢。学校领导、科研处、保险学院给予大力支持,出版社编辑付出辛勤劳动,在此表示感谢。由于时间仓促等原因,本书可能存在一些不足之处,欢迎批评指正。

中央财经大学保险学院教授、博士生导师

褚福灵

2020 年 5 月于北京

目　录

第1章　中国社会保障制度变迁

　　1949 年新中国成立之初,中央政府制定生产性救灾与社会救济办法,1951 年发布《中华人民共和国劳动保险条例》,逐步开展公费医疗、劳保医疗和合作医疗制度,1978 年完善退休制度,2011 年实施《中华人民共和国社会保险法》,2014 年施行《社会救助暂行办法》,中国的社会保障制度逐步建立健全。

➡ 中国社会保障制度

➡ 中国养老保障制度变迁

➡ 中国医疗保障制度变迁

➡ 中国就业保障制度变迁

➡ 中国伤残保障制度变迁

➡ 中国生育保障制度变迁

➡ 中国贫弱保障制度变迁

1.1 中国社会保障制度

在当代社会中,社会保障与每一位社会成员的生活息息相关。每一位社会成员在社会经济生活中,都可能遭遇年老、疾病、失业、伤残、贫困等社会风险。这些社会风险,就需要社会保障制度来化解。

1.1.1 社会保障制度

社会保障是指国家和社会依据法律规定,通过各种方式,预防和化解公民遭受的年老、疾病、伤残等社会风险,以保障其基本生活,并采取各种措施不断提高其生活水准的制度。社会保障制度是养老保障、医疗保障、就业保障、伤残保障、生育保障、贫困保障等制度的总称。

根据国际劳工组织 2017 年发布的《世界社会保障报告 2017—2019:通过全民社会保障实现可持续发展目标》(*World Social Protection Report 2017-2019: Universal social protection to achieve the Sustainable Development Goals*),社会保障是人权的组成部分,被界定为预防与减少人生贫弱的各项政策与实施计划,包括儿童待遇、家庭待遇、生育待遇、失业待遇、工伤待遇、疾病待遇、老年待遇、残疾待遇、遗属待遇和医疗保障等部分。这些政策与措施可以通过缴费性方案(社会保险)与财政融资的非缴费性方案(普惠福利与社会救助)加以实现。

根据国际劳工组织 1952 年发布的 102 号公约《社会保障最低标准公约》[*C102-Social Security*(*Minimum Standards*)*Convention*, *1952*],社会保障由医疗保险(MEDICAL CARE)、疾病待遇(SICKNESS BENEFIT)、失业待遇(UNEMPLOYMENT BENEFIT)、老年待遇(OLD-AGE BENEFIT)、工伤待遇(EMPLOYMENT INJURY BENEFIT)、家庭待遇(FAMILY BENEFIT)、生育待遇(MATERNITY BENEFIT)、失能待遇(INVALIDITY BENEFIT)、遗属待遇(SURVIVORS' BENEFIT)等部分构成。

1.1.2　中国社会保障相关法律

中国重视社会保障立法，逐步建立健全社会保障相关法律体系，为社会保障制度完善提供法律基础。

1.1.2.1　宪法

从 1949 年公布的具有临时宪法性质的《中国人民政治协商会议共同纲领》，到 2018 年修正的现行《中华人民共和国宪法》，都包含了劳动保险、社会保险、社会救济、社会保障等相关条款，并且逐步详尽与完善。

1949 年 9 月 29 日公布的《中国人民政治协商会议共同纲领》规定：

第三十二条　人民政府应按照各地各业情况规定最低工资。逐步实行劳动保险制度。保护青工女工的特殊利益。实行工矿检查制度，以改进工矿的安全和卫生设备。

1954 年 9 月 20 日公布的《中华人民共和国宪法》规定：

第九十三条　中华人民共和国劳动者在年老、疾病或者丧失劳动能力的时候，有获得物质帮助的权利。国家举办社会保险、社会救济和群众卫生事业，并且逐步扩大这些设施，以保证劳动者享受这种权利。

1978 年 3 月 5 日公布的《中华人民共和国宪法》规定：

第五十条　劳动者在年老、生病或者丧失劳动能力的时候，有获得物质帮助的权利。国家逐步发展社会保险、社会救济、公费医疗和合作医疗等事业，以保证劳动者享受这种权利。

国家关怀和保障革命残废军人、革命烈士家属的生活。

1982 年 12 月 4 日公布的《中华人民共和国宪法》规定：

第四十四条　国家依照法律规定实行企业事业组织的职工和国家机关工作人员的退休制度。退休人员的生活受到国家和社会的保障。

第四十五条　中华人民共和国公民在年老、疾病或者丧失劳动能力的情况下，有从国家和社会获得物质帮助的权利。国家发展为公民享受这些权利所需要的社会保险、社会救济和医疗卫生事业。

国家和社会保障残废军人的生活，抚恤烈士家属，优待军人家属。

国家和社会帮助安排盲、聋、哑和其他有残疾的公民的劳动、生活和教育。

2018 年 3 月 11 日修正的《中华人民共和国宪法》规定：

第十四条　国家建立健全同经济发展水平相适应的社会保障制度。

第四十四条　国家依照法律规定实行企业事业组织的职工和国家机关工作人员的退休制度。退休人员的生活受到国家和社会的保障。

第四十五条　中华人民共和国公民在年老、疾病或者丧失劳动能力的情况下，有从国家和社会获得物质帮助的权利。国家发展为公民享受这些权利所需要的社会保险、社会救济和医疗卫生事业。

国家和社会保障残废军人的生活，抚恤烈士家属，优待军人家属。

国家和社会帮助安排盲、聋、哑和其他有残疾的公民的劳动、生活和教育。

1.1.2.2　劳动法

2018 年 12 月 29 日修正的《中华人民共和国劳动法》，对社会保险与福利进行了专章规定，提出了社会保险制度框架。该法律规定：

第七十条　国家发展社会保险事业，建立社会保险制度，设立社会保险基金，使劳动者在年老、患病、工伤、失业、生育等情况下获得帮助和补偿。

第七十一条　社会保险水平应当与社会经济发展水平和社会承受能力相适应。

第七十二条　社会保险基金按照保险类型确定资金来源，逐步实行社会统筹。用人单位和劳动者必须依法参加社会保险，缴纳社会保险费。

第七十三条　劳动者在下列情形下，依法享受社会保险待遇：

（一）退休；

（二）患病、负伤；

（三）因工伤残或者患职业病；

（四）失业；

（五）生育。

劳动者死亡后，其遗属依法享受遗属津贴。

劳动者享受社会保险待遇的条件和标准由法律、法规规定。

劳动者享受的社会保险金必须按时足额支付。

1.1.2.3 社会保险法

2018 年 12 月 29 日修正的《中华人民共和国社会保险法》,分为 12 章 98 条,进一步完善了社会保险法律框架。该法规定:

第二条　国家建立基本养老保险、基本医疗保险、工伤保险、失业保险、生育保险等社会保险制度,保障公民在年老、疾病、工伤、失业、生育等情况下依法从国家和社会获得物质帮助的权利。

第三条　社会保险制度坚持广覆盖、保基本、多层次、可持续的方针,社会保险水平应当与经济社会发展水平相适应。

第四条　中华人民共和国境内的用人单位和个人依法缴纳社会保险费,有权查询缴费记录、个人权益记录,要求社会保险经办机构提供社会保险咨询等相关服务。

个人依法享受社会保险待遇,有权监督本单位为其缴费情况。

第五条　县级以上人民政府将社会保险事业纳入国民经济和社会发展规划。

国家多渠道筹集社会保险资金。县级以上人民政府对社会保险事业给予必要的经费支持。

国家通过税收优惠政策支持社会保险事业。

第六条　国家对社会保险基金实行严格监管。

国务院和省、自治区、直辖市人民政府建立健全社会保险基金监督管理制度,保障社会保险基金安全、有效运行。

县级以上人民政府采取措施,鼓励和支持社会各方面参与社会保险基金的监督。

1.1.3　中国社会保障制度的构成

借鉴国际惯例,结合中国国情,中国社会保障制度的构成可以分为"养老保障、医疗保障、就业保障、伤残保障、生育保障、贫弱保障"等部分。

1.1.3.1　中国养老保障制度

中国养老保障制度由企业职工基本养老保险制度、机关事业单位工作人员养老保险制度、城乡居民基本养老保险制度、补充养老保险制度（职业年金与企业年金制度）、老年人权益保障制度等构成。其中，灵活就业人员可以参加企业职工基本养老保险，也可以参加城乡居民基本养老保险。从历史发展角度看，中国养老保障制度还包括离休制度、退休制度与退职制度。

国家建立基本养老保险制度，用人单位和职工依法参加职工基本养老保险，居民参加城乡居民基本养老保险，国家对居民基本养老保险进行缴费补贴，符合条件的职工和居民享受养老保险待遇。用人单位可以建立补充养老保险制度，由单位与个人缴费，符合条件的职工享受补充养老保险待遇。国家建立老年人权益保障制度，在社会保险、社会救助、社会福利、社会服务、社会优待等方面为老年人提供保障。

1.1.3.2　中国医疗保障制度

中国医疗保障制度由职工基本医疗保险制度（覆盖企业职工、机关事业单位工作人员）、城乡居民基本医疗保险制度、补充医疗保险制度（包括大病保险、大额医疗费用互助①、企业补充医疗保险、公务员医疗补助）、医疗救助制度、疾病应急救助制度、医疗福利制度（公共卫生中的免费疫苗、免费健康咨询、免费体检等）等构成。其中，灵活就业人员可以参加企业职工基本医疗保险，也可以参加城乡居民基本医疗保险。从历史发展角度看，中国医疗保障制度还包括公费医疗制度和劳保医疗制度。

国家建立基本医疗保险制度，用人单位和职工依法参加基本医疗保险，职工患病时享有基本医疗保险待遇；城乡居民参加居民基本医疗保险，国家进行补贴性缴费，居民享受基本医疗保险待遇。通过建立大病保险制度、大额医疗费用互助制度、企业补充医疗保险制度、公务员医疗补助制度等化解公民大病风险。国家建立医疗救助制度和疾病应急救助制度，对困难群体的医疗费用给予补助。国家建立医疗福利制度，通过加强疾病预防与保健，提高公民健康水平。

1.1.3.3　中国就业保障制度

中国就业保障制度由失业保险、就业促进、劳动报酬、劳动保护、就业援助

---

① 也称为大额医疗费用补助。

等制度构成。用人单位和职工依法参加失业保险,符合条件的失业人员享受失业保险待遇;国家通过提供就业服务、实施就业补贴、稳定就业岗位等措施,促进就业;国家建立工资支付、最低工资、工时休假、工作条件等制度,保障劳动者的报酬及相关权益;国家建立就业援助制度,对就业困难的家庭与人员予以帮扶。从历史发展角度看,中国就业保障制度还包括待业保险制度。

1.1.3.4 中国伤残保障制度

中国伤残保障制度由工伤保险制度、残疾人保障制度、职业病防治制度等构成。国家建立工伤保险制度,用人单位依法缴纳工伤保险费用,职工发生工伤时享受工伤保险待遇。国家通过残疾预防、残疾康复、残疾人就业、残疾人教育、残疾人参加社会保险、对残疾人进行救助等措施,防范与化解公民残疾风险,保障残疾人权益。国家通过职业病预防、劳动防护、职业病诊断、职业病鉴定、职业病人保障等措施,防范化解职业病风险,保障职业病病人的权益。

1.1.3.5 中国生育保障制度

中国生育保障制度由职工生育保险制度、妇女保障与母婴保健制度、婴幼儿照护制度等构成。国家建立生育保险制度,用人单位依法缴纳生育保险费用,女职工生育时享受生育保险待遇。国家对生育妇女实施特别劳动保护,提供社会保障权益;通过婚前保健与孕产期保健等措施,实现优生优育。国家对家庭婴幼儿照护、社区婴幼儿照护、机构婴幼儿照护提供政策支持。

1.1.3.6 中国贫弱保障制度

中国贫弱保障制度由最低生活保障制度、特困人员救助供养制度、临时救助制度、儿童保障制度、专项救助制度等构成。国家建立最低生活保障制度,对低于一定收入的家庭提供收入补贴,确保其基本生活;国家建立特困人员救助供养制度,对无劳动能力、无收入来源、无法定赡养人(扶养人)的居民,在衣食住行等方面提供全方位的救助供养;国家建立临时救助制度,对因火灾等造成的临时生活困难者予以救助;国家建立儿童保障制度,在基本生活、基础教育等方面,为孤儿和其他困境儿童提供帮助,确保儿童健康成长。国家建立灾害救助、教育救助、住房救助、法律援助等专项救助制度,防范与化解公民所遭受的相关风险。

1.2　中国养老保障制度变迁

随着社会主义市场经济体制的建立,中国逐步改革离退休制度,建立了以基本养老保险制度为主体的养老保障体系。根据各个历史时期的养老保障筹资主体与保障对象不同,新中国成立 70 年来的养老保障制度变迁,大致分为单位保障、单位保障与社会保障并存、社会保障三个大的阶段。

1.2.1　新中国养老保障发展阶段划分的依据

1.2.1.1　养老保障筹资主体与养老保障对象是划分新中国养老保障发展阶段的标志

养老保障筹资主体是指提供养老保障资金的单位或个人。养老保障对象是指养老保障覆盖的群体。养老保障的资金是由单位负担,还是由单位、国家①、个人分担,养老保障是覆盖企业职工、机关事业单位工作人员,还是覆盖各类劳动者和全体城乡居民,是划分养老保障发展阶段的重要依据。

新中国成立之初,建立了以单位为筹资主体、以职工为保障对象的劳动保险制度和退休制度。以单位为筹资主体,是指单位为养老费用支出筹措资金,职工个人不缴纳养老费用。以职工为保障对象,就是指该养老保障制度仅仅为有单位的职工提供养老待遇,并不覆盖非单位劳动者以及其他城乡居民。

随着改革开放和社会主义市场经济体制的建立,养老保障制度由单位保障向社会保障转型,逐步改变过去养老费用全部由单位和国家包下来的做法,个人也要缴纳养老保险费,形成了国家、单位、个人共担养老风险的筹资机制。同时,基本养老保险覆盖范围不断扩大,由最初覆盖企业职工,到覆盖包括灵活就业人员和机关事业单位工作人员在内的各类劳动者,再到覆盖其他城乡居民,实现了基本养老保险②全民覆盖。

---

① 国家作为筹资主体是指政府直接补贴社会保险缴费或者直接支付社会保险待遇,下同。

② 基本养老保险是指出政府主导的、具有普惠和公益性的社会养老保险。

分析表明，由单位负担养老费用筹集、劳动合同制职工开始缴纳养老保险费并实行社会保险、全部劳动者乃至城乡居民缴纳养老保险费并实行社会保险，可以作为划分养老保障发展阶段的标志点。各类养老保障制度的筹资主体与保障对象特征如表 1-1 所示：

表 1-1　各类养老保障制度的筹资主体与保障对象特征

	筹资主体			保障对象				
	单位	国家	个人	企业职工	个体劳动者和灵活就业人员	机关事业单位工作人员	军人①	城乡居民
劳动保险制度（1949~1969）	√			√				
退休制度–企业（1949~1997）	√			√				
退休制度–机关事业（1949~2014）	√					√		
劳动合同制工人参加养老保险（1983 年至今）	√		√	√				
企业职工基本养老保险制度–职工参保（1991 年至今）	√		√	√				
企业职工基本养老保险制度–个体参保（2005 年至今）			√		√			
机关和事业单位工作人员养老保险制度（2014 年至今）	√		√			√		
军人保险制度（2012 年至今）	√		√				√	
城乡居民养老保险制度（2009 年至今）		√	√					√

1.2.1.2　新中国养老保障发展阶段的划分

分析认为，以不同历史阶段的不同养老保障筹资主体和不同养老保障对象为衡量标准，以个人缴纳基本养老保险费和基本养老保险覆盖全民为主要标志，

---

① 根据《中华人民共和国军人保险法》，2012 年 7 月 1 日起军人参加社会保险。

以 1951 年 2 月 26 日颁布的《中华人民共和国劳动保险条例》、1983 年 2 月 22 日颁布的《劳动人事部关于积极试行劳动合同制的通知》、2014 年 10 月 1 日起施行的《国务院关于机关事业单位工作人员养老保险制度改革的决定》为历史脉络的时间节点，可以将 70 年的养老保险制度发展大致划分为三个大阶段：

一是覆盖职工的、以单位筹资为主的企业劳动保险与离退休制度阶段（1949～1983），二是单位保障与社会保障并存的基本养老保险制度探索创建阶段（1984～2014），三是覆盖全民的独立于单位之外的基本养老保险制度初步建成阶段（2015～2019）。中国养老保障制度发展阶段如表 1-2 所示：

表 1-2　中国养老保障制度发展阶段

	筹资主体			保障对象				
	单位	国家	个人	企业职工	个体劳动者和灵活就业人员	机关事业单位工作人员	军人	城乡居民
第一阶段：单位保障阶段（1949~1983）–劳动保险与离退休制度	√			√		√	√	
第二阶段：单位保障与社会保障并存阶段（1984~2014）–离退休制度	√			√		√	√	
第二阶段：单位保障与社会保障并存阶段（1984~2014）–探索社会养老保险	√	√	√	√	√	√	√	√
第三阶段：覆盖全民的社会保障阶段（2015 年至今）–综合社会养老保险	√	√	√	√	√	√	√	√

1.2.2　劳动保险与离退休制度阶段（1949～1983）

该阶段养老保障的特征是：单位筹措养老资金，个人不缴纳养老费用，单位是养老保障的筹资主体（尽管实行劳动保险的单位有一定比例的基金进行调剂，但总体上属于单位保障），并且养老保障制度仅仅覆盖国家机关事业单位工作人员和全民所有制企业职工等，并不覆盖灵活就业人员和其他城乡居民。

1.2.2.1　《中华人民共和国劳动保险条例》1951 年颁布

1949 年 9 月 21 日，中国人民政治协商会议第一届全体会议在北平中南海怀仁堂隆重开幕,会议代行全国人民代表大会的职权,通过了具有临时宪法性质的《中国人民政治协商会议共同纲领》。政务院根据《中国人民政治协商会议共同纲领》第三十二条"关于在企业中逐步实行劳动保险制度"的规定,责成劳动部会同中华全国总工会草拟劳动保险条例。劳动部和中华全国总工会在总结革命根据地和解放区以及铁路、邮电等产业部门实行社会保险经验的基础上,参考国外的做法,于1950年制定了《中华人民共和国劳动保险条例(草案)》。该草案对职工在医疗、生育、年老、疾病、伤残、死亡等情况下的待遇进行了规定,对职工供养的直系亲属的待遇也做出了相应规定。《中华人民共和国劳动保险条例(草案)》经中国人民政治协商会议审议同意后,政务院于1950年10月27日予以公布,组织全国职工进行讨论。

在讨论中,广大职工对《中华人民共和国劳动保险条例(草案)》衷心拥护,他们对比新旧社会,感慨万千,都说"社会主义好,生老病死有劳保",许多职工把它比作农民在土改中分得的土地,使生活有了保障。《中华人民共和国劳动保险条例》经过认真修订,于1951年2月26日由政务院正式颁布实施,劳动部于1951年3月24日公布施行了《劳动保险条例实施细则(草案)》。①

1951年《中华人民共和国劳动保险条例》所规定的保险制度,是实施范围较广、保险项目比较齐全的一种社会保险制度,大大调动了职工的劳动热情,促进了生产经营的发展。

1.2.2.2 《中华人民共和国劳动保险条例》1953年修订

1953年,中国财政状况已经根本好转,国家进入有计划的建设时期,为了适应大规模经济建设的要求,对《中华人民共和国劳动保险条例》进行了修订。1953年1月2日,经政务院政务会议通过,发布了《政务院关于中华人民共和国劳动保险条例若干修正的决定》,同时公布了修订后的《中华人民共和国劳动保险条例》。1953年1月26日,劳动部公布施行《中华人民共和国劳动保险条例实施细则修正草案》。这次修订的主要内容包括两个方面,一是适当扩大实施范围,二是酌情提高待遇标准。修订后的《中华人民共和国劳动保险条例》有关养老待遇的主要规定包括:

---

① 宋士云:《新中国社会保障制度结构与变迁》,中国社会科学出版社,2011年,第52页。

（1）劳动保险金的征集①

本条例所规定之劳动保险的各项费用,全部由实行劳动保险的企业行政方面或资方负担,其中一部分由企业行政方面或资方直接支付,另一部分由企业行政方面或资方缴纳劳动保险金,交工会组织办理。

凡根据本条例实行劳动保险的企业,其行政方面或资方须按月缴纳相当于各该企业全部工人与职员工资总额的3%,作为劳动保险金。此项劳动保险金,不得在工人与职员工资内扣除,并不得向工人与职员另行征收。

（2）养老待遇的规定②

甲、男工人与男职员年满60岁,一般工龄满25年,本企业工龄满5年者,可退职养老。退职后,由劳动保险基金项下,按其本企业工龄的长短,按月付给退职养老补助费,其数额为本人工资的50%~70%,付至死亡时止。合于养老条件,但因该企业工作的需要,留其继续工作者,除发给原有工资外,应由劳动保险基金项下,按其本企业工龄的长短,每月付给在职养老补助费,其数额为本人工资的10%~20%。详细办法在实施细则中规定之。

乙、女工人与女职员年满50岁,一般工龄满20年,本企业工龄满5年者,得享受本条甲款规定的养老补助费待遇。

丙、井下矿工或固定在华氏32度以下的低温工作场所或华氏100度以上的高温工作场所工作者,男工人与男职员年满55岁,女工人与女职员年满45岁,均得享受本条甲款规定的养老补助费待遇。计算其一般工龄及本企业工龄时,每在此种场所工作1年,均作1年3个月计算。

丁、在提炼或制造铅、汞、砒、磷、酸的工业中及其他化学、兵工工业中,直接从事有害身体健康工作者,男工人与男职员年满55岁,女工人与女职员年满45岁,均得享受本条甲款规定的养老补助费待遇。计算其一般工龄及本企业工龄时,每从事此种工作1年,均作1年6个月计算。

---

① 劳动保险金的征集管理已于1969年起停止执行。

② 有关养老待遇和因工、非因工残废完全丧失劳动能力的待遇的规定,与全国人民代表大会常务委员会原则批准、1978年6月2日国务院发布的《国务院关于安置老弱病残干部的暂行办法》和《国务院关于工人退休、退职的暂行办法》中的规定有抵触时,应按1978年两个暂行办法的规定执行。

1.2.2.3 《国务院关于工人、职员退休退职处理的暂行规定》1958 年实施

为了进一步规范工人与干部的退休办法,制定了《国务院关于工人、职员退休处理的暂行规定》①,并在全国 1.2 万个重点企业中进行意见征求。1957 年 11 月 16 日,经全国人大常委会原则批准,国务院于 1958 年 2 月 6 日全体会议修订通过实施。为贯彻实施该暂行规定,劳动部于 1958 年 4 月 23 日发布试行《国务院关于工人职员退休处理的暂行规定实施细则(草案)》,新的规定与原办法相比,其变化在于:制定了关于工人职员因工致残、完全丧失劳动能力退休待遇的条款;放宽了退休条件,一般工龄年限减少了 5 年;增加了年老体弱、丧失劳动能力,经医生证明不能继续工作的,可以提前退休的内容;取消了在职养老金的规定;对于有特殊贡献人员的退休待遇,提高了 5%。

《国务院关于工人职员退职处理的暂行规定(草案)》,经全国人大 1958 年 3 月 7 日的会议原则批准,由国务院公布施行。该规定统一了企业和国家机关的退职办法,适当放宽了退职条件,提高了待遇标准。有关退职的主要条款包括:

第二条 国营、公私合营的企业、事业单位和国家机关、人民团体(以下简称企业、机关)的工人、职员,合于下列情况之一的,按照退职处理:

(一)年老体衰,经劳动鉴定委员会或者医师证明不能继续从事原职工作,在本企业、机关内部确实无轻便工作可分配,而又不合退休条件的;

(二)本人自愿退职,其退职对于本单位的生产或工作并无妨碍的;

(三)连续工龄不满 3 年,因病或非因工负伤而停止工作的时间满 1 年的;

(四)录用后在 6 个月以内,发现原来有严重慢性疾病,不能坚持工作的。

第三条 符合第二条规定的工人、职员退职的时候,由企业、机关按照下列标准一次发给退职补助费:连续工龄不满 1 年的,发给 1 个月的本人工资;1 年以上至 10 年的,每满 1 年,加发 1 个月的本人工资;10 年以上的,从第 11 年起,每满一年,加发一个半月的本人工资。但是退职补助费的总额,最高不得超过 30 个月的本人工资。

符合第二条(一)项条件的工人、职员退职的时候,其退职补助费除按本条规定发给外,另加发 4 个月的本人工资;符合第二条(三)项条件的工人、职员退

---

① 本法规于 2001 年 10 月 6 日起停止执行。

职的时候,其退职补助费除按本条规定发给外,另加发 2 个月的本人工资。

第四条　工人、职员退职的时候,本人和他们的供养直系亲属前往居住地点途中所需用的车船费、行李搬运费、旅馆费和伙食补助费,由所在企业、机关按照本单位现行的行政经费开支的规定办理。

第五条　本规定所说的连续工龄的计算办法:企业的工人、职员按照《中华人民共和国劳动保险条例实施细则修正草案》计算本企业工龄的规定办理;事业单位、国家机关和人民团体的工作人员按照《国务院关于处理国家机关工作人员退职退休时计算工作年限的暂行规定》办理。

第六条　本规定所说的本人工资,是指工人、职员退职前最后一个月的计时工资标准。凡在退职前确因年老体衰调做轻便工作而降低工资的,按照调动工作前最后一个月的计时工资标准计算;如果调动工作不止一次的,按照第一次调动工作前最后一个月的计时工资标准计算。

1.2.2.4　《国务院关于安置老弱病残干部的暂行办法》和《国务院关于工人退休、退职的暂行办法》1978 年颁布

经第五届全国人大常委会批准,发布《国务院关于颁发〈国务院关于安置老弱病残干部的暂行办法〉和〈国务院关于工人退休、退职的暂行办法〉的通知》。

这两个暂行办法是对 1958 年颁布的退休退职规定的修订,是"文化大革命"结束后,国家恢复重建退休养老制度的重要标志,同《国务院关于工人、职员退休处理的暂行规定》相比较有明显的变化,主要表现在:

第一,对干部和工人分别制定了办法。将原来企业和机关事业单位执行的统一退休退职制度分开,由两个办法来规范。这主要考虑到原来的规定没有充分反映出干部的特点,尤其是有一部分参加革命工作时间较长的老同志,对革命和建设事业做出了宝贵的贡献,具有丰富的工作经验,通过对工人和干部分别规定办法,便于处理这一部分干部的特殊问题。

第二,放宽了养老金的享受条件,提高了待遇标准。这两个暂行办法把原来按工龄规定退休待遇标准的办法,改为 1949 年 10 月前参加革命工作的,按革命时期的不同规定退休待遇标准,以后参加工作的干部按工作年限、工人按连续工龄制定退休待遇标准。干部的退休条件是,男满 60 岁,女满 55 岁,参加工作年限满 10 年;工人的退休条件是,男满 60 岁,女满 50 岁,连续工龄满 10

年①。工人与干部的养老金按同一受益公式发放,抗日战争时期参加革命工作的,按本人标准工资的90%发给;解放战争时期参加革命工作的,按本人标准工资的80%发给;1949年10月后参加革命工作,连续工龄满20年的,按本人标准工资的75%发给;连续工龄满15年不满20年的,按本人标准工资的70%发给;连续工龄满10年,不满15年的,按本人标准工资的60%发给。对因工致残完全丧失劳动能力退休的,如饮食起居需要人扶助的,由原来的75%提高到90%,并且每月加发不超过一个普通工人工资的护理费;饮食起居不需要人扶助的,由原来的60%提高到80%。1958年的规定所确立的养老金最高基础标准为70%,两者相差20%。

第三,提高了退职生活费标准。退职人员由原来发给一次性退职补助费,改为按月发给相当于本人标准工资40%的退职生活费,并继续享受医疗待遇。

第四,实施了最低养老保障制度。具体标准是退休的为25元,退职的为20元,因工致残退休的为35元。此后,由于生活费用的上涨,1983年6月根据劳动人事部和财政部通知,最低保障数额在原有标准的基础上又提高了5元。除此之外,还规定了退休退职后的异地安家补助费,这是1958年规定中所没有的。

《国务院关于工人退休、退职的的暂行办法》的主要规定是:

第一条 全民所有制企业、事业单位和党政机关、群众团体的工人,符合下列条件之一的,应该退休。(一)男年满60周岁,女年满50周岁,连续工龄满10年的。(二)从事井下、高空、高温、特别繁重体力劳动或者其他有害身体健康的工作,男年满55周岁,女年满45周岁,连续工龄满10年的。本项规定也适用于工作条件与工人相同的基层干部。(三)男年满50周岁,女年满45周岁,连续工龄满10年,由医院证明,并经劳动鉴定委员会确认,完全丧失劳动能力的。(四)因工致残,由医院证明,并以劳动鉴定委员会确认,完全丧失劳动能力的。

第二条 工人退休以后,每月按下列标准发给退休费,直至去世为止。(一)符合第一条第(一)、(二)、(三)项条件,抗日战争时期参加革命工作的,按本人标准工资的90%发给。解放战争时期参加革命工作的,按本人标准工资的80%发给。中华人民共和国成立后参加革命工作,连续工龄满20年的,按本人标准工资的75%发给;连续工龄满15年不满20年的,按本人标准工资的70%发给;

① 1958年的规定则要求男女工人的一般工龄要分别达到20年和15年方可退休。

连续工龄满 10 年不满 15 年的,按本人标准工资的 60% 发给。退休费低于 25 元的,按 25 元发给。(二)符合第一条(四)项条件,饮食起居需要人扶助的,按本人标准工资的 90% 发给。还可以根据实际情况发给一定数额的护理费,护理费标准,一般不得超过一个普通工人的工资,饮食起居不需要人扶助的,按本人标准工资的 80% 发给。同时具备两项以上的退休条件,应当按最高的标准发给。退休费低于 35 元的,按 35 元发给。

第五条　不具备退休条件,由医院证明,并经劳动鉴定委员会确认,完全丧失劳动能力的工人,应当退职。退职后,按月发给相当于本人标准工资 40% 生活费,低于 20 元的,按 20 元发给。

《国务院关于安置老弱病残干部的暂行办法》的主要规定是:

第四条　党政机关、群众团体、企业、事业单位 的干部,符合下列条件之一的,都可以退休。(一)男年满 60 周岁,女年满 55 周岁,参加革命工作年限满 10 年的;(二)男年满 50 周岁,女年满 45 周岁,参加革命工作年限满 10 年,经过医院证明完全丧失工作能力的;(三)因工致残,经过医院证明完全丧失工作能力的。

第五条　干部退休以后,每月按下列标准发给退休费,直至去世为止。符合第四条(一)项或(二)项条件,抗日战争时期参加革命工作的,按本人标准工资的 90% 发给。解放战争时期参加革命工作的,按本人标准工资的 80% 发给。中华人民共和国成立以后参加革命工作, 工作年限满 20 年的, 按本人标准工资的 75% 发给;工作年限满 15 年不满 20 年的,按本人标准工资的 70% 发给;工作年限满 10 年不满 15 年的,按本人标准工资的 60% 发给。退休费低于 25 元的,按 25 元发给。符合第四条(三)项条件,饮食起居需要人扶助的,按本人标准工资的 90% 发给。还可以根据实际情况发给一定数额的护理费,护理费标准,一般不得超过一个普通工人的工资;饮食起居不需要人扶助的,按本人标准工资的 80% 发给。同时具备两项以上的退休条件,应当按最高的标准发给。退休费低于 35 元的,按 35 元发给。离休和退休的干部去世后,其丧事处理、丧葬补助费和供养直系亲属抚恤费,应当与在职去世的干部一样。

1.2.2.5　老干部、军队干部、高级专家离休、退休规定在 1980 年后陆续颁布

为对老干部政治上尊重、生活上照顾,并有利于年轻干部的选拔成长,经 1980 年 9 月 29 日全国人民代表大会常务委员会第十六次会议批准,颁布了《国

务院关于老干部离职休养的暂行规定》,1980 年 10 月 7 日起施行。

根据军队建设的需要,每年将有一定数量的干部要退出现役并进行退休安置。为此,颁布了《国务院、中央军委关于颁发〈关于军队干部退休的暂行规定〉的通知》,制定了相应军队干部退休办法,1981 年 10 月 13 日起施行。

为了把离休干部安置好、管理好,根据《国务院关于老干部离职休养的暂行规定》,结合军队实际情况,颁布了《国务院、中央军委关于军队干部离职休养的暂行规定》,制定了军队干部离休的办法,1982 年 1 月 4 日起施行。

为了充分发挥现有骨干专业技术人员的作用,促进教育、卫生、科学技术事业的发展,并考虑到脑力劳动的特点,颁布了《国务院关于延长部分骨干教师、医生、科技人员退休年龄的通知》,制定了延长部分教师、医生、科技人员退休年龄的办法,1983 年 9 月 12 日起施行。

为了充分发挥高级专家的作用,使之为社会主义建设事业多做贡献,并有利于新生力量的成长和队伍的更新,1983 年 9 月 12 日颁布施行《国务院关于高级专家离休退休若干问题的暂行规定》,在延长高级专家退休年龄和提高退休待遇方面做出了规定。

1.2.3 基本养老保险制度探索创建阶段(1984~2014)

该阶段养老保障的特征是:以实行劳动合同制为起点,个人开始缴纳养老保险费,改变了养老费用全部由单位和国家承担的做法,逐步建立了企业职工基本养老保险制度;同时,基本养老保险的覆盖面不断扩大,由覆盖全民所有制企业职工,到覆盖集体所有制企业职工、外商投资企业职工、私营企业职工,到覆盖个体工商户和灵活就业人员,再到覆盖全体城乡居民。同时,部分自收自支的事业单位转型为企业,实行企业基本养老保险制度。但在此期间,部分机关事业单位工作人员仍然实行离退休制度。因此,该阶段属于单位保障与社会保障并存的基本养老保险制度探索创建阶段。

1.2.3.1 企业开展劳动合同制试点与企业退休费用统筹(1984~1990)

(1)个人缴纳社会保险费改革

1983 年 2 月 22 日,《劳动人事部关于积极试行劳动合同制的通知》颁布。通知要求:试行劳动合同制,需要工资、福利、保险制度以及其他方面改革的配套。

对城镇合同制工人,应当实行社会保险制度。其中老年社会保险基金主要从企业提取,地方财政适当补助,个人少量缴纳。保险待遇应按照投保年限的长短和金额的多少有所区别。

1984 年 10 月,中共十二届三中全会通过了《中共中央关于经济体制改革的决定》,提出加快经济体制改革步伐,中国社会养老保险制度改革也进入了探索阶段,社会保障社会化开始替代社会保障单位化,个人开始承担象征性的缴费责任。

1986 年 7 月 12 日,国务院发布的《国营企业实行劳动合同制暂行规定》要求:国家对劳动合同制工人退休养老实行社会保险制度。退休养老基金的来源,由企业和劳动合同制工人共同缴纳。退休养老金不敷使用时,国家给予适当补助。企业缴纳的退休养老基金,在缴纳所得税前列支,缴纳的数额为劳动合同制工人工资总额的 15% 左右。劳动合同制工人缴纳的退休养老基金数额为不超过本人标准工资的 3%。劳动合同制工人的退休养老待遇包括:退休费(含国家规定加发的其他补贴、补助)、医疗费和丧葬补助费、供养直系亲属抚恤费、救济费。

自此,合同制工人缴纳社会养老保险退休费工作全面开展,进而结束了退休费用全部由单位和国家承担的做法。

(2)企业开展退休费用社会统筹改革

从 20 世纪 80 年代中期开始,人口老龄化的加速和退休职工越来越多,以及企业实行自负盈亏的改革,致使费用由企业自行负担的养老保险越来越不适应新形势发展的需要,表现为养老负担畸轻畸重、苦乐不均,同时限制了劳动力的自由流动,影响了企业的优胜劣汰,阻碍了经济体制改革的进程。

1984 年 5 月,劳动人事部会同国家经委、财政部、工商银行、全国总工会等部门向国务院提交了《关于统筹全民所有制单位退休基金的报告》[1],与此同时,结合劳动制度改革,广东省江门市、东莞市,四川省自贡市,江苏省泰州市、无锡市,以及辽宁省黑山县,率先开始了退休费用在市、县一级或者行业内部实行社会统筹的改革试点。

1984 年 4 月 26 日,劳动人事部、中国人民保险公司联合签发《关于城镇集

---

[1] 胡晓义:《走向和谐:中国社会保障发展 60 年》,中国劳动社会保障出版社,2009 年,第 84 页。

体企业建立养老保险制度的原则和管理问题的函》，由中国人民保险公司承办城镇集体所有制企业职工"法定养老保险"，将当时的城镇集体所有制企业职工的养老保险纳入了商业保险范畴。

1985年，广东省有73个县实现了退休费用的社会统筹，四川省自贡市实现了全市社会统筹，并推广到集体所有制企业，福建省公交企业实行了全省统筹。正是上述地区退休费用的社会统筹试点，拉开了养老保险制度改革的序幕。

1986年4月12日，六届全国人大四次会议通过《中华人民共和国国民经济和社会发展第七个五年计划》，明确提出要"逐步建立健全社会保险制度"，"全民所有制单位要逐步推行职工退休费用社会统筹的办法，根据以支定收、略有结余的原则，统一提取退休基金，调剂使用"。

1986年底，全国实行国营企业退休费用社会统筹的已经有300多个市、县。[1]

1988年底，全国实行企业退休费用统筹的市县有2200多个，占全国2367个县市总数的93%，参加统筹的职工为5000万人，离退休人员为900多万人。铁道水电邮电等部门经国务院批准，实行了本系统的退休费用统筹。[2]

养老保险费用实行社会统筹是对传统养老制度的重大改革，标志着养老保险制度由企业保险向社会保险的转型，并由此进入了"去单位化"的时代。

1.2.3.2　养老保险制度改革初期探索（1991～1996）

在总结前一阶段各地养老保险改革经验的基础上，1991年6月26日，国务院印发了《国务院关于企业职工养老保险制度改革的决定》。该文件的主要内容是：逐步建立起基本养老保险、企业补充养老保险和职工个人储蓄性养老保险相结合的多层次养老保险制度，基本养老保险费用实行国家、企业、个人三方共同负担，职工个人要缴纳一定的费用，基本养老保险费用实行社会统筹，基本养老保险基金按照以支定收、略有结余、留有部分积累的原则进行筹集。

1992年1月3日，《县级农村社会养老保险基本方案（试行）》颁布。该基本方案坚持养老资金以个人缴纳为主，集体补助为辅，国家予以政策抚持；坚持自

---

① 宋士云：《新中国社会保障制度结构与变迁》，中国社会科学出版社，2011年，第172页。
② 胡晓义：《走向和谐：中国社会保障发展60年》，中国劳动社会保障出版社，2009年，第84~85页。

助为主、互济为辅;坚持社会养老保险与家庭养老相结合。通过一段时间的试点实行,该方案在保障农村老年人基本生活方面发挥了一定作用。

1992 年 1 月 27 日,《人事部关于机关、事业单位养老保险制度改革有关问题的通知》颁布。通知指出,机关、事业单位劳动合同制工人的养老保险是整个机关、事业单位养老保险的组成部分,其养老保险基金的提取按国家规定执行;人事部门尚未开展这项工作的,应积极采取措施,创造条件,将这项工作做好,以利于机关、事业单位养老保险制度改革的顺利进行。

1995 年 3 月 17 日,国务院根据《中共中央关于建立社会主义市场经济体制若干问题的决定》的精神,下发了《国务院关于深化企业职工养老保险制度改革的通知》,主要内容是:

第一,提出到 2000 年末企业职工养老保险改革的目标。到 2000 年末,基本建立起适应社会主义市场经济体制要求,适用于城镇各类企业职工和个体劳动者,资金来源多渠道、保障方式多层次、社会统筹与个人账户相结合、权利与义务相对应、管理服务社会化的养老保险体系。基本养老保险应逐步做到对各类企业和劳动者统一制度、统一标准、统一管理以及统一调剂的使用基金。

第二,企业职工养老保险应按照社会统筹与个人账户相结合的原则进行改革。养老保障水平要与我国社会生产力发展水平及各方面的承受能力相适应,社会互济与自我保障相结合,公平与效率相结合,实现政策统一与管理法制化,行政管理与保险基金管理分开。

第三,提出了两个实施办法,由各地选择与组织试点。国际上养老保险主要有两种模式,一是在多数成熟市场经济国家实行的以现收现付、社会统筹为主要特征的养老保险模式,另一种是在东南亚拉美等新兴市场经济国家实行的强制性个人储蓄积累(个人账户)为主要特征的养老保险模式。我国最终将两种模式融合起来,选择了"社会统筹与个人账户相结合"的模式。两个实施办法的基本原则是一致的:一是均明确基本养老保险费由单位和个人共同缴纳,二是均要求建立基本养老保险个人账户,三是均规定缴费满一定年限,可按月领取基本养老金。这两个办法力求做到公平与效率统一,社会互济与自我保障相结合。不过这两个办法的具体实现形式上有所不同,办法一的养老保险费计入个人账户的规模大一些,更强调自我保障,办法二的养老保险费计入个人账户的规模小一些,在强调效率的同时,更注重保障水平的稳定性和公平性。

第四,建立基本养老保险待遇正常调整机制,保障企业离退休人员的基本生活。

第五,规定集体企业与国有企业实行同样的参保政策。按照文件要求,一些地方原来由人民保险公司经办的集体企业养老保险业务,陆续移交给劳动部门的社会保险机构进行管理。

1.2.3.3 建立与完善统一的企业职工基本养老保险制度(1997~2007)

1997年7月16日,国务院在总结各地改革试点经验的基础上,下发了《国务院关于建立统一的企业职工基本养老保险制度的决定》,该制度的主要内容是:

第一,统一规范了企业和职工缴纳基本养老保险费的比例。企业缴纳基本养老保险费的比例一般不得超过企业工资总额的20%,个人缴纳基本养老保险费的比例,1997年不得低于本人缴费工资的4%,1998年起每两年提高一个百分点,最终达到本人缴费工资的8%。

第二,统一了企业职工个人账户规模。按照职工本人缴费工资额的11%建立职工基本养老保险个人账户,个人缴费全部记入个人账户,其余部分从企业缴费中划入。

第三,统一了企业养老金的计发办法。个人缴费年限累计满15年的,退休后按月发给基本养老金,基本养老金由基础养老金和个人账户养老金两部分构成,其中基础养老金月标准为省、直辖市、自治区上年度职工月平均工资的20%,个人账户养老金为本人账户储存额除以120。

第四,提出了"中人"和"老人"的概念,并规定了"中人"和"老人"的养老金计算办法。"老人"是指该文件实施前已经离退休的人员,仍按国家原来的规定发给养老金,同时执行养老金调整办法。对新制度建立前参加工作,新制度实行后退休的人员,即"中人",通过实行过渡性养老金的办法予以补偿,确保新老制度的平稳衔接和顺利过渡。

2000年11月12日,《国务院关于印发完善城镇社会保障体系试点方案的通知》发布,并在辽宁等省份进行试点。该方案主要调整和完善了城镇企业职工基本养老保险制度的三个方面:

一是统一企业和职工缴费。企业缴费比例为工资总额的20%左右,全部纳入社会统筹基金,职工缴费比例为个人缴费工资的8%,全部记入个人账户,个人账户规模由本人工资的 11% 调整为 8%,企业缴费不再向个人账户划拨。

二是社会统筹基金和个人账户基金分别管理,社会统筹基金不能占用个人账户基金,逐步做实个人账户。

三是进一步完善基本养老金计发办法。基本养老金由基础养老金和个人账户养老金组成,职工达到法定退休年龄,并且缴费年限满 15 年的,基础养老金月标准为省(直辖市、自治区)上年度职工月平均工资的 20%,以后缴费每满 1 年增加一定比例的基础养老金,总水平控制在 30% 左右。个人缴费不满 15 年的,不发给基础养老金,个人账户储存额一次性支付给本人。基础养老金由社会统筹基金支付,个人账户养老金由个人账户基金支付,月发放标准为本人账户储存额除以 120。老人仍按国家原规定发放养老金,中人增加过渡性养老金。

该试点方案同时规定,改制为企业的事业单位执行城镇企业职工养老保险制度,并保持已经退休人员的基本养老金水平不变,公务员维系现有的养老制度不变。

2005 年 12 月 3 日,《国务院关于完善企业职工基本养老保险制度的决定》颁布,进一步完善了企业职工基本养老保险制度。该文件的主要内容包括:

一是继续确保基本养老金按时足额发放,保障离退休人员的基本生活;二是统一城镇个体工商户和灵活就业人员参保缴费办法;三是逐步做实个人账户,完善社会统筹与个人账户相结合的基本养老保险制度,实现由现收现付制向部分积累制转变;四是改革基本养老金计算办法,将缴费时间长短和缴费数额多少与养老待遇水平挂钩,建立参保缴费的激励约束机制。

自此,覆盖企业职工与灵活就业人员的统一的企业养老保险制度基本建成。

1.2.3.4　探索建立覆盖城乡居民、机关事业单位工作人员等各类人员的养老保险制度(2008~2014)

2008 年 3 月 14 日,《事业单位工作人员养老保险制度改革试点方案》颁布。该方案要求:根据分类推进事业单位改革的需要,遵循权利与义务相对应、公平与效率相结合、保障水平与经济发展水平及各方面承受能力相适应的原则,逐步建立起独立于事业单位之外,资金来源多渠道、保障方式多层次、管理服务社会化的养老保险体系。

2009 年 9 月 1 日,《国务院关于开展新型农村社会养老保险试点的指导意见》发布。该意见指出,探索建立个人缴费、集体补助、政府补贴相结合的新农保制度,实行社会统筹与个人账户相结合,与家庭养老、土地保障、社会救助等其他社会保障政策措施相配套,保障农村居民老年基本生活。

2010年10月28日,《中华人民共和国社会保险法》颁布,2011年7月1日起施行。《中华人民共和国社会保险法》规定:国家实行基本养老保险制度,职工应当参加基本养老保险,由用人单位和职工共同缴纳基本养老保险费;无雇工的个体工商户、未在用人单位参加基本养老保险的非全日制从业人员以及其他灵活就业人员可以参加基本养老保险,由个人缴纳基本养老保险费;公务员和参照公务员法管理的工作人员养老保险的办法由国务院规定。同时规定:国家建立和完善新型农村社会养老保险制度,实行个人缴费、集体补助和政府补贴相结合;国家建立和完善城镇居民社会养老保险制度,省、自治区、直辖市人民政府根据实际情况,可以将城镇居民社会养老保险制度和新型农村社会养老保险制度合并实施。

2011年6月7日,《国务院关于开展城镇居民社会养老保险试点的指导意见》颁布。该意见指出:建立个人缴费、政府补贴相结合的城镇居民养老保险制度,实行社会统筹和个人账户相结合,与家庭养老、社会救助、社会福利等其他社会保障政策相配套,保障城镇居民老年基本生活。2011年7月1日启动试点工作,实施范围与新型农村社会养老保险(以下简称新农保)试点基本一致,2012年基本实现城镇居民养老保险制度全覆盖。

2011年9月6日,《在中国境内就业的外国人参加社会保险暂行办法》公布。该办法规定:在中国境内依法注册或者登记的企业、事业单位、社会团体、民办非企业单位、基金会、律师事务所、会计师事务所等组织(以下称用人单位)依法招用的外国人,应当依法参加职工基本养老保险,并按规定享有养老保险待遇。同时规定,具有与中国签订社会保险双边或者多边协议国家国籍的人员在中国境内就业的,其参加社会保险的办法按照协议规定办理。

2012年4月27日,《中华人民共和国军人保险法》颁布,2012年7月1日起施行。该法规定:国家建立军人保险制度,军人伤亡保险、退役养老保险、退役医疗保险和随军未就业的军人配偶保险的建立、缴费和转移接续等适用本法。军人依法参加军人保险并享受相应的保险待遇。军人保险基金由个人缴费、中央财政负担的军人保险资金以及利息收入等资金构成。

2014 年 2 月 21 日,《国务院关于建立统一的城乡居民基本养老保险制度的意见》颁布。该意见指出:坚持和完善社会统筹与个人账户相结合的制度模式,巩固和拓宽个人缴费、集体补助、政府补贴相结合的资金筹集渠道,完善基础养老金和个人账户养老金相结合的待遇支付政策,强化长缴多得、多缴多得等激励机制,建立基础养老金正常调整机制,健全服务网络,提高管理水平,为参保居民提供方便快捷的服务。

2015 年 1 月 14 日,《国务院关于机关事业单位工作人员养老保险制度改革的决定》颁布,2014 年 10 月 1 日起施行。该决定指出:坚持全覆盖、保基本、多层次、可持续方针,以增强公平性、适应流动性、保证可持续性为重点,改革现行机关事业单位工作人员退休保障制度,逐步建立独立于机关事业单位之外、资金来源多渠道、保障方式多层次、管理服务社会化的养老保险体系。

自此,覆盖企业职工、机关事业单位工作人员、军人、外籍就业人员、个体劳动者(包括各类灵活就业人员)、其他城乡居民的社会养老保险体系得以全面建立。

1.2.4　基本养老保险制度初步建成阶段(2015～2019)

该阶段养老保障的特征是:基本养老保险覆盖了各类劳动者与城乡居民(包括港澳台居民),实现基本养老保险制度全覆盖;养老费用由国家、单位、个人共同分担,实现了养老资金来源多渠道,增强了制度的抗风险能力;提高养老保险统筹层次,完善基本养老保险基金调剂制度,促进了劳动力的自由流动和统一的劳动力大市场的形成。

以建立高质量的养老保障体系为目标要求,针对存在的统筹层次低、各地的缴费办法与待遇计发办法不够统一规范、养老保险负担畸轻畸重、居民参保受到户籍地的制约、养老保险关系转移接续不够顺畅、港澳台居民参保制度缺失等问题,2015 年以来陆续出台了相应的政策,以规范和完善社会养老保险制度。

2015 年 11 月 26 日,《居住证暂行条例》颁布,2016 年 1 月 1 日起施行。该条例规定,公民离开常住户口所在地,到其他城市居住半年以上,符合有合法稳定职业、合法稳定住所或连续就读条件之一的,可以依照本条例的规定申领居住证。居住证持有人在居住地依法享受劳动就业,参加社会保险,缴存、提取和使用住房公积金的权利。根据该规定,取得居住证的居民可以在居住地享受包括参加社会保险在内的各项公共服务与便利。

2016年12月27日,《关于进一步加强企业职工基本养老保险基金收支管理的通知》发布,对禁止一次性补缴问题进行了明确。通知指出:各地不得违反国家规定采取一次性缴费的方式将超过法定退休年龄等不符合条件人员纳入职工基本养老保险参保范围,对自行扩大一次性补缴适用人群范围的做法,各地要立即停止。对城镇个体工商户和灵活就业人员不得以事后追补缴费的方式增加缴费年限,对符合国家规定补缴养老保险费的,应按《中华人民共和国社会保险法》规定缴纳滞纳金。

2017年9月14日,《人力资源和社会保障部财政部关于进一步完善企业职工基本养老保险省级统筹制度的通知》发布。通知要求:各地要在基本养老保险制度、缴费政策、待遇政策、基金使用、基金预算和经办管理实现"六统一"的基础上,积极创造条件实现基本养老保险基金统收统支。省级统筹制度应覆盖全省(自治区、直辖市)所有地区,目前省内仍实行单独统筹的地区(含计划单列市、副省级省会城市、经济特区、各类开发园区等)要尽快纳入省级统筹范围,执行全省(自治区、直辖市)统一政策。

2018年5月30日,《国务院关于建立企业职工基本养老保险基金中央调剂制度的通知》颁布。通知要求:在现行企业职工基本养老保险省级统筹基础上,建立中央调剂基金,对各省份养老保险基金进行适度调剂,确保基本养老金按时足额发放。

2019年4月1日,《国务院办公厅关于印发降低社会保险费率综合方案的通知》颁布。该通知要求:自2019年5月1日起,降低城镇职工基本养老保险(包括企业和机关事业单位基本养老保险,以下简称养老保险)单位缴费比例。各省、自治区、直辖市及新疆生产建设兵团(以下统称省)养老保险单位缴费比例高于16%的,可降至16%;目前低于16%的,要研究提出过渡办法。

2019年11月29日,《香港澳门台湾居民在内地(大陆)参加社会保险暂行办法》发布。该办法规定:在内地(大陆)依法注册或者登记的企业、事业单位、社会组织、有雇工的个体经济组织等用人单位(以下统称用人单位)依法聘用、招用的港澳台居民,应当依法参加职工基本养老保险,由用人单位和本人按照规定缴纳社会保险费。在内地(大陆)依法从事个体工商经营的港澳台居民,可以按照注册地有关规定参加职工基本养老保险;在内地(大陆)灵活就业且办理港澳台居民居住证的港澳台居民,可以按照居住地有关规定参加职工基本养老保险。在内地(大陆)居住且办理港澳台居民居住证的未就业港澳台居民,可以在居住地按照规定参加城乡居民基本养老保险。参加养老保险的港澳台居民,依法享受养老保险待遇。

以上改革,统一规范了养老保险的缴费办法,实现了更高层次的统筹调剂,进一步完善了现行的养老保险制度,为提高养老保险运行质量奠定了制度基础。

1.3　中国医疗保障制度变迁

随着社会主义市场经济体制的建立,我国逐步改革公费医疗、劳保医疗制度,建立了以基本医疗保险为主体的医疗保障体系。根据各个历史时期的医疗保障筹资主体与保障对象不同,新中国成立 70 年来的医疗保障制度变迁,大致分为劳保医疗、公费医疗和传统农村合作医疗、城镇职工基本医疗保险制度探索和全民医疗保障制度建立等三个阶段。

1.3.1　劳保医疗、公费医疗和传统农村合作医疗阶段(1949～1993)

我国医疗保障体系建立于中华人民共和国成立之初。国家机关工作人员享受财政提供经费的公费医疗,国营企业职工享受由企业福利费开支的劳保医疗,农村开展了个人缴费、乡村集体经济提留的传统农村合作医疗制度[1]。

该阶段的特征是:劳保医疗和公费医疗所需要的医药费用都由单位筹措(尽管劳动保险基金有一定的互济性,但费用同样来自单位的缴纳),个人不缴纳费用。传统农村合作医疗由个人和集体筹措资金,提供以预防保健为主的低水平的医疗待遇(药费由个人自理)。

---

① 传统农村合作医疗是指 1993 年建立新型农村合作医疗以前的农村合作医疗。

1.3.1.1 劳保医疗

根据《中华人民共和国劳动保险条例》,企业职工的医疗实行劳动保险医疗制度,符合条件的企业参加劳动保险,按职工工资总额的3%筹集劳动保险费,企业的职工享有相应的医疗待遇。有关待遇包括:

工人与职员疾病或非因工负伤,在该企业医疗所、医院、特约医院或特约中西医师处医治时,其所需诊疗费、手术费、住院费及普通药费均由企业行政方面或资方负担;贵重药费、住院的膳费及就医路费由本人负担,如本人经济状况确有困难,得由劳动保险基金项下酌予补助。患病及非因工负伤的工人职员,应否住院或转院医治及出院时间,应完全由医院决定之。

工人与职员因病或非因工负伤停止工作医疗时,其停止工作医疗期间连续在6个月以内者,按其本企业工龄的长短,由该企业行政方面或资方发给病伤假期工资,其数额为本人工资的60%至100%;停止工作连续医疗期间在6个月以上时,改由劳动保险基金项下按月付给疾病或非因工负伤救济费,其数额为本人工资的40%至60%,至能工作或确定为残废或死亡时止。

工人与职员供养的直系亲属患病时,得在该企业医疗所、医院、特约医院或特约中西医师处免费诊治,手术费及普通药费,由企业行政方面或资方负担二分之一,贵重药费、就医路费、住院费、住院时的膳费及其他一切费用,均由本人自理。

1966年4月15日,《劳动部、全国总工会关于改进企业职工劳保医疗制度几个问题的通知》发布,对劳保医疗的有关支付标准进一步明确。通知规定:

企业职工患病和非因工负伤,在指定的医院(包括分设的和独立的门诊部,下同)或本单位附设的医院医疗时,其所需的挂号费和出诊费,均由职工个人负担。在本单位附设的医务室(所)、保健室(站)看病时,一般可以不收挂号费,医务人员巡回到车间或职工宿舍看病时,不收挂号费。

企业职工患病和非因工负伤,在指定的医院或本单位附设的医院、医务室(所)、保健室(站)医疗时,所需的贵重药费,由企业行政方面负担。但服用营养滋补药品(包括药用食品)的费用,应由职工个人负担。

企业职工因工负伤或患职业病住院医疗期间的膳费,由本人负担三分之一,企业行政方面负担三分之二。

按照《中华人民共和国劳动保险条例》规定享受医疗待遇的职工供养直系亲属患病医疗时,除了手术费和药费仍然执行半费外,挂号费、检查费、化验费等均由个人负担。

企业职工进行计划生育手术时,所需的挂号费、检验费、手术费、药费和住院费(包括取暖费),全部由企业行政方面负担,住院膳费由本人负担。企业职工的供养直系亲属进行计划生育手术时,免收上述各项医疗费用。

1.3.1.2 公费医疗

公费医疗制度是为保障国家工作人员身体健康而实行的一项社会保障制度。国家通过医疗卫生部门向享受人员提供制度规定范围内的免费医疗预防服务。

公费医疗预防的措施,在革命根据地早有先例,是战时供给制的内容之一。新中国成立后,由于条件限制,仅在部分地区和人员中实行。随着经济条件的好转与劳保医疗的推行,公费医疗的范围不断扩大。

1952 年 6 月 27 日,《中央人民政府政务院关于全国各级人民政府、党派、团体及所属事业单位的国家工作人员实行公费医疗预防的指示》发布。该指示规定:全国各级人民政府、党派、团体、所属事业单位的国家工作人员和革命残废军人,自 1952 年 7 月起,分批实行公费医疗制度,享受公费医疗待遇,所需医疗费用由各级人民政府卫生机构,按照各单位人员编制进行预算,统筹使用。门诊、住院所需的诊疗费、手术费、住院费,门诊或住院中经医师处方的药费,均由医药费拨付;但住院的膳费、就医路费由病者本人负担,如实有困难,由机关给予补助,在行政经费内报销。

1952 年 6 月 14 日,《关于各级人民政府工作人员在患病期间待遇的暂行办法》颁布。1954 年 7 月 24 日和 1955 年 12 月 29 日做过两次修改,修改后的待遇为:病假连续在 1 个月以内,不分工作年限长短,都按本人标准工资的 100%发给;1 ~ 6 个月内的,按 70% ~ 100%发给(其中,工作年限满 10 年的为 100%),6 个月以上的为 50% ~ 80%。[1]

1953 年 1 月 23 日,《卫生部关于公费医疗的几项规定》发布,将实行公费医疗范围自 1953 年起扩大到乡干部(每乡增加干部 3 名)及大学生、专科学生。

---

① 宋士云:《新中国社会保障制度结构与变迁》,中国社会科学出版社,2011 年,第 62 页。

1956 年 8 月 21 日，《国务院人事局、卫生部、内务部为国家机关工作人员退休后仍应享受公费医疗待遇的通知》发布。该通知规定：由于这部分退休人员在退休前绝大部分享受公费医疗，故退休后享受公费医疗的经费不再另行追加；退休人员的医疗问题由所在地的卫生行政机关指定的医疗机构办理；退休人员住院的来往旅费及住院期间的伙食费由本人自备，如果确有困难时，可向当地县、市或市辖区人民委员会申请补助。这项补助费从优抚事业费内开支。

1965 年 10 月 27 日，《卫生部、财政部关于改进公费医疗管理问题的通知》发布。该通知规定：享受公费医疗待遇的人员治病的门诊挂号费和出诊费，改由个人缴纳，不得在公费医疗经费中报销。但因公致伤、二等乙级以上革命残废军人等的挂号费和享受公费医疗待遇的人员实行计划生育的费用，以及在华的外国专家及其家属的公费医疗问题，均仍按照现行的有关规定办理。该通知同时规定，要实行营养滋补药品（包括可以药用的食品）自费的办法。

1978 年 8 月 2 日，《财政部、卫生部关于整顿和加强公费医疗管理工作的通知》发布。通知指出，由于多数地区的公费医疗经费严重超支，卫生事业费和各部门经费，影响了卫生事业的发展，需要提高公费医疗预算定额（由每人每年20.5 元提高到 30 元），并要对公费医疗资金实行专项管理，严格报销制度，自费医药费用由个人承担，杜绝"特殊化"和"走后"门之风。

1978 年 6 月 2 日，《国务院关于颁发〈国务院关于安置老弱病残干部的暂行办法〉和〈国务院关于工人退休、退职的暂行办法〉的通知》发布。该通知规定：退休、退职工人本人，可以继续享受公费医疗待遇；离休、退休、退职干部本人，可以享受与所居住地区同级干部相同的公费医疗待遇。

1984 年 4 月 28 日，《卫生部、财政部关于进一步加强公费医疗管理的通知》发布。通知指出：公费医疗存在药品浪费严重、经费超支过多的突出问题；公费医疗超支与干部、职工平均年龄老化、医疗技术条件改善、新药品应用和部分药品提价、医疗管理费用增加等客观原因有关，但主要是随意扩大享受公费医疗范围和报销范围、滥开营养滋补等自费药品、将营养滋补品和化妆品包装成药品、经费超支与个人的经济责任脱钩等所致。通知强调：严格执行医药费报销范围的有关规定，不论任何干部包括高级干部在内，凡应由个人负担的挂号费、自费药品、未经医院批准的自购药品和其他不符合规定的开支，一律不得由公费报销，对违反规定扩大开支范围的，要严肃处理。通知建议：公费医疗制度改革势在必行,在保证看好病、不浪费的前提下,各种改革办法都可进行试验,并注意总结经验。在具体管理办法上,费用支出可以考虑与享受单位、医疗单位或个人适当挂钩。

1989 年 8 月 9 日,卫生部、财政部发布《公费医疗管理办法》。该办法对享受公费医疗待遇的范围、医疗经费的开支范围、公费医疗经费的预算管理等进行了详细规定,尤其强调了自费的项目。公费医疗的自费项目包括:(1)各种不属于公费医疗报销的自费药品,异型包装药品,未经批准的外购药品。(2)挂号费、出诊费、伙食费、特别营养费、住院陪护费、特护费、婴儿费、保温箱费、产妇卫生费、押瓶费、中药煎药费(包括药引子费)、取暖费、空调费、电话费、电炉费;病房内的电视费、电冰箱费等。(3)医疗咨询费、医疗保险费(指医疗期间加收的保险费)、优质优价(指医院开设的特诊)规费、气功费(不含气功治疗费)。(4)非公费医疗管理部门组织的各种体检、预防服药、接种,不育症的检查、治疗费。(5)各种整容、矫形、健美的手术、治疗处置、药品等费用以及使用矫形、健美器具的一切费用。(6)就医路费、急救车费、会诊费及会诊交通费。(7)各类会议的医药费。(8)各种磁疗用品费。(9)未经指定医疗单位介绍或公费医疗机构批准,自找医疗单位或医师诊治的医药费。(10)未经公费医疗管理机构同意自去疗养、康复、休养的医药费用。(11)由于打架、斗殴、酗酒、交通肇事、医疗事故等造成伤残所发生的一切费用。(12)出国探亲、考察、进修、讲学期间发生的医药费用。(13)其他由当地公费医疗管理部门规定不应在公费医疗经费中报销的费用。

1.3.1.3　传统农村合作医疗

传统农村合作医疗与 2003 年试行的新型农村合作医疗有别,是指以农村居民为对象,按照自愿、受益、适度的原则,由农村集体和个人共同出资购买基本医疗保险服务,实行健康人群和患病人群分担医药费的保障形式,是一种广覆盖、低水平的缴费性的医疗保障制度。

传统农业合作医疗出现在 1955 年农业合作化高潮时期,并在随后得到了推广和发展。在推行农业合作化进程中,山西、河南、河北等地的农村,出现了一批农村合作社举办的保健站。这种保健站,采取社员群众缴纳保险费与生产合作社提供公益基金相结合的办法,建立起合作医疗保健制度。当时这类保健站的做法是:在乡政府的领导下,由农业生产合作社、农民群众和医生共同出资建立保健站；坚持自愿原则，每个农民每年缴纳两角钱的保健费，就可以免费享受预防保健服务，患者接受治疗免收挂号费、抽检费等（药费自理）；保健站负责所属村的卫生预防和医疗工作，保健站的经费来源于农民缴纳的保险费、农业社公积金提取的 15%～20% 和医疗业务收入（主要是药品的利润收入），保健站医生的报酬一般通过记工分和发工资相结合的办法来解决。这种"合医合防不合药"的合作医疗制度，就是当时的初级卫生保健制度。1959 年 11 月，卫生部在山西省稷山县召开全国农村卫生工作会议，正式肯定了农村合作医疗制度。1965 年 6 月 26 日，毛泽东对卫生工作作出重要指示，要求"把医疗卫生工作的重点放到农村去"（也称"6·26 指示"），自此农村合作医疗制度在全国进一步推行。①

1978 年 3 月，五届全国人大通过的《中华人民共和国宪法》规定："劳动者在年老、生病或者丧失劳动能力的时候，有获得物质帮助的权利。国家逐步发展社会保险、社会救济、公费医疗和合作医疗等事业，以保证劳动者享受这种权利。"

1979 年 12 月，卫生部、农业部、财政部、国家医药总局、全国供销合作总社根据《中华人民共和国宪法》和当时的实际情况，联合发布了《农村合作医疗章程（试行草案）》，对合作医疗制度进行了规范。该章程规定，农村合作医疗是人民公社社员依靠集体的力量，在自愿互助的基础上建立起来的一种社会主义性质的医疗制度，是社员群众的集体福利事业。在这期间，农村合作医疗与城市的公费医疗和劳保医疗并列，成为当时覆盖中国城乡不同目标人群的三大医疗保障制度。合作医疗制度、合作社的保健站和数量众多的"赤脚医生"，被称为解决中国广大农村地区缺医少药的"三大法宝"。中国农村合作医疗的成功经验，受到世界银行和世界卫生组织的一致赞扬。

改革开放以后，随着家庭联产承包责任制的逐步推行，集体经济发生了巨大变化，与公益金相联系的各项事业受到削弱，中国传统农村合作医疗出现了停办、解体等趋势。

综上所述，不论劳保医疗还是公费医疗，医药费用都由单位按规定报销（1969 年起不再提取劳动保险费，劳保医疗成为真正意义上的单位保障），这种"免费医疗"致使医疗费用急剧膨胀，医疗资源浪费严重。加之 20 世纪 80 年代，计划经济向市场经济转型时期，一些企业不景气，一些地区的财政收入也不乐观，导

---

① 宋士云：《新中国社会保障制度结构与变迁》，中国社会科学出版社，2011 年，第 137 页。

致公费医疗与劳保医疗面临巨大的支付压力，部分企事业单位拖欠职工医药费严重,医疗保障基本名存实亡。为了把有限的医疗资源用在刀刃上,为了增强医疗保障制度的可持续性,20 世纪 90 年代初开启了基本医疗保险制度改革探索。

1.3.2　城镇职工基本医疗保险制度探索阶段(1994～2002)

该阶段医疗保障的特征是:由"两江"试点,到扩大试点,探索建立覆盖全体城镇职工、个人分担一定医疗费用的基本医疗保险制度。

1992 年 9 月 7 日发布的《劳动部关于试行职工大病医疗费用社会统筹的意见的通知》指出,为了适当均衡企业医疗费用负担,保证职工的基本医疗,控制医疗费用不合理的增长,各地可结合实际情况,试行职工大病医疗费用社会统筹。

1993 年 11 月 14 日,中共十四届三中全会通过的《中共中央关于建立社会主义市场经济体制若干问题的决定》提出:城镇职工养老和医疗保险金由单位和个人共同负担,实行社会统筹和个人账户相结合。

1993 年 10 月 8 日,《劳动部关于职工医疗保险制度改革试点意见的通知》发布。该意见指出:为适应社会主义市场经济体制和国民经济与社会发展的需要,加快职工医疗保险制度改革的步伐,应逐步建立起与社会主义市场经济体制相适应的,医疗保险费用由国家、用人单位和职工三方合理负担的,社会化程度较高的,覆盖城镇全体职工的医疗保险制度。

1994 年 4 月 14 日,国家体改委、劳动部、卫生部、财政部联合印发《关于职工医疗保险制度改革的试点意见》。该意见指出:职工医疗保障制度改革的目标是建立社会统筹医疗基金与个人医疗账户相结合的社会保险制度,并使之逐步覆盖城镇所有劳动者。并选取江苏省镇江市、江西省九江市进行试点,探索建立职工基本医疗保险制度。

1994 年 7 月 5 日,《中华人民共和国劳动法》颁布,以国家立法的形式确定了社会保险的基本原则、体系框架和基本制度模式,推动了社会保险法制建设。

1996 年 5 月 5 日,《关于职工医疗保障制度改革扩大试点的意见》发布。该意见指出:为了推进职工医疗保障制度改革,按照党的十四届三中全会的决定,从 1994 年上半年开始, 国务院在江苏省镇江市和江西省九江市进行了职工医疗保障制度改革的试点;一年多来,试点工作进展顺利,取得了初步成效;国务院决定,在镇江、九江两市试点的基础上,再挑选一部分具备条件的城市,有计划、有步骤地扩大职工医疗保障制度改革的试点范围。于是,试点范围从"两江"扩大到全国40多个城市。

1998年12月14日,《国务院关于建立城镇职工基本医疗保险制度的决定》颁布。该办法规定:城镇所有用人单位,包括企业(国有企业、集体企业、外商投资企业、私营企业等)、机关、事业单位、社会团体、民办非企业单位及其职工,都要参加基本医疗保险。这标志着实施了40多年的公费、劳保医疗制度成为历史。

1999年5月12日,《关于印发城镇职工基本医疗保险用药范围管理暂行办法的通知》发布。该通知指出:为了保障职工基本医疗用药,合理控制药品费用,规范基本医疗保险用药范围管理,对基本医疗保险用药范围通过制定《基本医疗保险药品目录》(以下简称《药品目录》)进行管理。纳入《药品目录》的药品,应是临床必需、安全有效、价格合理、使用方便、市场能够保证供应的药品。

1999年6月29日,《关于印发加强城镇职工基本医疗保险费用结算管理意见的通知》发布。该通知规定:各统筹地区要根据当地实际和基本医疗保险基金支出管理的需要,制定基本医疗保险费用结算办法。结算办法应包括结算方式和标准、结算范围和程序、审核办法和管理措施等有关内容。统筹地区社会保险经办机构要按照以收定支、收支平衡的原则,合理确定基本医疗保险基金的支出总量,并根据定点医疗机构的不同级别和类别以及所承担的基本医疗保险服务量,预定各定点医疗机构的定额控制指标。

1999年6月30日,《关于印发城镇职工基本医疗保险诊疗项目管理、医疗服务设施范围和支付标准意见的通知》发布。该通知指出:为了贯彻落实《国务院关于建立城镇职工基本医疗保险制度的决定》,制定了《关于城镇职工基本医疗保险诊疗项目管理的意见》和《关于确定城镇职工基本医疗保险医疗服务设施范围和支付标准的意见》。该通知指出:制定基本医疗保险诊疗项目范围和目录既要考虑临床诊断、治疗的基本需要,也要兼顾不同地区经济状况和医疗技术水平的差异,采用排除法分别规定基本医疗保险不予支付费用的诊疗项目范围和基本医疗保险支付部分费用的诊疗项目范围。该通知指出:基本医疗保险医疗服务设施费用主要包括住院床位费及门(急)诊留观床位费;对已包含在住院床位费或门(急)诊留观床位费中的日常生活用品、院内运输用品和水、电等费用,基本医疗保险基金不另行支付,定点医疗机构也不得再向参保人员单独收费。

随着《国务院关于建立城镇职工基本医疗保险制度的决定》和相关配套文件的出台,全国各地区陆续建立了职工基本医疗保险制度,推进了我国由单位医疗保障走向社会医疗保障的历史性转型。

1.3.3 全民医疗保障制度建立阶段(2003~2016)

该阶段医疗保障的特征是:建立新型农村合作医疗制度覆盖全体农村居民,建立城镇居民基本医疗保险制度覆盖全体城镇居民,实施《中华人民共和国社会保险法》进一步完善医疗保险制度,建立救助制度为重特大疾病患者和贫困群体提供医疗保障,整合城乡居民医疗保险制度,初步形成了"职工 + 居民"的覆盖全民的基本医疗保险制度框架。

2003 年 1 月 16 日,《国务院办公厅转发卫生部等部门关于建立新型农村合作医疗制度意见的通知》发布。该通知指出:新型农村合作医疗制度是由政府组织、引导、支持,农民自愿参加,个人、集体和政府多方筹资,以大病统筹为主的农民医疗互助共济制度;农村合作医疗基金是由农民自愿缴纳、集体扶持、政府资助的社会性资金,要按照以收定支、收支平衡和公开、公平、公正的原则进行管理,必须专款专用,专户储存,不得挤占挪用;农村合作医疗基金主要补助参加新型农村合作医疗的农民大额医疗费用或住院医疗费用。自此,医疗保险制度由覆盖职工到覆盖农村居民。

2003 年 5 月 26 日,《关于城镇灵活就业人员参加基本医疗保险的指导意见》发布。该意见指出:灵活就业人员参加基本医疗保险要坚持权利和义务相对应、缴费水平与待遇水平相挂钩的原则。在参保政策和管理办法上既要与城镇职工基本医疗保险制度相衔接,又要适应灵活就业人员的特点。自此,基本医疗保险制度不仅覆盖了职工也覆盖了各类灵活就业人员,实现了基本医疗保险覆盖全体劳动者。

2003 年 11 月 18 日,《民政部 卫生部 财政部关于实施农村医疗救助的意见》发布。该意见指出:农村医疗救助制度是政府拨款和社会各界自愿捐助等多渠道筹资,对患大病农村五保户和贫困农民家庭实行医疗救助的制度;建立农村医疗救助制度,要从当地实际出发,医疗救助水平要与当地经济社会发展水平和财政支付能力相适应,确保这项制度平稳运行。自此,建立了面向农村贫困居民的医疗救助制度。

2005 年 3 月 14 日,《国务院办公厅转发民政部等部门关于建立城市医疗救助制度试点工作意见的通知》发布。该通知指出:通过财政预算拨款、专项彩票公益金、社会捐助等渠道建立医疗救助基金,对城市居民最低生活保障对象中未参加城镇职工基本医疗保险人员、已参加城镇职工基本医疗保险但个人负担仍然较重的人员和其他特殊困难群众实施救助。自此,建立了面向城市贫困群体及高额医疗费用群体的医疗救助制度。

2007 年 7 月 10 日,《国务院关于开展城镇居民基本医疗保险试点的指导意见》颁布。该意见指出:探索和完善城镇居民基本医疗保险的政策体系,形成合理的筹资机制、健全的管理体制和规范的运行机制,逐步建立以大病统筹为主的城镇居民基本医疗保险制度。自此,基本医疗保险逐步覆盖了全体城镇非从业居民。

2009 年 3 月 17 日,《中共中央 国务院关于深化医药卫生体制改革意见》发布,提出了建设覆盖城乡居民的公共卫生服务体系、医疗服务体系、医疗保障体系、药品供应保障体系的改革框架。

2010 年 10 月 28 日,《中华人民共和国社会保险法》出台,标志着包括医疗保险在内的社会保险制度从试验阶段走向法治阶段。

2012 年 8 月 24 日,国家六部委联合发布《关于开展城乡居民大病保险工作的指导意见》,对高额费用患者给予一定比例的补偿,进一步减轻了城乡居民的大病负担。

2015 年 4 月 21 日,《国务院办公厅转发民政部等部门关于进一步完善医疗救助制度 全面开展重特大疾病医疗救助工作意见的通知》发布,进一步完善了重特大疾病的医疗救助制度。

2016 年 1 月 3 日,《国务院关于整合城乡居民基本医疗保险制度的意见》出台,实现了城镇居民基本医疗保险制度与新型农村合作医疗制度的整合,提高了制度的规模效应。

2016 年 6 月 27 日,人社部办公厅出台《关于开展长期护理保险制度试点的指导意见》,决定在部分城市启动长期护理保险制度试点,实现了医疗保障向长期护理保险的拓展。

2017 年 6 月 20 日,《国务院办公厅关于进一步深化基本医疗保险支付方式改革的指导意见》发布,为更好地保障参保人员权益、规范医疗服务行为、控制医药费用不合理增长提供了制度保障。

2018 年 3 月 21 日,《中共中央关于深化党和国家机构改革的决定》《深化党和国家机构改革方案》出台,决定组建国家医疗保障局,开启了医疗保险改革新征程。

2019 年 3 月 6 日,《国务院办公厅关于全面推进生育保险和职工基本医疗保险合并实施的意见》发布,为强化基金共济能力、提升管理综合效能、降低管理运行成本、实现两项保险长期稳定可持续发展创造了条件。

2019 年 11 月 29 日,《香港澳门台湾居民在内地(大陆)参加社会保险暂行办法》发布。该办法规定:在内地(大陆)依法注册或者登记的企业、事业单位、社会组织、有雇工的个体经济组织等用人单位(以下统称用人单位)依法聘用、招用的港澳台居民,应当依法参加职工基本医疗保险,由用人单位和本人按照规定缴纳社会保险费。在内地(大陆)依法从事个体工商经营的港澳台居民,可以按照注册地有关规定参加职工基本医疗保险;在内地(大陆)灵活就业且办理港澳台居民居住证的港澳台居民,可以按照居住地有关规定参加职工基本医疗保险。在内地(大陆)居住且办理港澳台居民居住证的未就业港澳台居民,可以在居住地按照规定参加城乡居民基本医疗保险。在内地(大陆)就读的港澳台大学生,与内地(大陆)大学生执行同等医疗保障政策,按规定参加高等教育机构所在地城乡居民基本医疗保险。参加社会保险的港澳台居民,依法享受基本医疗保险待遇。

至此,我国"职工 + 居民"的全民医疗保障制度基本建立,基本形成了城乡统筹、内外协同、以基本医疗保险为主体、其他多种形式保险为补充、社会医疗救助托底的全民医疗保障格局,为实现医疗保障事业更高质量发展奠定了制度基础。

1.4　中国就业保障制度变迁

中国就业保障制度由就业促进、失业保险、就业援助等制度构成。以国家在不同历史时期的社会经济特征、就业方针和失业政策为线索,就业保障制度变迁可分为三个阶段。

1.4.1　计划经济背景下的"统包统配"就业阶段(1949~1982)

1949年新中国成立之初,中国政府在就业上要解决的首要问题是开展失业救济,有计划、分步骤地安置失业和无业人员,并对国民党政府遗留下来的旧公教人员和官僚资本主义企业的职工采取全部留用和"包下来"的政策,严格限制辞退职工。

1950年6月17日,劳动部颁发《救济失业工人暂行办法》。该办法规定:救济失业工人,应以工代赈为主,同时采取生产自救、转业训练、帮助回乡生产及发放救济金等办法。

这些具有应急性质的临时性政策措施,对于新中国成立初期保护广大劳动者的切身利益,使他们不至于因中断劳动收入而陷入贫困发挥了积极作用。

1953年起,第一个五年计划实施,中国开始进入有计划的经济建设时期。为了满足大规模经济建设用工的需要,国家确定了对劳动力招收和调配实行"统一管理、分工负责"的原则,明确规定招工必须经过劳动部门批准。与此同时,"包下来"的范围不断扩大,继解放初对官僚资本主义企业职工和国民党军政人员"包下来"之后,对1956年资本主义工商业社会主义改造后的公私合营企业职工也"包下来",高等院校和中等专业学校、技工学校的毕业生,也由国家统一分配工作,复员军人由国家统一安置。这些"包下来"、由国家统一分配和安置的人员都成为用人单位的固定工,不许随便辞退,于是计划经济时期的"统包统配"就业制度得以形成。

"统包统配"制是国家用行政手段对城镇劳动力实行统一计划、统一招收、统一调配的一种就业制度。它的基本特征是:城镇劳动者就业由政府包揽;劳动力配置靠行政调配;国有企业无用工自主权;劳动力无法自主流动;工资、福利、保障与就业密切结合,全部由国家承担。

"统包统配"制是计划经济体制的内在要求,也是当时国内国际环境下的必然选择。这一制度对于解决新中国成立初期旧社会遗留下来的400万失业人员的就业问题,对于后来有计划地进行大规模的社会主义经济建设,对于建设门类比较齐全完整的国民经济体系和国家重点工程,以及边远地区的开发建设,曾发挥过巨大的推动作用。

　　但是,随着社会、经济的不断发展,"统包统配"就业制度的弊端日益显现。为化解该制度带来的劳动力配置不合理、就业不充分等弊端,国家进行了劳动合同制用工与待业保险制度改革。

1.4.2　转轨经济背景下的待业保险与双轨就业阶段(1983～1998)

　　20 世纪 80 年代以后,我国开始了从农村到城市经济体制的全面改革,开启了由计划经济向社会主义商品经济、中国特色社会主义市场经济转轨的历史征程。企业改革是城市改革的中心环节,为了适应企业进入市场的需要,劳动用工领域进行了重大改革。该阶段鼓励个人通过市场择业,建立待业保险,同时政府建立再就业中心安置下岗失业人员,属于双轨就业阶段。

　　1983 年 2 月 22 日发布的《劳动人事部关于积极试行劳动合同制的通知》指出:我国现行的以固定工为主体的用工制度, 事实上已成为一种无条件的"终身制",它同分配上的平均主义结合一体,形成了"铁饭碗""大锅饭"的严重弊病。其主要表现是能进不能出,能上不能下,干多干少一个样,技术高低一个样,一线二线一个样。在这种制度下,有些人心安理得地躺在企业和国家身上吃"大锅饭",自己不劳动或少劳动而占有别人的劳动果实;勤劳者的积极性、创造性得不到发挥,大批人才被埋没。该通知同时指出:试行劳动合同制的根本目的,就是为了打破"铁饭碗""大锅饭",真正实行"各尽所能、按劳分配"的社会主义原则,充分调动人们的社会主义建设积极性,解放生产力;试行劳动合同制,需要工资、福利、保险制度以及其他方面改革的配套;对城镇合同制工人,应当实行社会保险制度。其中老年社会保险基金主要从企业提取,地方财政适当补助,个人少量缴纳。保险待遇应按照投保年限的长短和金额的多少有所区别。

　　1986 年 7 月 12 日,国务院同时发布 4 个劳动用工改革的行政法规,其中之一为《国营企业职工待业保险暂行规定》,规定了国营企业中的 4 类职工(宣告破产的企业的职工、濒临破产的企业法定整顿期间被精减的职工、企业终止或解除劳动合同的工人、企业辞退的职工)为待业人员,并对待业救济金的来源、筹集与使用做了规定。该《暂行规定》与国务院同时颁布的《国营企业实行劳动合同制暂行规定》《国营企业招用工人暂行规定》《国营企业辞退违纪职工暂行规定》一起,成为我国计划经济向市场经济转轨中劳动用工制度改革的重要标志。

1993年4月12日国务院发布的《国有企业职工待业保险规定》规定:

本规定所称待业职工,是指因下列情形之一,失去工作的国有企业(以下简称企业)职工:

(1)依法宣告破产的企业的职工;

(2)濒临破产的企业在法定整顿期间被精减的职工;

(3)按照国家有关规定被撤销、解散企业的职工;

(4)按照国家有关规定停产整顿企业被精减的职工;

(5)终止或者解除劳动合同的职工;

(6)企业辞退、除名或者开除的职工;

(7)依照法律、法规规定或者按照省、自治区、直辖市人民政府规定,享受待业保险的其他职工。

同时规定,待业保险工作应当与职业介绍、就业训练和生产自救等就业服务工作紧密结合,统筹安排。

该规定进一步完善了待业保险基金的管理、监督制度,推动了企业改革的深化,成为失业保险制度的雏形。

1994年7月5日公布的《中华人民共和国劳动法》,阐述了促进就业的基本要求,提出了包括失业保险在内的社会保险框架。

1998年6月9日,中共中央、国务院发布《关于切实做好国有企业下岗职工基本生活保障和再就业工作的通知》,明确要建立和完善市场就业机制,实现在国家政策指导下,劳动者自主择业、市场调节就业和政府促进就业的方针。

1.4.3 市场经济背景下的失业保险与就业促进阶段(1999～2019)

在市场导向的就业方针指导下,待业保险转为失业保险,建立了市场经济背景下的失业保险制度。同时,该阶段开始注重就业促进,统筹城乡就业,提倡自主创业,注重更高质量就业,使就业保障进入新的发展阶段。

1999 年 1 月 22 日,国务院发布《失业保险条例》,是我国失业保险制度由不规范走向比较规范的重要标志,是适应我国社会主义市场经济体制建立的社会保障体系的组成部分。

《失业保险条例》与 1993 年《国有企业职工待业保险规定》相比,有以下几个方面的重要变化:一是扩大了失业保险的覆盖范围,由城镇企业扩大到城镇所有企业和事业单位;二是提高了失业保险费的费率,将企业缴费费率由 0.6%~1%提高到 2%,并增加了 1%的个人缴费,同时增加了关于事业单位及其缴费的规定;三是提高了失业保险基金的统筹层次,由县级统筹提高到地市级统筹,并建立了省级失业保险调剂金制度;四是重新确定了失业保险金发放的标准,使其更好地与最低工资制度和城市居民最低生活保障制度相接;五是明确规定了失业保险基金的支出项目,以保证基金的安全、防止基金流失;六是确定了收支两条线管理的机制,这一机制的确定是我国社会保障管理监督体制改革的重要成果,是防止基金挪用、流失的有效措施;七是规定了社会化管理的发放制度。

2003 年 10 月 14 日通过的《中共中央关于完善社会主义市场经济体制若干问题的决定》指出:取消对农民进城就业的限制性规定,为农民创造更多就业机会,逐步统一城乡劳动力市场,加强引导和管理,形成城乡劳动者平等就业的制度。

2008 年 1 月 1 日实施的《中华人民共和国就业促进法》规定:国家把扩大就业放在经济社会发展的突出位置,实施积极的就业政策,坚持劳动者自主择业、市场调节就业、政府促进就业的方针,多渠道扩大就业。该法在政策支持就业、统筹城乡就业、加强失业保险、改进公共就业服务、扩大职业培训、加强就业援助等方面做出了规定。

2011 年 7 月 1 日起施行的《中华人民共和国社会保险法》规定:职工应当参加失业保险,由用人单位和职工按照国家规定共同缴纳失业保险费。同时规定:失业人员在领取失业保险金期间,参加职工基本医疗保险,享受基本医疗保险待遇;失业人员应当缴纳的基本医疗保险费从失业保险基金中支付,个人不缴纳基本医疗保险费。这些规定进一步扩大了失业保险覆盖面,提高了失业人员的基本医疗保险待遇。

2012 年 11 月 8 日中共十八大报告指出：就业是民生之本。要贯彻劳动者自主就业、市场调节就业、政府促进就业和鼓励创业的方针，实施就业优先战略和更加积极的就业政策。该报告将鼓励创业纳入就业方针，并要求引导劳动者转变就业观念，鼓励多渠道多形式就业，促进创业带动就业。新的就业方针进一步明确了劳动者、市场、政府在促进就业中应发挥的作用。

2013 年 11 月 12 日通过的《中共中央关于全面深化改革若干重大问题的决定》指出：规范招人用人制度，消除城乡、行业、身份、性别等一切影响平等就业的制度障碍和就业歧视；完善城乡均等的公共就业创业服务体系，构建劳动者终身职业培训体系。

2017 年 10 月 18 日中共十九大报告指出：就业是最大的民生，要坚持就业优先战略和积极就业政策，实现更高质量和更充分就业。

2019 年 12 月 13 日，发布的《国务院关于进一步做好稳就业工作的意见》要求：推进就业服务全覆盖，劳动年龄内、有劳动能力、有就业要求、处于失业状态的城乡劳动者可在常住地进行失业登记，申请享受基本公共就业服务。

1.5　中国伤残保障制度变迁

伤残保障制度由工伤保险、残疾人保障、职业病防治等制度构成。本节以劳动保险制度、病残退休退职制度、工伤保险制度为主线，结合工伤预防与康复，对伤残保障制度的变迁进行梳理。

1.5.1　劳动保险与单位保障阶段（1949~1994）

从新中国成立到 1994 年，实行企业职工工伤保险制度，该阶段主要通过劳动保险和病残退休为伤残工人和职员提供保障。

1951 年 2 月 26 日政务院颁布的《中华人民共和国劳动保险条例》对企业职工的伤残待遇做出规定；1978 年 5 月 24 日发布的《国务院关于颁发〈国务院关于安置老弱病残干部的暂行办法〉和〈国务院关于工人退休、退职的暂行办法〉的通知》，对工人与干部的伤残待遇做出规定。

1.5.1.1 因工负伤、残废待遇

1951 年 2 月 26 日政务院颁布的《中华人民共和国劳动保险条例》规定：

甲、工人与职员因工负伤，应在该企业医疗所、医院或特约医院医治。如该企业医疗所、医院或特约医院无法治疗时，应由该企业行政方面或资方转送其他医院医治。其全部诊疗费、药费、住院费、住院时的膳费与就医路费，均由企业行政方面或资方负担。在医疗期间，工资照发。

乙、工人与职员因工负伤确定为残废时，按下列情况，由劳动保险基金项下按月付给因工残废抚恤费或因工残废补助费：

一、完全丧失劳动力不能工作退职后，饮食起居需人扶助者，其因工残废抚恤费的数额为本人工资 75%，付至死亡时止。

二、完全丧失劳动力不能工作退职后，饮食起居不需人扶助者，其因工残废抚恤费的数额为本人工资 60%，付至恢复劳动力或死亡时止。劳动力恢复后应由企业行政方面或资方给予适当工作。

三、部分丧失劳动力尚能工作者，应由企业行政方面或资方分配适当工作，并由劳动保险基金项下，按其残废后丧失劳动力的程度，付给因工残废补助费，其数额为残废前本人工资的 10%~30%，但与残废后复工时的工资合计不得超过残废前本人工资。详细办法在实施细则中规定之。

丙、工人与职员因工负伤而致残废者，其残废状况的确定与变更，由残废审查委员会审定。详细办法在实施细则中规定之。

1.5.1.2 疾病及非因工负伤、残废待遇

1951 年 2 月 26 日政务院颁布的《中华人民共和国劳动保险条例》规定：

甲、工人与职员疾病或非因工负伤，在该企业医疗所、医院、特约医院或特约中西医师处医治时，其所需诊疗费、手术费、住院费及普通药费均由企业行政方面或资方负担；贵重药费、住院的膳费及就医路费由本人负担，如本人经济状况确有困难，得由劳动保险基金项下酌予补助。患病及非因工负伤的工人职员，应否住院或转院医治及出院时间，应完全由医院决定之。

乙、工人与职员因病或非因工负伤停止工作医疗时，其停止工作医疗期间连续在 6 个月以内者，按其本企业工龄的长短，由该企业行政方面或资方发给

病伤假期工资,其数额为本人工资 60%~100%;停止工作连续医疗期间在 6 个月以上时,改由劳动保险基金项下按月付给疾病或非因工负伤救济费,其数额为本人工资 40%~60%,至能工作或确定为残废或死亡时止。详细办法在实施细则中规定之。

丙、工人与职员因病或非因工负伤医疗终结确定为残废,完全丧失劳动力退职后,病伤假期工资或疾病非因工负伤救济费停发,改由劳动保险基金项下发给非因工残废救济费,其数额按下列情况规定之:饮食起居需人扶助者为本人工资 50%,饮食起居不需人扶助者为本人工资 40%,至恢复劳动力或死亡时止;部分丧失劳动力尚能工作者不予发给。关于残废状况的确定与变更,适用第十二条丙款的规定。

丁、工人与职员疾病或非因工负伤痊愈或非因工残废恢复劳动力后,经负责医疗机关提出证明,该企业行政方面或资方应给予适当工作。

戊、工人与职员供养的直系亲属患病时,得在该企业医疗所、医院、特约医院或特约中西医师处免费诊治,手术费及普通药费,由企业行政方面或资方负担二分之一,贵重药费、就医路费、住院费、住院时的膳费及其他一切费用,均由本人自理。

1.5.1.3 工人与职员及其供养的直系亲属死亡时待遇

1951 年 2 月 26 日政务院颁布的《中华人民共和国劳动保险条例》规定:

甲、工人与职员因工死亡时,由该企业行政方面或资方发给丧葬费,其数额为该企业全部工人与职员平均工资 3 个月;另由劳动保险基金项下,按其供养的直系亲属人数,每月付给供养直系亲属抚恤费,其数额为死者本人工资 25%~50%,至受供养者失去受供养的条件时为止。详细办法在实施细则中规定之。

乙、工人与职员因病或非因工负伤死亡时,由劳动保险基金项下付给丧葬补助费,其数额为该企业全部工人与职员平均工资 2 个月;另由劳动保险基金项下,按其供养直系亲属人数,付给供养直系亲属救济费,其数额为死者本人工资 6 个月到 12 个月。详细办法在实施细则中规定之。

丙、工人与职员因工负伤致成残废完全丧失劳动力退职后死亡时,应按本条甲款的规定,付给丧葬费及供养直系亲属抚恤费。退职养老后死亡时或非因工残废完全丧失劳动力退职后死亡时,应按本条乙款的规定,付给丧葬补助费及供养直系亲属救济费。

丁、工人与职员供养的直系亲属死亡时,由劳动保险基金项下付给供养直系亲属丧葬补助费:死者年龄在 10 周岁以上者,其数额为该企业全部工人与职员平均工资 1 个月的二分之一;1 周岁至 10 周岁者, 为平均工资一个月的三分之一;不满 1 周岁者不给。

1.5.1.4　病残退休退职待遇

《国务院关于工人退休、退职的暂行办法》规定:

因工致残,由医院证明,并经劳动鉴定委员会确认,完全丧失劳动能力的,应当退休。工人退休以后,每月按标准发给退休费,直至去世为止。

因工致残退休工人饮食起居需要人扶助的,按本人标准工资的 90% 发给,还可以根据实际情况发给一定数额的护理费,护理费标准一般不得超过一个普通工人的工资;饮食起居不需要人扶助的,按本人标准工资的 80% 发给。同时具备两项以上的退休条件,应当按最高的标准发给。退休费低于 35 元的,按 35 元发给。

患二、三期矽肺病离职休养的工人,如果本人自愿,也可以退休。退休费按本人标准工资的 90% 发给,并享受原单位矽肺病人在离职休养期间的待遇。

不具备退休条件,由医院证明,并经劳动鉴定委员会确认,完全丧失劳动能力的工人,应该退职;退职后,按月发给相当于本人标准工资 40% 的生活费,低于 20 元的,按 20 元发给。

《国务院关于安置老弱病残干部的暂行办法》规定:

因工致残,经过医院证明完全丧失工作能力的干部可以退休。干部退休以后,每月按标准发给退休费,直至去世为止。

因工致残退休干部饮食起居需要人扶助的,按本人标准工资的 90% 发给。还可以根据实际情况发给一定数额的护理费,护理费标准,一般不得超过一个普通工人的工资;饮食起居不需要人扶助的,按本人标准工资的 80% 发给。同时具备两项以上的退休条件,应当按最高的标准发给。退休费低于 35 元的,按 35 元发给。离休和退休的干部去世后,其丧事处理、丧葬补助费和供养直系亲属抚恤费,应当与在职去世的干部一样。

经过医院证明完全丧失工作能力,又不具备退休条件的干部,应当退职。退职后,按月发给相当于本人标准工资 40%生活费,低于 20 元的,按 20 元发给。

尽管《中华人民共和国劳动保险条例》与《国务院关于安置老弱病残干部的暂行办法》《国务院关于工人退休退职的暂行办法》为伤残职工提供了比较充分的待遇,但由于伤残待遇资金主要由单位筹措与支付(劳动保险于 1969 年停止提取劳动保险金,由劳动保险变成单位保障),出现了单位伤残待遇负担畸轻畸重问题,加大了伤残待遇支付风险。随着经济体制改革的不断深入,企业关停并转不断发生,单位保障的伤残待遇难以真正落实,于是开始了工伤保险的探索。

1.5.2 工伤保险探索阶段(1995～2009)

1994 年 7 月 5 日通过、1995 年 1 月 1 日起施行的《中华人民共和国劳动法》,提出了包括工伤保险在内的社会保险框架。

1996 年 8 月 12 日,劳动部根据各地的实践经验,颁布《企业职工工伤保险试行办法》,1996 年 10 月 1 日起试行。该办法规定:为了保障劳动者在工作中遭受事故伤害和患职业病后获得医疗救治、经济补偿和职业康复的权利,分散工伤风险,促进工伤预防,根据《中华人民共和国劳动法》,制定本办法;中华人民共和国境内的企业及其职工必须遵照本办法的规定执行;工伤保险实行社会统筹,设立工伤保险基金,对工伤职工提供经济补偿和实行社会化管理服务。尽管该办法发布以后,促进了工伤保险事业的发展,但《企业职工工伤保险试行办法》作为部颁规章,法律效力不高,强制推行的权威不够,工伤保险覆盖范围主要集中在国有企业,其他所有制单位和职工较少参保。同时,工伤保险制度本身仍不成熟,工伤认定、劳动能力鉴定、费率等操作方面尚不规范。因此,需要提高立法层级,进一步规范工伤保险。

2003 年 4 月 27 日,国务院公布《工伤保险条例》,自 2004 年 1 月 1 日起施行。该条例规定:中华人民共和国境内的各类企业、有雇工的个体工商户(以下称用人单位)应当依照本条例规定参加工伤保险,为本单位全部职工或者雇工(以下称职工)缴纳工伤保险费。中华人民共和国境内的各类企业的职工和个体工商户的雇工,均有依照本条例的规定享受工伤保险待遇的权利。同《企业职工工伤保险试行办法》相比,扩大了工伤保险覆盖面,进一步规范了工伤保险待遇。

2004 年 6 月 1 日,劳动和社会保障部发布《关于农民工参加工伤保险有关问题的通知》,推进农民工特别是矿山、建筑等高风险企业农民工按项目参加工伤保险,进一步保障了农民工的工伤保险权益。

2007 年 4 月 3 日,劳动和社会保障部办公厅发布《关于印发加强工伤康复试点工作指导意见的通知》,提出"十一五"期间工伤康复试点工作的总体目标。

2008 年 3 月 11 日,劳动和社会保障部发布《关于印发〈工伤康复诊疗规范(试行)〉和〈工伤康复服务项目(试行)〉的通知》,建立了用以指导各地开展工伤康复试点工作的相关规范。

2009 年 8 月 21 日,人社部办公厅发布《关于开展工伤预防试点有关问题的通知》,以试点的形式在全国范围内启动工伤预防工作,选择了 3 省 12 个地市作为工伤预防试点城市。

尽管该阶段发布了《企业职工工伤保险试行办法》和《工伤保险条例》,也制定了工伤康复与工伤预防试点办法,但总体上这些工伤保险方面的办法属于探索性规定,仍然不够完善。

1.5.3　工伤保险完善阶段(2010~2019)

2010 年 10 月 28 日,《中华人民共和国社会保险法》通过,对工伤保险做出了专章规定,进一步明确了工伤保险的法律地位。

2010 年 12 月 20 日,国务院修订了《工伤保险条例》,2011 年 1 月 1 日起施行。《工伤保险条例》的修订,进一步扩大了工伤保险覆盖范围,调整扩大了工伤认定情形,简化了工伤认定程序,大幅提高了工伤保险待遇,并调整了工伤保险待遇支付责任。

2010 年 12 月 31 日,人社部发布《工伤认定办法》,对工伤认定标准与程序进行规范。

2011 年 1 月 31 日,《人社部 财政部 国资委 监察部关于做好国有企业老工伤人员等纳入工伤保险统筹管理有关工作的通知》发布,对老工伤人员统筹管理问题作出部署,基本解决了影响社会稳定的历史遗留问题。

2013 年 4 月 22 日,《人力资源和社会保障部关于印发〈工伤康复服务项目(试行)〉和〈工伤康复服务规范(试行)〉(修订版)的通知》发布,进一步规范工伤康复工作的开展。

2013 年 4 月 22 日,《人力资源和社会保障部关于进一步做好工伤预防试点工作的通知》发布，决定在 2009 年初步试点的基础上，再选择一部分具备条件的城市扩大试点。

2014 年 2 月 20 日，人社部发布《工伤职工劳动能力鉴定管理办法》，进一步完善了劳动能力鉴定制度。

2014 年 12 月 29 日，人社部等四部门联合发布《关于进一步做好建筑业工伤保险工作的意见》，进一步推动建筑业和工程项目参保。

2015 年 7 月 22 日，《人力资源和社会保障部 财政部关于调整工伤保险费率政策的通知》发布，将原来的行业基准费率由三类细化调整为八类，并根据用人单位工伤保险费使用、工伤发生率、职业病危害程度等因素，确定用人单位的工伤保险费率并进行浮动调整。

2016 年 3 月 28 日，《人力资源和社会保障部关于执行〈工伤保险条例〉若干问题的意见（二）》发布，进一步明确细化了《工伤保险条例》的执行规则。

2017 年 7 月 28 日，《人力资源和社会保障部关于工伤保险待遇调整和确定机制的指导意见》发布，建立了工伤保险待遇确定和调整规范化机制。

2017 年 8 月 17 日，人社部等发布《工伤预防费使用管理暂行办法》，2017 年 9 月 1 日起施行。该办法进一步规范了工伤预防费的使用和管理。

2018 年 1 月 2 日，《人力资源和社会保障部 交通运输部 水利部 能源局 铁路局 民航局关于铁路、公路、水运、水利、能源、机场工程建设项目参加工伤保险工作的通知》发布，要求将在铁路、公路、水运、水利、能源、机场等各类工程建设项目中流动就业的农民工纳入工伤保险保障范围。

2019 年 8 月 20 日，《国家医保局 人力资源和社会保障部关于印发〈国家基本医疗保险、工伤保险和生育保险药品目录〉的通知》发布，进一步规范了工伤医疗用药办法。

2019 年 9 月 26 日，《人力资源和社会保障部办公厅关于加快推进工伤保险基金省级统筹工作的通知》发布，就工伤保险基金省级统筹工作作出部署。

经过以上改革，工伤保险制度日渐成熟完善，逐步建立了预防、补偿和康复"三位一体"的工伤保险体系，完成包含工伤认定、劳动能力鉴定、基金管理、待遇保障及相关法律责任等内容的工伤保险制度框架，为职工提供更加全面的工伤保障。

1.6 中国生育保障制度变迁

生育保障制度由生育保险、生育妇女劳动保护、母婴保健、婴幼儿照护等制度构成。本节以劳动保险制度、单位保障制度、生育保险制度为主线，结合妇幼保健制度，对生育保障制度的变迁进行梳理。

1.6.1 劳动保险与单位保障阶段(1949～1994)

我国生育保险制度是在 20 世纪 50 年代初期建立的。1949 年 9 月 29 日公布的《中国人民政治协商会议共同纲领》规定：逐步实行劳动保险制度，保护青工女工的特殊利益。

1951 年 2 月 26 日政务院颁布的《中华人民共和国劳动保险条例》规定，生育待遇包括：

甲、女工人与女职员生育，产前产后共给假 56 日，产假期间，工资照发。

乙、女工人与女职员怀孕不满 7 个月小产时，得根据医师的意见给予 30 日以内的产假，产假期间，工资照发。

丙、女工人与女职员难产或双生时，增给假期 14 日，工资照发。

丁、女工人与女职员怀孕，在该企业医疗所、医院或特约医院检查或分娩时，其检查费与接生费由企业行政方面或资方负担。

戊、产假期满(不论正产或小产)仍不能工作者，经医院证明后，按疾病待遇的规定处理之。

己、女工人与女职员或男工人与男职员之妻生育时，由劳动保险基金项下发给生育补助费 4 万元。(注：系指旧人民币，折合新人民币 4 元。)

1953 年 1 月 26 日，劳动部公布的《中华人民共和国劳动保险条例实施细则修正草案》规定：女工人女职员或男工人男职员之妻生育，如系双生或多生时，其生育补助费应按其所生子女人数，每人发给 8 万元。

1955 年 4 月 26 日发布的《国务院关于女工作人员生产假期的通知》规定：产前产后共给假 56 天，难产或双生增加假期 14 天；流产：怀孕不满 7 个月流产时,得根据医师的意见,给予 30 日以内的产假;产假期间(包括星期日及法定假日在内),工资照发;产假期满,因病需要继续休养者,按病假处理。

1986 年 5 月 30 日发布的《卫生部、劳动人事部、全国总工会、全国妇联关于印发〈女职工保健工作暂行规定(试行草案)〉的通知》规定:应积极开展优生宣传和优生咨询;实行定期产前检查,进行孕期保健及孕期营养指导;女职工较多的单位应建立孕妇休息室,妊娠满 7 个月后应给予工间休息;产后 42 天要对母子进行健康检查;对婴儿未满 1 周岁的女职工,在每班工作时间内应给予两次授乳时间,每次纯授乳时间单胎为 30 分钟。

1988 年 7 月 21 日国务院颁布的《女职工劳动保护规定》规定:女职工产假为 90 天,其中产前休假 15 天;难产的,增加产假 15 天。多胞胎生育的,每多生育一个婴儿,增加产假 15 天;女职工怀孕流产的,其所在单位应当根据医务部门的证明,给予一定时间的产假。

由于这一阶段的生育待遇成本主要由各个单位承担(1969 年劳动保险金不再提取,劳动保险变为单位保障),出现负担畸轻畸重等问题,需要通过分担风险的方式(即社会保险方式)加以解决。

1.6.2 生育保险探索阶段(1995～2009)

1994 年 7 月 5 日颁布的《中华人民共和国劳动法》规定:国家发展社会保险事业,建立社会保险制度,设立社会保险基金,使劳动者在年老、患病、工伤、失业、生育等情况下获得帮助和补偿,为生育保险制度建立提供了法律依据。

1994 年 12 月 14 日发布的《企业职工生育保险试行办法》规定:本办法适用于城镇企业及其职工;生育保险按属地原则组织。生育保险费用实行社会统筹。由企业按照其工资总额的一定比例向社会保险经办机构缴纳生育保险费(一般不超过工资总额的 1%),建立生育保险基金,职工个人不缴纳生育保险费;产假期间的生育津贴按照本企业上年度职工月平均工资计发, 由生育保险基金支付;女职工生育的检查费、接生费、手术费、住院费和药费由生育保险基金支付。超出规定的医疗服务费和药费(含自费药品和营养药品的药费)由职工个人负担;女职工生育出院后,因生育引起疾病的医疗费,由生育保险基金支付;其他疾病的医疗费,按照医疗保险待遇的规定办理。女职工产假期满后,因病需要休息治疗的,按照有关病假待遇和医疗保险待遇规定办理。

2001 年 5 月 22 日,《中国妇女发展纲要(2001～2010 年)》发布,提出城镇职工生育保险制度覆盖面达到 90% 以上的要求。

2004 年 9 月 8 日,劳动和社会保障部办公厅发布的《关于进一步加强生育保险工作的指导意见》指出,各级劳动和社会保障部门要逐步建立和完善与本地区经济发展相适应的生育保险制度。

2005 年《关于修改〈中华人民共和国妇女权益保障法〉的决定》指出,国家推行生育保险制度,建立健全与生育相关的其他保障制度。

尽管该阶段出台了《企业职工生育保险试行办法》,并出台了相关政策文件,但总体上生育保险的覆盖面偏低,制度还不够规范,需要进一步完善。

1.6.3　生育保险完善阶段(2010～2019)

2010 年 10 月 28 日,《中华人民共和国社会保险法》通过,专章对生育保险进行规范,提出职工应当参加生育保险,单位缴纳生育保险费用,职工享有生育保险待遇(包括男职工享受计划生育待遇),进一步完善了生育保险的制度框架。

2011 年 7 月 30 日,国务院发布《国务院关于印发中国妇女发展纲要和中国儿童发展纲要的通知》。该通知要求:完善城镇职工生育保险制度,进一步扩大生育保险覆盖范围,提高参保率。以城镇居民基本医疗保险、新型农村合作医疗制度为依托,完善城乡生育保障制度,覆盖所有城乡妇女。

2012 年 4 月 28 日,国务院颁布施行《女职工劳动保护特别规定》。该规定延长产假至 98 天,并要求生育津贴数额按是否参加生育保险进行区分,参加的按照用人单位上年度职工月平均工资的标准由生育保险基金进行给付,未参加的按照该职工产假前工资的标准由用人单位进行给付,进一步完善了生育保险制度。

2015 年 7 月 27 日,人社部发布《人力资源和社会保障部 财政部关于适当降低生育保险费率的通知》,提出认真测算,降低费率,控制基金结余,将生育保险基金合理结存量定为相当于 6 至 9 个月待遇支付额。

2017 年 2 月 4 日,《国务院办公厅关于印发生育保险和职工基本医疗保险合并实施试点方案的通知》发布,提出将职工基本医疗保险和生育保险进行合并,在全国 12 个地区进行试点,解决生育保险和医疗保险之间存在交叉重复的问题,降低成本,提高运行效率。

2019 年 3 月 6 日,《国务院办公厅关于全面推进生育保险和职工基本医疗保险合并实施的意见》发布。该意见提出:遵循保留险种、保障待遇、统一管理、降低成本的总体思路,推进两项保险合并实施,实现参保同步登记、基金合并运行、征缴管理一致、监督管理统一、经办服务一体化,强化基金共济能力,提升管理综合效能,降低管理运行成本,实现制度持续健康发展。

以上改革扩大了生育保险覆盖面,规范了生育保险费率与待遇,提高了运行效率,进一步完善了生育保险制度。

1.7 中国贫弱保障制度变迁

贫弱保障制度由最低生活保障、特困人员救助供养、临时救助、儿童保障等制度构成。本节根据救助的对象、救助的方式等不同,对中国贫弱保障制度的变迁进行梳理。

1.7.1 传统社会救济阶段(1949～1993)

我国传统的社会救济制度,是在20世纪50年代的计划经济体制下形成的,主要对无生活来源、无劳动能力、无法定赡养人(抚养人)的"三无人员"等困难群体进行救助。

根据1950年6月17日政务院颁布的《关于救济失业工人的指示》和劳动部颁发的《救济失业工人暂行办法》,救济失业工人,以工代赈为主,同时采取生产自救、转业训练、帮助回乡生产及发放救济金等办法。

"一五"时期后,国民经济逐步恢复,在经济、社会管理体制上,中国城乡二元体制开始形成,同时也形成了城市和乡村"各有特色"的贫弱救助政策。

城市救济模式是将救济与就业挂钩,国家只负责对少数没有单位或集体的、无依无靠的社会人员进行救济。

农村救助制度是从传统的赈灾救济中产生的,以五保户供养制度为核心的贫困救助制度。

1956年6月30日,《高级农业生产合作社示范章程》公布。该章程提出对没有依靠的鳏寡孤独社员给予吃、穿、烧、年幼的受教育和年老的死后安葬五个方面的保障。

1957 年 10 月 25 日公布的《1956 年到 1967 年全国农业发展纲要(修正草案)》要求:"农业合作社对于社内缺乏劳动力、生活没有依靠的鳏寡孤独的社员,应当统一筹划……在生活上给予适当照顾,做到保吃、保穿、保烧(燃料)、保教(儿童和少年)、保葬,使他们生养死葬都有指靠。"

1965 年 6 月 9 日,《国务院关于精减退职的老职工生活困难救济问题的通知》发布。该通知明确:在国民经济调整期间精减退职的老职工的救济问题,1962 年 6 月 1 日《国务院关于精减职工安置办法的若干规定》和中央精减小组 1964 年 8 月 5 日的电报中曾有规定。各地贯彻执行以后,解决了相当一部分退职老职工的生活问题,但目前仍有一部分人的困难没有得到很好的解决。该通知要求,对于从 1961 年到本通知下达之日期间精减退职的 1957 年年底以前参加工作并发给了一次性退职补助金的职工等困难群体,按规定发放救济费。

1982 年 3 月 12 日发布的《国务院关于精减退职的老职工生活困难救济问题的通知》,进一步规范与完善精简的困难老职工救济政策。

1982 年 5 月 12 日,国务院发布《城市流浪乞讨人员收容遣送办法》,进一步完善了流浪乞讨人员的救助政策。

"文化大革命"结束后,尤其是 1978 年以后,中国经历了从意识形态、发展战略到日常生活的各个领域的转折。随着经济改革的推进,农村实行家庭联产承包责任制,城市进行企业经营转换,传统的救济制度难以适应新的形势要求。于是,农村五保制度与城市最低生活保障制度相应建立。

1.7.2 城乡社会救助制度探索阶段(1994~2013)

1994 年 1 月 23 日公布施行的《农村五保供养工作条例》,对农村五保工作进行规范。该条例规定:五保供养的对象(以下简称五保对象)是指村民中无法定扶养义务人、无劳动能力、无生活来源的老年人、残疾人和未成年人;五保供养是指对符合规定的村民,在吃、穿、住、医、葬方面给予的生活照顾和物质帮助。五保对象是未成年人的,应保障他们依法接受义务教育。五保供养的实际标准,不应低于当地村民的一般生活水平。

1999 年 9 月 28 日,《城市居民最低生活保障条例》颁布,1999 年 10 月 1 日起施行。该条例规定:持有非农业户口的城市居民,凡共同生活的家庭成员人均收入低于当地城市居民最低生活保障标准的,均有从当地人民政府获得基本生活物质帮助的权利;对无生活来源、无劳动能力又无法定赡养人、扶养人或者抚养人的城市居民,批准其按照当地城市居民最低生活保障标准全额享受;对尚有一定收入的城市居民,批准其按照家庭人均收入低于当地城市居民最低生活保障标准的差额享受。

2003 年 6 月 20 日,《城市生活无着的流浪乞讨人员救助管理办法》颁布,2003 年 8 月 1 日起施行,进一步完善了流浪乞讨人员救助管理制度。

2003 年 7 月 21 日,《法律援助条例》颁布,2003 年 9 月 1 日起施行,对针对困难群体的法律援助制度进行了规范。

2006 年 1 月 21 日,国务院修订《农村五保供养工作条例》,2006 年 3 月 1 日起施行,对 1994 年发布的《农村五保供养工作条例》进行修订与完善。

2007 年 7 月 11 日,《国务院关于在全国建立农村最低生活保障制度的通知》发布。该通知明确:农村最低生活保障对象是家庭年人均纯收入低于当地最低生活保障标准的农村居民,主要是因病残、年老体弱、丧失劳动能力,及生存条件恶劣等原因造成生活长年困难的农村居民。

尽管农村五保与城乡低保等工作取得了长足进展,但贫弱救助在制度上仍然是城乡分割,不利于统筹推进城乡社会救助工作的开展,需要进一步整合。

1.7.3　城乡社会救助制度整合阶段(2014～2019)

2014 年 2 月 21 日,国务院发布《社会救助暂行办法》,2014 年 5 月 1 日起施行,开启了综合社会救助的新阶段。该办法不仅统一了城乡最低生活保障办法,而且建立覆盖城乡的特困人员救助供养制度,同时进一步规范了教育救助、住房救助、临时救助、儿童救助、残疾人救助等专项救助制度。

2014 年 10 月 3 日,《国务院关于全面建立临时救助制度的通知》发布,以解决城乡困难群众突发性、紧迫性、临时性生活困难为政策目标,对临时救助制度进一步规范。

2014 年 11 月 13 日,《住房城乡建设部 民政部 财政部关于做好住房救助有关工作的通知》发布,进一步明确了住房救助对象、救助方式、救助标准与救助程序。

　　2016 年 2 月 10 日,《国务院关于进一步健全特困人员救助供养制度的意见》发布,提出了托底供养、属地管理、城乡统筹、适度保障、社会参与的保障原则,进一步完善了特困人员救助供养办法。

　　2016 年 6 月 13 日,《国务院关于加强困境儿童保障工作的意见》发布,进一步完善儿童生活救助、医疗救助、教育救助等制度。

　　2019 年 4 月 25 日,《民政部 财政部 国家卫生健康委员会 国务院扶贫办 中国残疾人联合会关于在脱贫攻坚中做好贫困重度残疾人照护服务工作的通知》发布,进一步完善了贫困残疾人的救助办法。

　　该阶段以《社会救助暂行办法》为核心,加之有关专项救助办法,使贫弱保障进入统筹城乡的综合救助阶段,为贫弱保障高质量发展奠定了制度基础。

第 2 章　中国养老保障制度

中国养老保障制度由职工基本养老保险、城乡居民基本养老保险、补充养老保险、老年人权益保障等制度构成。经过多年改革,中国建立了覆盖全民、城乡衔接的养老保障制度架构。各类职工(包括机关事业单位工作人员)依法参加职工基本养老保险,城乡居民参加城乡居民基本养老保险,灵活就业人员可以参加职工基本养老保险或城乡居民基本养老保险。符合条件的职工和居民,按规定享受基本养老保险待遇。参加基本养老保险的单位和职工,可以按规定参加补充养老保险计划,参保职工享受补充养老保险待遇。生活困难的低收入群体,由政府全部或部分代缴居民基本养老保险费用,按规定享受养老待遇。对生活困难的老年人,按规定提供社会救助。符合一定年龄和其他相关条件的老年人,享受老年津贴、老年优待、老年照护等福利服务待遇。

➡️ 基本养老保险制度

➡️ 补充养老保险制度

➡️ 老年人权益保障制度

➡️ 养老保障热点问题解答

2.1　基本养老保险制度

基本养老保险是社会保险的重要组成部分,是防范和化解年老风险的制度安排。基本养老保险制度是基本养老保险覆盖范围、基金来源、资格条件、待遇计发等一系列规定的总称。

中国基本养老保险制度,由企业职工基本养老保险、机关事业单位工作人员养老保险和城乡居民基本养老保险构成。按规定参加基本养老保险的职工和居民,符合相应的年龄与缴费条件的,可以享有相应的基本养老保险待遇。

2.1.1　法规依据

中国建立健全养老保障法规体系(将法律、法规、规章、政策统称为法规,下同),与养老保障相关的法规包括社会保险法规及其相关法规。

2.1.1.1　社会保险法规

《中华人民共和国社会保险法》

《实施〈中华人民共和国社会保险法〉若干规定》

《在中国境内就业的外国人参加社会保险暂行办法》

《香港澳门台湾居民在内地(大陆)参加社会保险暂行办法》

《国务院办公厅关于印发降低社会保险费率综合方案的通知》

《国务院关于机关事业单位工作人员养老保险制度改革的决定》

《国务院关于建立统一的城乡居民基本养老保险制度的意见》

《人力资源和社会保障部 财政部关于印发〈城乡养老保险制度衔接暂行办法〉的通知》

《国务院办公厅关于转发人力资源和社会保障部 财政部〈城镇企业职工基本养老保险关系转移接续暂行办法〉的通知》

《国务院关于完善企业职工基本养老保险制度的决定》

《国务院关于印发完善城镇社会保障体系试点方案的通知》

《职工基本养老保险个人账户管理暂行办法》

《国务院关于建立统一的企业职工基本养老保险制度的决定》

《国务院关于深化企业职工养老保险制度改革的通知》

《国务院关于企业职工养老保险制度改革的决定》

《国务院关于高级专家离休退休若干问题的暂行规定》

《国务院关于颁发〈国务院关于安置老弱病残干部的暂行办法〉和〈国务院关于工人退休、退职的暂行办法〉的通知》

《国务院关于工人职员退职处理的暂行规定（草案）》

《中华人民共和国劳动保险条例》

《中华人民共和国劳动保险条例实施细则修正草案》

2.1.1.2　相关法规

《中华人民共和国宪法》

《中华人民共和国公务员法》

《中华人民共和国军人保险法》

《中华人民共和国劳动合同法》

《中华人民共和国劳动法》

《居住证暂行条例》

《事业单位人事管理条例》

《中华人民共和国劳动合同法实施条例》

《社会保险个人权益记录管理办法》

《社会保险基金先行支付暂行办法》

2.1.2　制度类型

2.1.2.1　基本规定

中国养老保障实行社会保险、个人账户、政府补贴、社会救助的制度模式。

中国职工基本养老保险制度（包括企业职工基本养老保险制度和机关事业单位工作人员养老保险制度）实行"社会统筹（保险）与个人账户"相结合。单位缴费形成社会统筹基金,体现互助共济;个人缴费计入个人账户,实现部分积累。

中国城乡居民基本养老保险实行"个人缴费、集体补助和政府补贴"相结合。政府补贴体现普惠与公平,个人缴费体现权利与义务相关联。

政府对低收入和无收入老年人予以救助,保障其基本生活。

2.1.2.2　相关法规

《国务院关于机关事业单位工作人员养老保险制度改革的决定》规定:实行社会统筹与个人账户相结合的基本养老保险制度。基本养老保险费由单位和个人共同负担。

《国务院关于印发完善城镇社会保障体系试点方案的通知》规定:坚持社会统筹与个人账户相结合的基本养老保险制度,基本养老保险费由企业和职工共同负担。

《国务院关于建立统一的城乡居民基本养老保险制度的意见》规定:坚持和完善社会统筹与个人账户相结合的制度模式,巩固和拓宽个人缴费、集体补助、政府补贴相结合的资金筹集渠道。

2.1.2.3　相关范畴

职工基本养老保险制度实行社会统筹与个人账户相结合,是理解中国基本养老保险制度的重要基础。

1993 年,中共十四届三中全会提出:"城镇职工养老和医疗保险金由单位和个人共同负担,实行社会统筹和个人账户相结合。"1995 年,《国务院关于深化企业职工养老保险制度改革的通知》提出,企业职工养老保险制度改革的目标是:到 20 世纪末,基本建立起适应社会主义市场经济体制要求,适用城镇各类企业职工和个体劳动者,资金来源多渠道、保障方式多层次、社会统筹与个人账户相结合、权利与义务相对应、管理服务社会化的养老保险体系。明确要求企业职工养老保险按照社会统筹与个人账户相结合的原则进行改革,并拟定了两个实施办法,由各地选择并组织开展试点。《国务院关于建立统一的企业职工基本养老保险制度的决定》将两个办法归于统一,规定按本人缴费工资 11% 的数额为职工建立基本养老保险个人账户,个人缴费全部记入个人账户,其余部分从企业缴费中划入。在这种模式下,基本养老保险基金和待遇分为两部分,一部分是用人单位缴纳的基本养老保险费进入基本养老保险统筹基金,用于支付职工退休时社会统筹部分养老金（即基础养老金），基本养老保险统筹基金用于均衡用人单位的负担，体现社会互助共济；另一部分是个人缴纳的基本养老保险费进入个人账户，用于负担退休后个人账户养老金的支付，体现个人责任。2005 年公布的《国务院关于完善企业职工基本养老保险制度的决定》，坚持社会统筹与个人账户相结合的模式，将个人账户规模调整为工资的 8%，全部由个人缴费构成，并开展做实个人账户试点。

社会统筹与个人账户相结合的基本养老保险制度在基本养老保险基金的筹集上采用传统型的基本养老保险费用的筹集模式，即由国家、单位和个人共同负担，基本养老保险基金实行社会互济；在基本养老金的计发上采用结构式的计发办法，强调个人账户养老金的激励因素和劳动贡献差别。因此，该制度既吸收了传统型的养老保险制度的优点，又借鉴了个人账户模式的长处；既体现了传统意义上的社会保险的社会互济、分散风险、保障性强的特点，又强调了职工的自我保障意识和激励机制。

2.1.3　覆盖范围

覆盖范围是指基本养老保险制度覆盖与实际覆盖的总称。制度覆盖是指被基本养老保险制度覆盖的人口，实际覆盖是指实际参加基本养老保险的人口（包括缴纳养老保险费的人口与享受养老保险待遇的人口）。

2.1.3.1　基本规定

企业职工参加职工基本养老保险，机关事业单位工作人员参加机关事业单位工作人员养老保险，由用人单位和职工共同缴纳基本养老保险费。

各类灵活就业人员可以参加职工基本养老保险，也可以参加城乡居民基本养老保险，由个人缴纳基本养老保险费。

年满 16 周岁（不含在校学生），非国家机关和事业单位工作人员及不属于职工基本养老保险制度覆盖范围的城乡居民，可以在户籍地（或居住地）参加城乡居民养老保险。

在中国境内就业的外国人按规定参加职工基本养老保险，在内地（大陆）就业的港澳台居民按规定参加职工基本养老保险。

在内地（大陆）居住且办理港澳台居民居住证的未就业港澳台居民，按规定参加城乡居民基本养老保险。

2.1.3.2　相关法规

《中华人民共和国社会保险法》规定：职工应当参加基本养老保险，由用人单位和职工共同缴纳基本养老保险费。无雇工的个体工商户、未在用人单位参加基本养老保险的非全日制从业人员以及其他灵活就业人员可以参加基本养老保险，由个人缴纳基本养老保险费。

《在中国境内就业的外国人参加社会保险暂行办法》规定：

在中国境内依法注册或者登记的企业、事业单位、社会团体、民办非企业单位、基金会、律师事务所、会计师事务所等组织（以下称用人单位）依法招用的外国人，应当依法参加职工基本养老保险、职工基本医疗保险、工伤保险、失业保险和生育保险，由用人单位和本人按照规定缴纳社会保险费。

与境外雇主订立雇用合同后，被派遣到在中国境内注册或者登记的分支机构、代表机构（以下称境内工作单位）工作的外国人，应当依法参加职工基本养老保险、职工基本医疗保险、工伤保险、失业保险和生育保险，由境内工作单位和本人按照规定缴纳社会保险费。

《香港澳门台湾居民在内地（大陆）参加社会保险暂行办法》规定：

在内地（大陆）依法注册或者登记的企业、事业单位、社会组织、有雇工的个体经济组织等用人单位（以下统称用人单位）依法聘用、招用的港澳台居民，应当依法参加职工基本养老保险、职工基本医疗保险、工伤保险、失业保险和生育保险，由用人单位和本人按照规定缴纳社会保险费。

在内地（大陆）居住且办理港澳台居民居住证的未就业港澳台居民，可以在居住地按照规定参加城乡居民基本养老保险和城乡居民基本医疗保险。

《国务院关于机关事业单位工作人员养老保险制度改革的决定》规定：本决定适用于按照公务员法管理的单位、参照公务员法管理的机关（单位）、事业单位及其编制内的工作人员。

《国务院关于建立统一的城乡居民基本养老保险制度的意见》规定：年满 16 周岁（不含在校学生），非国家机关和事业单位工作人员及不属于职工基本养老保险制度覆盖范围的城乡居民，可以在户籍地参加城乡居民养老保险。

《国务院关于完善企业职工基本养老保险制度的决定》规定：城镇各类企业

职工、个体工商户和灵活就业人员都要参加企业职工基本养老保险。

《社会保险费征缴暂行条例》规定：基本养老保险费的征缴范围是"国有企业、城镇集体企业、外商投资企业、城镇私营企业和其他城镇企业及其职工，实行企业化管理的事业单位及其职工"。

《居住证暂行条例》规定：公民离开常住户口所在地，到其他城市居住半年以上，符合有合法稳定就业、合法稳定住所、连续就读条件之一的，可以依照本条例的规定申领居住证。居住证持有人在居住地依法享受劳动就业，参加社会保险，缴存、提取和使用住房公积金的权利。

2.1.3.3 相关范畴

根据法律法规和有关政策规定，单位职工应当参加基本养老保险，个体工商户、非全日制从业人员、其他灵活就业人员可以参加基本养老保险，其他城乡居民参加城乡居民基本养老保险。这里就涉及用人单位、职工、个体工商户、非全日制从业人员、灵活就业人员等范畴，需要进行分析与界定。

（1）用人单位

《中华人民共和国社会保险法》中并没有定义用人单位，但《中华人民共和国劳动法》《中华人民共和国劳动合同法》《中华人民共和国劳动合同法实施条例》《工伤保险条例》和《女职工劳动保护特别规定》中有相关规定。

《中华人民共和国劳动法》规定：在中华人民共和国境内的企业、个体经济组织为用人单位，国家机关、事业组织、社会团体对于与其建立劳动合同关系的劳动者，也为用人单位。

《中华人民共和国劳动合同法》规定：中华人民共和国境内的企业、个体经济组织、民办非企业单位等组织为用人单位。国家机关、事业单位、社会团体对与其建立劳动关系的劳动者，也视为用人单位。

《中华人民共和国劳动合同法实施条例》规定：依法成立的会计师事务所、律师事务所等合伙组织和基金会，属于符合劳动合同法的用人单位。

《国务院关于修改〈工伤保险条例〉的决定》规定：中华人民共和国境内的企业、事业单位、社会团体、民办非企业单位、基金会、律师事务所、会计师事务所等组织和有雇工的个体工商户（以下称用人单位）应当依照本条例规定参加工伤保险，为本单位全部职工或者雇工（以下称职工）缴纳工伤保险费。

《女职工劳动保护特别规定》规定:中华人民共和国境内的国家机关、企业、事业单位、社会团体、个体经济组织以及其他社会组织等用人单位及其女职工,适用本规定。

综合分析认为,国家机关、企业、事业单位、社会团体、民办非企业单位、个体经济组织、基金会、律师事务所、会计师事务所以及其他社会组织等均为参加社会保险的用人单位。

(2)职工

职工是指与用人单位之间存在劳动关系(包括事实劳动关系)的单位劳动者,同没有工作单位的劳动者相区别。

劳动关系是指机关、企事业单位、社会团体、个体经济组织等用人单位与劳动者个人之间,依法签订劳动合同,劳动者接受用人单位的管理,从事用人单位安排的工作,成为用人单位的成员,从用人单位领取报酬和受劳动保护所产生的法律关系。

劳动关系不同于劳务关系。劳务关系是劳动者与用工者根据口头或书面约定,劳动者向用工者提供一次性的或者是特定的劳动服务,用工者依约向劳动者支付劳务报酬的一种有偿服务的法律关系。

《中华人民共和国劳动合同法》规定:用人单位自用工之日起即与劳动者建立劳动关系。用人单位应当建立职工名册备查。已建立劳动关系,未同时订立书面劳动合同的,应当自用工之日起 1 个月内订立书面劳动合同。

分析认为,职工是指与用人单位建立劳动关系的劳动者,是有相对稳定工作单位的就业人员。

(3)个体工商户

《个体工商户条例》对个体工商户及其经营等问题做出了一般规定,其要点是:

有经营能力的公民,依照本条例规定经工商行政管理部门登记,从事工商业经营的,为个体工商户。个体工商户可以个人经营,也可以家庭经营。

申请登记为个体工商户,应当向经营场所所在地登记机关申请注册登记。申请人应当提交登记申请书、身份证明和经营场所证明。

个体工商户可以根据经营需要招用从业人员。个体工商户应当依法与招用的从业人员订立劳动合同,履行法律、行政法规规定和合同约定的义务,不得侵害从业人员的合法权益。

分析认为,个体工商户分为有雇工的个体工商户与无雇工的个体工商户。按照《中华人民共和国社会保险法》的精神,有雇工的个体工商户为用人单位,应当参加职工基本养老保险;无雇工的个体工商户可以参加职工基本养老保险或参加城乡居民基本养老保险。

(4)非全日制从业人员

《中华人民共和国劳动合同法》对非全日制用工与非全日制劳动者情况做出了一般规定,主要内容包括:

非全日制用工,是指以小时计酬为主,劳动者在同一用人单位一般平均每日工作时间不超过4小时,每周工作时间累计不超过24小时的用工形式。

非全日制用工双方当事人可以订立口头协议。从事非全日制用工的劳动者可以与一个或者一个以上用人单位订立劳动合同;但是,后订立的劳动合同不得影响先订立的劳动合同的履行。

非全日制用工双方当事人不得约定试用期。

非全日制用工双方当事人任何一方都可以随时通知对方终止用工。终止用工,用人单位不向劳动者支付经济补偿。

非全日制用工小时计酬标准不得低于用人单位所在地人民政府规定的最低小时工资标准。非全日制用工劳动报酬结算支付周期最长不得超过15日。

(5)灵活就业人员

灵活就业人员是指在劳动年龄范围内(年满16岁,不超过退休年龄)以非全日制、临时性、季节性、弹性工作、自主工作等灵活多样形式实现就业的人员。

灵活就业形式有多种,大概分为三类。一是自雇型就业,分为个体经营和合伙经营两种类型,如个体零售店、小吃店、冲印店、装修公司老板等;二是自主型就业,如律师、自由撰稿人、歌手、模特、美术人、音乐人、电脑精英、策划人、摄影师、动画制作师等自由职业者;三是临时性就业,如家庭小时工、街头小贩、其他类型的打零工者,以及从事社区便民服务、家政服务、企事业单位后勤服务的非全时工、季节工、劳务承包工、劳务派遣工等各种临时性劳务人员。

分析认为,灵活就业人员没有固定的雇主,可以以个人身份参加职工基本养老保险或城乡居民基本养老保险。

2.1.4　参保地点

2.1.4.1　基本规定

企业职工和机关事业单位工作人员应当在就业地参保。城乡居民可以在户籍地参保,取得居住证的居民也可以在居住地参保。

2.1.4.2　相关法规

《社会保险费征缴暂行条例》规定:缴费单位必须在成立之日起 30 日内向当地社会保险经办机构办理社会保险登记,参加社会保险。

《居住证暂行条例》规定:居住证持有人在居住地依法享受劳动就业,参加社会保险,缴存、提取和使用住房公积金的权利。

《国务院关于建立统一的城乡居民基本养老保险制度的意见》规定:年满 16 周岁(不含在校学生),非国家机关和事业单位工作人员及不属于职工基本养老保险制度覆盖范围的城乡居民,可以在户籍地参加城乡居民养老保险。

2.1.5　统筹层次

统筹层次是指基本养老保险基金统一收支的行政区域。如果在全国一级实现了基本养老保险基金统一收支,就认为统筹层次为全国统筹;如果在省一级实现了基本养老保险基金统一收支,就认为统筹层次为省级统筹;如果在地市一级实现了基本养老保险基金的统一收支,就认为统筹层次为地市级统筹。

2.1.5.1　基本规定

职工基本养老保险基金与机关事业单位养老保险基金实行省级统筹,逐步实行全国统筹。城乡居民基本养老保险基金实行省级统筹。

2.1.5.2　相关法规

《中华人民共和国社会保险法》规定:基本养老保险基金逐步实行全国统筹,其他社会保险基金逐步实行省级统筹,具体时间、步骤由国务院规定。

《国务院办公厅关于印发降低社会保险费率综合方案的通知》规定:各省要结合降低养老保险单位缴费比例、调整社保缴费基数政策等措施,加快推进企业职工基本养老保险省级统筹,逐步统一养老保险参保缴费、单位及个人缴费基数核定办法等政策,2020年底前实现企业职工基本养老保险基金省级统收统支。

《国务院关于机关事业单位工作人员养老保险制度改革的决定》规定:建立健全基本养老保险基金省级统筹;暂不具备条件的,可先实行省级基金调剂制度,明确各级人民政府征收、管理和支付的责任。机关事业单位基本养老保险基金单独建账,与企业职工基本养老保险基金分别管理使用。

《国务院关于建立统一的城乡居民基本养老保险制度的意见》规定:各地要在整合城乡居民养老保险制度的基础上,逐步推进城乡居民养老保险基金省级管理。

《国务院关于建立统一的企业职工基本养老保险制度的决定》规定:为有利于提高基本养老保险基金的统筹层次和加强宏观调控,要逐步由县级统筹向省或省授权的地区统筹过渡。待全国基本实现省级统筹后,原经国务院批准由有关部门和单位组织统筹的企业,参加所在地区的社会统筹。

2.1.6 缴费办法

缴费办法分为职工缴费、单位缴费、灵活就业人员(含个体劳动者)缴费、城乡居民缴费等情形,涉及缴费主体、缴费周期、缴费基数、平均工资、缴费基数上下限、缴费比率、缴费税收减免等规定。

2.1.6.1 基本规定

单位(包括企业、机关、事业单位)和职工(包括企业职工、机关事业单位工作人员)共同缴纳职工基本养老保险费。城乡居民基本养老保险实行个人缴费、集体补助、政府补贴相结合。

2.1.6.2 职工缴费

职工以上一年度的月平均工资作为个人缴纳基本养老保险费的基数(以下简称缴费工资基数),按当地规定的比例按月缴纳基本养老保险费。职工缴纳基本养老保险费的比例一般为缴费工资基数的8%(2006年1月1日起),职工个人缴纳的基本养老保险费不计征个人所得税。

月平均工资应按国家统计局规定的列入工资总额统计的项目计算,其中包括工资、奖金、津贴、补贴等收入。单位支付给劳动者个人的丧葬抚恤救济费、生活困难补助费、计划生育补贴等不属于工资统计范围。

职工月平均工资低于当地职工平均工资 60% 的，按 60% 计算缴费工资基数；超过当地职工平均工资 300% 的部分不计入缴费工资基数，也不计入计发养老金的基数。

2019 年 5 月 1 日起，各省以本省城镇非私营单位就业人员平均工资和城镇私营单位就业人员平均工资加权计算的全口径城镇单位就业人员平均工资，核定职工基本养老保险个人缴费基数上下限。调整就业人员平均工资计算口径后，各省要制定基本养老金计发办法的过渡措施，确保退休人员待遇水平平稳衔接。

已离退休人员不缴纳基本养老保险费。

2.1.6.3　单位缴费

单位以职工工资总额（或全部职工缴费工资基数之和）为缴费工资基数，按当地规定的缴费比例按月缴纳基本养老保险费。当地规定缴纳基本养老保险费的比例一般为 16%（2019 年 5 月 1 日起），单位缴纳的基本养老保险费在税前列支。

2.1.6.4　个体劳动者缴费

城镇个体工商户和灵活就业人员参加基本养老保险的缴费工资基数为当地上年度在岗职工平均工资（2019 年 5 月 1 日前），缴费比例为 20%，其中 8% 记入个人账户，退休后按企业职工基本养老金计发办法计发基本养老金。

2019 年 5 月 1 日起，个体工商户和灵活就业人员参加企业职工基本养老保险，可以在本省全口径城镇单位就业人员平均工资的 60% 至 300% 之间选择适当的缴费基数。

城镇个体工商户和灵活就业人员一般应按月缴纳养老保险费，也可按季、半年、年度合并缴纳养老保险费。

个体劳动者缴纳的基本养老保险费不计征个人所得税。

2.1.6.5　城乡居民缴费

城乡居民选择不同缴费档次，按年缴纳居民基本养老保险费。参加城乡居民养老保险人员的缴费档次标准为每年 100 元、200 元、300 元、400 元、500 元、600 元、700 元、800 元、900 元、1000 元、1500 元、2000 元 12 个档次，省（区、市）人民政府可以根据实际情况增设缴费档次，最高缴费档次标准原则上不超过当地灵活就业人员参加职工基本养老保险的年缴费额。

有条件的村集体经济组织应当对参保人缴费给予补助。

2.1.6.6 相关法规

《国务院办公厅关于印发降低社会保险费率综合方案的通知》规定：自 2019 年 5 月 1 日起，降低城镇职工基本养老保险（包括企业和机关事业单位基本养老保险）单位缴费比例。各省、自治区、直辖市及新疆生产建设兵团（以下统称省）养老保险单位缴费比例高于 16% 的，可降至 16%；目前低于 16% 的，要研究提出过渡办法。

各省应以本省城镇非私营单位就业人员平均工资和城镇私营单位就业人员平均工资加权计算的全口径城镇单位就业人员平均工资，核定社保个人缴费基数上下限，合理降低部分参保人员和企业的社保缴费基数。调整就业人员平均工资计算口径后，各省要制定基本养老金计发办法的过渡措施，确保退休人员待遇水平平稳衔接。

个体工商户和灵活就业人员参加企业职工基本养老保险，可以在本省全口径城镇单位就业人员平均工资的 60% 至 300% 之间选择适当的缴费基数。

《关于完善城镇职工基本养老保险政策有关问题的通知》规定：城镇个体工商户等自谋职业者以及采取各种灵活方式就业的人员，在其参加养老保险后，按照省级政府规定的缴费基数和比例，一般应按月缴纳养老保险费，也可按季、半年、年度合并缴纳养老保险费；缴费时间可累计折算。

《国务院关于建立统一的城乡居民基本养老保险制度的意见》规定：城乡居民养老保险基金由个人缴费、集体补助、政府补贴构成。参加城乡居民养老保险的人员应当按规定缴纳养老保险费。缴费标准目前设为每年 100 元、200 元、300 元、400 元、500 元、600 元、700 元、800 元、900 元、1000 元、1500 元、2000 元 12 个档次，省（区、市）人民政府可以根据实际情况增设缴费档次，最高缴费档次标准原则上不超过当地灵活就业人员参加职工基本养老保险的年缴费额。

有条件的村集体经济组织应当对参保人缴费给予补助，补助标准由村民委员会召开村民会议民主确定,鼓励有条件的社区将集体补助纳入社区公益事业资金筹集范围。鼓励其他社会经济组织、公益慈善组织、个人为参保人缴费提供资助。补助、资助金额不超过当地设定的最高缴费档次标准。

《国务院关于完善企业职工基本养老保险制度的决定》规定:为与做实个人账户相衔接,从 2006 年 1 月 1 日起,个人账户的规模统一由本人缴费工资的 11% 调整为 8%,全部由个人缴费形成,单位缴费不再划入个人账户。城镇个体工商户和灵活就业人员参加基本养老保险的缴费基数为当地上年度在岗职工平均工资,缴费比例为 20%,其中 8% 记入个人账户,退休后按企业职工基本养老金计发办法计发基本养老金。

《国务院关于印发完善城镇社会保障体系试点方案的通知》规定:坚持社会统筹与个人账户相结合的基本养老保险制度,基本养老保险费由企业和职工共同负担。

《职工基本养老保险个人账户管理暂行办法》规定:月平均工资按国家统计局规定列入工资总额统计的项目计算,包括工资、奖金、津贴、补贴等收入。本人月平均工资低于当地职工平均工资 60% 的,按当地职工月平均工资的 60% 缴费;超过当地职工月平均工资 300% 的,按当地职工月平均工资 300% 缴费,超过部分不记入缴费工资基数,也不记入计发养老金的基数。

《国务院关于深化企业职工养老保险制度改革的通知》规定:企业按当地政府规定的比例缴费,并在税前列支。职工按当地政府规定的比例缴费,个人缴纳的养老保险费不计征个人所得税。已离退休人员不缴纳养老保险费。

2.1.6.7 相关范畴

(1)职工与单位共同缴纳社会保险费

以职工身份参保的人员,由用人单位和职工个人共同缴纳基本养老保险费。养老保险费用由雇主和雇员共同缴纳是国际上普遍的做法。中国在 20 世纪 80 年代中期开始进行退休费用社会统筹的试点时,费用全部由单位缴纳。1991 年发布的《国务院关于企业职工养老保险制度改革的决定》建立了由用人单位和职工共同缴费的制度。1995 年发布的《国务院关于深化企业职工养老保险制度改革的通知》坚持了这一制度,1997 年发布的《国务院关于建立统一的企业职工基本养老保险制度的决定》进一步完善了该制度。

（2）国家机关事业单位工作人员参加养老保险

长期以来，机关事业单位的工作人员实行退休养老制度，由各机关事业单位各自负责，退休后，根据工作年限按退休前工资的一定比例计发退休金，资金由政府财政预算安排。

中共十七大报告提出"促进企业、机关、事业单位养老保险制度改革"，中共十七届五中全会通过的中共中央关于制定"十二五"规划的建议中也提出"推动机关事业单位养老保险制度改革"，指出了将退休养老制度改革为社会养老保险的改革方向。但由于企业、机关、事业单位性质不同，人员结构不同，在经济社会发展运行中的功能不同，改革需要分步实施、有序推进。2015 年 1 月 14 日，《国务院关于机关事业单位工作人员养老保险制度改革的决定》发布，标志着机关事业单位纳入了养老保险体系，机关事业单位工作人员都要按规定参加养老保险，由单位和个人共同缴纳养老保险费，职工按规定享受养老保险待遇。

2.1.6.8 地方示例

在建立基本养老保险制度之初，国家并没有规定统一的缴费费率，各地参照国家文件精神制定相应的缴费办法。以下是北京市自建立基本养老保险制度以来的缴费费率，显示了养老保险缴费的历史变迁。

表 2–1 北京市养老保险历年缴费基数上下限及单位、职工缴费比例一览表

单位:元

年度	缴费基数（下限）	缴费基数（上限）	单位缴费比例						个人缴费比例
			全民	劳服	集体	合资	私营	划转	
1992.10~1992.12	144	480	18%	14.50%	27%	16%	—		2%
1993.1~1993.12	170	567						—	
1994.1~1994.12	226	1131	19%	14.50%	27%	17%	—		
1995.1~1995.12	327	1635							
1996.1~1996.3	407	2036	19%					—	5%
1996.4~1996.12	327	1635							
1997.1~1997.12	407	2036							
1998.1~1998.6	479	2395							
1998.7~1998.12	290	2395	13%						6%
1999.1~1999.12	310	2755	14%					5%	6%
2000.1~2000.12	400	3071							

续表

年度	缴费基数（下限）		缴费基数（上限）	单位缴费比例						个人缴费比例
				全民	劳服	集体	合资	私营	划转	
2001.1~2001.12	412		3444	15%					4%	7%
2002.1~2002.12	435		3932							
2003.1~2003.3	435		3932	17%					3%	8%
2003.4~2004.3	465		5182							
2004.4~2005.3	465		6011							
2005.4~2005.12	545		7087							
2006.1~2006.3	545		7087	20%						
2006.4~2007.3	580		8202							
2007.4~2008.3	1203	640*	9024							
2008.4~2009.3	1329	730*	9966							
2009.4~2009.12	1490	800*	11178							
2010.1~2010.3	1490		11178							
2010.4~2011.3	1615		12111							
2011.4~2012.3	1680		12603							
2012.4~2013.3	1869		14016							
2013.4~2014.6	2089		15669							
2014.7~2015.6	2317		17379							
2015.7~2016.4	2585		19389							
2016.5~2016.6	2585		19389	19%						
2016.7~2017.6	2834		21258							
2017.7~2018.6	3082		23118							
2018.7~2019.4	3387		25401							
2019.5~2019.6	3387		25401	16%						

* 农村劳动力（当年）参加养老保险缴费基数

数据来源：http://www.bjxch.gov.cn/xcfw/shbz/xxxq/pnidpv740513.html.

2.1.7　政府资助

中国政府对职工（包括企业职工与机关事业单位工作人员）基本养老保险、城乡居民基本养老保险进行资助，体现政府在社会保险方面承担的资金支持责任。

2.1.7.1 基本规定

单位职工（包括国有企业职工、机关事业单位工作人员和军队转业人员）参加基本养老保险前，视同缴费年限期间应当缴纳的基本养老保险费由政府承担。

基本养老保险基金出现支付不足时，政府给予补贴。

单位缴纳的基本养老保险费在税前列支，个人缴纳的养老保险费不计征个人所得税，个人账户利息免征利息税。

社会保险机构的运行费用由政府预算拨付。

政府对符合领取城乡居民养老保险待遇条件的参保人全额支付基础养老金。

地方人民政府对城乡居民基本养老保险参保人的缴费给予补贴，对选择最低档次标准缴费的，补贴标准不低于每人每年30元。

地方人民政府为重度残疾人等缴费困难群体代缴部分或全部最低标准的城乡居民基本养老保险费。

2.1.7.2 相关法规

《中华人民共和国社会保险法》规定：

县级以上人民政府对社会保险事业给予必要的经费支持。国家通过税收优惠政策支持社会保险事业。

社会保险经办机构的人员经费和经办社会保险发生的基本运行费用、管理费用，由同级财政按照国家规定予以保障。

国有企业、事业单位职工参加基本养老保险前，视同缴费年限期间应当缴纳的基本养老保险费由政府承担。基本养老保险基金出现支付不足时，政府给予补贴。

《国务院关于建立统一的城乡居民基本养老保险制度的意见》规定：

政府对符合领取城乡居民养老保险待遇条件的参保人全额支付基础养老金，其中，中央财政对中西部地区按中央确定的基础养老金标准给予全额补助，对东部地区给予50%的补助。

地方人民政府应当对参保人缴费给予补贴，对选择最低档次标准缴费的，补贴标准不低于每人每年30元；对选择较高档次标准缴费的，适当增加补贴金额；对选择500元及以上档次标准缴费的，补贴标准不低于每人每年60元，具体标准和办法由省(区、市)人民政府确定。对重度残疾人等缴费困难群体,地方人民政府为其代缴部分或全部最低标准的养老保险费。

《国务院关于深化企业职工养老保险制度改革的通知》规定:社会统筹基金发生困难时,由同级财政予以支持。企业按当地政府规定的比例缴费,并在税前列支。职工按当地政府规定的比例缴费,个人缴纳的养老保险费不计征个人所得税。

2.1.7.3 相关范畴

(1)视同缴费年限的由来

现行基本养老保险制度建立以前,我国企业职工实行的是企业养老制度,个人不缴费,职工退休后由企业发放退休金。1991 年国务院《关于企业职工养老保险制度改革的决定》规定,基本养老保险基金由企业和职工共同缴费。1995 年,国务院发布《关于深化企业职工养老保险制度改革的通知》,确立了基本养老保险待遇与缴费年限和缴费工资挂钩的制度,同时明确"实行个人缴费制度前,职工的连续工龄可视同缴费年限"。

(2)视同缴费年限的情形

根据《职工基本养老保险个人账户管理暂行办法》规定,视同缴费年限,是指参保职工实际缴费年限之前的按国家有关规定计算的连续工作年限。实践中,由于各地发展不平衡,各地建立统账结合的基本养老保险制度的时间也不完全一致。例如,根据北京市有关规定:自 1992 年 10 月 1 日起,以职工个人缴纳基本养老保险费的年限作为计发基本养老金的依据;职工个人缴纳基本养老保险费以前,按国家有关规定计算的连续工龄视同职工个人缴费年限。

为适应国企改革和有关事业单位转制等需要,国家对一些特殊情况出台了专门规定。有关规定包括:

一是《劳动和社会保障部关于贯彻两个条例扩大社会保险覆盖范围加强基金征缴工作的通知》,规定下岗职工不论以何种形式实现再就业,都要按规定继续参加社会保险,原来的缴费年限和视同缴费年限连续计算。任何单位都不能以"买断工龄"等形式终止职工的社会保险关系。

二是《科学技术部 国家经济贸易委员会 财政部 劳动和社会保障部 人事部等部门关于印发〈关于国家经贸委管理的 10 个国家局所属科研机构管理体制

改革的实施意见〉的通知》,规定转制后的在职人员实行企业职工基本养老保险制度。从 1999 年 7 月 1 日起,单位和个人按当地人民政府规定的比例缴纳基本养老保险费,建立基本养老保险个人账户。1999 年 7 月 1 日前的连续工龄视同缴费年限,不再补缴养老保险费。

三是《人事部 劳动和社会保障部 中国人民解放军总后勤部关于军队后勤保障社会化改革中人事和劳动保障工作有关问题的通知》,规定军队职工随军队后勤保障项目移交地方的,或正常调动到地方单位以及自谋职业的,从离开军队之日起,按国家规定参加当地养老保险统筹。其中,转为事业单位或调入事业单位的,执行事业单位养老保险制度;改制为企业或调入企业单位的执行企业基本养老保险制度;自谋职业从事个体经营的,按个体劳动者的养老保险政策办理。职工原来的连续工龄视同缴费年限,不再补缴养老保险费。

四是《国务院办公厅转发建设部等部门关于中央所属工程勘察设计单位体制改革实施方案的通知》,规定从 2000 年 10 月 1 日起,改为企业的单位及其职工按当地人民政府规定的比例和统筹层次,分别以 2000 年 10 月的单位工资总额和职工个人缴费工资为基数缴纳基本养老保险费,建立基本养老保险个人账户。2000 年 10 月 1 日前的连续工龄(工作年限)视同缴费年限,不再补缴基本养老保险费。

五是《劳动和社会保障部 财政部 中国人民银行关于农村信用社参加基本养老保险社会统筹有关问题的通知》,规定对于目前未实行养老保险统筹的农村信用社,其职工自 2001 年 1 月 1 日起按当地企业职工基本养老保险规定参加地方统筹。在地方社会保险机构统一为职工建立个人账户至 2000 年底之间,职工的个人账户不予补记,职工在此期间的工作年限也不视同缴费年限;但职工在地方社会保险机构建立个人账户以前的连续工龄应视同缴费年限。

六是《劳动和社会保障部 财政部 人事部 中央机构编制委员会办公室关于职工在机关事业单位与企业之间流动时社会保险关系处理意见的通知》,规定职工由机关事业单位进入企业工作之月起,参加企业职工的基本养老保险,单位和个人按规定缴纳基本养老保险费,建立基本养老保险个人账户,原有的工作年限视同缴费年限,退休时按企业的办法计发基本养老金。

七是《国务院办公厅关于深化地质勘查队伍改革有关问题的通知》,规定地质勘查单位改制为企业的,依法实行劳动合同制度,纳入地方企业职工养老保险社会统筹,职工在事业单位的连续工作年限视同缴费年限,不再补缴养老保险费用。

八是《劳动和社会保障部　财政部　司法部关于监狱企业工人参加企业职工基本养老保险有关问题的通知》,规定监狱企业工人参加当地企业职工基本养老保险后,1998 年 1 月 1 日以前的连续工龄视同缴费年限;是否从 1998 年 1 月 1 日起补建个人账户并补缴基本养老保险费,由各省(自治区、直辖市)决定。

九是《劳动和社会保障部　民政部　财政部关于进一步落实部分军队退役人员劳动保障政策的通知》,规定部分军队退役人员和军队复员干部尚未参保缴费的,可持有效证明到当地社会保险经办机构办理登记军龄手续,原有军龄可视同缴费年限,达到法定退休年龄和缴费年限(含视同缴费年限的军龄)满 15 年的,可按月享受基本养老保险待遇。对已办理登记军龄手续后按规定缴费的,其实际缴费年限与原有军龄合并计算为缴费年限。

(3)关于基本养老保险基金出现支付不足时的政府补贴责任

按照现行政策,基本养老保险基金主要由用人单位和个人缴费形成,但在基金出现支付不足时,政府要承担补贴责任,这是政府对基本养老保险基金应承担的责任。

2.1.8　个人账户

2.1.8.1　基本规定

职工基本养老保险费由单位和职工个人共同缴纳,单位缴费计入统筹基金,职工缴费计入个人账户。单位和职工个人共同缴纳职工基本养老保险费的年限,称为"缴费年限"(或实际缴费年限)。实行个人缴费制度前,职工的连续工龄可视同缴费年限。

职工个人账户储存额,每年参考银行同期存款利率计算利息,免征利息税。个人账户储存额只用于职工养老,一般不得提前支取(出国定居等可以提前支取)。职工调动时,个人账户全部随同转移。职工或退休人员死亡,个人账户中的个人缴费部分可以继承。

个体劳动者等灵活就业人员,按缴费工资基数的 20%缴纳职工基本养老保险费,其中 8%计入个人账户,12%计入统筹基金。

城乡居民基本养老保险参保人员个人缴费、政府缴费补贴等记入个人账户。个人账户储存额按国家规定计息。参保人死亡,个人账户资金余额可以依法继承。

2.1.8.2　相关法规

《中华人民共和国社会保险法》规定:

用人单位应当按照国家规定的本单位职工工资总额的比例缴纳基本养老保险费,记入基本养老保险统筹基金。

职工应当按照国家规定的本人工资的比例缴纳基本养老保险费,记入个人账户。

无雇工的个体工商户、未在用人单位参加基本养老保险的非全日制从业人员以及其他灵活就业人员参加基本养老保险的,应当按照国家规定缴纳基本养老保险费,分别记入基本养老保险统筹基金和个人账户。

个人账户不得提前支取,记账利率不得低于银行定期存款利率,免征利息税。个人死亡的,个人账户余额可以继承。

《国务院关于完善企业职工基本养老保险制度的决定》规定:城镇个体工商户和灵活就业人员参加基本养老保险的缴费基数为当地上年度在岗职工平均工资(2019 年 5 月 1 日前),缴费比例为 20%,其中 8%记入个人账户,退休后按企业职工基本养老金计发办法计发基本养老金。

《国务院关于印发完善城镇社会保障体系试点方案的通知》规定:坚持社会统筹与个人账户相结合的基本养老保险制度,基本养老保险费由企业和职工共同负担。企业缴费部分不再划入个人账户,全部纳入社会统筹基金,并以省(自治区、直辖市)为单位进行调剂。职工依法缴纳基本养老保险费,缴费比例为本人缴费工资的 8%,并全部计入个人账户。个人账户储存额的多少,取决于个人缴费额和个人账户基金收益,并由社会保险经办机构定期公布。

《职工基本养老保险个人账户管理暂行办法》规定:

职工本人一般以上一年度本人月平均工资为个人缴费工资基数(有条件的地区也可以本人上月工资收入为个人缴费工资基数,下同)。

新招职工(包括研究生、大学生、大中专毕业生等)以起薪当月工资收入作为缴费工资基数;从第二年起,按上一年实发工资的月平均工资作为缴费工资基数。

单位派出的长期脱产学习人员、经批准请长假的职工,保留工资关系的,以脱产或请假的上年月平均工资作为缴费工资基数。

单位派出境外、国外工作的职工,按本人出境(国)上年在本单位领取的月平均工资作为缴费工资基数;次年的缴费工资基数按上年本单位平均工资增长率进行调整。

失业后再就业的职工,以再就业起薪当月的工资收入作为缴费工资基数;从第二年起,按上一年实发工资的月平均工资作为缴费工资基数。

《国务院关于建立统一的企业职工基本养老保险制度的决定》规定:个人账户储存额,每年参考银行同期存款利率计算利息。个人账户储存额只用于职工养老,不得提前支取。职工调动时,个人账户全部随同转移。职工或退休人员死亡,个人账户中的个人缴费部分可以继承。

《国务院关于深化企业职工养老保险制度改革的通知》规定:基本养老保险费由企业和职工个人共同缴纳。企业和职工个人共同缴纳养老保险费的年限,称为"缴费年限"。实行个人缴费制度前,职工的连续工龄可"视同缴费年限"。

《国务院关于建立统一的城乡居民基本养老保险制度的意见》规定:国家为每个参保人员建立终身记录的养老保险个人账户,个人缴费、地方人民政府对参保人的缴费补贴、集体补助及其他社会经济组织、公益慈善组织、个人对参保人的缴费资助,全部记入个人账户。个人账户储存额按国家规定计息。参保人死亡,个人账户资金余额可以依法继承。

2.1.8.3　相关范畴

(1)基本养老保险个人账户

中国职工基本养老保险实行社会统筹和个人账户相结合的模式,职工个人账户处于重要的位置。根据《职工基本养老保险个人账户管理暂行办法》的规定,基本养老保险个人账户用于记录参加基本养老保险社会统筹的职工缴纳的基本养老保险费和从企业缴费中划转记入的基本养老保险费(从 2006 年 1 月 1日起,不再从企业缴费中划转),以及上述两部分的利息金额。个人账户是职工在符合国家规定的退休条件并办理了退休手续后,领取基本养老金的重要依据。

个人账户的建立由职工劳动关系所在单位到当地社会保险经办机构办理,各社会保险经办机构为已参加基本养老保险的职工每人建立一个终身不变的个人账户。个人账户建立时间从各地按社会统筹与个人账户相结合的原则进行养老保险制度改革时算起,之后新参加工作的人员,从参加工作当月起建立个人账户。个人账户主要内容包括:姓名、性别、社会保障号码、参加工作时间、视同缴费年限、个人首次缴费时间、当地上年职工平均工资、个人当年缴费工资基数、当年缴费月数、当年记账利息及个人账户储存额等。

(2)个人账户不得提前支取

个人账户的建立,是我国企业职工基本养老保险制度改革的核心,直接关系到每个职工和离退休人员的切身利益。个人账户资金是职工工作期间为退休后养老积蓄的资金,是基本养老保险待遇的重要组成部分,因此个人账户在退休前不得提前支取,如果提前支取,职工退休后的养老保险待遇就无法保障。《国务院关于建立统一的企业职工基本养老保险制度的决定》规定,个人账户储存额只用于职工养老,不得提前支取。《职工基本养老保险个人账户管理暂行办法》进一步规定,只有出现职工离退休、职工在职期间死亡或者离退休人员死亡等情形时,个人账户才发生支付和继承。

(3)个人账户记账利率

个人账户在从缴费到退休后支取长达数十年的时间中,通货膨胀的风险无法避免。通货膨胀会降低个人账户资金的购买力,造成个人账户资金的贬值,如果不能实现保值增值,个人账户资金的养老保障作用就会受到影响。

《国务院关于建立统一的企业职工基本养老保险制度的决定》规定,基本养老保险基金结余额,除预留相当于2个月的支付费用外,应全部购买国家债券和存入专户,严格禁止投入其他金融和经营性事业。个人账户储存额,每年参考银行同期存款利率计算利息。为了应对人口老龄化的挑战,实现养老保险制度的可持续发展,在总结东北三省试点经验的基础上,《国务院关于完善企业职工基本养老保险制度的决定》规定,要逐步做实基本养老保险个人账户,"国家制定个人账户基金管理和投资运营办法,实现保值增值"。根据这一规定,基本养老保险个人账户做实后,其回报率应为投资回报率,而不再根据名义利率来计息。

实践中,如果是名义账户,一般参考职工平均工资增长率、物价指数等因素确定记账利率,各地高低不同。如果做实个人账户,则是按照投资回报率计算收益。考虑到这个实际,《中华人民共和国社会保险法》规定,个人账户记账利率不得低于银行定期存款利率,既为个人账户保值增值规定了最低的记账利率,也为国务院根据实践发展完善政策留下了调整空间。

(4)免征利息税

"利息税"是指个人所得税的"利息、股息、红利所得"税目,主要指对个人在中国境内储蓄人民币、外币而取得的利息所得征收的个人所得税。根据 1999 年 11 月 1 日起开始施行的《对储蓄存款利息所得征收个人所得税的实施办法》,不论什么时间存入的储蓄存款,在 1999 年 11 月 1 日以后支取的,1999 年 11 月 1 日起开始滋生的利息要按 20%征收所得税。2007 年,国务院决定自 2007 年 8 月 15 日起,将储蓄存款利息所得个人所得税的适用税率由 20%调减为 5%。2008 年 10 月 9 日起,国家决定暂免征收利息税。基本养老保险个人账户资金主要用于退休后养老,不同于普通的储蓄,所以《中华人民共和国社会保险法》规定免征利息税,体现了国家对社会保险事业的支持。

(5)个人账户的继承问题

个人账户资金是职工个人工作期间为退休后养老积蓄的资金,具有强制储蓄性质,属于个人所有。因此,个人账户养老金余额可以继承。1997 年,《国务院关于建立统一的企业职工基本养老保险制度的决定》规定,职工或退休人员死亡,个人账户中的个人缴费部分可以继承。这样规定是因为,在 2006 年 1 月 1 日以前,个人账户是以本人缴费工资 11%建立的,其中除了职工本人缴费以外,还有从企业缴费中划转的一部分,而企业缴费不能继承。

《职工基本养老保险个人账户管理暂行办法》进一步规定,职工在职期间死亡或者离退休人员死亡时,如果其个人账户尚存余额,余额中个人缴费本息可以继承。职工在职期间死亡时,其继承额为其死亡时个人账户全部储存额中的个人缴费部分本息。离退休人员死亡时,继承额按如下公式计算:离退休人员个人账户继承额=离退休人员死亡时个人账户余额×离退休时个人账户中个人缴费本息占个人账户全部储存额的比例。继承额一次性支付给亡者生前指定的受益人或者法定继承人。个人账户的其余部分,并入社会统筹基金。个人账户处理完后,应停止缴费或支付,予以封存。

2.1.8.4 地方示例

《北京市基本养老保险规定》规定：

社会保险经办机构应当按照国家有关规定为被保险人建立基本养老保险个人账户（以下称为个人账户）。

个人账户由被保险人缴纳的基本养老保险费和个人账户储存额的利息构成。个人账户储存额每年参考银行同期居民存款利率计算利息。

个人账户储存额只能用于被保险人养老，不得提前支取。被保险人死亡后，个人账户储存额或者余额中个人缴纳的基本养老保险费及其利息可以依法继承，其余部分并入基本养老保险基金。

2.1.9 权益转接

2.1.9.1 基本规定

个人跨统筹地区就业的，其基本养老保险关系随本人转移，缴费年限累计计算。个人达到法定退休年龄时，基本养老金分段计算、统一支付。

跨统筹地区转移职工基本养老保险关系时，个人账户资金按规定全部随同转移，统筹基金转移12%。当男满50岁、女满40岁时，不再转移职工基本养老保险关系，在新就业地区建立临时账户（按组织程序调动人员的养老保险关系转接不受年龄限制）。

符合退休条件时，职工基本养老保险关系在户籍地的，在户籍地办理退休；职工基本养老保险关系不在户籍地，在缴费年限达10年及以上的工作地办理退休；职工基本养老保险关系不在户籍地，有两个以上地区的缴费年限达到10年及以上的，在缴费时限长的地区办理退休；职工基本养老保险关系不在户籍地，有两个地区的缴费年限在10年及以上且相等的，在最近缴费的地区办理退休；如果没有缴费年限10年及以上的地区，将资金归集到户籍地，在户籍地办理退休。

个人既参加职工基本养老保险，又参加居民基本养老保险，在退休时需要按以下规定进行衔接：参保人员从城乡居民养老保险转入城镇职工养老保险的，城乡居民养老保险个人账户全部储存额并入城镇职工养老保险个人账户，城乡居民养老保险缴费年限不合并计算或折算为城镇职工养老保险缴费年限。

参保人员从城镇职工养老保险转入城乡居民养老保险的,城镇职工养老保险个人账户全部储存额并入城乡居民养老保险个人账户,参加城镇职工养老保险的缴费年限合并计算为城乡居民养老保险的缴费年限。

参加城乡居民养老保险的人员,在缴费期间户籍迁移、需要跨地区转移城乡居民养老保险关系的,可转移个人账户全部储存额,缴费年限累计计算;已经按规定领取城乡居民养老保险待遇的,无论户籍是否迁移,其养老保险关系不转移。

2.1.9.2　相关法规

《中华人民共和国社会保险法》规定:个人跨统筹地区就业的,其基本养老保险关系随本人转移,缴费年限累计计算。个人达到法定退休年龄时,基本养老金分段计算、统一支付。具体办法由国务院规定。

《人力资源和社会保障部　财政部关于印发〈城乡养老保险制度衔接暂行办法〉的通知》规定:

参保人员需办理城镇职工养老保险和城乡居民养老保险制度衔接手续的,先按城镇职工养老保险有关规定确定待遇领取地,并将城镇职工养老保险的养老保险关系归集至待遇领取地,再办理制度衔接手续。

参保人员从城乡居民养老保险转入城镇职工养老保险的,城乡居民养老保险个人账户全部储存额并入城镇职工养老保险个人账户,城乡居民养老保险缴费年限不合并计算或折算为城镇职工养老保险缴费年限。

参保人员从城镇职工养老保险转入城乡居民养老保险的,城镇职工养老保险个人账户全部储存额并入城乡居民养老保险个人账户,参加城镇职工养老保险的缴费年限合并计算为城乡居民养老保险的缴费年限。

参保人员若在同一年度内同时参加城镇职工养老保险和城乡居民养老保险的,其重复缴费时段(按月计算,下同)只计算城镇职工养老保险缴费年限,并将城乡居民养老保险重复缴费时段相应个人缴费和集体补助退还本人。

参保人员不得同时领取城镇职工养老保险和城乡居民养老保险待遇。对于同时领取城镇职工养老保险和城乡居民养老保险待遇的,终止并解除城乡居民养老保险关系,除政府补贴外的个人账户余额退还本人,已领取的城乡居民养老保险基础养老金应予以退还;本人不予退还的,由社会保险经办机构负责从城乡居民养老保险个人账户余额或者城镇职工养老保险基本养老金中抵扣。

《国务院办公厅关于转发人力资源和社会保障部 财政部〈城镇企业职工基本养老保险关系转移接续暂行办法〉的通知》规定，参保人员跨省流动就业转移基本养老保险关系时，按下列方法计算转移资金：

一是个人账户储存额。1998年1月1日之前按个人缴费累计本息计算转移，1998年1月1日后按计入个人账户的全部储存额计算转移。

二是统筹基金（单位缴费）。以本人1998年1月1日后各年度实际缴费工资为基数，按12%的总和转移，参保缴费不足1年的，按实际缴费月数计算转移。

参保人员跨省流动就业，其基本养老保险关系转移接续按下列规定办理：

一是参保人员返回户籍所在地（指省、自治区、直辖市，下同）就业参保的，户籍所在地的相关社保经办机构应为其及时办理转移接续手续。

二是参保人员未返回户籍所在地就业参保的，由新参保地的社保经办机构为其及时办理转移接续手续。但对男性年满50周岁和女性年满40周岁的，应在原参保地继续保留基本养老保险关系，同时在新参保地建立临时基本养老保险缴费账户，记录单位和个人全部缴费。参保人员再次跨省流动就业或在新参保地达到待遇领取条件时，将临时基本养老保险缴费账户中的全部缴费本息，转移归集到原参保地或待遇领取地。

三是参保人员经县级以上党委组织部门、人力资源和社会保障行政部门批准调动，且与调入单位建立劳动关系并缴纳基本养老保险费的，不受以上年龄规定限制，应在调入地及时办理基本养老保险关系转移接续手续。

跨省流动就业的参保人员达到待遇领取条件时，按下列规定确定其待遇领取地：

一是基本养老保险关系在户籍所在地的，由户籍所在地负责办理待遇领取手续，享受基本养老保险待遇。

二是基本养老保险关系不在户籍所在地，而在其基本养老保险关系所在地累计缴费年限满10年的，在该地办理待遇领取手续，享受当地基本养老保险待遇。

三是基本养老保险关系不在户籍所在地，且在其基本养老保险关系所在地累计缴费年限不满 10 年的,将其基本养老保险关系转回上一个缴费年限满 10 年的原参保地办理待遇领取手续,享受基本养老保险待遇。

四是基本养老保险关系不在户籍所在地,且在每个参保地的累计缴费年限均不满 10 年的,将其基本养老保险关系及相应资金归集到户籍所在地,由户籍所在地按规定办理待遇领取手续,享受基本养老保险待遇。

参保人员转移接续基本养老保险关系后,符合待遇领取条件的,按照《国务院关于完善企业职工基本养老保险制度的决定》的规定,以本人各年度缴费工资、缴费年限和待遇领取地对应的各年度在岗职工平均工资计算其基本养老金。

《国务院关于建立统一的城乡居民基本养老保险制度的意见》规定:参加城乡居民养老保险的人员,在缴费期间户籍迁移、需要跨地区转移城乡居民养老保险关系的,可在迁入地申请转移养老保险关系,一次性转移个人账户全部储存额,并按迁入地规定继续参保缴费,缴费年限累计计算;已经按规定领取城乡居民养老保险待遇的,无论户籍是否迁移,其养老保险关系不转移。

《国务院关于机关事业单位工作人员养老保险制度改革的决定》规定:参保人员在同一统筹范围内的机关事业单位之间流动,只转移养老保险关系,不转移基金。参保人员跨统筹范围流动或在机关事业单位与企业之间流动,在转移养老保险关系的同时,基本养老保险个人账户储存额随同转移,并以本人改革后各年度实际缴费工资为基数,按 12% 的总和转移基金,参保缴费不足 1 年的,按实际缴费月数计算转移基金。转移后基本养老保险缴费年限(含视同缴费年限)、个人账户储存额累计计算。

《中共中央 国务院关于建立健全城乡融合发展体制机制和政策体系的意见》规定:做好社会保险关系转移接续工作,建立以国家政务服务平台为统一入口的社会保险公共服务平台。

《人力资源和社会保障部关于建立全国统一的社会保险公共服务平台的指导意见》规定:优化整合已有的社会保险公共服务国家信息系统,建立统一的网上公共服务门户,结合全国统一的社会保险公共服务事项目录清单和办事指南,逐步健全在线社会保险缴费、关系转移接续、权益记录查询、待遇资格认证等服务功能。

2.1.10　按月领取基本养老金的资格条件

2.1.10.1　基本规定

（1）达到法定退休年龄时领取养老待遇——正常退休（或正常领取待遇）

参加职工基本养老保险的个人（包括企业职工和机关事业单位工作人员），男满 60 岁，女干部满 55 岁，女工人满 50 岁（个体工商户、灵活就业人员和农民合同制职工的女退休年龄为 55 岁），累计缴费满 15 年的，按月领取基本养老金。缴费年限不足 15 年时，可以按规定顺延缴费至 15 年后领取养老待遇。

参加城乡居民养老保险的个人，年满 60 周岁、累计缴费满 15 年，且未领取国家规定的基本养老保障待遇的，可以按月领取城乡居民养老保险待遇。

（2）低于法定退休年龄时领取养老待遇——提前退休

公务员工作年限满 30 年的；或距国家规定的退休年龄不足 5 年，且工作年限满 20 年的；

从事井下、高空、高温、繁重体力劳动和其他有害健康工种的职工，男年满 55 周岁，女年满 45 周岁，连续工龄或工作年限满 10 年的；

男年满 50 周岁，女年满 45 周岁，连续工龄或工作年限满 10 年的，经医院证明，并经劳动鉴定委员会确认，完全丧失劳动能力的职工；

因工致残，经医院证明（并经劳动鉴定委员会确认）完全丧失工作能力的职工。

（3）高于法定退休年龄时领取养老待遇——延迟退休

党政机关、人民团体中的正、副县处级及相应职务层次的女干部，事业单位中担任党务、行政管理工作的相当于正、副处级的女干部和具有高级职称的女性专业技术人员，年满 60 周岁退休。

高级专家确因工作需要，身体能够坚持正常工作，征得本人同意，副教授级高级专家经批准可延长至 65 周岁退休，教授级高级专家经批准可延长至 70 周岁退休；院士年满 70 周岁退休，个别确因国家重大项目特殊需要，可适当延长退休年龄，最多延长至 75 周岁。

2.1.10.2　相关法规

《中华人民共和国社会保险法》规定：参加基本养老保险的个人，达到法定退休年龄时累计缴费满 15 年的,按月领取基本养老金。参加基本养老保险的个人,达到法定退休年龄时累计缴费不足 15 年的,可以缴费至满 15 年,按月领取基本养老金;也可以转入新型农村社会养老保险或者城镇居民社会养老保险,按照国务院规定享受相应的养老保险待遇。

《实施〈中华人民共和国社会保险法〉若干规定》规定:

参加职工基本养老保险的个人达到法定退休年龄时,累计缴费不足 15 年的,可以延长缴费至满 15 年。社会保险法实施前参保、延长缴费 5 年后仍不足 15 年的,可以一次性缴费至满 15 年。

参加职工基本养老保险的个人达到法定退休年龄后,累计缴费不足 15 年(含按规定延长缴费)的,可以申请转入户籍所在地新型农村社会养老保险或者城镇居民社会养老保险,享受相应的养老保险待遇。

参加职工基本养老保险的个人达到法定退休年龄后,累计缴费不足 15 年(含依照规定延长缴费),且未转入新型农村社会养老保险或者城镇居民社会养老保险的,个人可以书面申请终止职工基本养老保险关系。社会保险经办机构收到申请后,应当书面告知其转入新型农村社会养老保险或者城镇居民社会养老保险的权利以及终止职工基本养老保险关系的后果,经本人书面确认后,终止其职工基本养老保险关系,并将个人账户储存额一次性支付给本人。

《关于完善城镇职工基本养老保险政策有关问题的通知》规定:

城镇个体工商户等自谋职业者以及采取各种灵活方式就业的人员在男年满 60 周岁、女年满 55 周岁时,累计缴费年限满 15 年的,可按规定领取基本养老金。累计缴费年限不满 15 年的,其个人账户储存额一次性支付给本人,同时终止养老保险关系,不得以事后追补缴费的方式增加缴费年限。

参加养老保险的农民合同制职工,在与企业终止或解除劳动关系后,由社会保险经办机构保留其养老保险关系,保管其个人账户并计息,凡重新就业的,应接续或转移养老保险关系;也可按照省级政府的规定,根据农民合同制职工本人申请,将其个人账户个人缴费部分一次性支付给本人,同时终止养老保险关系,凡重新就业的,应重新参加养老保险。农民合同制职工在男年满 60 周岁、女年满 55 周岁时,累计缴费年限满 15 年以上的,可按规定领取基本养老金。

《国务院关于深化企业职工养老保险制度改革的通知》规定:实行个人缴费

制度前,职工的连续工龄可视同缴费年限。

《国务院关于颁发〈国务院关于安置老弱病残干部的暂行办法〉和〈国务院关于工人退休、退职的暂行办法〉的通知》规定:

党政机关、群众团体、企业、事业单位的基层干部,符合下列条件之一的,都可以退休:一是男年满60周岁,女年满55周岁,参加革命工作年限满10年的;二是男年满50周岁,女年满45周岁,参加革命工作年限满10年,经过医院证明完全丧失工作能力的;三是因工致残,经过医院证明完全丧失工作能力的。

全民所有制企业、事业单位和党政机关、群众团体的工人,符合下列条件之一的,应该退休:一是男年满60周岁,女年满50周岁,连续工龄满10年的;二是从事井下、高空、高温、特别繁重体力劳动或者其他有害身体健康的工作,男年满55周岁、女年满45周岁,连续工龄满10年的,本项规定也适用于工作条件与工人相同的基层干部;三是男年满50周岁,女年满45周岁,连续工龄满10年,由医院证明,并经劳动鉴定委员会确认,完全丧失劳动能力的;四是因工致残,由医院证明,并以劳动鉴定委员会确认,完全丧失劳动能力的。

《国务院关于建立统一的城乡居民基本养老保险制度的意见》规定:

参加城乡居民养老保险的个人,年满60周岁、累计缴费满15年,且未领取国家规定的基本养老保障待遇的,可以按月领取城乡居民养老保险待遇。

新农保或城居保制度实施时已年满60周岁,在本意见印发之日前未领取国家规定的基本养老保障待遇的,不用缴费,自本意见实施之月起,可以按月领取城乡居民养老保险基础养老金;距规定领取年龄不足15年的,应逐年缴费,也允许补缴,累计缴费不超过15年;距规定领取年龄超过15年的,应按年缴费,累计缴费不少于15年。

《国务院关于机关事业单位工作人员养老保险制度改革的决定》规定:

本决定实施后参加工作、个人缴费年限累计满15年的人员,退休后按月发给基本养老金。基本养老金由基础养老金和个人账户养老金组成。退休时的基础养老金月标准以当地上年度在岗职工月平均工资和本人指数化月平均缴费工资的平均值为基数,缴费每满1年发给1%。个人账户养老金月标准为个人账户储存额除以计发月数,计发月数根据本人退休时城镇人口平均预期寿命、本人退休年龄、利息等因素确定。

本决定实施前参加工作、实施后退休且缴费年限(含视同缴费年限,下同)

累计满15年的人员,按照合理衔接、平稳过渡的原则,在发给基础养老金和个人账户养老金的基础上,再依据视同缴费年限长短发给过渡性养老金。具体办法由人力资源和社会保障部会同有关部门制定并指导实施。

本决定实施后达到退休年龄但个人缴费年限累计不满15年的人员,其基本养老保险关系处理和基本养老金计发比照《实施〈中华人民共和国社会保险法〉若干规定》执行。

本决定实施前已经退休的人员,继续按照国家规定的原待遇标准发放基本养老金,同时执行基本养老金调整办法。

机关事业单位离休人员仍按照国家统一规定发给离休费,并调整相关待遇。

《国务院关于高级专家离休退休若干问题的暂行规定》规定:

高级专家离休退休年龄,一般应按国家统一规定执行。对其中少数高级专家,确因工作需要,身体能够坚持正常工作,征得本人同意,经下述机关批准,其离休退休年龄可以适当延长:

副教授、副研究员以及相当这一级职称的高级专家,经所在单位报请上一级主管机关批准,可以适当延长离休退休年龄,但最长不超过65周岁;

教授、研究员以及相当这一级职称的高级专家,经所在单位报请省、市、自治区人民政府或中央、国家机关的部委批准,可以延长离休退休年龄,但最长不超过70周岁;

学术上造诣高深、在国内外有重大影响的杰出高级专家,经国务院批准,可以暂缓离休退休,继续从事研究或著述工作。

《中华人民共和国公务员法》规定:公务员达到国家规定的退休年龄或者完全丧失工作能力的,应当退休。公务员符合下列条件之一的,本人自愿提出申请,经任免机关批准,可以提前退休:工作年限满30年的;距国家规定的退休年龄不足5年,且工作年限满20年的;符合国家规定的可以提前退休的其他情形的。

2.1.10.3 相关范畴

(1)法定退休年龄

所谓退休,是指根据国家有关规定,劳动者因年老或因工、因病致残完全丧失劳动能力而退出工作岗位。根据1978年第五届全国人大常委会第二次会议批准、国务院发布的《国务院关于工人退休、退职的暂行办法》和《国务院关于安置老弱病残干部的暂行办法》的规定,下列几种情况可以办理退休:(1)男职工年满 60 周岁,女干部年满 55 周岁,女工人年满 50 周岁,连续工龄或工作年限满 10 年;(2)从事井下、高空、高温、繁重体力劳动和其他有害健康工种的职工,男年满 55 周岁,女年满 45 周岁,连续工龄或工作年限满 10 年;(3)男年满 50 周岁,女年满 45 周岁,连续工龄或工作年限满 10 年的,经医院证明,并经劳动鉴定委员会确认,完全丧失劳动能力的职工;(4)因工致残,经医院证明(工人并经劳动鉴定委员会确认)完全丧失工作能力的。由此,我国正常法定退休年龄是:男职工年满 60 周岁,女干部年满 55 周岁,女工人年满 50 周岁。

除符合上述文件规定条件可以提前退休外,其他办理提前退休的范围限定在三类情况:

一是国务院确定的 111 个"优化资本结构"试点城市的国有企业中距离法定退休年龄不足 5 年的职工。《国务院关于在若干城市试行国有企业破产有关问题的通知》和《国务院关于在若干城市试行国有企业兼并破产和职工再就业有关问题的补充通知》关于提前退休的规定是:破产企业中因工致残或者患严重职业病、全部或者大部分丧失劳动能力的职工,作为离退休职工安置。距离退休年龄不足 5 年的职工,经本人申请,可以提前离退休。提前离退休有严格限制:(1)仅限于"优化资本结构"试点的 111 个城市适用;(2)限于破产的国有工业企业;(3)距离本人法定退休年龄不足 5 年;(4)须经本人申请。

二是有 3 年压锭任务的国有纺织企业中,符合规定条件的纺纱、织布工种的挡车工。根据《劳动保障部、国家经贸委关于切实做好纺织行业压锭减员分流安置工作的补充通知》的规定,有压锭任务的纺织企业,同时符合下列 4 个条件的下岗职工方可提前退休:(1)纺纱、织布两个工种中的挡车工;(2)工龄满 20 年,在挡车工岗位上连续工作满 10 年且办理提前退休时仍然在挡车工岗位上;(3)距离国家规定的退休年龄不足 10 年;(4)技能单一,再就业确有困难。3 年压锭任务完成后,此政策不再执行。

三是关闭破产的资源枯竭矿山的全民所有制职工。根据《中共中央办公厅、国务院办公厅关于进一步做好资源枯竭矿山关闭破产工作的通知》,以及 2000 年全国企业兼并破产和职工再就业工作领导小组以 33 号文件下发的《关于贯彻执行〈中共中央办公厅、国务院办公厅关于进一步做好资源枯竭矿山关闭破产工作的通知〉有关问题的意见》规定,关闭破产的资源枯竭矿山的全民所有制职工(含劳动合同制职工)执行提前 5 年(男 55 周岁,女干部 50 周岁,女工人 45 周岁)退休的政策。其中,从事经原劳动部和有关行业主管部门批准的井下、高温、高空、特别繁重体力劳动和其他有害健康的特殊工种职工可提前 10 年(男 50 周岁,女 40 周岁)退休。具体条件为:从事高空和特别繁重体力劳动工作累计满 10 年以上;从事井下、高温工作累计满 9 年以上;从事其他有害健康工作累计满 8 年以上。

在《中华人民共和国社会保险法》草案修改过程中,有一种意见认为我国法定退休年龄普遍偏低。目前全国人口平均预期寿命达 73 岁,而且人口老龄化速度加快,老年人口抚养比降低,基本养老保险基金支付压力大,企业和个人缴费负担重,应当根据人口老龄化的趋势,逐步延迟退休年龄。还有意见认为,因为技术的发展和就业形式的变化,在就业方面区分性别没有必要,而且女性平均预期寿命长于男性,男女退休年龄应当一致。由于延迟退休年龄涉及的问题比较复杂,加上我国目前劳动力资源充足,就业压力大,因此《中华人民共和国社会保险法》没有明确规定退休年龄,只是规定退休年龄按照国家有关规定执行,这样便为今后改革留下了空间。

(2)参加基本养老保险的个人累计缴费满 15 年

1951 年颁布的《中华人民共和国劳动保险条例》规定,享受统筹基金支付退休金的最低条件是参加革命工作 10 年以上,而不足 10 年的不能领取长期待遇。1997 年国务院统一改革企业职工基本养老保险制度时,把按月领取基本养老金的最低缴费年限提高到满 15 年。这是因为,新中国成立 40 多年后,我国人口预期寿命已从不足 40 岁提高到 70 多岁,缴费仅 10 年就享受长期待遇,显然将会导致"生之者寡,食之者众"的困局;而且当时已不再像新中国成立初期那样强调"革命"工龄和"连续"工龄,大多数人可以比较容易地达到缴费满 15 年的条件。从国际经验看,实施缴费型养老保险制度的国家,大都规定有最低缴费年限,因此《中华人民共和国社会保险法》规定了个人累计缴费满 15 年的最低缴费年限。

在《中华人民共和国社会保险法》立法过程中,有的意见认为应当降低最低缴费年限,这样可以将更多的劳动者纳入基本养老保险覆盖范围,符合建立基本养老保险制度的目的。立法机关会同国务院有关部门认真研究后认为,如果任意短期的缴费都可以领取长期待遇,其结果要么是资金入不敷出,产生巨大缺口,要么是个人只能领取少得可怜的钱,根本不足以维持基本生活。因此,《中华人民共和国社会保险法》维持了现行的最低缴费满15年的规定。

需要说明的是,规定最低缴费年限为15年,并不是说缴费满15年就可以不再缴费。对职工来说,缴费是法律规定的强制性义务,只要在用人单位就业,就应当按照国家规定缴费。同时,个人享受基本养老金数额与个人缴费年限直接相关,缴费年限越长、缴费基数越大,退休后领取的养老金就越多。

(3)缴费不足15年的人员的养老保险待遇

按照《国务院关于完善企业职工基本养老保险制度的决定》规定,达到法定退休年龄但累计缴费不足15年的,不发给基础养老金,个人账户储存额一次性支付给本人,终止基本养老保险关系。在实践中,确有部分参保人员因缴费不足15年,无法按月领取养老保险待遇,其养老问题没得到有效保障。为此,一些地方探索出台了允许这类人员退休时一次性补缴或者继续缴费至满15年后,按月享受基本养老保险待遇的政策,也有的地方规定将这类人员的权益转入城乡居民养老保险制度,按照规定领取相应的养老保险待遇。

《中华人民共和国社会保险法》在总结各地实践经验的基础上,对参加基本养老保险的个人,达到法定退休年龄时累计缴费不足15年时,做出了以下规定:

一是可以缴费至满15年,按月领取基本养老金。由于各地差别较大,《中华人民共和国社会保险法》没有规定继续缴费的具体方式。

二是可以转入新型农村社会养老保险或者城镇居民社会养老保险(或城乡居民基本养老保险),按照国务院规定享受相应的养老保险待遇。在立法过程中,有的意见认为,养老保险的目的是保障退休人员的基本生活,一次性领取养老保险待遇起不到养老保障的作用。对于缴费不足15年的,可以采取转入新型农村社会养老保险或者城镇居民社会养老保险的办法,解决其养老保障问题。所以,《中华人民共和国社会保险法》规定,缴费不足15年的,也可以转入新型农村社会养老保险或者城镇居民社会养老保险,按照国务院规定享受相应的养老保险待遇。

(4)工作年限(工龄)

《国务院关于处理国家机关工作人员退职、退休时计算工作年限的暂行规定》规定:

国家机关工作人员(以下简称工作人员)在中华人民共和国国家机关工作的时间,一律计算为工作年限。

工作人员在中华人民共和国成立以前,参加人民民主革命政权机关工作的时间,应当计算为工作年限。

工作人员在参加国家机关工作以前,参加下列工作的时间,可以连续计算为工作年限:一是在中国共产党的机关工作的时间,或者接受党的决定以社会职业为掩护而实际做革命工作的时间;二是在民主党派的机关工作的时间,或者民主党派成员和无党派的民主人士以社会职业为掩护而实际做民主革命工作的时间;三是在中国工农红军时期、抗日战争时期和解放战争时期,参加革命军队工作的时间;四是在革命根据地、解放区和中华人民共和国成立以后的人民团体的机关工作的时间;五是在革命根据地、解放区政权所属的事业单位和中华人民共和国国家机关所属事业单位工作的时间;六是在革命根据地、解放区政权所属的企业单位和中华人民共和国国营、合作社营、公私合营的企业单位工作的时间。

工作人员被抽调参加各种干部学校、训练班学习的时间,或者在革命根据地的抗日军政大学、陕北公学、中国女子大学等学校学习的时间,都可以计算为工作年限。

工作人员退职或复员后参加工作的,前后工作的时间可以合并计算工作年限。

起义人员参加国家机关工作的,从起义之日起计算工作年限;曾经资遣回家以后参加国家机关工作的,从参加国家机关工作之日起计算年限。

新招收的工作人员,试用期间,可以计算为工作年限。

工作人员受过开除处分或刑事处分的,应当从重新参加工作之日起计算工作年限;但是情节较轻,并且经过任免机关批准的,他受处分以前工作的时间,也可以合并计算工作年限。

工作人员的工作年限按周年计算。在计算退职金、退休金时,按周年计算后剩余的月数,超过 6 个月的,按 1 年计算;6 个月和不满 6 个月的按半年计算。

2.1.11 基本养老金计算办法

2.1.11.1 基本规定

职工(包括企业职工与机关事业单位工作人员)基本养老金由统筹养老金、过渡养老金和个人账户养老金组成。按新人、中人、老人的不同情形,采用相应的养老金计算办法。

居民基本养老金由基础养老金与个人账户养老金构成。中央确定基础养老金最低标准,建立基础养老金最低标准正常调整机制,地方人民政府可以根据实际情况适当提高基础养老金标准,个人账户养老金为个人账户储存额除以计发月数。

2.1.11.2 相关法规

1997 年发布的《国务院关于建立统一的企业职工基本养老保险制度的决定》规定:本决定实施后参加工作的职工,个人缴费年限累计满 15 年的,退休后按月发给基本养老金。基本养老金由基础养老金和个人账户养老金组成。本决定实施前参加工作、实施后退休且个人缴费和视同缴费年限累计满 15 年的人员,按照新老办法平稳衔接、待遇水平基本平衡等原则,在发给基础养老金和个人账户养老金的基础上再确定过渡性养老金,过渡性养老金从养老保险基金中解决。

2005 年发布的《国务院关于完善企业职工基本养老保险制度的决定》规定,按照新人、中人、老人的不同情形计发养老金:

(1)"新人"养老金计发。《国务院关于建立统一的企业职工基本养老保险制度的决定》实施后参加工作的参保人员属于"新人",缴费年限(含视同缴费年限,下同)累计满 15 年,退休后将按月发给基本养老金,基本养老金待遇水平与缴费年限的长短、缴费基数的高低、退休时间的早晚直接挂钩。基本养老金由基础养老金和个人账户养老金组成。退休时的基础养老金月标准以当地上年度在岗职工月平均工资和本人指数化月平均缴费工资的平均值为基数,缴费每满 1 年发给 1%。个人账户养老金月标准为个人账户储存额除以计发月数,计发月数根据职工退休时城镇人口平均预期寿命、本人退休年龄、利息等因素确定。

其中,基础养老金的计算公式是:$T(月基础养老金)=(A+A \times Q) \div 2 \times M \times 1\%$。

A——退休时上年度当地城镇在岗职工月平均工资(2019 年 5 月之后为全口径职工平均工资,下同)。

Q——平均缴费指数。

$Q = (X1 \div A1 + X2 \div A2 + X3 \div A3 + \cdots\cdots + Xn \div An) \div n$。

X1、X2、X3……Xn 分别为首次实际缴费当月直至截止缴费当月的月缴费基数(不含未缴费月数);

A1、A2、A3……An 分别为缴费对应上年度当地城镇在岗职工月平均工资;n 为首次实际缴费当月直至截止缴费当月的实际缴费月数(不含未缴费月数)。

M——建立个人账户之月至达到规定退休年龄当月的实际缴费年限。M 以年为单位,累计满 12 个月计算为 1 年。

个人账户养老金=个人账户储存额÷计发月数。个人账户养老金计发月数如表 2-2 所示:

表 2-2　个人账户养老金计发月数表

退休年龄(岁)	计发月数	退休年龄(岁)	计发月数
40	233	56	164
41	230	57	158
42	226	58	152
43	223	59	145
44	220	60	139
45	216	61	132
46	212	62	125
47	208	63	117
48	204	64	109
49	199	65	101
50	195	66	93
51	190	67	84
52	185	68	75
53	180	69	65
54	175	70	56
55	170		

(2)"中人"养老金计发。《国务院关于建立统一的企业职工基本养老保险制度的决定》实施前参加工作、《国务院关于完善企业职工基本养老保险制度的决定》

实施后退休的参保人员属于"中人"。由于他们以前个人账户的积累很少,缴费年限累计满 15 年的,退休后在发给基础养老金和个人账户养老金的基础上,再发给过渡性养老金。鉴于基本养老金计发办法改革的关键是解决好"中人"的过渡问题,为保证改革的顺利推进,《国务院关于完善企业职工基本养老保险制度的决定》要求各省、自治区、直辖市人民政府按照待遇水平合理衔接、新老政策平稳过渡的原则,在认真测算的基础上,制定具体的过渡办法。在过渡期实行特殊的过渡政策,按照新计发办法的,养老金减少的不减发,养老金增加的逐步增加。

（3）"老人"养老金计发。《国务院关于完善企业职工基本养老保险制度的决定》实施前已经离退休的参保人员属于"老人",他们仍然按照国家原来的规定发给基本养老金,同时随基本养老金调整而增加养老保险待遇。

《国务院关于建立统一的城乡居民基本养老保险制度的意见》规定:

城乡居民养老保险待遇由基础养老金和个人账户养老金构成,支付终身。

①基础养老金。中央确定基础养老金最低标准,建立基础养老金最低标准正常调整机制,根据经济发展和物价变动等情况,适时调整全国基础养老金最低标准。地方人民政府可以根据实际情况适当提高基础养老金标准;对长期缴费的,可适当加发基础养老金,提高和加发部分的资金由地方人民政府支出,具体办法由省(区、市)人民政府规定,并报人力资源和社会保障部备案。

②个人账户养老金。个人账户养老金的月计发标准,为个人账户全部储存额除以 139(与现行职工基本养老保险个人账户养老金计发月数相同)。参保人死亡,个人账户资金余额可以依法继承。

2.1.11.3 相关范畴

《中华人民共和国社会保险法》规定:职工基本养老金由个人累计缴费年限、缴费工资、当地职工平均工资、个人账户金额、城镇人口平均预期寿命等因素确定。

（1）职工基本养老金

职工基本养老金是指在劳动者年老或丧失劳动能力后,根据他们对社会所做的贡献和所具备的享受养老保险资格或退休条件,由基本养老保险基金以货币形式支付的养老保险待遇,主要用于保障职工退休后的基本生活。基本养老金由统筹养老金和个人账户养老金组成。

统筹养老金,即基础养老金,是指从基本养老保险统筹基金中支付给退休人员的养老金,退休时的基础养老金月标准以当地上年度在岗职工月平均工资和本人指数化月平均缴费工资的平均值为基数,缴费每满 1 年发给 1%。

个人账户养老金,是指根据参保人员退休时其基本养老保险个人账户储存额计算出来的养老金,个人账户养老金 = 个人账户储存额 ÷ 计发月数。这里的计发月数不是指某个退休人员实际领取基本养老金的月数(因为在退休时无法预计),而是根据城镇人口平均预期寿命等因素测算出来的一个假定的指标。

(2)职工个人累计缴费年限

缴费年限包括实际缴费年限和视同缴费年限。根据《职工基本养老保险个人账户管理暂行办法》的规定,实际缴费年限,是指职工参加基本养老保险后,按规定按时足额缴纳基本养老保险费的年限;视同缴费年限,是指参保职工实际缴费年限之前的按国家有关规定计算的连续工作年限(连续工龄)。累计缴费年限,不同于连续缴费年限,包括个人在中断缴费前后的缴费年限,也包括个人在不同统筹地区的缴费年限。

(3)职工缴费工资

缴费工资,是指参保人员个人缴纳基本养老保险费时的缴费基数,一般是指本人上年度月平均工资。参保人月平均工资低于当地职工平均工资 60%的,按当地职工月平均工资的 60%缴费;超过当地职工平均工资 300%的,按当地职工月平均工资的 300%缴费,超过部分不记入缴费工资基数,也不记入计发养老金的基数。

(4)当地职工平均工资

职工平均工资,是指企业、事业、机关单位的职工在一定时期内平均每人所得的货币工资额。它表明一定时期职工工资收入的高低程度,是反映职工工资水平的主要指标。职工平均工资 = 报告期实际支付的全部职工工资总额 ÷ 报告期全部职工平均人数。

"当地职工平均工资"是指参保人员所在省(自治区、直辖市)的在岗职工平均工资。[1]

---

[1] 根据《国务院办公厅关于印发降低社会保险费率综合方案的通知》,2019 年 5 月 1 日起,各省职工平均工资是指该省城镇非私营单位就业人员平均工资和城镇私营单位就业人员平均工资加权计算的全口径城镇单位就业人员平均工资。

（5）职工个人账户金额

职工个人账户金额,是指参保人员退休时其个人账户储存额。根据国务院有关规定,个人账户的储存额由以下三部分组成:一是个人缴纳的全部基本养老保险费;二是2006年1月1日前,企业缴纳的基本养老保险费中按参保职工个人缴费工资基数的一定比例划入的部分;三是上述两部分的增值。

（6）城镇人口平均预期寿命

人口平均预期寿命,是指假若当前的分年龄死亡率保持不变,同一时期出生的人预期能继续生存的平均年数,是衡量一个社会的经济发展水平及医疗卫生服务水平的重要指标。它以当前分年龄死亡率为基础计算,实际上是一个假定的指标。人口平均预期寿命减去退休年龄,就是参保人员领取基本养老金的年限。因此,人口平均预期寿命对于养老金的计算具有非常重要的意义。

2.1.12 遗属津贴与病残津贴

2.1.12.1 基本规定

参加职工基本养老保险的个人,因病或者非因工死亡的,其遗属可以领取丧葬补助金和抚恤金(如果因工死亡按工伤保险条例规定领取遗属待遇);在未达到法定退休年龄时因病或者非因工致残完全丧失劳动能力的,可以领取病残津贴。所需资金从基本养老保险基金中支付。有条件的地方政府可以为城乡居民养老保险参保人提供丧葬补助金。

2.1.12.2 相关法规

《中华人民共和国社会保险法》规定:参加基本养老保险的个人,因病或者非因工死亡的,其遗属可以领取丧葬补助金和抚恤金;在未达到法定退休年龄时因病或者非因工致残完全丧失劳动能力的,可以领取病残津贴。所需资金从基本养老保险基金中支付。

《国务院关于建立统一的城乡居民基本养老保险制度的意见》规定:城乡居民养老保险待遇领取人员死亡的,从次月起停止支付其养老金。有条件的地方人民政府可以结合本地实际探索建立丧葬补助金制度。

2.1.12.3 相关范畴

(1)基本养老保险遗属抚恤制度

根据《中华人民共和国社会保险法》规定,参加基本养老保险的个人,因病或者非因工死亡的,其遗属可以领取丧葬补助金和抚恤金。丧葬补助金,是指为了减轻职工家属因办丧事而增加的经济负担给予的一次性补助。抚恤金,是指为了保证由死亡职工供养的直系亲属不因供养人死亡而断绝生活来源给予的基本生活费用。

1951 年颁布的《中华人民共和国劳动保险条例》最早规定了遗属抚恤制度。根据《中华人民共和国劳动保险条例》规定,工人与职员因病或非因工负伤死亡时,由劳动保险基金项下付给丧葬补助费,其数额为该企业全部工人与职员平均工资 1 个月。另由劳动保险基金项下,按其本企业工龄的长短,付给供养直系亲属救济费,其数额为死者本人工资 3 个月至 12 个月。《中华人民共和国劳动保险条例实施细则》进一步规定,工人职员因病或非因工负伤死亡时、退职养老后死亡时、非因工残废完全丧失劳动力退职后死亡时,根据《中华人民共和国劳动保险条例》规定,除由劳动保险基金项下付给本企业的平均工资 2 个月作为丧葬补助费外,一并按下列规定由劳动保险基金项下一次付给供养直系亲属救济费:其供养直系亲属 1 人者,为死者本人工资 6 个月;2 人者,为死者本人工资 9 个月;3 人或 3 人以上者,为死者本人工资 12 个月。

20 世纪 90 年代城镇企业职工养老保险制度改革的重点是解决职工生前领取基本养老金问题,而在遗属待遇方面没有做新的统一的规定。实践中,各地规定的遗属待遇的支付范围和发放标准各不相同,差异较大。从一些地方的规定看,丧葬补助金一般按照职工死亡时当地职工月平均工资的一定月数计发,也有的按照职工死亡时当月本企业人均缴费工资的一定月数计发。遗属抚恤金各地规定不一样。考虑到这个实际,《中华人民共和国社会保险法》没有规定丧葬补助金和抚恤金的标准,而是只做了原则规定,并明确所需资金从基本养老保险基金中支付。

(2)基本养老保险病残津贴制度

根据《中华人民共和国社会保险法》规定,参加基本养老保险的个人,在未达到法定退休年龄时因病或者非因工致残完全丧失劳动能力的,可以领取病残津贴。病残津贴是基本养老保险基金对未达到法定退休年龄时因病或者非因工致残完全丧失劳动能力的参保人员提供的基本生活费。

参保人员未达到法定退休年龄时,因不符合待遇领取条件而不能享受养老金待遇。如果因病或非因工致残完全丧失劳动能力,不能工作,生活就失去了经济来源,只能依靠其他家庭成员供养;如果参保人员同时是家庭的主要经济来源,整个家庭就会陷入困境。参保人员参加了基本养老保险,缴纳了基本养老保险费,在其完全丧失劳动能力、失去生活来源时,养老保险基金应当给予帮助。因此,《中华人民共和国社会保险法》规定这类人员可以领取病残津贴,是养老保险制度的一大进步。至于病残津贴的标准,还需要国家制定配套政策予以明确。

2.1.13　养老待遇调整

2.1.13.1　基本规定

国家根据职工平均工资增长、物价上涨等情况,按规定调整基本养老保险待遇水平。

2.1.13.2　相关法规

《中华人民共和国社会保险法》规定:国家建立基本养老金正常调整机制。根据职工平均工资增长、物价上涨情况,适时提高基本养老保险待遇水平。

《国务院关于建立统一的城乡居民基本养老保险制度的意见》规定:中央确定基础养老金最低标准,建立基础养老金最低标准正常调整机制,根据经济发展和物价变动等情况,适时调整全国基础养老金最低标准。

2.1.13.3　相关范畴

(1)关于基本养老金正常调整机制

基本养老待遇水平不仅取决于每个退休人员的缴费基数和缴费年限,还取决于退休养老期间的国家经济发展水平。基本养老金标准应当随着经济发展逐步提高,让退休人员也能享受经济发展成果。随着人口平均预期寿命的延长,职工退休后可能会生活 10 年、20 年甚至更长时间,在这个过程中,通货膨胀不可避免,同样数量的养老金,购买力在下降,如果不及时进行调整,退休人员的实际养老保险待遇是下降的。因此,需要随着经济发展,建立基本养老金正常调整机制,使退休人员能够分享经济发展的成果,保障退休人员基本养老保险的待遇水平不降低。

《国务院关于完善企业职工基本养老保险制度的决定》规定:建立基本养老金正常调整机制,根据职工工资和物价变动等情况,国务院适时调整企业退休人员基本养老金水平,调整幅度为省、自治区、直辖市当地企业在岗职工平均工资年增长率的一定比例。

《中华人民共和国社会保险法》进一步明确,国家建立基本养老金正常调整机制。

(2)基本养老金调整的参考因素

根据《中华人民共和国社会保险法》规定,基本养老金调整主要参考两个因素:职工平均工资增长情况和物价上涨情况。

一是职工平均工资增长情况。工资是劳动者参与社会财富分配的主要形式,职工平均工资增长情况反映了劳动者分配的社会财富增加水平。基本养老保险是养老责任的代际转移,建立基本养老保险的目的,就是让退休人员与在职职工一样也能够参与社会财富分配,分享经济发展成果。因此,职工平均工资增长情况是调整基本养老金标准的重要指标。改革开放以来,我国职工平均工资增长幅度较大,从 1978 年到 2007 年,我国职工平均工资年均增长率为13.62%,2000 年到 2018 年职工平均工资增长幅度为 12.86%,广大劳动者在创造我国经济持续快速增长奇迹的同时,也享受到经济发展的成果。随着在岗职工平均工资的增长,退休人员的基本养老金也应当相应增长,从 2005 年开始,国家连续多年调整退休人员养老金标准,养老金水平有了大幅度提高,保证了广大退休人员的基本生活。

二是物价上涨情况。物价上涨情况是调整基本养老金的另一个重要参考因素,因为物价上涨尤其是居民生活消费品的价格的上涨直接影响养老金的购买力,进而影响退休人员的生活水平。根据国家统计局数据,如果将 1978 年的居民消费价格指数定义为 100,2018 年的居民消费价格指数为 650.90。从长期看,通货膨胀趋势不可逆转,同等数量的养老金的购买力会不断下降,国家应当根据物价上涨的情况,及时调整基本养老金标准,保证退休人员的基本生活。

2.1.14　基本养老保险基金管理

2.1.14.1　基本规定

基本养老保险基金，坚持以以收定支、收支平衡、适当结余的原则进行筹集与使用，加强预算管理，存入财政专户，专款专用。

2.1.14.2　相关法规

《中华人民共和国社会保险法》规定：

社会保险基金包括基本养老保险基金、基本医疗保险基金、工伤保险基金、失业保险基金和生育保险基金。社会保险基金执行国家统一的会计制度。社会保险基金专款专用，任何组织和个人不得侵占或者挪用。

社会保险基金在保证安全的前提下，按照国务院规定投资运营实现保值增值。社会保险基金不得违规投资运营，不得用于平衡其他政府预算，不得用于兴建、改建办公场所和支付人员经费、运行费用、管理费用，或者违反法律、行政法规规定挪作其他用途。

国家对社会保险基金实行严格监管。国务院和省、自治区、直辖市人民政府建立健全社会保险基金监督管理制度，保障社会保险基金安全、有效运行。县级以上人民政府采取措施，鼓励和支持社会各方面参与社会保险基金的监督。

社会保险经办机构应当定期向社会公布参加社会保险情况以及社会保险基金的收入、支出、结余和收益情况。

基本养老保险基金由用人单位和个人缴费以及政府补贴等组成。

基本养老保险基金出现支付不足时，政府给予补贴。

基本养老保险实行社会统筹与个人账户相结合。个人账户不得提前支取，记账利率不得低于银行定期存款利率，免征利息税。个人死亡的，个人账户余额可以继承。

《财政部关于印发〈社会保险基金财务制度〉的通知》规定：

本制度适用于中华人民共和国境内依据《中华人民共和国社会保险法》建立的企业职工基本养老保险基金、城乡居民基本养老保险基金、机关事业单位基本养老保险基金、职工基本医疗保险基金、城乡居民基本医疗保险基金（包括城镇居民基本医疗保险基金、新型农村合作医疗基金、合并实施的城乡居民基本医疗保险基金)、工伤保险基金、失业保险基金、生育保险基金等基金的财务活动。

社会保险基金财务管理和会计核算一般采用收付实现制,基本养老保险基金委托投资等部分经济业务或事项采用权责发生制。

基金纳入社会保障基金财政专户,实行"收支两条线"管理。基金按照险种及不同制度分别建账、分账核算、分别计息、专款专用。基金之间不得相互挤占和调剂,不得违规投资运营,不得用于平衡一般公共预算。

《国务院关于印发基本养老保险基金投资管理办法的通知》规定:

本办法所称基本养老保险基金(以下简称养老基金),包括企业职工、机关事业单位工作人员和城乡居民养老基金。

各省、自治区、直辖市养老基金结余额,可按照本办法规定,预留一定支付费用后,确定具体投资额度,委托给国务院授权的机构进行投资运营。

养老基金投资委托人、养老基金投资受托机构、养老基金托管机构、养老基金投资管理机构因养老基金资产的管理、运营或者其他情形取得的财产和收益归入养老基金资产,权益归养老基金所有。

国家对养老基金投资实行严格监管。养老基金投资应当严格遵守相关法律法规,严禁从事内幕交易、利用未公开信息交易、操纵市场等违法行为,严禁通过关联交易等损害养老基金及他人利益、获取不正当利益。任何组织和个人不得贪污、侵占、挪用投资运营的养老基金。

《国务院关于机关事业单位工作人员养老保险制度改革的决定》规定:机关事业单位基本养老保险基金单独建账,与企业职工基本养老保险基金分别管理使用。基金实行严格的预算管理,纳入社会保障基金财政专户,实行收支两条线管理,专款专用。依法加强基金监管,确保基金安全。

个人账户储存额只用于工作人员养老,不得提前支取,每年按照国家统一公布的记账利率计算利息,免征利息税。参保人员死亡的,个人账户余额可以依法继承。

《国务院关于完善企业职工基本养老保险制度的决定》规定:基本养老保险基金要纳入财政专户,实行收支两条线管理,严禁挤占挪用。要制定和完善社会保险基金监督管理的法律法规,实现依法监督。各省、自治区、直辖市人民政府要完善工作机制,保证基金监管制度的顺利实施。要继续发挥审计监督、社会监督和舆论监督的作用,共同维护基金安全。

《国务院关于建立统一的城乡居民基本养老保险制度的意见》规定：国家为每个参保人员建立终身记录的养老保险个人账户，个人缴费、地方人民政府对参保人的缴费补贴、集体补助及其他社会经济组织、公益慈善组织、个人对参保人的缴费资助，全部记入个人账户。个人账户储存额按国家规定计息。

《职工基本养老保险个人账户管理暂行办法》规定：个人账户的储蓄额按"养老保险基金记账利率"计算利息。记账利率暂由各省、自治区、直辖市人民政府参考银行同期存款利率等因素确定并每年公布一次。

《国务院关于建立统一的企业职工基本养老保险制度的决定》规定：抓紧制定企业职工养老保险基金管理条例，加强对养老保险基金的管理。基本养老保险基金实行收支两条线管理，要保证专款专用，全部用于职工养老保险，严禁挤占挪用和挥霍浪费。要建立健全社会保险基金监督机构，财政、审计部门要依法加强监督，确保基金的安全。

《国务院关于深化企业职工养老保险制度改革的通知》规定：

养老保险基金营运所得收益，全部并入基金并免征税费。

要实行社会保险行政管理与基金管理分开、执行机构与监督机构分设的管理体制。社会保险行政管理部门的主要任务是制订政策、规划，加强监督、指导。管理社会保险基金一律由社会保险经办机构负责。各地区和有关部门要设立由政府代表、企业代表、工会代表和离退休人员代表组成的社会保险监督委员会，加强对社会保险政策、法规执行情况和基金管理工作的监督。

2.1.15　基本养老保险组织管理

2.1.15.1　基本规定

人力资源和社会保障部负责基本养老保险政策的制定与总体监管，地方人力资源和社会保障行政部门负责基本养老保险政策的贯彻落实。

地方养老保险经办机构负责养老保险业务的经办服务。各级税务部门负责社会保险费的征缴，各级财政和审计部门负责养老保险基金的监督与审计。

2.1.15.2　相关法规

《中华人民共和国社会保险法》规定：国务院社会保险行政部门负责全国的

社会保险管理工作,国务院其他有关部门在各自的职责范围内负责有关的社会保险工作。社会保险经办机构提供社会保险服务,负责社会保险登记、个人权益记录、社会保险待遇支付等工作。财政部门、审计机关按照各自职责,对社会保险基金的收支、管理和投资运营情况实施监督。

2018 年 3 月 21 日中共中央印发的《深化党和国家机构改革方案》规定:为提高社会保险资金征管效率,将基本养老保险费、基本医疗保险费、失业保险费等各项社会保险费交由税务部门统一征收。

2.1.16　基本养老保险数据

《2018 年度人力资源和社会保障事业发展统计公报》显示:

2018 年末全国参加基本养老保险人数为 94293 万人, 比上年末增加 2745 万人。全年基本养老保险基金总收入 55005 亿元,基金总支出 47550 亿元。年末基本养老保险基金累计结存 58152 亿元。

年末全国参加城镇职工基本养老保险人数为 41902 万人, 比上年末增加 1608 万人。其中,参保职工 30104 万人,参保离退休人员 11798 万人,分别比上年末增加 836 万人和 772 万人。年末城镇职工基本养老保险执行企业制度参保人数为 36483 万人,比上年末增加 1166 万人。

全年城镇职工基本养老保险基金收入 51168 亿元, 基金支出 44645 亿元。年末城镇职工基本养老保险基金累计结存 50901 亿元。2018 年 7 月 1 日,建立实施企业职工基本养老保险基金中央调剂制度,2018 年调剂比例为 3%,调剂基金总规模为 2422 亿元。

年末城乡居民基本养老保险参保人数 52392 万人, 比上年末增加 1137 万人。其中,实际领取待遇人数 15898 万人。2018 年,全国 60 岁以上享受城乡居民基本养老保险待遇的贫困老人 2195 万人, 实际享受代缴保费的贫困人员 2741 万人,城乡居民基本养老保险使 4936 万贫困人员直接受益。全年城乡居民基本养老保险基金收入 3838 亿元,基金支出 2906 亿元。年末城乡居民基本养老保险基金累计结存 7250 亿元。

2.2 补充养老保险制度

中国补充养老保险制度包括企业年金、职业年金和个人储蓄性养老保险。单位和个人在参加基本养老保险的基础上，可以参加补充养老保险，国家给予一定的政策支持。

2.2.1 企业年金

企业年金是企业及其职工在依法参加基本养老保险的基础上，自主建立的补充养老保险制度。国家鼓励企业建立企业年金。建立企业年金，应当按照《企业年金办法》的规定执行。

2.2.1.1 相关法规

《企业年金办法》

《企业年金基金管理办法》

《财政部 人力资源和社会保障部 国家税务总局关于企业年金 职业年金个人所得税有关问题的通知》

2.2.1.2 企业年金方案

企业和职工建立企业年金，应当依法参加基本养老保险并履行缴费义务，在企业具有相应的经济负担能力的情况下进行。

建立企业年金，企业应当与职工一方通过集体协商确定，并制定企业年金方案。企业年金方案应当提交职工代表大会或者全体职工讨论通过。

企业应当将企业年金方案报送所在地县级以上人民政府人力资源和社会保障行政部门。

企业与职工一方可以根据本企业情况，按照国家政策规定，经协商一致，变更和终止企业年金方案。

2.2.1.3 筹资办法

企业缴费每年不超过本企业职工工资总额的 8%。企业和职工个人缴费合计不超过本企业职工工资总额的 12%。具体所需费用,由企业和职工一方协商确定。

职工个人缴费由企业从职工个人工资中代扣代缴。

2.2.1.4 税收规定

企业年金有关税收和财务管理,按照国家有关规定执行。

《国务院关于印发完善城镇社会保障体系试点方案的通知》规定:有条件的企业可为职工建立企业年金,并实行市场化运营和管理。企业年金实行基金完全积累,采用个人账户方式进行管理,费用由企业和职工个人缴纳,企业缴费在工资总额 4%以内的部分,可从成本中列支。

《财政部 人力资源和社会保障部 国家税务总局关于企业年金 职业年金个人所得税有关问题的通知》规定:单位按规定缴费部分,在计入个人账户时,个人暂不缴纳个人所得税。个人在不超过本人缴费工资计税基数的 4%标准内的缴费部分,暂从个人当期的应纳税所得额中扣除。个人达到国家规定的退休年龄领取年金时,按规定缴纳个人所得税。

2.2.1.5 账户管理

企业缴费应当按照企业年金方案确定的比例和办法计入职工企业年金个人账户,职工个人缴费计入本人企业年金个人账户。

企业应当合理确定本单位当期缴费计入职工企业年金个人账户的最高额与平均额的差距。企业当期缴费计入职工企业年金个人账户的最高额不得超过平均额的 5 倍。

职工企业年金个人账户中个人缴费及其投资收益自始归属于职工个人。

职工企业年金个人账户中企业缴费及其投资收益,企业可以与职工一方约定其自始归属于职工个人,也可以约定随着职工在本企业工作年限的增加逐步归属于职工个人,完全归属于职工个人的期限最长不超过 8 年。

有下列情形之一的，职工企业年金个人账户中企业缴费及其投资收益完全归属于职工个人：一是职工达到法定退休年龄、完全丧失劳动能力或者死亡的；二是企业年金方案依法终止的；三是非因职工过错企业解除劳动合同的，或者因企业违反法律规定解除职工劳动合同的；四是劳动合同期满，由于企业原因不再续订劳动合同的；五是企业年金方案约定的其他情形。

2.2.1.6　权益转接

职工变动工作单位时，新就业单位已经建立企业年金或者职业年金的，原企业年金个人账户权益应当随同转入新就业单位企业年金或者职业年金。

职工新就业单位没有建立企业年金或者职业年金的，或者职工升学、参军、失业期间，原企业年金个人账户可以暂时由原管理机构继续管理，也可以由法人受托机构发起的集合计划设置的保留账户暂时管理；原受托人是企业年金理事会的，由企业与职工协商选择法人受托机构管理。

2.2.1.7　待遇领取

符合下列条件之一的，可以领取企业年金：

（1）职工在达到国家规定的退休年龄或者完全丧失劳动能力时，可以从本人企业年金个人账户中按月、分次或者一次性领取企业年金，也可以将本人企业年金个人账户资金全部或者部分购买商业养老保险产品，依据保险合同领取待遇并享受相应的继承权；

（2）出国（境）定居人员的企业年金个人账户资金，可以根据本人要求一次性支付给本人；

（3）职工或者退休人员死亡后，其企业年金个人账户余额可以继承。

未达到上述企业年金领取条件之一的，不得从企业年金个人账户中提前提取资金。

2.2.2　职业年金

职业年金，是指机关事业单位及其工作人员在参加机关事业单位基本养老保险的基础上，建立的补充养老保险制度。

2.2.2.1　相关法规

《国务院办公厅关于印发机关事业单位职业年金办法的通知》

《人力资源和社会保障部 财政部关于印发〈职业年金基金管理暂行办法〉的通知》

《财政部 人力资源和社会保障部 国家税务总局关于企业年金 职业年金个人所得税有关问题的通知》

《人力资源和社会保障部 财政部关于机关事业单位基本养老保险关系和职业年金转移接续有关问题的通知》

2.2.2.2　覆盖范围

职业年金适用的单位和工作人员范围与参加机关事业单位基本养老保险的范围一致。

2.2.2.3　筹资办法

职业年金所需费用由单位和工作人员个人共同承担。单位缴纳职业年金费用的比例为本单位工资总额的 8%，个人缴费比例为本人缴费工资的 4%，由单位代扣。单位和个人缴费基数与机关事业单位工作人员基本养老保险缴费基数一致。

2.2.2.4　基金构成

职业年金基金由下列各项组成：

(1)单位缴费；

(2)个人缴费；

(3)职业年金基金投资运营收益；

(4)国家规定的其他收入。

2.2.2.5　账户管理

职业年金基金采用个人账户方式管理。个人缴费实行实账积累。对财政全额供款的单位，单位缴费根据单位提供的信息采取记账方式，每年按照国家统一公布的记账利率计算利息，工作人员退休前，本人职业年金账户的累计储存额由同级财政拨付资金记实；对非财政全额供款的单位，单位缴费实行实账积累。实账积累形成的职业年金基金,实行市场化投资运营,按实际收益计息。

单位缴费按照个人缴费基数的8%计入本人职业年金个人账户;个人缴费直接计入本人职业年金个人账户。

职业年金基金投资运营收益,按规定计入职业年金个人账户。

2.2.2.6　税收规定

职业年金有关税收政策,按照国家有关法律法规和政策的相关规定执行。

《财政部 人力资源和社会保障部 国家税务总局关于企业年金 职业年金个人所得税有关问题的通知》规定:单位按规定缴费部分,在计入个人账户时,个人暂不缴纳个人所得税。个人在不超过本人缴费工资计税基数的4%标准内的缴费部分,暂从个人当期的应纳税所得额中扣除。个人达到国家规定的退休年龄领取年金时,按规定缴纳个人所得税。

2.2.2.7　权益转接

工作人员变动工作单位时,职业年金个人账户资金可以随同转移。工作人员升学、参军、失业期间或新就业单位没有实行职业年金或企业年金制度的,其职业年金个人账户由原管理机构继续管理运营。新就业单位已建立职业年金或企业年金制度的,原职业年金个人账户资金随同转移。

2.2.2.8　待遇领取

符合下列条件之一的可以领取职业年金:

(1)工作人员在达到国家规定的退休条件并依法办理退休手续后,由本人选择按月领取职业年金待遇的方式。可一次性用于购买商业养老保险产品,依据保险契约领取待遇并享受相应的继承权;可选择按照本人退休时对应的计发月数计发职业年金月待遇标准,发完为止,同时职业年金个人账户余额享有继承权。本人选择任一领取方式后不再更改。

(2)出国(境)定居人员的职业年金个人账户资金,可根据本人要求一次性支付给本人。

(3)工作人员在职期间死亡的,其职业年金个人账户余额可以继承。

未达到上述职业年金领取条件之一的,不得从个人账户中提前提取资金。

2.2.3　个人储蓄性养老保险

2.2.3.1　相关法规

《财政部 税务总局 人力资源和社会保障部 中国银行保险监督管理委员会 证监会关于开展个人税收递延型商业养老保险试点的通知》

《中国银行保险监督管理委员会关于印发〈个人税收递延型商业养老保险业务管理暂行办法〉的通知》

2.2.3.2　试点地区与时间

自 2018 年 5 月 1 日起,在上海市、福建省(含厦门市)和苏州工业园区实施个人税收递延型商业养老保险试点。试点期限暂定 1 年。

2.2.3.3　试点政策内容

对试点地区个人通过个人商业养老资金账户购买符合规定的商业养老保险产品的支出,允许在一定标准内税前扣除;计入个人商业养老资金账户的投资收益,暂不征收个人所得税;个人领取商业养老金时再征收个人所得税。

(1)个人缴费税前扣除标准。取得工资薪金、连续性劳务报酬所得的个人,其缴纳的保费准予在申报扣除当月计算应纳税所得额时予以限额据实扣除,扣除限额按照当月工资薪金、连续性劳务报酬收入的 6% 和 1000 元孰低办法确定。取得个体工商户生产经营所得、对企事业单位的承包承租经营所得的个体工商户业主、个人独资企业投资者、合伙企业自然人合伙人和承包承租经营者,其缴纳的保费准予在申报扣除当年计算应纳税所得额时予以限额据实扣除,扣除限额按照不超过当年应税收入的 6% 和 12000 元孰低办法确定。

(2)账户资金收益暂不征税。计入个人商业养老资金账户的投资收益,在缴费期间暂不征收个人所得税。

(3)个人领取商业养老金征税。个人达到国家规定的退休年龄时,可按月或按年领取商业养老金,领取期限原则上为终身或不少于 15 年。个人身故、发生保险合同约定的全残或罹患重大疾病的,可以一次性领取商业养老金。

对个人达到规定条件时领取的商业养老金收入,其中25%部分予以免税,其余75%部分按照10%的比例税率计算缴纳个人所得税,税款计入"工薪收入"项目。

2.2.3.4　试点政策适用对象

适用试点税收政策的纳税人,是指在试点地区取得工资薪金、连续性劳务报酬所得的个人,以及取得个体工商户生产经营所得、对企事业单位的承包承租经营所得的个体工商户业主、个人独资企业投资者、合伙企业自然人合伙人和承包承租经营者,其工资薪金、连续性劳务报酬的个人所得税扣缴单位,或者个体工商户、承包承租单位、个人独资企业、合伙企业的实际经营地均位于试点地区内。

取得连续性劳务报酬所得,是指纳税人连续6个月以上(含6个月)为同一单位提供劳务而取得的所得。

2.2.4　补充养老保险数据

《2018年度人力资源和社会保障事业发展统计公报》显示,年末全国有8.74万户企业建立了企业年金,参加职工2388万人,年末企业年金基金累计结存14770亿元。

2.3　老年人权益保障制度

根据《中华人民共和国老年人权益保障法》,老年人是指60周岁以上的公民,国家保障老年人依法享有的权益。该法所规定的老年人权益主要包括:社会保险权益、长期护理保障权益、社会救助权益、住房保障权益、社会福利权益、社会服务权益、社会优待权益等。

2.3.1　社会保险权益

国家通过基本养老保险制度,保障老年人的基本生活。

国家通过基本医疗保险制度,保障老年人的基本医疗需要。享受最低生活保障的老年人和符合条件的低收入家庭中的老年人参加新型农村合作医疗和城镇居民基本医疗保险所需个人缴费部分,由政府给予补贴。

有关部门制定医疗保险办法时,应当对老年人给予照顾。

老年人依法享有的养老金、医疗待遇和其他待遇应当得到保障,有关机构必须按时足额支付,不得克扣、拖欠或者挪用。

国家根据经济发展以及职工平均工资增长、物价上涨等情况,适时提高养老保障水平。

2.3.2　长期护理保障权益

国家逐步开展长期护理保障工作,保障老年人的护理需求。

对生活长期不能自理、经济困难的老年人,地方各级人民政府应当根据其失能程度等情况给予护理补贴。

2.3.3　社会救助权益

国家对经济困难的老年人给予基本生活、医疗、居住或者其他救助。

老年人无劳动能力、无生活来源、无赡养人和扶养人,或者其赡养人和扶养人确无赡养能力或者扶养能力的,由地方各级人民政府依照有关规定给予供养或者救助。

对流浪乞讨、遭受遗弃等生活无着的老年人,由地方各级人民政府依照有关规定给予救助。

国家鼓励慈善组织以及其他组织和个人为老年人提供物质帮助。

2.3.4　住房保障权益

地方各级人民政府在实施廉租住房、公共租赁住房等住房保障制度或者进行危旧房屋改造时,应当优先照顾符合条件的老年人。

2.3.5　社会福利权益

国家建立和完善老年人福利制度,根据经济社会发展水平和老年人的实际需要,增加老年人的社会福利。

国家鼓励地方建立 80 周岁以上低收入老年人高龄津贴制度。

国家建立和完善计划生育家庭老年人扶助制度。

2.3.6　社会服务权益

地方各级人民政府和有关部门应当采取措施,发展城乡社区养老服务,鼓励、扶持专业服务机构及其他组织和个人,为居家的老年人提供生活照料、紧急救援、医疗护理、精神慰藉、心理咨询等多种形式的服务。

对经济困难的老年人,地方各级人民政府应当逐步给予养老服务补贴。

2.3.7　社会优待权益

老年人因其合法权益受侵害提起诉讼支付诉讼费确有困难的,可以缓交、减交或者免交;需要获得律师帮助,但无力支付律师费用的,可以获得法律援助。

医疗机构应当为老年人就医提供方便,对老年人就医予以优先。有条件的地方,可以为老年人设立家庭病床,开展巡回医疗、护理、康复、免费体检等服务。

提倡与老年人日常生活密切相关的服务行业为老年人提供优先、优惠服务。

城市公共交通、公路、铁路、水路和航空客运,应当为老年人提供优待和照顾。

博物馆、美术馆、科技馆、纪念馆、公共图书馆、文化馆、影剧院、体育场馆、公园、旅游景点等场所,应当对老年人免费或者优惠开放。

2.4　养老保障热点问题解答

根据人力资源和社会保障部对人大代表建议和政协委员提案的回复,就有关养老保障热点问题进行解答。

2.4.1　实现养老保险全国统筹

我国企业职工养老保险运行总体平稳,基金可持续能力不断增强,但是省际基金不平衡的矛盾日益突出,需要通过提高养老保险统筹层次,均衡地区间养老基金负担,实现制度的可持续发展。

中共中央、国务院高度重视养老保险全国统筹工作。中共十九大报告提出,完善城镇职工基本养老保险制度,尽快实现养老保险全国统筹。实现养老保险全国统筹,能够进一步增强制度的公平性,合理划分中央与地方政府的养老保险责任,有效均衡地区之间因抚养比差异过大带来的基金压力,有利于实现养老保险基金收支保持长期平衡。

作为实现养老保险全国统筹的第一步,建立了企业职工基本养老保险基金中央调剂制度。同时,积极研究统一基本养老保险费率、建立激励约束机制、厘清中央和地方责任等政策措施,为尽快实现全国统筹创造条件。2018 年 5 月 30日,国务院印发《关于建立企业职工基本养老保险基金中央调剂制度的通知》,决定从 2018 年 7 月 1 日起实施基金中央调剂制度,并要求抓紧制定养老保险全国统筹的时间表、路线图。初步考虑,在实施基金中央调剂制度、全面实现省级统筹的基础上,实现在全国范围统一参保缴费政策、统一待遇项目、统一基金收支管理、统一信息系统、统一经办管理服务等,进而实现职工基本养老保险基金全国统筹。

2.4.2　养老保险制度的顶层设计

养老保险涉及人数多、基金规模大、运行周期长,是我国社会保障体系的重要组成部分,对经济社会发展有着举足轻重的影响。改革开放以来,中国养老保险制度改革从城市到农村、从职工到居民,初步构建起覆盖全体城乡居民的基本养老保险制度框架,政策体系不断完善,制度运行总体平稳。根据国家统计局数据,2018 年底参加基本养老保险人数为 94293 万人(含职工参保与居民参保数据),按全国 16 岁以上人口为 11 亿人估计,参保率在 85%以上。但随着新型工业化、信息化、城镇化和农业现代化的同步推进,特别是人口老龄化的不断加剧,养老保险制度仍面临一系列突出矛盾和问题。例如,仍有少部分人没有参保,统筹层次偏低，基金运行结构性矛盾比较突出，总量不足的矛盾开始显现，最低缴费年限和法定退休年龄偏低，单位费率偏高，筹资渠道较窄，多层次养老保险发展滞后等，制度的可持续性面临较大压力，迫切需要加强制度的顶层设计。

中共中央、国务院高度重视社会保障工作，中共十八大提出要建立覆盖城乡居民的社会保障体系，中共十八届五中全会提出要建立更加公平更可持续的社会保障制度，中共十九大提出全面建成"覆盖全民、城乡统筹、权责清晰、保障适度、可持续、多层次"的社会保障体系。改革和完善养老保险制度，要深入贯彻中共十八大、十八届三中全会、十八届五中全会、十九大精神，围绕覆盖全民和建立更加公平、更可持续的养老保险制度的目标，坚持《中华人民共和国社会保险法》确立的基本养老保险制度模式和基本政策，以问题为导向完善制度、健全机制，尽快建成与社会主义现代化强国相适应的中国特色的养老保险制度。

中国人口众多，城乡之间、地区之间发展不平衡，正处于并将长期处于社会主义初级阶段，养老保险制度建设必须立足于基本国情，遵循权利与义务相对应、公平与效率相结合的原则，待遇标准与生产力发展水平和各方面承受能力相适应，积极而为、量力而行。

一是坚持社会统筹与个人账户相结合的基本模式。现行养老保险统账结合制度是经过二十几年实践探索、得到各方广泛认可的基本模式。社会统筹体现社会共济和社会公平，个人账户体现个人责任，在分担社会风险的同时，还有利于适度均衡不同单位和不同群体之间的待遇水平，既符合社会保险的"大数法则"和基本价值取向，又具有鲜明的中国特色，因此应当坚定不移地保持基本模式稳定运行。

二是坚持"职工 + 居民"的基本养老保险制度。这是由中国现阶段城乡差距大、职工和居民具有不同的职业特点和缴费能力所决定的，具有客观必然性和现实可行性。同时，只有实行"职工 + 居民"并行的平台，才能实现全民覆盖。根据国家统计局 2018 年数据，全国参加城镇职工基本养老保险人数为 41902 万人，参加城乡居民基本养老保险人数 52392 万人，居民参保人数高于职工参保人数。显然，居民缴费能力较低，达不到职工缴费水平，难以参加职工基本养老保险。因此，要实现基本养老保险制度全民覆盖、实际广泛覆盖，必须坚持"职工 + 居民"的基本养老保险制度。

三是坚持"基本＋补充"的制度体系。基本养老保险制度要实现法定人员全覆盖。在此基础上,鼓励有条件的企业建立企业年金,建立与完善机关事业单位职工职业年金,由单位和个人共同缴费,计入个人账户,形成激励机制,提高职工退休后的待遇水平。

2.4.3　逐步延迟退休年龄

中国现行企业职工男 60 周岁、女干部 55 周岁、女工人 50 周岁的退休年龄政策,是 20 世纪 50 年代颁布《中华人民共和国劳动保险条例》后开始实施的,当时我国的人均寿命不足 50 岁。1978 年全国人大常委会批准通过的《国务院关于颁发〈国务院关于安置老弱病残干部暂行办法〉和〈国务院关于工人退休、退职的暂行办法〉的通知》再一次对之予以确认。同时,对因病完全丧失劳动能力的和部分从事特殊工种岗位的职工适当降低了退休年龄。从多年的实施情况看,这一政策充分考虑了当时的劳动条件、人均寿命、男女生理特点等因素,为保护职工劳动权益及身心健康发挥了积极作用。

中国现行退休年龄总体偏低,特别是女性退休年龄明显偏低,人力资源利用不够充分。为解决女性干部退休年龄偏低的问题,《中共中央组织部 人力资源和社会保障部关于机关事业单位县处级女干部和具有高级职称的女性专业技术人员退休年龄问题的通知》规定,党政机关、人民团体中的正、副县处级及相应职务层次的女干部,事业单位中担任党务、行政管理工作的相当于正、副处级的女干部和具有高级职称的女性专业技术人员,年满 60 周岁退休,这在一定范围内实现了机关事业单位男女同龄（60 周岁）退休。为更好发挥高层次人才作用,原人事部《关于高级专家退（离）休有关问题的通知》规定,高级专家确因工作需要,身体能够坚持正常工作,征得本人同意,副教授级高级专家经批准可延长至 65 周岁退休,教授级高级专家经批准可延长至 70 周岁退休;院士年满 70 周岁退休,个别确因国家重大项目特殊需要,可适当延长退休年龄,最多延长至 75 周岁。

随着中国经济社会发展、人均寿命延长以及人口老龄化加剧,养老保险抚养比不断下降,养老保险基金支付压力不断加大,退休年龄偏低的问题亟待解决。为积极应对人口老龄化,进一步开发利用人力资源,实现养老保险制度可持续发展,中共十八届三中、五中全会明确提出要研究出台渐进式延迟退休年龄政策。

按照这一要求,在立足中国国情并借鉴国外经验的基础上,结合中国养老保险制度的不断改革完善和就业形势的发展变化的情况,综合考虑中国劳动力结构情况、社会的接受程度,对渐进式延迟退休年龄问题进行了深入研究论证。一是根据中国人口老龄化的趋势和劳动力的状况,把握调整的节点和节奏,遵循先易后难的原则。二是"小步慢提、渐进到位",每年只延长几个月,用较长的时间逐步提高退休年龄。三是区别对待、分步实施,根据不同群体现行退休年龄的实际情况,有计划、分阶段实施,照顾各方关切,探索弹性退休,体现一定的差异性。四是预先公示、提前公布,在政策出台和启动实施之间预留准备期,便于参保人员合理确定职业规划和安排生活。

延迟退休年龄涉及群众的切身利益,是一项重大且复杂的社会政策,在制定政策时必须稳慎把握,广泛增进社会共识。应当按照中共中央、国务院的要求,结合我国实际情况,特别是劳动力总量的变化情况、就业状况、社会保障基金长期可持续发展情况以及社会各界的接受程度,充分考虑不同性别、不同岗位人员的工作特点和需求,对渐进式延迟退休年龄的方案进一步研究论证,适时向社会公开征求意见。

2.4.4 特殊工种人员提前退休

中国特殊工种提前退休政策产生于计划经济时期。目前,仍然沿用1951年中央人民政府政务院公布的《中华人民共和国劳动保险条例》,以及1978年《国务院关于工人退休、退职的暂行办法》的相关规定。按照现行政策,从事井下、高空、高温、特别繁重体力劳动或者其他有害身体健康的工作,男性年满55周岁、女性年满45周岁,连续工作满10年的,可以按规定办理提前退休。同时,有关企业应加大投入,通过改进生产流程、改善用工环境、降低劳动强度、内部调整岗位等措施来加强劳动保护,减少对职工身体的直接伤害,并通过提高工资待遇、实行特岗补贴、定期体检疗养等措施,予以适当补偿。

在计划经济时期劳动生产力落后、保障渠道单一的情况下,特殊工种提前退休政策对职工的身体健康起到了积极的保护作用。现阶段执行的工种,大多数是 20 世纪八九十年代经行业主管部门提出工种名称、制订具体标准,由原劳动部审批公布的。随着科技进步、工艺转变,许多特殊工种的工作环境和劳动条件发生了很大变化,不再具有其原有的"特殊"性。同时,调研中发现,一些企业设立了新的工种,对职工身体健康也有一定损害,需要加强对这些职工的劳动保护。

改革开放后,中国逐步推进社会主义市场经济体制改革,并建立起统一的城镇企业职工基本养老保险制度,特殊工种提前退休政策的相关背景和实施条件都已经发生了很大的变化,已经不能适应多种经济成分并存、劳动条件改善、养老体制机制转变、责任主体明晰等新情况。对职工个人来说,退休后的养老金水平与在职时缴费水平高低、缴费年限长短相关,提前退休将直接影响到职工切身利益。

在石化、铁路等行业中,多次发生职工办理提前退休后,因养老待遇低而强烈要求纠正的群访事件。同时,养老保险作为一项公共制度,盲目实施提前退休政策对其他正常参保缴费的职工来说,也是不公平的。对养老保险制度而言,过多的提前退休造成了减收增支,加大了基金支付压力,特别是中国人口老龄化形势日趋严重,提前退休会进一步降低人口抚养比,不利于养老保险制度公平可持续发展。

针对一些地方自行扩大特殊工种提前退休的人员范围、放宽认定标准和增加工种名录,使违规办理提前退休行为增多的情况,按国务院的要求,原劳动和社会保障部印发《关于制止和纠正违反国家规定办理企业职工提前退休有关问题的通知》,明确要求加强对特殊工种的管理,特殊工种目录仍按原国家劳动行政部门和各个行业主管部门批准的执行,暂不批准新的特殊工种。2016 年,《人力资源和社会保障部 财政部关于进一步加强企业职工基本养老保险基金收支管理的通知》进一步强调了"各地要严格执行国家关于职工退休条件的规定,不得自行扩大提前退休的企业、人员范围"等要求。

在特殊工种提前退休政策在实施中出现的问题,需要统筹研究,不能简单地由政府承担应由企业承担的责任。就保护从事有害身体健康工作的职工而言,主要有两方面的考虑:一方面,鼓励企业加大投入,通过改进生产流程、改善用工环境、降低劳动强度、内部调整岗位等措施来加强劳动保护,减少对职工身体的直接伤害、同时通过提高工资待遇、实行特岗补贴、定期体检疗养等措施,对职工予以适当的事后补偿;另一方面,从既有利于保护职工身体健康,又有利于养老保险制度长远发展的角度来看,应当本着"谁用工、谁负责"的原则,建立完善参保缴费的激励约束机制,适时调整特殊工种提前退休政策。

2.4.5　养老保险费补缴

《人力资源和社会保障部 财政部关于进一步加强企业职工基本养老保险基金收支管理的通知》规定:各地不得违反国家规定采取一次性缴费的方式将超过法定退休年龄等不符合条件人员纳入职工基本养老保险范围,对城镇个体工商户和灵活就业人员不得以事后追补缴费的方式增加缴费年限;对符合国家规定补缴养老保险费的,应按《中华人民共和国社会保险法》规定缴纳滞纳金。国家鼓励参保人员按时足额正常缴费,一次性补缴不符合《中华人民共和国社会保险法》规定的按时足额缴费的要求,也会对基金的可持续性带来风险。

2.4.6　缴费年限不足 15 年的续缴

按照《实施〈中华人民共和国社会保险法〉若干规定》的规定,参保人员达到法定退休年龄时,累计缴费年限不足 15 年的,可以申请延长缴费至满 15 年;《中华人民共和国社会保险法》实施前参保、延长缴费 5 年后仍不足 15 年的,可以一次性缴费至满 15 年。参加职工基本养老保险的人员达到法定退休年龄后,累计缴费不足 15 年(含依照上述规定延长缴费)的,可以申请转入户籍所在地城乡居民基本养老保险,享受相应的养老保险待遇。

《人力资源和社会保障部办公厅关于职工基本养老保险关系转移接续有关问题的函》明确:"参保人员达到法定退休年龄时累计缴费不足 15 年的,基本养老保险关系在户籍地的,继续缴费地为户籍地;基本养老保险关系不在户籍地的,继续缴费地为缴费年限满 10 年所在地;每个参保地缴费年限均不满 10 年的,继续缴费地为户籍地。若在企业继续就业参保的,按照国家规定缴纳基本养老保险费;未在企业继续就业参保的,可以申请在继续缴费地参照当地灵活就业人员缴费标准延长缴费,具体延长缴费办法由各地制定。"对于企业留任的达到法定退休年龄但缴费不满 15 年的职工，可以根据自身的情况及国家和地方规定，或在工作所在地，或在户籍地，或在缴费满 10 年的工作地申请办理延长缴费手续。

2.4.7　残疾人养老待遇

残疾人由于残疾及贫困等各种原因，健康状况较差，同时随着年龄的增长，残疾人身体机能、就业能力和稳定性比健全人降低得快，需要国家给予更多的关心和照顾。

中共中央、国务院一直高度重视残疾人的养老保险问题。1951 年颁布的《中华人民共和国劳动保险条例》和 1953 年实施的《中华人民共和国劳动保险条例实施细则修正案》规定了因病或者非因工致残完全丧失劳动能力人员所享受的待遇。1978 年发布《国务院关于工人退休、退职的暂行办法》，明确了因病或非因工丧失劳动能力人员的退职、病退范围、条件和待遇。

《中华人民共和国劳动保险条例》规定：工人与职员因病或非因工负伤医疗终结确定为残废，完全丧失劳动力退职后，病伤假期工资或疾病非因工负伤救济费停发，改由劳动保险基金项下发给非因工残废救济费，其数额按下列情况规定之：饮食起居需人扶助者为本人工资 50%，饮食起居不需人扶助者为本人工资 40%，至恢复劳动力或死亡时止；部分丧失劳动力尚能工作者不予发给。

《中华人民共和国劳动保险条例实施细则修正草案》规定：工人职员疾病或非因工负伤医疗终结，确定为残废完全丧失劳动力退职后，除领取非因工残废救济费、本人死亡时的丧葬补助费及供养直系亲属救济费外，其他劳动保险待遇应停止享受。

1978 年发布的《国务院关于工人退休、退职的暂行办法》规定：男年满 50 周岁，女年满 45 周岁，连续工龄满 10 年，由医院证明，并经劳动鉴定委员会确认，完全丧失劳动能力的，应当办理退休。不具备退休条件，由医院证明，并经劳动鉴定委员会确认，完全丧失劳动能力的工人，应当退职。退职后，按月发给相当于本人标准工资 40% 生活费，低于 20 元的，按 20 元发给。

2010 年颁布的《中华人民共和国社会保险法》在第十七条明确规定，参加养老保险的个人，在未达到法定退休年龄时因病或者非因工致残完全丧失劳动能力的，可以领取病残津贴。

因此，按照国家规定参加职工基本养老保险的，缴费满15年并达到退休年龄时，可按月领取基本养老金；对于完全丧失劳动能力的，只要符合国家规定的条件，可以办理病退或退职，享受相应的待遇。

2014年2月，国务院印发《关于建立统一的城乡居民基本养老保险制度的意见》，在全国范围内建立了统一的城乡居民基本养老保险制度，强调对重度残疾人等缴费困难群体实行政府代缴部分或全部最低标准的养老保险费政策。截至2016年底，城乡残疾居民参加城乡居民基本养老保险人数达到2370.6万，参保率为79%，重度残疾人参保代缴比例达到92.5%，269.4万非重度残疾人享受了全额或部分代缴养老保险费的优惠政策。

今后应当按照《中华人民共和国社会保险法》和中共中央关于养老保险顶层设计的要求，抓紧研究制定病残津贴办法，进一步保障残疾人的基本生活。

2.4.8　女工人转为女干部的退休年龄及继续参保

中国企业职工男60周岁、女干部55周岁、女工人50周岁的退休年龄政策，是20世纪50年代《中华人民共和国劳动保险条例》规定的。1978年全国人大常委会批准通过的《国务院关于颁发〈国务院关于安置老弱病残干部暂行办法〉和〈国务院关于工人退休、退职的暂行办法〉的通知》再次对之予以确认。这一政策充分考虑了劳动者的劳动条件、人均寿命、男女生理特点等因素，对保护职工劳动权益及身心健康发挥了重要的作用。原劳动部《关于贯彻执行〈中华人民共和国劳动法〉若干问题的意见》第七十五条明确规定："用人单位全部职工实行劳动合同制后，职工在用人单位由转制前的原工人岗位转为原干部（技术）岗位或由原干部（技术）岗位转为原工人岗位，其退休年龄和条件，按现岗位的国家规定执行。"

2008年《中华人民共和国劳动合同法实施条例》第二十一条规定，劳动者达到法定退休年龄的，劳动合同终止。按此规定，企业如继续招用达到法定退休年龄的劳动者，双方的法律关系不属于劳动关系，不适用劳动合同法。年满50岁已办理退休手续后继续留任企业的女工人，其劳动关系因到法定退休年龄而终止，在企业参加社会保险并缴费的义务也即行终止。但是用人单位和职工个人可以签订民事协议,约定相应的权利和义务。

2.4.9　降低企业职工基本养老保险缴费标准

有建议提到,将养老保险的缴费标准降到 20% 以下,单位部分不超过 12%。目前尚不具备条件,主要有以下几方面原因:

(1)与中国国情和养老保险制度体系有关

造成中国养老保险费率总体偏高的主要因素有三点:一是中国实行社会统筹与个人账户相结合的部分积累模式,即在保证当期支付的基础上,要为未来积累一部分资金;二是现行养老保险费用负担了制度转轨成本,实施养老保险制度改革后,由于已经退休的"老人"和"中人"没有积累或积累较少,其视同缴费期间的待遇,需要通过现在的单位和职工缴费来弥补,推高了现行的养老保险费率;三是为应对老龄化高峰的挑战,持续确保基本养老保险待遇的按时足额发放,需要维持一定的养老保险费率。

(2)与养老保险基金运行情况有关

降低养老保险费率,需综合考虑经济发展对基金征缴的影响、人口老龄化趋势带来的支付压力、基金收支的地区性差异、社会保险制度改革发展等诸多因素。从养老保险基金运行情况来看,其面临的减收增支压力,以及部分地区当期缺口规模不断扩大等因素,都决定了当前及未来一段时期,养老保险不具备大幅降低费率的条件。

(3)与养老金待遇水平有关

中国企业退休人员基本养老金已连续多年调整,月人均基本养老金从 2004 年的 647 元提高到 2018 年的 3148 元,基金支出额越来越大。虽然基金在收支不平衡时由各级财政予以补贴,但如果费率下调幅度过大,使补贴超出了财政可以承担的范围,将难以继续满足参保者对提高基本养老金水平的期待。

今后应全面贯彻落实《国务院办公厅关于印发降低社会保险费率综合方案的通知》的有关精神,加强顶层设计,提升养老保险统筹层级,落实社会平均工资统计办法,适度降低低收入群体缴费基数,贯彻落实划拨国有资产办法,确保养老保险事业长期可持续发展。

2.4.10　外籍人才参加养老保险

（1）外国人参保不可以一次性补缴养老保险费

《中华人民共和国社会保险法》第九十七条规定："外国人在中国境内就业的，参照本法规定参加社会保险。"中国公民加入外国国籍后，不论其保留还是终止了社会保险关系，均按外国人参保进行管理。根据《在中国境内就业的外国人参加社会保险暂行办法》及《关于做好在我国境内就业的外国人参加社会保险有关问题的通知》规定，在中国境内合法就业的外国人是指依法获得《外国人就业证》等就业许可证件、《外国人永久居留证》等居留证件的外国人。在中国境内依法注册或登记的各类企业或组织依法招用的外国人，包括在华外国人才，应按当地规定参保缴费。2011年10月15日之前已经在中国境内就业，且符合参保条件的外国人，统一从2011年10月15日起参保缴费。2011年10月15日以后在中国境内就业的，从在中国境内就业开始之月起参保缴费。因此，按照现行政策规定，外籍人才不可以从工作之日起一次性补缴基本养老保险费，已达到或超过我国法定退休年龄的，不可以再办理社会保险参保手续。

（2）关于到达法定年龄后延长缴费问题

外国人在中国就业时，获得中国永久居留权的，参加职工基本养老保险达到法定退休年龄时，累计缴费不满15年的，可根据《实施〈中华人民共和国社会保险法〉若干规定》延长缴费，也可以书面申请终止养老保险关系，社保机构将其个人账户储存额一次性支付给本人。

（3）关于中国政府与其他国家签订双边社保协定的情况

将在华就业的外国人纳入中国社会保险制度体系，客观上会带来外籍员工及其所在企业在两国重复参保缴费的问题。为解决该问题，国际上的通行做法是开展双边或多边谈判，通过政府间签署包括双方互免条款的社会保障协定的方式加以解决。

早在2001年、2003年，中国政府就已分别同德国、韩国签署了社会保险双边协定，对双方派遣人员互相免缴特定的社会保险费用做出了规定。《中华人民共和国社会保险法》特别是《在中国境内就业的外国人参加社会保险暂行办法》颁布之后，我国加快了商签双边社会保障协定的步伐，先后与经贸关系密切的多个国家启动了双边社会保障协定谈判。

截至 2018 年 7 月 31 日,与中国政府已经签署双边社保协定的国家有德国、韩国、丹麦、芬兰、加拿大、瑞士、荷兰、法国、西班牙、卢森堡、日本、塞尔维亚,正在谈判的国家有奥地利、罗马尼亚、捷克、瑞典、比利时、菲律宾等,与中国有谈判意向的国家和地区包括俄罗斯、赞比亚、葡萄牙、哈萨克斯坦、加拿大的魁北克等。其中,与德国、韩国、丹麦、加拿大、芬兰、瑞士、荷兰、西班牙签署的双边社会保障协定已正式生效实施,总体执行情况良好。协定的签署和实施,有效维护了缔约双方派遣人员和企业的利益,避免了双重缴费负担,便利了缔约双方人员和经贸往来。

今后应继续扎实推进外国人参保及双边社会保障协定的商签工作,为吸引外籍人才创造良好条件。同时不断提高经办能力和水平,为在华就业的外国人提供更加优质高效的服务。

第3章 中国医疗保障制度

　　中国医疗保障制度由职工基本医疗保险、城乡居民基本医疗保险、补充医疗保险、医疗救助和医疗福利等制度构成。经过多年改革，中国建立了制度覆盖全民、城乡统筹衔接的医疗保障制度架构。各类职工(包括企业职工和机关事业单位工作人员)依法参加职工基本医疗保险,城乡居民参加城乡居民基本医疗保险,灵活就业人员可以参加职工基本医疗保险或城乡居民基本医疗保险。符合条件的职工和居民,按规定享受基本医疗保险待遇。参加基本医疗保险的单位和职工,可以按规定参加补充医疗保险,参保职工享受补充医疗保险待遇。生活困难的低收入群体，由政府全部或部分代缴居民基本医疗保险费用，按规定享受居民医疗保险待遇。对于医疗费用支付困难者,可以按规定得到医疗救助、互助与捐助。根据国家基本公共卫生服务计划,国民可以享受免费疫苗等医疗福利服务。

- 基本医疗保险制度
- 补充医疗保险制度
- 医疗救助与医疗福利制度
- 医疗保障热点问题解答

3.1　基本医疗保险制度

基本医疗保险是社会保险的重要组成部分,是防范和化解疾病风险的制度安排。基本医疗保险制度是基本医疗保险覆盖范围、基金来源、资格条件、就医服务、费用报销等一系列规定的总称。

中国基本医疗保险由职工基本医疗保险和城乡居民基本医疗保险构成。按规定参加基本医疗保险的职工和居民,在生病就诊时可以享受相应的基本医疗保险待遇。

3.1.1　法规依据

《中华人民共和国社会保险法》

《实施〈中华人民共和国社会保险法〉若干规定》

《在中国境内就业的外国人参加社会保险暂行办法》

《香港澳门台湾居民在内地(大陆)参加社会保险暂行办法》

《国务院关于建立城镇职工基本医疗保险制度的决定》

《关于印发城镇职工基本医疗保险用药范围管理暂行办法的通知》

《关于印发加强城镇职工基本医疗保险费用结算管理意见的通知》

《关于印发城镇职工基本医疗保险诊疗项目管理、医疗服务设施范围和支付标准意见的通知》

《国务院办公厅转发劳动保障部财政部关于实行国家公务员医疗补助意见的通知》

《国务院办公厅关于印发〈在京中央国家机关公务员医疗补助暂行办法〉的通知》

《国务院关于整合城乡居民基本医疗保险制度的意见》

《国务院关于开展城镇居民基本医疗保险试点的指导意见》

《关于城镇灵活就业人员参加基本医疗保险的指导意见》

《国务院办公厅关于将大学生纳入城镇居民基本医疗保险试点范围的指导

意见》

《国务院办公厅转发卫生部等部门关于建立新型农村合作医疗制度意见的通知》

《关于开展城乡居民大病保险工作的指导意见》

《国务院办公厅转发民政部等部门关于进一步完善医疗救助制度 全面开展重特大疾病医疗救助工作意见的通知》

《民政部 卫生部 财政部关于实施农村医疗救助的意见》

《国务院办公厅转发民政部等部门关于建立城市医疗救助制度试点工作意见的通知》

3.1.2　制度类型

3.1.2.1　基本规定

中国医疗保障实行社会保险、个人账户、政府补助、社会救助的制度模式。

职工基本医疗保险基金实行社会统筹与个人账户相结合。城乡居民基本医疗保险筹资实行个人缴费与政府补助相结合。政府对参加城乡居民基本医疗保险的低收入、无收入者给予全额或差额资助，对因医疗费用支出生活困难者给予直接救助。

3.1.2.2　相关法规

《国务院关于建立城镇职工基本医疗保险制度的决定》规定：要建立基本医疗保险统筹基金和个人账户。基本医疗保险基金由统筹基金和个人账户构成。职工个人缴纳的基本医疗保险费，全部计入个人账户。用人单位缴纳的基本医疗保险费分为两部分，一部分用于建立统筹基金，一部分划入个人账户。

《国务院关于印发完善城镇社会保障体系试点方案的通知》规定：基本医疗保险基金实行社会统筹和个人账户相结合。个人缴费全部计入个人账户，用人单位缴费的30%左右划入个人账户，其余部分用于建立统筹基金。个人账户主要用于小病或门诊费用，统筹基金主要用于大病或住院费用。

《国务院关于整合城乡居民基本医疗保险制度的意见》规定：坚持多渠道筹资，继续实行个人缴费与政府补助相结合为主的筹资方式，鼓励集体、单位或其他社会经济组织给予扶持或资助。

3.1.3　覆盖范围

覆盖范围是基本医疗保险制度覆盖范围与实际覆盖范围的总称。制度覆盖范围是指被基本医疗保险制度覆盖的人口,实际覆盖范围是指实际参加基本医疗保险的人口。

3.1.3.1　基本规定

职工(包括企业职工和机关事业单位工作人员)参加职工基本医疗保险,由用人单位和职工共同缴纳基本养老保险费。

各类灵活就业人员可以参加职工基本医疗保险,也可以参加城乡居民基本医疗保险,由个人缴纳基本医疗保险费。

不属于职工基本医疗保险制度覆盖范围的中小学阶段的学生(包括职业高中、中专、技校学生)、少年儿童和其他非从业城乡居民都可自愿参加城乡居民基本医疗保险。

各类全日制普通高等学校(包括民办高校)、科研院所(以下统称高校)中接受普通高等学历教育的全日制本专科生、全日制研究生可以参加城乡居民基本医疗保险。

在中国境内就业的外国人按规定参加职工基本医疗保险,在内地(大陆)就业的港澳台居民按规定参加职工基本医疗保险。

在内地(大陆)居住且办理港澳台居民居住证的未就业港澳台居民,按规定参加城乡居民基本医疗保险。

在内地(大陆)就读的港澳台大学生,与内地(大陆)大学生执行同等医疗保障政策,按规定参加高等教育机构所在地城乡居民基本医疗保险。

3.1.3.2　相关法规

《中华人民共和国社会保险法》规定:职工应当参加职工基本医疗保险,由用人单位和职工按照国家规定共同缴纳基本医疗保险费。无雇工的个体工商户、未在用人单位参加职工基本医疗保险的非全日制从业人员以及其他灵活就业人员可以参加职工基本医疗保险,由个人按照国家规定缴纳基本医疗保险费。

《在中国境内就业的外国人参加社会保险暂行办法》规定:

在中国境内依法注册或者登记的企业、事业单位、社会团体、民办非企业单位、基金会、律师事务所、会计师事务所等组织(以下称用人单位)依法招用的外国人,应当依法参加职工基本养老保险、职工基本医疗保险、工伤保险、失业保险和生育保险,由用人单位和本人按照规定缴纳社会保险费。

与境外雇主订立雇用合同后,被派遣到在中国境内注册或者登记的分支机构、代表机构(以下称境内工作单位)工作的外国人,应当依法参加职工基本养老保险、职工基本医疗保险、工伤保险、失业保险和生育保险,由境内工作单位和本人按照规定缴纳社会保险费。

《香港澳门台湾居民在内地(大陆)参加社会保险暂行办法》规定:

在内地(大陆)依法注册或者登记的企业、事业单位、社会组织、有雇工的个体经济组织等用人单位(以下统称用人单位)依法聘用、招用的港澳台居民,应当依法参加职工基本养老保险、职工基本医疗保险、工伤保险、失业保险和生育保险,由用人单位和本人按照规定缴纳社会保险费。

在内地(大陆)居住且办理港澳台居民居住证的未就业港澳台居民,可以在居住地按照规定参加城乡居民基本养老保险和城乡居民基本医疗保险。

在内地(大陆)就读的港澳台大学生,与内地(大陆)大学生执行同等医疗保障政策,按规定参加高等教育机构所在地城乡居民基本医疗保险。

《国务院关于建立城镇职工基本医疗保险制度的决定》规定:城镇所有用人单位,包括企业(国有企业、集体企业、外商投资企业、私营企业等)、机关、事业单位、社会团体、民办非企业单位及其职工,都要参加基本医疗保险。

《关于城镇灵活就业人员参加基本医疗保险的指导意见》规定:已与用人单位建立明确劳动关系的灵活就业人员,按照用人单位参加基本医疗保险的方法缴费参保;其他灵活就业人员,以个人身份缴费参保。

《国务院办公厅关于将大学生纳入城镇居民基本医疗保险试点范围的指导意见》规定:城镇居民基本医疗保险覆盖各类全日制普通高等学校(包括民办高校)、科研院所(以下统称高校)中接受普通高等学历教育的全日制本专科生、全日制研究生。

《国务院关于整合城乡居民基本医疗保险制度的意见》规定:城乡居民医保制度覆盖范围包括现有城镇居民医疗保险和新农合所有应参保(合)人员,

即覆盖除职工基本医疗保险应参保人员以外的其他所有城乡居民。农民工和灵活就业人员依法参加职工基本医疗保险,有困难的可按照当地规定参加城乡居民医保。

《国务院办公厅转发民政部等部门关于进一步完善医疗救助制度 全面开展重特大疾病医疗救助工作意见的通知》规定:将城市医疗救助制度和农村医疗救助制度整合为城乡医疗救助制度。最低生活保障家庭成员和特困供养人员是医疗救助的重点救助对象。要逐步将低收入家庭的老年人、未成年人、重度残疾人和重病患者等困难群众以及县级以上人民政府规定的其他特殊困难人员纳入救助范围。适当拓展重特大疾病医疗救助对象范围,积极探索对发生高额医疗费用、超过家庭承受能力、基本生活出现严重困难家庭中的重病患者实施救助。在各类医疗救助对象中,要重点加大对重病、重残儿童的救助力度。

3.1.3.3　地方示例

《北京市基本医疗保险规定》规定:北京市行政区域内的城镇所有用人单位,包括企业、机关、事业单位、社会团体、民办非企业单位及其职工和退休人员适用本规定。

《北京市人民政府关于印发〈北京市城乡居民基本医疗保险办法〉的通知》规定:

本办法适用于无其他基本医疗保险且符合以下条件之一的人员:

(1)男年满 60 周岁和女年满 50 周岁的北京市户籍城乡居民(以下简称城乡老年人)。

(2)男年满 16 周岁不满 60 周岁、女年满 16 周岁不满 50 周岁的北京市户籍城乡居民(以下简称劳动年龄内居民)。

(3)在北京市行政区域内的全日制普通高等院校(包括民办高校)、科研院所、普通中小学校、中等职业学校、特殊教育学校、工读学校就读的北京市户籍在校学生,以及非在校的 16 周岁以下的北京市户籍人员;在北京市行政区域内的全日制普通高等院校(包括民办高校)、科研院所中接受普通高等学历教育的全日制非在职非北京生源的在校学生(以下简称学生儿童)。

(4)国家和北京市规定的其他人员。

3.1.4 参保地点

3.1.4.1 基本规定

职工(包括企业职工和机关事业单位工作人员)在就业地参保。城乡居民可以在户籍地参保。取得居住证的居民可以在户籍地参保,也可以在居住地参保。

3.1.4.2 相关法规

《社会保险费征缴暂行条例》规定:缴费单位必须在成立之日起 30 日内向当地社会保险经办机构办理社会保险登记,参加社会保险。

《居住证暂行条例》规定:居住证持有人在居住地依法享受劳动就业,参加社会保险,缴存、提取和使用住房公积金的权利。

3.1.5 统筹层次

3.1.5.1 基本规定

职工基本医疗保险原则上以地级市以上行政区为统筹单位,并逐步实行省级统筹。

城乡居民医疗保险制度原则上实行市(地)级统筹,各地区要统一待遇政策、基金管理和信息系统。鼓励有条件的地区实行省级统筹。

3.1.5.2 相关法规

《中华人民共和国社会保险法》规定:基本养老保险基金逐步实行全国统筹,其他社会保险基金逐步实行省级统筹,具体时间、步骤由国务院规定。

《国务院关于建立城镇职工基本医疗保险制度的决定》规定:基本医疗保险原则上以地级以上行政区(包括地、市、州、盟)为统筹单位,也可以县(市)为统筹单位,北京、天津、上海 3 个直辖市原则上在全市范围内实行统筹(以下简称统筹地区)。所有用人单位及其职工都要按照属地管理原则参加所在统筹地区的基本医疗保险,执行统一政策,实行基本医疗保险基金的统一筹集、使用和管理。铁路、电力、远洋运输等跨地区、生产流动性较大的企业及其职工,可以相对集中的方式异地参加统筹地区的基本医疗保险。

《国务院关于整合城乡居民基本医疗保险制度的意见》规定:城乡居民医保制度原则上实行市(地)级统筹,各地要围绕统一待遇政策、基金管理、信息系统和就医结算等重点,稳步推进市(地)级统筹。鼓励有条件的地区实行省级统筹。

3.1.5.3　地方示例

《北京市基本医疗保险规定》规定:基本医疗保险基金实行全市统筹,分级管理,全部纳入社会保障基金财政专户,实行收支两条线管理。

《北京市人民政府关于印发〈北京市城乡居民基本医疗保险办法〉的通知》规定:城乡居民医疗保险基金实行全市统筹,遵循以收定支、收支平衡、略有结余的原则,合理确定筹资标准和保障待遇,并建立筹资及待遇动态调整机制,实现城乡居民医疗保险制度可持续发展。

3.1.6　缴费办法

3.1.6.1　基本规定

单位(包括企业、机关、事业单位,下同)和职工(包括企业职工、机关事业工作人员,下同)共同缴纳职工基本医疗保险费。城乡居民基本医疗保险实行"个人缴费与政府补助"为主的筹资方式,鼓励集体、单位或其他社会经济组织给予扶持或资助。

3.1.6.2　职工缴费

职工以上一年度的月平均工资作为个人缴纳基本医疗保险费的基数(以下简称缴费工资基数),按当地规定的比例按月缴纳基本医疗保险费。职工缴纳基本医疗保险费的比例一般为缴费工资基数的 2%(各个统筹地区规定不同),职工个人缴纳的基本医疗保险费不计征个人所得税。个人缴费计入个人账户。

月平均工资应按国家统计局规定列入工资总额统计的项目计算,其中包括工资、奖金、津贴、补贴等收入。单位支付给劳动者个人的丧葬抚恤救济费、生活困难补助费、计划生育补贴等不属于工资统计范围。

职工月平均工资低于当地职工平均工资 60%的,按 60%计算缴费工资基数;超过当地职工平均工资 300%的部分不计入缴费工资基数。

2019 年 5 月 1 日起,各省以本省城镇非私营单位就业人员平均工资和城镇私营单位就业人员平均工资加权计算的全口径城镇单位就业人员平均工资,核定职工基本医疗保险个人缴费基数上下限。

已离退休人员或达到规定缴费年限正常退休人员不缴纳基本医疗保险费。

3.1.6.3 单位缴费

单位以职工工资总额(或全部职工缴费工资基数之和)为缴费工资基数,按当地规定的缴费比例按月缴纳基本医疗保险费。当地规定缴纳基本医疗保险费的比例一般为 6%(各个统筹地区规定不同),单位缴纳的基本医疗保险费在税前列支。单位缴费的 70%左右计入统筹基金,30%左右划入个人账户。

3.1.6.4 个体劳动者缴费

城镇个体工商户和灵活就业人员参加基本职工医疗保险的缴费基数为当地上年度在岗职工平均工资(2019 年 5 月 1 日前),缴费费率原则上按照当地的缴费率确定。也可以从统筹基金起步,可参照当地基本医疗保险建立统筹基金的缴费水平确定缴费费率。

2019 年 5 月 1 日起,个体工商户和灵活就业人员参加企业职工基本医疗保险,可以在本省全口径城镇单位就业人员平均工资的 60%至 300%之间选择适当的缴费基数。

城镇个体工商户和灵活就业人员一般应按月缴纳医疗保险费,也可按灵活的方式合并缴纳医疗保险费。

个体劳动者缴纳的基本医疗保险费不计征个人所得税。

3.1.6.5 城乡居民缴费办法

城镇(乡)居民基本医疗保险实行按年度定额缴费,以家庭缴费为主,政府给予适当补助。参保居民按规定缴纳基本医疗保险费,享受相应的医疗保险待遇,有条件的用人单位可以对职工家属参保缴费给予补助。国家对个人缴费和单位补助资金制定税收鼓励政策。

3.1.6.6　相关法规

《国务院办公厅关于印发降低社会保险费率综合方案的通知》规定：各省应以本省城镇非私营单位就业人员平均工资和城镇私营单位就业人员平均工资加权计算的全口径城镇单位就业人员平均工资，核定社保个人缴费基数上下限，合理降低部分参保人员和企业的社保缴费基数。

《国务院关于建立城镇职工基本医疗保险制度的决定》规定：基本医疗保险费由用人单位和职工共同缴纳。用人单位缴费率应控制在职工工资总额的 6% 左右，职工缴费率一般为本人工资收入的 2%。具体缴费比例由各统筹地区根据实际情况确定。

《劳动和社会保障部办公厅关于城镇灵活就业人员参加基本医疗保险的指导意见》规定：灵活就业人员参加基本医疗保险的缴费率原则上按照当地的缴费率确定。从统筹基金起步的地区，可参照当地基本医疗保险建立统筹基金的缴费水平确定。缴费基数可参照当地上一年度职工年平均工资核定。

3.1.6.7 地方示例

《北京市基本医疗保险规定》规定：

职工按本人上一年月平均工资的 2% 缴纳基本医疗保险费。用人单位按全部职工缴费工资基数之和的 9% 缴纳基本医疗保险费。

职工本人上一年月平均工资低于上一年北京市职工月平均工资 60% 的，以上一年北京市职工月平均工资的 60% 为缴费工资基数，缴纳基本医疗保险费。

职工本人上一年月平均工资高于上一年北京市职工月平均工资 300% 以上的部分，不作为缴费工资基数，不缴纳基本医疗保险费。

无法确定职工本人上一年月平均工资的，以上一年北京市职工月平均工资为缴费工资基数，缴纳基本医疗保险费。

本规定施行前已退休的人员不缴纳基本医疗保险费。

北京市医疗保险历年缴费基数上下限及单位、职工缴费比例如表 3-1 所示：

表 3-1　北京市医疗保险历年缴费基数上下限及单位、职工缴费比例一览表

单位:元

年度	缴费基数（下限）	缴费基数（上限）	单位缴费比例	个人缴费比例	划入个人比例
2001.4~2002.3	787	3933	在职职工9%+1%	在职职工2%+3 元/人/月	在职职工35 岁以下:0.8%35~45 岁:1%45 岁以上:2%
2002.4~2003.3	905	4524			
2003.4~2004.3	1036	5182			
2004.4~2005.3	1202	6011			
2005.4~2006.3	1417	7087			
2006.4~2007.3	1640	8202			
2007.4~2008.3	1805	9024			
2008.4~2009.3	1993	9966			
2009.4~2010.3	2236	11178			
2010.4~2011.3	2422	12111			
2011.4~2012.3	2521	12603	退休人员不缴费	退休人员3 元/人/月	退休人员70 岁以下:100 元70 岁以上:110 元
2012.4~2013.3	2803	14016			
2013.4~2014.6	3134	15669			
2014.7~2015.6	3476	17379			
2015.7~2016.6	3878	19389			
2016.7~2017.6	4252	21258			
2017.7~2018.6	4624	23118			
2018.7~2019.6	5080	25401			

农民工:单位按缴纳基数下限的 1%缴纳医疗保险,个人不缴纳(2012.04 起取消农民工类别)

来源:https://www.bjxch.gov.cn/xcfw/shbz/xxxq/pnidpv745387.html.

《北京市人民政府关于印发〈北京市城乡居民基本医疗保险办法〉的通知》规定:

城乡居民医保基金由城乡居民个人缴纳的基本医疗保险费和政府补助资金等构成,城乡居民医疗保险筹资标准由市人力社保局会同市财政局提出意见,报市政府批准后执行。

参保人员应于每年 9 月 1 日至 11 月 30 日一次性缴纳城乡居民基本医疗保险费,自次年的 1 月 1 日起享受城乡居民医疗保险待遇。

当年符合参保条件的人员,自符合参保条件之日起 90 日内办理参保缴费

手续的,自参保缴费的当月起享受城乡居民医疗保险待遇,享受待遇时间至当年 12 月 31 日。

　　其中,未满 1 周岁的新生儿一次性缴纳相应年度城乡居民基本医疗保险费的,可自出生之日起享受相应年度城乡居民医疗保险待遇,享受待遇时间至当年 12 月 31 日。

　　北京市城乡居民缴费及政府补助如表 3-2 所示:

表 3-2　2018 年北京市城乡居民基本医疗保险筹资缴费表

筹资标准(元)	个人缴费标准(元)		
	学生、儿童	老年人	劳动年龄内居民
1640	180	180	300
其中财政补助			
1430			

资料来源:根据北京市医疗保障局文件整理。

3.1.7　政府资助

3.1.7.1　基本规定

国家对社会保险事业提供经费保障,承担弥补社会保险基金缺口的责任,对社会保险实行税收优惠政策,政府对城乡居民基本医疗保险进行补助。

3.1.7.2　相关法规

《中华人民共和国社会保险法》规定:县级以上人民政府对社会保险事业给予必要的经费支持。国家通过税收优惠政策支持社会保险事业。县级以上人民政府在社会保险基金出现支付不足时,给予补贴。

《国务院关于整合城乡居民基本医疗保险制度的意见》规定:实行个人缴费与政府补助相结合为主的筹资方式,鼓励集体、单位或其他社会经济组织给予扶持或资助。合理划分政府与个人的筹资责任,在提高政府补助标准的同时,适当提高个人缴费比重。

《国务院关于开展城镇居民基本医疗保险试点的指导意见》规定:对试点城市的参保居民,政府每年按不低于人均 40 元给予补助。在此基础上,对属于低保对象的或重度残疾的学生和儿童参保所需的家庭缴费部分,政府原则上每年再按不低于人均10元给予补助,其中,中央财政对中西部地区按人均5元给予补助;对其他低保对象、丧失劳动能力的重度残疾人、低收入家庭60周岁以上的老年人等困难居民参保所需家庭缴费部分,政府每年再按不低于人均60元给予补助,其中,中央财政对中西部地区按人均30元给予补助。财政补助的具体方案由财政部门商劳动保障、民政等部门研究确定,补助经费要纳入各级政府的财政预算。

3.1.7.3　地方示例

《北京市基本医疗保险规定》规定:社会保险经办机构所需经费,列入财政预算,由财政拨付。

《北京市人民政府关于印发〈北京市城乡居民基本医疗保险办法〉的通知》规定:

城乡居民医保基金由城乡居民个人缴纳的基本医疗保险费和政府补助资金等构成。政府补助资金由市、区财政按比例分担,分担比例另行确定。接受普通高等学历教育的全日制非在职学生,按照高校隶属关系,政府补助资金由同级财政承担。

北京市享受城乡居民最低生活保障和生活困难补助人员、享受城乡低收入救助人员、特困供养人员、享受定期抚恤补助的优抚对象、由民政部门管理具有北京市户籍的见义勇为人员(含享受定期抚恤补助的见义勇为死亡人员遗属)、去世离休干部无工作配偶、计划生育特殊家庭成员、低收入农户、享受困境儿童生活保障的事实无人抚养儿童、区级福利机构内由政府供养的享受困境儿童生活保障的孤儿弃婴、残疾人员和参照北京市城乡社会救助对象医疗救助政策享受医疗待遇的退养人员、退离居委会老积极分子,个人缴费由户籍所在区财政全额补贴。

北京市市级福利机构内由政府供养的享受困境儿童生活保障的孤儿弃婴,个人缴费由北京市财政全额补贴。

3.1.8　个人账户

职工基本医疗保险个人账户简称为个人账户,是指个人缴费与单位划转(从单位缴费中划拨一部分资金纳入个人账户)形成的个人用于医疗的账户。该账户的资金可以用来看门诊,也可用来支付符合规定的其他需要自付的医疗费用。

3.1.8.1　基本规定

职工基本医疗保险基金实行社会统筹和个人账户相结合。个人缴费全部计入个人账户,用人单位缴费的 30% 左右划入个人账户。个人账户支付门诊费用及其他相关费用,个人账户余额可以结转与继承。

城乡居民基本医疗保险不建立个人账户。

3.1.8.2　相关法规

《关于职工医疗保险制度改革的试点意见》规定:建立社会统筹医疗基金和职工个人医疗账户相结合的制度。用人单位为职工缴纳的医疗保险费用的大部分(不低于 50%)和职工缴纳的医疗保险费用,记入个人医疗账户,专款专用,用于支付个人的医疗费用。个人医疗账户的本金和利息为职工个人所有,可以结转使用和继承。

《关于职工医疗保障制度改革扩大试点的意见》规定:职工个人缴纳的医疗保险费和用人单位为职工缴纳的医疗保险费的一部分(一般不低于 50%),以职工本人工资为计算基数,划入个人医疗账户,专款专用,用于支付个人的医疗费用。单位缴纳的医疗保险费中划入个人医疗账户的部分,可按职工年龄段确定不同的比例。个人医疗账户的本金和利息为职工个人所有,只能用于医疗支出,可以结转和继承,但不得提取现金或挪作他用。

《国务院关于建立城镇职工基本医疗保险制度的决定》规定:基本医疗保险费由单位和职工个人共同缴纳,单位缴费的大部分计入统筹基金,职工缴费和单位缴费的一部分计入个人账户。

3.1.8.3　地方示例

《北京市基本医疗保险规定》规定:

社会保险经办机构应当为职工和退休人员建立基本医疗保险个人账户(以下简称个人账户)。个人账户由下列各项构成:

一是职工个人缴纳的基本医疗保险费;

二是按照规定划入个人账户的用人单位缴纳的基本医疗保险费;

三是个人账户存储额的利息;

四是依法纳入个人账户的其他资金。

用人单位缴纳的基本医疗保险费的一部分按照下列标准划入个人账户:

第一,不满35周岁的职工按本人月缴费工资基数的0.8%划入个人账户;

第二,35周岁以上不满45周岁的职工按本人月缴费工资基数的1%划入个人账户;

第三,45周岁以上的职工按本人月缴费工资基数的2%划入个人账户;

第四,不满70周岁的退休人员按上一年北京市职工月平均工资的4.3%划入个人账户;

第五,70周岁以上的退休人员按上一年北京市职工月平均工资的4.8%划入个人账户。①

前款所列标准根据社会经济发展和基金收支情况需要调整时,由市劳动保障行政部门会同市财政部门提出调整方案,报市人民政府批准后公布施行。

个人账户存储额每年参照银行同期居民活期存款利率计息。

个人账户的本金和利息为个人所有,只能用于基本医疗保险,但可以结转使用和继承。

职工和退休人员死亡时,其个人账户存储额划入其继承人的个人账户;继承人未参加基本医疗保险的,个人账户存储额可一次性支付给继承人;没有继承人的,个人账户存储额纳入基本医疗保险统筹基金。

3.1.9 职工基本医疗保险待遇的享受条件与标准

3.1.9.1 基本规定

职工基本医疗保险参保缴费人员享受职工基本医疗保险待遇。达到职工基本医疗保险规定缴费年限的退休职工不再缴费并享受基本医疗保险待遇,未达到国家规定年限的,可以缴费至国家规定年限。

---

① 北京市现行政策是,所有退休人员的个人账户定额划入。即:70岁以上退休人员个人账户按每人每月110元划入,70岁以下退休人员个人账户按每人每月100元划入。

职工、灵活就业人员中断缴纳医疗保险费的,未缴费期间不享受基本医疗保险待遇。基本医疗保险关系跨统筹地区转移接续人员,中断缴费 3 个月以内的,可以补缴费用,按规定享受基本医疗保险待遇。灵活就业人员首次参加职工基本医疗保险,可规定其参加基本医疗保险到开始享受相关医疗保险待遇的期限。

个人账户支付门诊费用和其他自费费用,统筹基金支付住院与门诊大病[1]费用。设立统筹基金支付的起付线和最高支付限额,起付线为统筹地区职工平均工资的 10%左右,最高支付限额为统筹地区职工平均工资的 6 倍左右,起付线以下的费用个人自付,起付线与最高支付限额之间的大部分费用由统筹基金支付[2],最高支付限额以上的费用通过补充保险、商业保险加以解决。

3.1.9.2　相关法规

《中华人民共和国社会保险法》规定:职工基本医疗保险、新型农村合作医疗和城镇居民基本医疗保险的待遇标准按照国家规定执行。参加职工基本医疗保险的个人,达到法定退休年龄时累计缴费达到国家规定年限的,退休后不再缴纳基本医疗保险费,按照国家规定享受基本医疗保险待遇;未达到国家规定年限的,可以缴费至国家规定年限。符合基本医疗保险药品目录、诊疗项目、医疗服务设施标准以及急诊、抢救的医疗费用,按照国家规定从基本医疗保险基金中支付。参保人员医疗费用中应当由基本医疗保险基金支付的部分,由社会保险经办机构与医疗机构、药品经营单位直接结算。

《实施〈中华人民共和国社会保险法〉若干规定》规定:社会保险法第二十七条规定的退休人员享受基本医疗保险待遇的缴费年限按照各地规定执行。参加职工基本医疗保险的个人,基本医疗保险关系转移接续时,基本医疗保险缴费年限累计计算。参保人员在协议医疗机构发生的医疗费用,符合基本医疗保险药品目录、诊疗项目、医疗服务设施标准的,按照国家规定从基本医疗保险基金中支付。参保人员确需急诊、抢救的,可以在非协议医疗机构就医;因抢救必须使用的药品可以适当放宽范围。参保人员急诊、抢救的医疗服务具体管理

---

[1] 门诊大病或称门诊特殊病,是指肾透析、癌症放化疗等重大门诊疾病。

[2]《国务院关于印发"十三五"深化医药卫生体制改革规划的通知》规定:基本医保政策范围内报销比例稳定在 75%左右。

办法由统筹地区根据当地实际情况制定。

《国务院关于印发完善城镇社会保障体系试点方案的通知》规定:基本医疗保险基金实行社会统筹和个人账户相结合。个人缴费全部计入个人账户,用人单位缴费的 30%左右划入个人账户,其余部分用于建立统筹基金。个人账户主要用于小病或门诊费用,统筹基金主要用于大病或住院费用。

《国务院关于建立城镇职工基本医疗保险制度的决定》规定:统筹基金和个人账户要划定各自的支付范围,分别核算,不得互相挤占。要确定统筹基金的起付标准和最高支付限额,起付标准原则上控制在当地职工年平均工资的 10%左右,最高支付限额原则上控制在当地职工年平均工资的 4 倍左右。起付标准以下的医疗费用,从个人账户中支付或由个人自付。起付标准以上、最高支付限额以下的医疗费用,主要从统筹基金中支付,个人也要负担一定比例。超过最高支付限额的医疗费用,可以通过商业医疗保险等途径解决。统筹基金的具体起付标准、最高支付限额以及在起付标准以上和最高支付限额以下医疗费用的个人负担比例,由统筹地区根据以收定支、收支平衡的原则确定。退休人员参加基本医疗保险,个人不缴纳基本医疗保险费。对退休人员个人账户的计入金额和个人负担医疗费的比例给予适当照顾。

《国务院关于印发医药卫生体制改革近期重点实施方案(2009~2011 年)的通知》规定:将城镇职工医疗保险、城镇居民医保最高支付限额分别提高到当地职工年平均工资和居民可支配收入的 6 倍左右,新农合最高支付限额提高到当地农民人均纯收入的 6 倍以上。

3.1.9.3 相关范畴

(1)基本医疗保险统筹基金起付标准的影响因素

国务院规定的统筹基金起付标准原则上控制在当地职工年平均工资的 10%左右。各地设定统筹基金起付标准综合考虑三方面的因素:一要考虑统筹基金的支付能力,保证收支平衡;二要考虑个人的负担能力,起付标准定得过高,享受人员很少,个人账户支付范围过大,个人负担过重,而统筹基金结余过多,就失去了其社会共济的意义;三要区别不同的统筹基金与个人账户结合方式,对于按费用或病种"划分统账"支付的,可以按年度累计发生费用设定统筹基金起付标准(比如职工在一个年度内,累计自付达到一定费用,就可以进行统筹基金支付）。

（2）基本医疗保险统筹基金的最高支付限额的测算

最高支付限额一般是根据大额医疗费用人群分布情况测算确定的。1997 年全国职工年平均工资的 4 倍大致为 2.6 万元。根据全国 40 多个城市的抽样调查，绝大多数患病职工的年医疗费用都在 3 万元以内，超过 3 万元的，只占就医人群的不到 0.4%。所以，当时国务院规定的统筹基金最高支付限额控制在当地职工平均工资的 4 倍左右。随着经济社会发展水平不断提高，职工医疗保障水平也应当相应提高，2009 年国务院决定将统筹基金最高支付限额提高到当地职工平均工资的 6 倍左右。

（3）起付标准以上和最高支付限额以下医疗费用的个人负担比例的确定

根据国务院规定，起付标准以上和最高支付限额以下医疗费用主要从统筹基金中支付，个人也要负担一定比例，个人负担比例由统筹地区根据以收定支、收支平衡的原则确定。实践中，个人负担比例与就诊医院的级（类）别相关，就诊的医院级别越高，个人负担比例越高，同时对退休人员在费用支付上进行适当照顾。比如，在一级（类）医院住院的，在职人员个人支付 20%，统筹基金支付 80%；退休人员个人支付 15%，统筹基金支付 85%。在二级（类）医院住院的，在职人员个人支付 25%，统筹基金支付 75%；退休人员个人支付 20%，统筹基金支付 80%。在三级（类）医院住院的，在职人员个人支付 30%，统筹基金支付 70%；退休人员个人支付 25%，统筹基金支付 75%。

（4）退休人员享受基本医疗保险的条件

根据《中华人民共和国社会保险法》规定，退休人员按照国家规定享受基本医疗保险待遇，需要满足三个条件：参加职工基本医疗保险、达到法定退休年龄、累计缴费达到国家规定年限。

达到法定退休年龄包括达到国家规定的正常退休年龄或提前退休年龄。截至 2019 年，国家规定的正常退休年龄为男 60 岁，女干部 55 岁，女工人 50 岁。国家规定的提前退休年龄包括因病、特殊工种、因工致残、公务员达到一定工作年限自愿提前退休的年龄。

"累计缴费"是指缴纳职工基本医疗保险费累计达到国家规定年限，但不包括城镇（乡）居民基本医疗保险和新型农村合作医疗的缴费年限。之所以限定在

"职工基本医疗保险"范围内,是因为与城镇(乡)居民基本医疗保险、新型农村合作医疗相比,职工基本医疗保险制度有其特殊性:一是职工基本医疗保险制度是在改革劳保医疗和公费医疗制度的背景下建立起来的,与以前的制度有一定政策连续性,而城镇居民基本医疗保险、新型农村合作医疗分别是2007年、2003年开始建立起来的;二是参保对象不同,三项制度分别覆盖城镇就业人员、城镇非从业居民和农村居民;三是筹资水平不同,职工基本医疗保险筹资水平远高于其他两项制度。

累计缴费年限不同于连续缴费年限,包括个人在中断缴费前后的缴费年限,也包括个人在不同统筹地区的缴费年限。

"国家规定年限"是指各个统筹地区规定的缴费年限。《国务院关于建立城镇职工基本医疗保险制度的决定》中,没有规定退休人员需要缴费达到一定年限才可以享受基本医疗保险待遇。实践中,由于退休人员不缴纳基本医疗保险费,其个人账户资金从统筹基金中划拨,其医疗待遇由统筹基金支付,为了做到统筹基金收支平衡,切实保障退休人员医疗保障待遇水平,各统筹地区都对退休人员享受医疗保险待遇的最低缴费年限作了相关规定,一般为20～30年不等。从实际效果看,起到了督促参保人员连续缴费的作用,也维护了制度公平。在总结各地实践经验的基础上,《中华人民共和国社会保险法》规定"累计达到国家规定年限的,退休后不再缴纳基本医疗保险费,按照国家规定享受基本医疗保险待遇"。需要特别说明的是,"国家规定年限"既包括职工实际缴纳基本医疗保险费的年限,也包括职工参加基本医疗保险前的"视同缴费年限"。

未达到国家规定年限的,可以缴费至国家规定年限。为了解决部分职工因为缴费不足国家规定的年限,致使退休后无法享受基本医疗保险待遇的问题,使职工基本医疗保险惠及更多人,《中华人民共和国社会保险法》规定"未达到国家规定年限,可以缴费至国家规定年限"。从各地实践看,各地做法不一。有的地方规定,累计缴费不足国家规定年限的,个人可以按上一年当地职工平均工资的一定比例,继续按月缴纳基本医疗保险费;也有的地方规定,可以自愿申请一次性补缴差额年限的基本医疗保险费。除此之外,这部分人还可以通过参加城镇(乡)居民基本医疗保险或者新型农村合作医疗,解决其基本医疗保险问题。

（5）退休人员的基本医疗保险待遇

根据《国务院关于建立城镇职工基本医疗保险制度的决定》规定:退休人员

参加基本医疗保险,个人不缴纳基本医疗保险费;对退休人员个人账户的计入金额和个人负担医疗费的比例给予适当照顾。

这表明,退休人员享有比在职职工更优惠的基本医疗保险待遇。该规定的主要考虑是:退休人员在以前的工作期间,已经为社会做出了贡献,而且退休职工一般患病较多,是需要社会照顾的脆弱人群;再加上退休后收入较低,特别是职工基本医疗保险制度建立时退休的职工, 没有足够的用于医疗支出的积蓄,医疗负担较重。对退休人员的优惠体现在三个方面:

一是退休人员个人不缴纳基本医疗保险费,按照国家规定享受基本医疗保险待遇;而在职职工享受基本医疗保险待遇的前提条件是用人单位和个人均按规定缴纳基本医疗保险费。

二是为退休人员建立基本医疗保险个人账户。建立退休人员个人账户的资金从统筹基金中划拨, 且总的个人账户记入水平不得低于职工个人账户的水平。举个例子:假如一个统筹地区基本医疗保险筹资水平为 6%+2%,当地确定 50~60 岁老职工的单位缴费划入个人账户的比例为 40%,则一个老职工当期个人账户记入金额为 2%+6%×40%,为 4.4%,则退休人员个人账户的记入金额不得低于 4.4% 的水平。也有的地区是按照一定数额直接划到退休人员个人账户中,比如规定 70 岁以上退休人员个人账户按每人每月 110 元划入,70 岁以下退休人员个人账户按每人每月 100 元划入等。

三是对退休人员个人负担医疗费用的比例给予照顾。一般来说,退休人员的基本医疗保险基金起付标准要低于在职职工,例如,北京市规定的退休人员门诊起付线是 1300 元, 而在职职工是 2000 元(2019 年的职工门诊起付线为 1800 元)。对于起付标准以上和最高支付限额以下医疗费用,退休人员的自付比例也低于在职职工。

此外,在具体实践中,一些地方还将老年人易患的一些慢性病的门诊费用纳入了统筹基金的支付范围。

综上所述, 基本医疗保险统筹基金按照规定的比例负担起付标准以上、最高支付限额以下的医疗费,其他医疗费用从个人账户中支付或由个人自付。统筹基金的具体起付标准、最高支付限额以及起付标准以上和最高支付限额以下医疗费用的个人负担比例,由统筹地区确定。

3.1.9.4 地方示例

《北京市基本医疗保险规定》规定：

基本医疗保险统筹基金和个人账户划定各自支付范围,分别核算,不得互相挤占。符合基本医疗保险基金支付范围的医疗费用,由基本医疗保险统筹基金和个人账户分别支付。

基本医疗保险基金支付职工和退休人员的医疗费用,应当符合北京市规定的基本医疗保险药品目录、诊疗项目目录以及服务设施范围和支付标准。

个人账户支付下列医疗费用：

(1)门诊、急诊的医疗费用；

(2)到定点零售药店购药的费用；

(3)基本医疗保险统筹基金起付标准以下的医疗费用；

(4)超过基本医疗保险统筹基金起付标准,按照比例应当由个人负担的医疗费用。

个人账户不足支付部分由本人自付。

基本医疗保险统筹基金支付下列医疗费用：

(1)住院治疗的医疗费用；

(2)急诊抢救留观并收入住院治疗的,其住院前留观 7 日内的医疗费用；

(3)恶性肿瘤放射治疗和化学治疗、肾透析、肾移植后服抗排异药的门诊医疗费用。

基本医疗保险基金不予支付下列医疗费用：

(1)在非本人定点医疗机构就诊的,但急诊除外；

(2)在非定点零售药店购药的；

(3)因交通事故、医疗事故或者其它责任事故造成伤害的；

(4)因本人吸毒、打架斗殴或者因其它违法行为造成伤害的；

(5)因自杀、自残、酗酒等原因进行治疗的；

(6)在国外或者香港、澳门特别行政区以及台湾地区治疗的；

(7)按照国家和北京市规定应当由个人自付的。

企业职工因工负伤、患职业病的医疗费用,按照工伤保险的有关规定执行。女职工生育的医疗费用,按照国家和北京市的有关规定执行。

基本医疗保险统筹基金支付的起付标准按上一年北京市职工平均工资的10%左右确定。个人在一个年度内第二次以及以后住院发生的医疗费用,基本医疗保险统筹基金支付的起付标准按上一年北京市职工平均工资的5%左右确定。

基本医疗保险统筹基金在一个年度内支付职工和退休人员的医疗费用累计最高支付限额按上一年北京市职工平均工资的4倍左右确定。

基本医疗保险统筹基金支付的起付标准和最高支付限额需要调整时,由市劳动保障行政部门会同市财政部门提出,报市人民政府批准后,由市劳动保障行政部门发布。

基本医疗保险统筹基金支付医疗费用设定结算期。

结算期按职工和退休人员住院治疗的时间,恶性肿瘤放射治疗和化学治疗、肾透析、肾移植后服抗排异药门诊治疗的时间设定。

在一个结算期内职工和退休人员发生的医疗费用,按医院等级和费用数额采取分段计算、累加支付的办法,由基本医疗保险统筹基金和个人按照以下比例分担:

(1)在三级医院发生的医疗费用:

起付标准至3万元的部分,统筹基金支付85%,职工支付15%;

超过3万元至4万元的部分,统筹基金支付90%,职工支付10%;

超过4万元的部分,统筹基金支付95%,职工支付5%。

(2)在二级医院发生的医疗费用:

起付标准至3万元的部分,统筹基金支付87%,职工支付13%;

超过3万元至4万元的部分,统筹基金支付92%,职工支付8%;

超过4万元的部分,统筹基金支付97%,职工支付3%。

(3)在一级医院以及家庭病床发生的医疗费用:

起付标准至3万元的部分,统筹基金支付90%,职工支付10%;

超过3万元至4万元的部分,统筹基金支付95%,职工支付5%;

超过4万元的部分,统筹基金支付97%,职工支付3%。

(4)退休人员个人支付比例为职工支付比例的60%。

但基本医疗保险统筹基金按照比例支付的最高数额不得超过本规定规定的最高支付限额。

基本医疗保险统筹基金支付比例需要调整时,由北京市劳动保障行政部门会同北京市财政部门提出调整方案,报北京市人民政府批准后公布施行。

《关于调整基本医疗保险住院最高支付限额等有关问题的通知》规定:参加城镇职工基本医疗保险的在职职工和退休人员基本医疗保险住院最高支付限额由 30 万元提高至 50 万元。其中,大额医疗互助资金最高支付限额由 20 万元提高至 40 万元,统筹基金最高支付限额为 10 万元。

北京市职工基本医疗保险的医疗费用报销办法如表 3-3、表 3-4、表 3-5所示:

表 3-3　2019 年北京市城镇职工基本医疗保险普通门诊报销办法

参保状态		在职职工	退休人员	
			不满 70 岁	70 岁以上
普通门诊	起付线	1800 元	1300 元	
	支付比例	70%(社区卫生服务机构报销比例为 90%)	85%(含补充 15%)(社区卫生服务机构报销比例为 90%)	90%(含补充 10%)
	一个自然年度内最高支付限额	2 万元	2 万元(不含补充)	

表 3-4　2019 年北京市城镇职工基本医疗保险门诊特殊病报销办法

参保状态		在职职工	退休人员	
			不满 70 岁	70 岁以上
门诊特殊病	起付线	每个结算周期(360 天)支付一次起付线	同在职	
	支付比例	同普通住院	同普通住院	
	最高支付限额	纳入住院限额	纳入住院限额	

表 3-5　2019 年北京市城镇职工基本医疗保险普通住院报销办法

参保状态		在职职工	退休人员	
			不满70岁	70 岁以上
普通住院	起付钱	一个自然年度内首次住院 1300 元,以后每次 650 元		

续表

参保状态			在职职工	退休人员	
				不满 70 岁	70 岁以上
普通住院	统筹基金支付（一个自然年度内最高支付限额 10 万元）	三级医院支付比例 起付线~3 万元以下	85%	85%	95.5%（含补充 4.5%）
		三级医院支付比例 3~4 万元以下	90%	90%	97.0%（含补充 3%）
		三级医院支付比例 4 万元以上	95%	95%	98.5%（含补充 1.5%）
		二级医院支付比例 起付线~3 万元以下	87%	87%	96.1%（含补充 3.9%）
		二级医院支付比例 3~4 万元以下	92%	92%	97.6%（含补充 2.4%）
		二级医院支付比例 4 万元以上	97%	97%	99.1%（含补充 0.9%）
		一级医院支付比例 起付线~3 万元以下	90%	90%	97.0%（含补充 3%）
		一级医院支付比例 3~4 万元以下	95%	95%	98.5%（含补充 1.5%）
		一级医院支付比例 4 万元以上	97%	97%	99.1%（含补充 0.9%）
	大额互助金（一个自然年度内最高支付限额为 40 万元）		超出统筹基金支付最高限额 10 万元以上的部分，在职人员支付 85%；退休人员支付为 90%（含退休人员统一补充医疗保险 10%）。		
急诊留观	报销范围		急诊留观发生的医疗费用按住院医疗费用有关规定给予报销。		
	报销办法		在定点医疗机构持社会保障卡结算。		
	报销比例		同普通住院		

说明：

（1）可在定点医疗机构办理备案的 11 种特殊病及治疗手段是：恶性肿瘤门诊治疗，肾透析，肾移植术后服用抗排异药，血友病，再生障碍性贫血，肝移植术后抗排异治疗，肝、肾移植术后服用抗排异药，心脏移植术后服用抗排异药，肺移植术后服用抗排异药，多发性硬化，黄斑变性眼内注射治疗。

（2）普通门诊费用以自然年度为结算周期；普通住院以 90 天为结算周期，连续住院超过 90 天按第 2 次入院办理；特殊病以 360 天为结算周期；家庭病床以 90 天为结算周期，起付线减半。

来源：https://www.bjxch.gov.cn/xcfw/shbz/xxxq/pnidpv827210.html。

3.1.10 城乡居民基本医疗保险待遇的享受条件与标准

3.1.10.1 基本规定

城乡居民基本医疗保险参保缴费人员享受城乡居民基本医疗保险待遇,未缴费期间不享受基本医疗保险待遇。

3.1.10.2 相关法规

《国务院办公厅转发卫生部等部门关于建立新型农村合作医疗制度意见的通知》规定:新型农村合作医疗制度一般采取以县(市)为单位进行统筹,主要补助参保农民的大额医疗费用或住院医疗费用。有条件的地方,可实行大额医疗费用补助与小额医疗费用补助结合的办法。各县(市)各自确定农村合作医疗基金的支付范围、支付标准和额度。

《国务院关于开展城镇居民基本医疗保险试点的指导意见》规定:城镇居民医疗保险只建立统筹基金,不建立个人账户,基金主要用于支付参保居民住院医疗和门诊大病费用。有条件的地方,也可以探索门诊普通疾病医疗费用统筹的保障办法。

3.1.10.3 相关范畴

(1)新型农村合作医疗的待遇标准

根据《国务院办公厅转发卫生部等部门关于建立新型农村合作医疗制度意见的通知》规定,新型农村合作医疗基金主要补助参加新型农村合作医疗农民的大额医疗费用或住院医疗费用。有条件的地方,可实行大额医疗费用补助与小额医疗费用补助结合的办法,既提高抗风险能力又兼顾农民受益面。对参加新型农村合作医疗的农民,年内没有动用农村合作医疗基金的,要安排进行一次常规性体检。各省、自治区、直辖市要制订农村合作医疗报销基本药物目录。各县(市)要根据筹资总额,结合当地实际,科学合理地确定农村合作医疗基金的支付范围、支付标准和额度,确定常规性体检的具体检查项目和方式,防止农村合作医疗基金超支或过多结余。

为了提高农民医疗保障水平,根据中央医改文件精神,2009年7月,卫生部、民政部、财政部、农业部和中医药局联合发布《关于巩固和发展新型农村合作医疗制度的意见》,提出从 2009 年下半年开始,新农合补偿封顶线(最高支付限额)达到当地农民人均纯收入的 6 倍以上,同时,调整新农合补偿方案,适当扩大受益面和提高保障水平,使农民群众更多受益。开展住院统筹加门诊统筹的地区,要适当提高基层医疗机构的门诊补偿比例,门诊补偿比例和封顶线要与住院补偿起付线和补偿比例有效衔接。开展大病统筹加门诊家庭账户的地区,要提高家庭账户基金的使用率,有条件的地区要逐步转为住院统筹加门诊统筹模式。要扩大对慢性病等特殊病种大额门诊医药费用纳入统筹基金进行补偿的病种范围。要结合门诊补偿政策,合理调整住院补偿起付线,适当提高补偿比例和封顶线,扩大补偿范围。年底基金结余较多的地区,可以按照规定开展二次补偿或健康体检工作,使农民充分受益。

(2)城镇居民基本医疗保险的待遇标准

《国务院关于开展城镇居民基本医疗保险试点的指导意见》规定:城镇居民基本医疗保险只建立统筹基金,不建个人账户。城镇居民基本医疗保险基金重点用于参保居民的住院和门诊大病医疗支出,有条件的地区可以逐步试行门诊医疗费用统筹。城镇居民基本医疗保险基金的使用要坚持以收定支、收支平衡、略有结余的原则。要合理制定城镇居民基本医疗保险基金起付标准、支付比例和最高支付限额,完善支付办法,合理控制医疗费用。

由此可以看出,国务院并没有明确城镇居民基本医疗保险基金起付标准、支付比例和最高支付限额,只是规定了"以收定支、收支平衡、略有结余"的原则,具体标准都授权给地方规定。从实践看,由于经济发展水平、医疗消费水平和人口结构等差异较大,各地规定的待遇标准也高低不一。一般来说,学生儿童发生的医疗费用的最高支付限额高于成年居民;个人负担比例和医疗机构的级别成正相关,医疗机构级别越高,个人负担比例越高。有的地区建立了缴费与待遇相挂钩的激励机制,设置不同档次的缴费标准,由居民自愿选择,缴费标准越高,统筹基金的支付限额和报销比例越高;为了鼓励城镇非从业居民早参保和连续缴费,对最高支付限额设定不同档次,连续缴费年限越长,可分档逐级提高其支付限额。有的地区建立了门(急)诊大额医疗费用补助制度,规定在一个年度内参保人员发生一定数额以上的门(急)诊医疗费用时,统筹基金按照一定比例给予报销。

为了进一步提高城镇居民基本医疗保险保障水平,2009 年 7 月,人力资源和社会保障部、财政部、卫生部联合发布《关于开展城镇居民基本医疗保险门诊统筹的指导意见》，要求有条件的地区逐步开展城镇居民基本医疗保险门诊统筹工作，切实减轻参保居民门诊医疗费用负担。2010年6月，人力资源和社会保障部、财政部联合发布《关于做好2010年城镇居民基本医疗保险工作的通知》，要求：2010年居民医疗保险基金最高支付限额要提高到居民可支配收入的6倍以上；逐步提高住院医疗费用基金支付比例，原则上参保人员住院政策范围内医疗费用基金支付比例要达到60%，二级（含）以下医疗机构住院政策范围内医疗费用基金支付比例要达到70%；明确2010年要在60%的统筹地区建立城镇居民医疗保险门诊统筹。

3.1.10.4　地方示例

《北京市人民政府关于印发〈北京市城乡居民基本医疗保险办法〉的通知》规定：

参保人员应于每年9月1日至11月30日一次性缴纳城乡居民基本医疗保险费，自次年的1月1日起享受城乡居民医保待遇。

当年符合参保条件的人员，自符合参保条件之日起90日内办理参保缴费手续的，自参保缴费的当月起享受城乡居民医保待遇，享受待遇时间至当年12月31日。

其中，未满一周岁的新生儿一次性缴纳相应年度城乡居民基本医疗保险费的，可自出生之日起享受相应年度城乡居民医保待遇，享受待遇时间至当年12月31日。

参保人员发生的，符合北京市基本医疗保险药品目录、诊疗项目目录、医疗服务设施范围以及学生儿童补充报销范围规定的门（急）诊、住院医疗费用，由城乡居民医保基金按规定支付。

上年度参保人员在本年度连续参保缴费的可享受门（急）诊医疗费用报销待遇，未连续参保缴费的不享受门（急）诊医疗费用报销待遇。当年符合参保条件且参保缴费的，视为连续参保缴费。

城乡居民医保基金在一个医疗保险年度内门（急）诊的起付标准为：一级及以下医疗机构100元、二级及以上医疗机构550元。起付标准以上部分由城乡居民医保基金按比例支付，支付比例为：一级及以下医疗机构55%、二级及以上医疗机构 50%，累计最高支付数额为 3000 元。

城乡居民医保基金在一个医疗保险年度内城乡老年人、劳动年龄内居民首次住院的起付标准为：一级及以下医疗机构 300 元、二级医疗机构 800 元、三级医疗机构 1300 元，第二次及以后住院的起付标准按首次住院起付标准的 50%确定；学生儿童住院的起付标准为：一级及以下医疗机构 150 元、二级医疗机构 400 元、三级医疗机构 650 元。起付标准以上部分由城乡居民医保基金按比例支付，支付比例为：一级及以下医疗机构 80%、二级医疗机构 78%、三级医疗机构 75%，累计最高支付数额为 20 万元。

患有特殊病种的参保人员按规定办理备案手续后，特殊病种门诊就医享受住院医疗费用报销待遇。特殊病种类别另行规定。

参保人员发生的符合北京市计划生育规定的分娩当次医疗费用、计划生育手术医疗费用，参照职工生育保险限额、定额和项目付费的支付标准，按本办法门(急)诊、住院医疗费用报销待遇有关规定执行。

参保人员发生城乡老年人、劳动年龄内居民、学生儿童之间身份变化时，按缴费时的身份享受待遇。

2019 年发布的《关于调整基本医疗保险住院最高支付限额等有关问题的通知》规定：参加城乡居民基本医疗保险的参保人员基本医疗保险住院最高支付限额由 20 万元提高至 25 万元。门诊最高支付限额由 3000 元调整到 4000 元。

北京市城乡居民基本医疗保险报销办法如表 3-6、表 3-7 所示：

表 3-6　2019 年北京市城乡居民基本医疗保险门诊费用报销办法

报销类别	参保人员类别	起付线		支付比例		封顶线
		一级及以下	二级及以上	一级及以下	二级及以上	
门(急)诊费用	城乡老年人	100 元	550 元	55%	50%	4000 元
	劳动年龄内居民	100 元	550 元	55%	50%	4000 元
	学生儿童	100 元	550 元	55%	50%	4000 元

说明：

1.定点医院

参保人员可在本市基本医疗保险定点医疗机构范围内选择 3 所医疗机构和 1 所社区卫生服务站(村卫生室)作为本人定点医疗机构，定点中医医疗机构、定点专科医疗机构及定点 A 类医疗机构为全体参保人员共同的定点医疗机构。

2.就医原则

(1)城乡老年人和劳动年龄内居民门诊实行基层首诊制度。未经基层定点医疗机构首诊转诊到其他定点医疗机构就医,其发生的门诊(急诊除外)医疗费用城乡居民医保基金不予支付。

(2)上年度参保人员在本年度连续参保缴费的可享受门(急)诊医疗保险待遇,未连续参保缴费的不享受门(急)诊医疗保险待遇。当年符合参保条件且参保缴费的视为连续缴费。

表3-7 2019年北京市城乡居民基本医疗保险住院费用报销办法

报销类别	参保人员类别	起付线			报销比例			封顶线
		一级及以下	二级	三级	一级及以下	二级	三级	
住院费用	城乡老年人	300元	800元	1300元	80%	78%	75%	25万元
	劳动年龄内居民	300元	800元	1300元	80%	78%	75%	25万元
	学生儿童	150元	400元	650元	80%	78%	75%	25万元

说明:

(1)定点医院

参保人员可在本市基本医疗保险定点医疗机构范围内选择3所医疗机构和1所社区卫生服务站(村卫生室)作为本人定点医疗机构,定点中医医疗机构、定点专科医疗机构及定点A类医疗机构为全体参保人员共同的定点医疗机构。

(2)报销比例

在一个医疗保险年度内,城乡老年人、劳动年龄内居民第二次及以后住院按首次住院起付标准的50%确定。区属三级医疗机构住院报销比例已从75%提高到78%。

来源:https://www.bjxch.gov.cn/xcfw/shbz/xxxq/pnidpv827208.html。

3.1.11 基本医疗保险药品目录、诊疗项目目录与服务设施标准

3.1.11.1 基本规定

符合基本医疗保险药品目录、诊疗项目目录、医疗服务设施标准以及急诊、抢救的医疗费用,按照国家规定从基本医疗保险基金中支付。

3.1.11.2 相关法规

《国务院关于建立城镇职工基本医疗保险制度的决定》规定:确定基本医疗

保险的服务范围和标准。劳动保障部会同卫生部、财政部等有关部门制定基本医疗服务的范围、标准和医药费用结算办法,制定国家基本医疗保险药品目录、诊疗项目、医疗服务设施标准及相应的管理办法。各省、自治区、直辖市劳动保障行政管理部门根据国家规定,会同有关部门制定本地区相应的实施标准和办法。

《国务院关于开展城镇居民基本医疗保险试点的指导意见》规定:对城镇居民基本医疗保险的医疗服务管理,原则上参照城镇职工基本医疗保险的有关规定执行,具体办法由试点城市劳动保障部门会同发展改革、财政、卫生等部门制定。要综合考虑参保居民的基本医疗需求和基本医疗保险基金的承受能力等因素,合理确定医疗服务的范围。

《国务院办公厅转发卫生部等部门关于建立新型农村合作医疗制度意见的通知》规定:各省、自治区、直辖市要制订农村合作医疗报销基本药物目录。各县(市)要根据筹资总额,结合当地实际,科学合理地确定农村合作医疗基金的支付范围、支付标准和额度,确定常规性体检的具体检查项目和方式,防止农村合作医疗基金超支或过多结余。

3.1.11.3　相关范畴

(1)基本医疗保险药品目录

为了贯彻落实《国务院关于建立城镇职工基本医疗保险制度的决定》,保障职工基本医疗用药,合理控制药品费用,规范基本医疗保险用药范围管理,1999年5月,劳动保障部、国家计委、国家经贸委、财政部、卫生部、药品监管局、中医药局制定了《城镇职工基本医疗保险用药范围管理暂行办法》,规定基本医疗保险用药范围通过制定《基本医疗保险药品目录》(简称《药品目录》)进行管理。纳入《药品目录》的药品,应是临床必需、安全有效、价格合理、使用方便、市场能够保证供应的药品,包括西药、中成药(含民族药)、中药饮片(含民族药)三部分,由国家在全国范围内组织临床医学、药学专家评审制定。

《药品目录》中的西药和中成药在《国家基本药物》的基础上遴选,并分"甲类目录"和"乙类目录"。"甲类目录"的药品是临床治疗必需,使用广泛,疗效好,同类药品中价格低的药品。"乙类目录"的药品是可供临床治疗选择使用,疗效好,同类药品中比"甲类目录"药品价格略高的药品。"甲类目录"由国家统一制定,各地不得调整。"乙类目录"由国家制定,各省、自治区、直辖市可根据当地经济水平、医疗需求和用药习惯,适当进行调整,增加和减少的品种数之和不得超过国家制定的"乙类目录"药品总数的 15%。

基本医疗保险参保人员使用西药和中成药发生的费用超出《药品目录》范围的,基本医疗保险基金不予支付,属于《药品目录》范围内的按以下原则支付:一是使用"甲类目录"的药品所发生的费用,按基本医疗保险的规定支付;二是使用"乙类目录"的药品所发生的费用,先由参保人员自付一定比例,再按基本医疗保险的规定支付,个人自付的具体比例,由统筹地区规定,报省、自治区、直辖市劳动保障行政部门备案;三是使用中药饮片所发生的费用,属于不予支付费用的《药品目录》内的,基本医疗保险基金不予支付,不在不予支付费用的《药品目录》内的,按基本医疗保险规定的标准给予支付。

第一版的《药品目录》于 2000 年颁布。2004 年根据参保人员用药需求的变化,劳动保障部发布《关于印发国家基本医疗保险和工伤保险药品目录的通知》,将险种适用范围从基本医疗保险扩大到工伤保险,并在保持用药水平相对稳定与连续的基础上,增加了新的品种。2009 年,为贯彻中央医改文件精神,人力资源和社会保障部发布《关于印发国家基本医疗保险、工伤保险和生育保险药品目录的通知》,再次对目录进行了调整,将险种适用范围从基本医疗保险、工伤保险扩大到生育保险,并适当扩大了用药范围和提高了用药水平。与此相适应,各地也对本地区药品目录做了相应调整。2017 年 2 月 21 日,《人力资源和社会保障部关于印发国家基本医疗保险、工伤保险和生育保险药品目录(2017 年版)的通知》发布,医保药品目录进一步完善。2019 年 8 月 20 日发布的《国家医保局 人力资源和社会保障部关于印发〈国家基本医疗保险、工伤保险和生育保险药品目录〉的通知》,对医保药品目录再次完善。

（2）基本医疗保险诊疗项目范围

诊疗项目是医疗技术劳务项目、医疗设备诊断项目和医用材料项目的总称。医疗技术劳务项目费用包括体现医疗劳务的诊疗费、手术费、麻醉费、化验费等,以及体现护理人员劳务的护理费、注射费等。医疗设备诊断项目费用是指与检验有关的化验仪器使用费,如 B 超、CT 等诊断设备使用费用。医用材料项目费用是指各种输液、导管、人工器官等医用材料的费用。

为了贯彻落实《国务院关于建立城镇职工基本医疗保险制度的决定》,加强基本医疗保险基金的支出管理,1999 年 6 月,劳动保障部、国家发展计划委员会、财政部、卫生部和国家中医药管理局联合制定了《关于城镇职工基本医疗保险诊疗项目管理的意见》，明确基本医疗保险诊疗项目通过制定基本医疗保险诊疗项目范围和目录进行管理。该指导意见采用排除法分别规定基本医疗保险不予支付费用的诊疗项目范围和基本医疗保险支付部分费用的诊疗项目范围。

基本医疗保险不予支付费用的诊疗项目，主要是一些非临床诊疗必需、效果不确定的诊疗项目以及属于特需医疗服务的诊疗项目。基本医疗保险支付部分费用的诊疗项目，主要是一些临床诊疗必需、效果确定但容易滥用或费用昂贵的诊疗项目。各省（自治区、直辖市）劳动保障行政部门要根据国家基本医疗保险诊疗项目范围的规定，组织制定本省的基本医疗保险诊疗项目目录。对于国家基本医疗保险诊疗项目范围规定的基本医疗保险不予支付费用的诊疗项目，各省可适当增补，但不得删减。对于国家基本医疗保险诊疗项目范围规定的基本医疗保险支付部分费用的诊疗项目，各省可根据实际适当调整，但必须严格控制调整的范围和幅度。

参保人员发生的诊疗项目费用，属于基本医疗保险不予支付费用诊疗项目目录的，基本医疗保险基金不予支付。属于基本医疗保险支付部分费用诊疗项目目录的，先由参保人员按规定比例自付后，再按基本医疗保险的规定支付。属于按排除法制定的基本医疗保险不予支付费用和支付部分费用诊疗项目目录以外的，或属于按准入法制定的基本医疗保险准予支付费用诊疗项目目录以内的，按基本医疗保险的规定支付。

（3）基本医疗保险医疗服务设施标准

基本医疗保险医疗服务设施是指由定点医疗机构提供的，参保人员在接受诊断、治疗和护理过程中必需的生活服务设施。患者在门（急）诊和住院治疗期间，不仅需要用药、诊疗等医疗技术服务，也需要一些与诊断、治疗和护理密切相关的生活服务设施，如住院期间使用的病床等。

劳动保障部、国家发展计划委员会、财政部、卫生部和国家中医药管理局联合制定的《关于确定城镇职工基本医疗保险医疗服务设施范围和支付标准的意见》规定，基本医疗保险医疗服务设施费用主要包括住院床位费及门（急）诊留观床位费。

根据各省（自治区、直辖市）物价部门的规定，住院床位费和门（急）诊留观床位费主要包括三类费用：一是属病房基本配置的日常生活用品如床、床垫、床头柜、椅、蚊帐、被套、床单、热水瓶、洗脸盆(桶)等的费用,二是院内运输用品如担架、推车等的费用,三是水、电等费用。对这些费用,基本医疗保险基金不另行支付,定点医疗机构也不得再向参保人员单独收费。

基本医疗保险基金不予支付的生活服务项目和服务设施费用,主要包括五大类:一是就(转)诊交通费、急救车费,二是空调费、电视费、电话费、婴儿保温箱费、食品保温箱费、电炉费、电冰箱费及损坏公物赔偿费,三是陪护费、护工费、洗理费、门诊煎药费,四是膳食费,五是文娱活动费以及其他特需生活服务费用。由于各地生活环境差异很大,有的医疗服务设施项目在某些地方可能不是必要的,但在另一些地方则是必要的,如取暖费在北方的寒冷地区就属必要。对这类医疗服务设施项目是否纳入基本医疗保险基金支付范围,各省(自治区、直辖市)劳动保障行政部门可以结合本地经济发展水平和基本医疗保险基金承受能力自行规定。

基本医疗保险住院床位费支付标准,由各统筹地区劳动保障行政部门按照本省物价部门规定的普通住院病房床位费标准确定。基本医疗保险门(急)诊留观床位费支付标准按本省物价部门规定的收费标准确定,但不得超过基本医疗保险住院床位费支付标准。参保人员的实际床位费标准低于基本医疗保险住院床位费支付标准的,以实际床位费标准按基本医疗保险的规定支付;高于基本医疗保险住院床位费支付标准的,在支付标准以内的费用,按基本医疗保险的规定支付,超出部分由参保人员自付。

(4)急诊、抢救的医疗费用

急诊,是指医疗机构为急性病患者进行紧急治疗的门诊。抢救,是指在紧急危险情况下的迅速救护。和一般治疗相比,急诊、抢救的特点是变化急骤、时效性强、随机性大、病谱广泛、多科交叉、涉及面广,而且诊治急危重病人的风险大、社会责任重。在定点医疗机构发生的符合基本医疗保险药品目录、诊疗项目、医疗服务设施标准的急诊、抢救的医疗费用,应当由基本医疗保险基金按照国家规定支付。除此之外,对急诊、抢救的医疗费用也有一定的特殊照顾,表现在两个方面:

一是适当放宽用药范围。根据《城镇职工基本医疗保险用药范围管理暂行办法》规定,急救、抢救期间所需药品的使用可适当放宽范围,各统筹地区要根据当地实际制定具体的管理办法。

二是放宽就医医院范围。根据国务院规定,基本医疗保险实行定点医疗机构和定点药店管理,只有在定点医疗机构治疗发生的医疗费用,基本医疗保险基金才予以支付,在非定点医疗机构治疗发生的医疗费用,基本医疗保险基金不予支付。但是,参保人员患危、重病时,可就近在医院进行急诊、抢救治疗,也就是说,在非定点医疗机构发生的急救、抢救的医疗费用,也可以按照规定从基本医疗保险基金中支付。但是,为了加强医疗服务管理,控制医疗费用,各地也规定了一些限制条件。例如,有的地方规定,在非定点医疗机构紧急救治的,病情稳定后应当及时转往定点医疗机构治疗。也有的地方规定,参保人员因急诊抢救在就近的非定点医院就诊住院的,应及时凭急诊病历及相关材料到当地社会保险经办机构办理登记手续,待治疗终结后,经社会保险经办机构审核,符合政策规定的给予报销;未办理登记手续的,基本医疗保险基金不予支付。

3.1.11.4　地方示例

《北京市基本医疗保险规定》规定:

基本医疗保险基金支付职工和退休人员的医疗费用,应当符合本市规定的基本医疗保险药品目录、诊疗项目目录以及服务设施范围和支付标准。

基本医疗保险药品目录、诊疗项目目录以及医疗服务设施范围和支付标准的具体办法,由市劳动保障行政部门会同有关部门另行制定(可以查询北京市人民政府网站有关药品目录的公示:http://www.beijing.gov.cn/fuwu/bmfw/shbz/cxfw/ybml/)。

《北京市人民政府关于印发〈北京市城乡居民基本医疗保险办法〉的通知》规定:参保人员发生的,符合本市基本医疗保险药品目录、诊疗项目目录、医疗服务设施范围以及学生儿童补充报销范围规定的门(急)诊、住院医疗费用,由城乡居民医保基金按规定支付。

3.1.12　基本医疗保险费用结算

3.1.12.1　基本规定

参保人员医疗费用中应当由基本医疗保险基金支付的部分,由社会保险经办机构与医疗机构、药品经营单位直接结算。

各统筹地区要根据当地实际和基本医疗保险基金支出管理的需要，制定基本医疗保险费用结算办法。结算办法应包括结算方式和标准、结算范围和程序、审核办法和管理措施等内容。

基本医疗保险费用的具体结算方式，应根据社会保险经办机构的管理能力以及定点医疗机构的类别确定，可采取总额预付结算、服务项目结算、服务单元结算等方式，也可以多种方式结合使用。

3.1.12.2　相关法规

《中华人民共和国社会保险法》规定：参保人员医疗费用中应当由基本医疗保险基金支付的部分，由社会保险经办机构与医疗机构、药品经营单位直接结算。

《国务院关于建立城镇职工基本医疗保险制度的决定》规定：要确定基本医疗保险的服务范围和标准。劳动保障部会同卫生部、财政部等有关部门制定基本医疗服务的范围、标准和医药费用结算办法，制定国家基本医疗保险药品目录、诊疗项目、医疗服务设施标准及相应的管理办法。各省、自治区、直辖市劳动保障行政管理部门根据国家规定，会同有关部门制定本地区相应的实施标准和办法。

《关于印发加强城镇职工基本医疗保险费用结算管理意见的通知》规定：

各统筹地区要根据当地实际和基本医疗保险基金支出管理的需要，制定基本医疗保险费用结算办法。结算办法应包括结算方式和标准、结算范围和程序、审核办法和管理措施等有关内容。

统筹地区社会保险经办机构要按照以收定支、收支平衡的原则，合理确定基本医疗保险基金的支出总量，并根据定点医疗机构的不同级别和类别以及所承担的基本医疗保险服务量，预定各定点医疗机构的定额控制指标。社会保险经办机构在结算时，可根据具体采用的结算方式和实际发生的合理费用等情况对定额控制指标进行相应调整。

基本医疗保险费用的具体结算方式，应根据社会保险经办机构的管理能力以及定点医疗机构的不同类别确定，可采取总额预付结算、服务项目结算、服务单元结算等方式，也可以多种方式结合使用。各地要根据不同的结算方式，合理制定基本医疗保险费用的结算标准,并在社会保险经办机构和定点医疗机构签订的协议中明确双方的责任、权利和义务。

采取总额预付结算方式的,要根据基本医疗保险的给付范围和参保人员的年龄结构,合理确定对定点医疗机构的预付总额。同时,要通过加强监督检查,防止为降低医疗成本而减少必需的医疗服务,确保参保人员获得基本医疗保险规定的、诊疗疾病所必需的、合理的医疗服务。

采取服务项目结算方式的,要根据医疗服务的收费标准和基本医疗保险医疗服务管理的有关规定以及服务数量等进行结算。同时,要加强对医疗服务项目的监督和审查工作,防止发生大额处方、重复检查、延长住院、分解诊疗服务收费等过度利用医疗服务的行为。

采取服务单元结算方式的,可以诊断病种、门诊诊疗人次和住院床日等作为结算的服务单元。具体结算标准可按同等级医疗机构的服务单元的平均费用剔除不合理因素后确定,并根据物价指数进行适时调整。同时,要加强基本医疗保险管理和费用审核,防止出现推诿病人、分解服务次数等现象。

属于基本医疗保险基金支付的医疗费用,应全部纳入结算范围,一般由社会保险经办机构与定点医疗机构和定点零售药店直接结算。暂不具备条件的,可先由参保人员或用人单位垫付,然后由社会保险经办机构与参保人员或用人单位结算。

社会保险经办机构要规范结算程序,明确结算期限,简化结算手续,逐步提高社会化管理服务水平,减轻定点医疗机构、定点零售药店和用人单位的负担。社会保险经办机构要按与定点医疗机构和定点零售药店签订的协议的有关规定及时结算并拨付基金医疗保险费用。

《国务院办公厅关于进一步深化基本医疗保险支付方式改革的指导意见》规定:

实行多元复合式医保支付方式。针对不同医疗服务特点,推进医保支付方式分类改革。对住院医疗服务,主要按病种、按疾病诊断相关分组付费,对长期、慢性病住院医疗服务可按床日付费,对基层医疗服务,可探索按人头付费与慢性病管理相结合;对不宜打包付费的复杂病例和门诊费用,可按项目付费;探索符合中医药服务特点的支付方式,鼓励提供和使用适宜的中医药服务。

重点推行按病种付费。原则上对诊疗方案和出入院标准比较明确、诊疗技术比较成熟的疾病实行按病种付费。逐步将日间手术以及符合条件的中西医病种门诊治疗纳入医保基金病种付费范围。建立健全谈判协商机制,以既往费用数据和医保基金支付能力为基础,在保证疗效的基础上科学合理确定中西医病种付费标准,引导适宜技术使用,节约医疗费用。做好按病种收费、付费政策衔接,合理确定收费、付费标准,由医保基金和个人共同分担。加快制定医疗服务项目技术规范,实现全国范围内医疗服务项目名称和内涵的统一。逐步统一疾病分类编码(ICD—10)、手术与操作编码系统,明确病历及病案首页书写规范,制定完善符合基本医疗需求的临床路径等行业技术标准,为推行按病种付费打下良好基础。

开展按疾病诊断相关分组付费试点。探索建立按疾病诊断相关分组付费体系。按疾病病情严重程度、治疗方法复杂程度和实际资源消耗水平等进行病种分组,坚持分组公开、分组逻辑公开、基础费率公开,结合实际确定和调整完善各组之间的相对比价关系。可以疾病诊断相关分组技术为支撑进行医疗机构诊疗成本与疗效测量评价,加强不同医疗机构同一病种组间的横向比较,利用评价结果完善医保付费机制,促进医疗机构提升绩效、控制费用。加快提升医保精细化管理水平,逐步将疾病诊断相关分组用于实际付费并扩大应用范围。疾病诊断相关分组收费、付费标准包括医保基金和个人付费在内的全部医疗费用。

完善按人头付费、按床日付费等支付方式。支持分级诊疗模式和家庭医生签约服务制度建设,依托基层医疗卫生机构推行门诊统筹按人头付费,促进基层医疗卫生机构提供优质医疗服务。逐步从糖尿病、高血压、慢性肾功能衰竭等治疗方案标准、评估指标明确的慢性病入手,开展特殊慢性病按人头付费,鼓励医疗机构做好健康管理。对于精神病、安宁疗护、医疗康复等需要长期住院治疗且日均费用较稳定的疾病,可采取按床日付费的方式,同时加强对平均住院天数、日均费用以及治疗效果的考核评估。

强化医保对医疗行为的监管。完善医保服务协议管理,将监管重点从医疗费用控制转向医疗费用和医疗质量双控制。根据各级各类医疗机构的功能定位和服务特点,分类完善科学合理的考核评价体系,将考核结果与医保基金支付挂钩。中医医疗机构考核指标应包括中医药服务提供比例。有条件的地方医保经办机构可以按协议约定向医疗机构预付一部分医保资金,缓解其资金运行压力。医保经办机构要全面推开医保智能监控工作,实现医保费用结算从部分审核向全面审核转变,从事后纠正向事前提示、事中监督转变,从单纯管制向监督、管理、服务相结合转变。不断完善医保信息系统,确保信息安全。积极探索将医疗保险监管延伸到医务人员医疗服务行为的有效方式,探索将监管考核结果向社会公布,促进医疗机构强化医务人员的管理。

3.1.12.3　相关范畴

(1)社会保险经办机构

社会保险经办机构是指依照国家法律规定,具体经办社会保险业务的机构。目前,中国社会保险经办机构分中央和地方两个层次。中央一级的机构是人力资源和社会保障部社会保险事业管理中心,负责组织指导全国社会保险经办机构开展社会保险相关工作,不承担具体经办事务。地方社会保险经办机构包括省、地(市)和县(市、区)三级,在一些乡镇和城市社区还设有社会保障事务所,作为业务平台,从事社会保险经办业务。

2018年成立国家医疗保障局,作为全国医疗保障业务的主管部门,医疗保险经办业务由地方各级医疗保障部门经办。

(2)医疗机构

医疗机构,是依法定程序设立的从事疾病诊断、治疗活动的卫生机构的总称。中国的医疗机构是由一系列开展疾病诊断、治疗活动的卫生机构构成的。根据《医疗机构管理条例》的规定,医疗机构包括从事疾病诊断、治疗活动的医院、卫生院、疗养院、门诊部、诊所、卫生所(室)及急救站等。

(3)药品经营单位

药品,是指用于预防、治疗、诊断人的疾病,有目的地调节人的生理机能并规定有适应症或者功能主治、用法和用量的物质,包括中药材、中药饮片、中成药、化学原料药及其制剂、抗生素、生化药品、放射性药品、血清、疫苗、血液制品和诊断药品等。

药品经营单位,是指经营药品的专营企业或者兼营企业。根据《中华人民共和国药品管理法》规定,开办药品批发企业,须经企业所在地省、自治区、直辖市人民政府药品监督管理部门批准,取得《药品经营许可证》;开办药品零售企业,须经企业所在地县级以上地方人民政府药品监督管理部门批准,取得《药品经营许可证》,凭《药品经营许可证》到工商行政管理部门办理登记注册。无《药品经营许可证》的,不得经营药品。药品经营企业必须按照国务院药品监督管理部门制定的《药品经营质量管理规范》经营药品。

(4)基本医疗保险费用结算

基本医疗保险费用结算,是参保人、医疗机构与医保机构之间医疗费用结算的总称,是落实基本医疗保险支付政策、医疗服务支付范围和支付标准的手段,是实现有限医疗保险资金购买有效的医疗服务的重要措施。基本医疗保险费用结算,关系基本医疗保险基金的收支平衡和医疗服务机构的正常运转,关乎医、患、保、药四方面,具有重要意义。

参保人员的医疗费用结算办法。根据《国务院关于建立城镇职工基本医疗保险制度的决定》规定,基本医疗保险基金由统筹基金和个人账户构成。统筹基金支付大病费用等,个人账户支付小病费用等。应当由基本医疗保险统筹基金支付的医疗费用,需要同时满足三个条件。一是费用属于参保人员在定点医疗机构就医的住院(大病)医疗费用及大病门诊费用[有的地方建立了门(急)诊大额医疗费用补助制度,规定在一个年度内参保人员发生一定数额以上的门(急)诊医疗费用时,统筹基金按照一定比例给予报销]。二是费用属于符合基本医疗保险药品目录、诊疗项目、医疗服务设施标准或用于急诊、抢救的医疗费用。三是统筹基金起付标准以上、最高支付限额以下的医疗费用,按照规定比例从基本医疗保险统筹基金中支付。

医院发生的医疗费用结算方式。医疗费用的结算方式,也称为医保支付方式,是指社会保险经办机构支付属于基本医疗保险范围内的医疗服务实际发生费用的方式,亦即对医疗服务方(即医院等各类医疗服务机构)的付费方式。结算方式有多种分类,按付费时间的不同分为预付制和后付制,按付费金额的不同分为总额付费和定额付费;按付费的医疗服务内容的不同分为按项目付费、按单元付费、按病种付费等。这些结算方式各有利弊,各自适用于一定的条件。

为加强城镇职工基本医疗保险基金支出管理,规范社会保险经办机构与定点医疗机构和定点零售药店的结算关系,劳动保障部、国家经济贸易委员会、财政部和卫生部于1999年6月联合印发了《关于加强城镇职工基本医疗保险费用结算管理的意见》,要求各统筹地区按照基本医疗保险基金管理的需要,充分考虑当地实际和管理条件、管理水平,针对统筹基金和个人账户的不同管理特点和不同医疗服务费用的支出特点,科学合理地制定基本医疗保险费用结算办法。

3.1.12.4　地方示例

《北京市基本医疗保险规定》规定:门诊、急诊医疗费用和住院医疗费用中由个人支付的部分,以及在定点零售药店购药的费用,由个人与定点医疗机构、定点零售药店直接结算;基本医疗保险统筹基金支付的医疗费用,由社会保险经办机构审核后与定点医疗机构进行结算。

《北京市人民政府关于印发〈北京市城乡居民基本医疗保险办法〉的通知》规定:参保人员的医疗费用审核工作按照北京市基本医疗保险医疗费用审核的有关规定执行。应由城乡居民医疗保险基金支付的医疗费用,由定点医疗机构与社会保险经办机构进行结算。

《北京市基本医疗保险费用结算暂行办法》规定:参保人员门诊、急诊和住院医疗费用以业务项目结算为主要方式结算;部分病种的医疗费用按医疗机构的不同等级实行按病种结算;门诊肾透析、肾移植后服抗排异药的医疗费用实行定额结算。

3.1.13　权益转接

3.1.13.1　基本规定

参加职工基本医疗保险的个人跨统筹地区就业时,基本医疗保险关系随本人转移,缴费年限累计计算。

参加城乡居民基本医疗保险的个人跨统筹地区迁徙时(包括户籍变更或居住地变更等),基本医疗保险关系随本人转移。

3.1.13.2　相关法规

《中华人民共和国社会保险法》规定:个人跨统筹地区就业的,其基本医疗保险关系随本人转移,缴费年限累计计算。

《实施〈中华人民共和国社会保险法〉若干规定》指出:参加职工基本医疗保险的个人,基本医疗保险关系转移接续时,基本医疗保险缴费年限累计计算。

《关于印发流动就业人员基本医疗保障关系转移接续暂行办法的通知》规定:

城镇基本医疗保险参保人员跨统筹地区流动就业，新就业地有接收单位的，由单位按照《社会保险登记管理暂行办法》的规定办理登记手续，参加新就业地城镇职工基本医疗保险；无接收单位的，个人应在中止原基本医疗保险关系后的3个月内到新就业地社会(医疗)保险经办机构办理登记手续，按当地规定参加城镇职工基本医疗保险或城镇居民基本医疗保险。

城镇基本医疗保险参保人员跨统筹地区流动就业并参加新就业地城镇基本医疗保险的，由新就业地社会(医疗)保险经办机构通知原就业地社会(医疗)保险经办机构办理转移手续，不再享受原就业地城镇基本医疗保险待遇。建立个人账户的，个人账户原则上随其医疗保险关系转移划转，个人账户余额(包括个人缴费部分和单位缴费划入部分)通过社会(医疗)保险经办机构转移。

《国务院关于整合城乡居民基本医疗保险制度的意见》规定：做好医保关系转移接续和异地就医结算服务。

《关于印发〈关于做好进城落户农民参加基本医疗保险和关系转移接续工作的办法〉的通知》规定：

进城落户农民根据自身实际参加相应的城镇基本医疗保险。在城镇单位就业并有稳定劳动关系的，按规定随所在单位参加职工基本医疗保险；以非全日制、临时性工作等灵活形式就业的，可以灵活就业人员身份按规定参加就业地职工医疗保险，也可以选择参加户籍所在地城镇(城乡)居民基本医疗保险。其他进城落户农民可按规定在落户地参加居民基本医疗保险，执行当地统一政策。对参加居民基本医疗保险的进城落户农民按规定给予参保补助，个人按规定缴费。

已参加新型农村合作医疗或居民基本医疗保险的进城落户农民，实现就业并参加职工基本医疗保险的，不再享受原参保地新型农村合作医疗或居民基本医疗保险待遇。

进城落户农民和流动就业人员等办理基本医疗保险关系转移接续前后，基本医疗保险参保缴费中断不超过3个月且补缴中断期间医疗保险费的，不受待遇享受等待期限制，按参保地规定继续参保缴费并享受相应的待遇。

3.1.13.3　相关范畴

基本医疗保险关系，是指社会保险经办机构与参保人员之间建立的权利义务关系,具有法定性和唯一性。基本医疗保险关系实质上就是参保人(指职工和所在用人单位)履行缴费义务后能够享受制度规定的基本医疗保险待遇的一种权利关系。基本医疗保险关系的权利形式主要是消费型的,即当月(年)缴费当月(年)享用,对应期满权利即用完,如果当月(年)不缴费,则参保人员待遇立即受到限制。

但是,基本医疗保险关系又不是纯粹的消费型权利。根据《中华人民共和国社会保险法》及国务院有关规定,参加职工基本医疗保险的个人,达到法定退休年龄时累计缴费达到国家规定年限的,退休后不再缴纳基本医疗保险费,按照国家规定享受基本医疗保险待遇。这表明,退休人员的基本医疗保险待遇是和缴费年限挂钩的,是一种带有积累性质的权利。那么当参保人员跨统筹地区就业时,其积累的权益需要转走,就需要累计计算缴费年限,以便在未来享受待遇。

3.1.13.4　地方示例

《北京市基本医疗保险规定》规定:参加基本医疗保险的人员在参保的区、县内流动时,只转移基本医疗保险关系,不转移个人账户存储额;跨区、县或者跨统筹地区流动时,转移基本医疗保险关系,同时转移个人账户存储额。

3.1.14　异地就医

3.1.14.1　基本规定

参加基本医疗保险的下列人员,可以申请办理跨省异地就医住院医疗费用直接结算:一是异地安置退休人员,即退休后在异地定居并且户籍迁入定居地的人员;二是异地长期居住人员,即在异地居住生活且符合参保地规定的人员;三是常驻异地工作人员,即用人单位派驻异地工作且符合参保地规定的人员;四是异地转诊人员,即符合参保地转诊规定的人员。

3.1.14.2　相关法规

《中华人民共和国社会保险法》规定:社会保险行政部门和卫生行政部门应当建立异地就医医疗费用结算制度,方便参保人员享受基本医疗保险待遇。

《关于基本医疗保险异地就医结算服务工作的意见》规定:参保人员短期出差、学习培训或度假等期间,在异地发生疾病并就地紧急诊治发生的医疗费用,一般由参保地按参保地规定报销。参保人员因当地医疗条件所限需异地转诊的，医疗费用结算按照参保地有关规定执行。异地长期居住的退休人员在居住地就医，常驻异地工作的人员在工作地就医，原则上执行参保地政策。对经国家组织动员支援边疆等地建设，按国家有关规定办理退休手续后，已按户籍管理规定异地安置的参保退休人员，要探索与当地医疗保障体系相衔接的办法。

《关于进一步做好基本医疗保险异地就医医疗费用结算工作的指导意见》规定：

跨省异地安置退休人员[1]在居住地发生的住院医疗费用，原则上执行居住地规定的支付范围（包括药品目录、诊疗项目和医疗服务设施标准）。医疗保险统筹基金的起付标准、支付比例和支付限额原则上执行参保地规定的本地就医时的标准，不按照转外就医支付比例执行。经本人申请，其住院医疗费用可以在居住地实行直接结算，个人账户资金可以划转给个人以供门诊就医、购药时使用。跨省异地安置退休人员发生的应由统筹基金支付的住院医疗费用，通过各省级异地就医结算平台实行跨省直接结算。

对于异地转诊的参保人员，经办机构要适应分级诊疗模式和转诊转院制度，建立参保地与就医地之间的协作机制，引导形成合理的就医秩序。对于异地急诊的参保人员，原则上在参保地按规定进行报销；需要通过医疗机构对费用真实性进行核查的，就医地经办机构应予以协助。参保人员异地就医费用按规定实行直接结算的，应由医疗保险基金支付的部分，原则上先由就医地医疗保险基金垫付，再由参保地经办机构与就医地经办机构按月结算。对异地就医造成的就医地经办机构增加的必要工作经费，由就医地经办机构同级财政统筹安排。

《人力资源和社会保障部 财政部关于做好基本医疗保险跨省异地就医住院医疗费用直接结算工作的通知》规定：跨省异地就医原则上执行就医地支付范围及有关规定（基本医疗保险药品目录、诊疗项目和医疗服务设施标准）。基本医疗保险统筹基金的起付标准、支付比例和最高支付限额原则上执行参保地政策。跨省异地就医费用医疗保险基金支付部分在地区间实行先预付后清算。部级经办机构根据往年跨省异地就医医疗保险基金支付金额核定预付金额度。

---

[1] 跨省异地安置退休人员是指离开参保统筹地区长期跨省异地居住，并根据户籍管理规定已取得居住地户籍的参保退休人员。

预付金额度为可支付两个月资金。各省(区、市)可通过预收省内各统筹地区异地就医资金等方式实现资金的预付。预付金原则上来源于各统筹地区医疗保险基金。

3.1.14.3　相关范畴

(1)异地就医

对于异地就医,目前中国并没有十分明确的定义。在社会医疗保险范畴内,"异地"一般是指参保人参保的统筹地区以外的国内其他地区,"就医"则是参保人的就医行为,异地就医可以理解为参保人在其参保的统筹地区以外发生的就医行为。

(2)异地就医费用结算管理

由于目前医疗保险统筹层次较低,统筹地区数量众多,各省市之间、省内各地市之间、各统筹地区之间都存在跨地区之间的人员流动。随着市场经济的不断完善、户籍管理控制的逐步放松,异地定居更为便利,异地就医的区域和人员分布十分广泛,呈现出形式多样化、内涵复杂化、人群集中化的特点。异地就医所产生的问题主要是就医结算不及时、不方便、个人负担重,目前已经成为一个群众反映比较强烈的社会问题。因此,《中华人民共和国社会保险法》明确要求社会保险行政部门和卫生行政部门建立异地就医医疗费用结算制度。

2009 年 3 月,《中共中央、国务院关于深化医药卫生体制改革的意见》明确提出了"以异地安置的退休人员为重点,改进异地就医结算服务"的要求。为了贯彻落实中央医改文件精神,2009 年 12 月,人力资源和社会保障部、财政部联合发布《关于基本医疗保险异地就医结算服务工作的意见》,要求加强和改进以异地安置退休人员为重点的基本医疗保险异地就医结算服务,方便必须异地就医参保人员的医疗费用结算,减少个人垫付医疗费,并逐步实现参保人员就地就医、持卡结算。该意见分不同人群情况作了原则规定:

一是参保人员短期出差、学习培训或度假等期间,在异地发生疾病并就地紧急诊治发生的医疗费用,一般由参保地按参保地规定报销。

二是参保人员因当地医疗条件所限需异地转诊的,医疗费用结算按照参保地有关规定执行,参保地负责审核、报销医疗费用。

三是异地长期居住的退休人员在居住地就医,常驻异地工作的人员在工作地就医,原则上执行参保地政策。参保地经办机构可采用邮寄报销、在参保人员较集中的地区设立代办点、委托就医地基本医疗保险经办机构代管报销等方式,改进服务,方便参保人员。

四是对经国家组织动员支援边疆等地建设,按国家有关规定办理退休手续后,已按户籍管理规定异地安置的参保退休人员,要探索与当地医疗保障体系相衔接的办法,具体办法由参保地与安置地协商确定、稳妥实施。

3.1.15 基本医疗保险基金管理

3.1.15.1 基本规定

基本医疗保险基金,坚持以收定支、收支平衡、略有结余的原则进行筹集与使用,加强预算管理,存入财政专户,专款专用。

3.1.15.2 相关法规

《中华人民共和国社会保险法》规定:社会保险基金包括基本养老保险基金、基本医疗保险基金、工伤保险基金、失业保险基金和生育保险基金。社会保险基金专款专用,任何组织和个人不得侵占或者挪用。

《国务院关于建立城镇职工基本医疗保险制度的决定》规定:

基本医疗保险基金纳入财政专户管理,专款专用,不得挤占挪用。

社会保险经办机构负责基本医疗保险基金的筹集、管理和支付,并要建立健全预决算制度、财务会计制度和内部审计制度。社会保险经办机构的事业经费由各级财政预算解决,不得从基金中提取。

基本医疗保险基金的银行计息办法:当年筹集的部分,按活期存款利率计息;上年结转的基金本息,按3个月期整存整取银行存款利率计息;存入社会保障财政专户的沉淀资金,比照3年期零存整取储蓄存款利率计息,并不低于该档次利率水平。个人账户的本金和利息归个人所有,可以结转使用和继承。

各级劳动保障和财政部门,要加强对基本医疗保险基金的监督管理。审计部门要定期对社会保险经办机构的基金收支情况和管理情况进行审计。统筹地区应设立由政府有关部门代表、用人单位代表、医疗机构代表、工会代表和有关专家参加的医疗保险基金监督组织,加强对基本医疗保险基金的社会监督。

《人力资源和社会保障部 财政部关于进一步加强基本医疗保险基金管理的指导意见》规定：

建立基本医疗保险基金运行情况分析和风险预警制度。各地要利用医疗保险信息系统，构建基本医疗保险基金运行分析和风险预警系统，将统筹基金累计结余作为基本医疗保险基金风险预警监测的关键性指标，加强对基本医疗保险基金运行情况的分析。除一次性预缴基本医疗保险费外，统筹地区城镇职工基本医疗保险统筹基金累计结余原则上应控制在 6～9 个月平均支付水平。城镇职工基本医疗保险统筹基金累计结余超过 15 个月平均支付水平的，为结余过多状态，累计结余低于 3 个月平均支付水平的，为结余不足状态。城镇居民基本医疗保险的基金风险预警指标，各地可根据当地实际具体确定。

妥善解决统筹基金结余过多和当期收不抵支问题。统筹地区因职工工资水平增长等因素，统筹基金收入增幅明显高于支出增幅，连续 2 年处于结余过多状态的，可阶段性降低基本医疗保险筹资比例或适当提高参保人员医疗保险待遇水平。统筹基金出现当期收不抵支的统筹地区，要认真查找超支原因，通过改进结算方式、加强支出管理等途径，控制费用支出增长。统筹基金累计结余不足、难以保证当期支付的统筹地区，可通过临时借款保证当期支付，并及时研究调整筹资或待遇政策。各统筹地区应根据上述原则制订相应的基金告警预案，并报省级人力资源和社会保障（劳动保障）、财政部门备案。统筹地区启动预案响应和费率调整等政策变化，应报省级人民政府批准。重大政策调整省级人民政府应报人力资源和社会保障部、财政部备案。

强化基本医疗保险基金监管。完善基本医疗保险基金管理内控制度，形成部门之间、岗位之间和业务之间相互制衡、相互监督的内控机制。加强行政监管，建立基本医疗保险基金欺诈防范机制，杜绝骗保等欺诈行为的发生。建立和完善基本医疗保险基金内部审计制度，及时整改审计发现的问题。定期向社会公布基本医疗保险基金收支情况和参保人员医疗保险待遇的享受情况，接受社会各界的监督。

《国务院关于整合城乡居民基本医疗保险制度的意见》规定：

城乡居民医保执行国家统一的基金财务制度、会计制度和基金预决算管理制度。城乡居民医保基金纳入财政专户，实行"收支两条线"管理。基金独立核算、专户管理，任何单位和个人不得挤占挪用。

结合基金预算管理全面推进付费总额控制。基金使用遵循以收定支、收支平衡、略有结余的原则,确保应支付费用及时足额拨付,合理控制基金当年结余率和累计结余率。建立健全基金运行风险预警机制,防范基金风险,提高使用效率。

强化基金内部审计和外部监督,坚持基金收支运行情况信息公开和参保人员就医结算信息公示制度,加强社会监督、民主监督和舆论监督。

《国务院关于开展城镇居民基本医疗保险试点的指导意见》规定:城镇居民基本医疗保险基金的使用要坚持以收定支、收支平衡、略有结余的原则。要合理制定城镇居民基本医疗保险基金起付标准、支付比例和最高支付限额,完善支付办法,合理控制医疗费用。

《国务院办公厅转发卫生部等部门关于建立新型农村合作医疗制度意见的通知》规定:农村合作医疗基金是由农民自愿缴纳、集体扶持、政府资助的民办公助社会性资金,要按照以收定支、收支平衡和公开、公平、公正的原则进行管理,必须专款专用,专户储存,不得挤占挪用。

3.1.16　基本医疗服务管理

3.1.16.1　基本规定

社会保险经办机构根据管理服务的需要,可以与医疗机构、药品经营单位签订服务协议,规范医疗服务行为。基本医疗保险的医疗服务机构通过自愿申请和多方评估确定。

3.1.16.2　相关法规

《中华人民共和国社会保险法》规定:社会保险经办机构根据管理服务的需要,可以与医疗机构、药品经营单位签订服务协议,规范医疗服务行为。

《国务院关于建立城镇职工基本医疗保险制度的决定》规定:基本医疗保险实行定点医疗机构(包括中医医院)和定点药店管理。劳动保障部会同卫生部、财政部等有关部门制定定点医疗机构和定点药店的资格审定办法。社会保险经办机构要根据中西医并举,基层、专科和综合医疗机构兼顾,方便职工就医的原则,负责确定定点医疗机构和定点药店,并同定点医疗机构和定点药店签订合同,明确各自的责任、权利和义务。在确定定点医疗机构和定点药店时,要引进竞争机制,职工可选择若干定点医疗机构就医、购药,也可持处方在若干定点药店购药。国家药品监督管理局会同有关部门制定定点药店购药药事事故处理办法。

《国务院关于开展城镇居民基本医疗保险试点的指导意见》规定:对城镇居民基本医疗保险的医疗服务管理,原则上参照城镇职工基本医疗保险的有关规定执行,具体办法由试点城市劳动保障部门会同发展改革、财政、卫生等部门制定。要综合考虑参保居民的基本医疗需求和基本医疗保险基金的承受能力等因素,合理确定医疗服务的范围。通过订立和履行定点服务协议,规范对定点医疗机构和定点零售药店的管理,明确医疗保险经办机构和定点的医疗机构、零售药店的权利和义务。

《国务院办公厅转发卫生部等部门关于建立新型农村合作医疗制度意见的通知》规定:各地区要根据情况,在农村卫生机构中择优选择农村合作医疗的服务机构,并加强监管力度,实行动态管理。要完善并落实各种诊疗规范和管理制度,保证服务质量,提高服务效率,控制医疗费用。

《人力资源和社会保障部关于完善基本医疗保险定点医药机构协议管理的指导意见》规定:统筹地区人力资源和社会保障部门要及时公开医药机构应具备的条件,有关机构根据自身服务能力,自愿向统筹地区经办机构提出申请。统筹地区主管部门制定医药机构评估规则和程序,根据评估结果,统筹考虑医药服务资源配置、服务能力和特色、医疗保险基金的支撑能力和信息系统建设及参保人员就医意向等因素,与医药机构平等沟通、协商谈判,选择服务质量好、价格合理、管理规范的医药机构签订服务协议。

3.1.16.3　相关范畴

(1)社会保险经办机构在医疗服务管理中的作用

在基本医疗保险的法律关系中,社会保险经办机构作为所有参保人员的代表,购买医疗服务,对医疗服务行为进行监管,负有保护参保人员的合法权益的职责。由于医疗服务供需双方,即医疗机构与病人之间信息的不对称,医疗消费实质上是一种被动消费,一种信息不对称的消费,道德风险很大。因此,社会保险经办机构必须加强基本医疗保险服务管理,引进竞争机制,促进医疗服务态度的改善和医疗服务水平的提高,切实保障广大参保人员获得满意的医疗服务和基本的医疗保障。因此,《中华人民共和国社会保险法》规定,社会保险经办机构根据管理服务的需要,可以与医疗机构、药品经营单位签订服务协议,规范医疗服务行为。

（2）服务协议

服务协议是指社会保险经办机构与定点医疗机构和定点药店签订的合同。根据《国务院关于建立城镇职工基本医疗保险制度的决定》规定,基本医疗保险实行定点医疗机构（包括中医医院）和定点药店管理。社会保险经办机构要根据中西医并举,基层、专科和综合医疗机构兼顾,方便职工就医的原则,负责确定定点医疗机构和定点药店,并同定点医疗机构和定点药店签订合同,明确各自的责任、权利和义务。通过签订合同,实现社会保险经办机构对定点医疗机构和定点药店的管理。从内容上讲,社会保险经办机构与定点医疗机构和定点药店签订的合同一般包括服务人群、服务范围、服务质量、医疗费用结算办法、医疗费用支付标准及医疗费用审核等。从格式上讲,合同一般包括甲乙方的确定、合同的有效期、甲方权利义务、乙方权利义务、变更终止合同的办法、争议处理途径与方式、双方法定代表人签订并加盖公章、合同签订日期等具体内容。

（3）定点医疗机构管理

基本医疗保险定点医疗机构是指经统筹地区社会保险行政部门审查获得定点医疗机构资格,并经社会保险经办机构确定且与之签订了有关协议的,为统筹地区城镇职工基本医疗保险参保人员提供医疗服务并承担相应责任的医疗机构。医疗消费市场具有很强的供方垄断性,由于供需双方信息的不对称,医院可以利用对医学知识的垄断谋取私利;而患者因为缺乏医学方面的知识,对自己的病情基本上没有发言权。因此,基本医疗保险必须实行定点管理才能引进竞争机制、促进医疗机构公平竞争、规范医疗服务行为、降低成本、提高服务质量和效率。

根据国务院规定,劳动和社会保障部、卫生部、国家中医药管理局于1999年5月联合印发了《城镇职工基本医疗保险定点医疗机构管理暂行办法》。根据该办法的规定,定点医疗机构管理主要分三个层次:

一是对参保人就医进行管理。如参保人员一般应在定点医疗机构就医,除急诊外,在非定点医疗机构就医发生的费用,基本医疗保险基金不予支付;鼓励参保人员选择并到基层医疗机构就医,规定不同级别定点医疗机构就医个人自付医疗费用比例不同;为建立相应的转诊、转院制度,统筹地区劳动保障行政部门要制定相应的管理办法等。

二是对定点医疗机构进行管理。如对定点医疗机构内部建立相应的管理制度和配备必要的管理人员提出相应要求;社会保险经办机构应与定点医疗机构之间签订协议,明确双方的责任、权利和义务等。

三是对定点医疗机构提供的定点服务进行监督。主要措施有:定点医疗机构资格要进行年度核查;定期对定点医疗机构服务与管理工作情况进行检查和考核;建立社会公众和社会保险经办机构对定点医疗机构定点服务和管理情况的不定期评议制度;对违反规定的定点医疗机构视情节给予通报、批评或取消定点资格等。

(4)定点零售药店管理

定点零售药店是指经统筹地区社会保险行政部门审查获得定点零售药品资格,并经社会保险经办机构具体确定并与之签订有关协议和发给定点零售药店标牌的,为城镇职工基本医疗保险参保人员提供处方外配服务并承担相应责任的零售药店。长期以来,由于医疗机构实行的是财政补助与医疗服务收费、药品批零差价收入相结合的经济补偿政策,药品收入成为医疗机构收入的主要来源,"以药养医"现象严重。在这种利益驱动下,直接导致了药品费用的快速上涨,增加了国家、企业和个人的经济负担,造成了巨大的浪费。为了改变这种状况,国务院规定基本医疗保险实行定点零售药店管理。这样规定,一方面是为了满足广大职工就医、购药的需要,扩大职工就医时的选择权利,不仅允许职工在其选择的定点医疗机构就医、购药,而且也可持处方到定点药店购药;另一方面是为了打破医疗机构医药不分的垄断局面,在医疗机构和药店之间引入竞争机制,从而建立药品流通的竞争机制,以提高药品质量和改善服务态度,引导合理诊治、合理用药,并合理控制医疗费用的增长。

根据国务院规定,劳动保障部、国家药品监督管理局于 1999 年 4 月联合印发了《城镇职工基本医疗保险定点零售药店管理暂行办法》,将定点零售药店的定点服务内容限定在处方外配,即参保人员到定点零售药店购药时,必须持定点医疗机构医生开具的处方,而且处方上有医师签名和盖有定点医疗机构专用章证明。这样规定,有利于保证参保人员在自主选择定点药店购药时,能安全、有效地使用药品,也有利于杜绝药品销售中"以物代药"等不规范行为,避免基本医疗保险基金的流失,以及分清定点医疗机构和定点零售药店在药事事故中的责任。

（5）医疗机构的义务

根据《中华人民共和国社会保险法》的规定，医疗机构应当为参保人员提供合理、必要的医疗服务。

合理的医疗服务，一般应考虑以下几点：一是明确诊断，这是合理治疗的前提，应当尽量认清病人疾病的性质和病情严重的程度，并据此确定当前治疗所要解决的问题，从而选择有针对性的药物和合适的剂量，制定适当的治疗方案；二是及时完善治疗方案，治疗过程中既要认真执行已定的治疗方案，又要随时根据病情变化、疗效和不良反应，及时修订和完善原定方案，包括在必要时采取新的措施；三是强调个体化，根据不同病人的身体特点及其病情，进行不同的治疗。

必要的医疗服务，是指医疗机构为患者提供的不可缺少的诊断、治疗等方面的服务，以及与之相关的提供药品、医疗用具、病房住宿和伙食等业务。为了满足绝大多数参保人利益，只能为真正需要医疗服务的参保人购买有限的服务，在基本医疗保险中，就是只能保证基本医疗服务。参保人不能在要求医疗机构提供超出基本医疗保险保障范围的服务时却要求基本医疗保险基金支付，这无疑侵占了其他参保人权益。医疗机构也不得通过各种变相手段诱导、刺激医疗需求而增加自己的收入，这无疑也侵占了全体参保人的权益。

必要的医疗服务主要是针对社会上反映比较强烈的"过度医疗"问题，对医疗机构提出的义务性要求。过度医疗，是指超过疾病实际需求的诊断和治疗行为，包括过度检查、过度治疗（包括药物治疗、手术治疗和介入治疗等）、过度护理等。过度医疗有着深刻而复杂的经济、社会、文化等多方面原因，极大地增加了患者的医疗费用成本、耗费了患者的时间和精力，甚至给患者身体带来不必要的损害，因此在现实中招致极大的批评。因此，为防止过度检查、过度用药等，需要强调医疗机构要提供必要的医疗服务。

3.1.17　基本医疗保险组织管理

3.1.17.1　基本规定

国家医疗保障主管部门负责基本医疗保险政策的制定与总体监管，地方医疗保障部门负责基本医疗保险政策的贯彻落实。

地方医疗保险经办机构负责医疗保险业务的经办服务。各级税务部门负责社会保险费征缴,各级财政和审计部门负责医疗保险基金监督与审计。

3.1.17.2 相关法规

2018 年 3 月 21 日中共中央印发的《深化党和国家机构改革方案》规定:

(1)组建国家医疗保障局

将人力资源和社会保障部的城镇职工和城镇居民基本医疗保险、生育保险职责,国家卫生和计划生育委员会的新型农村合作医疗职责,国家发展和改革委员会的药品和医疗服务价格管理职责,民政部的医疗救助职责整合,组建国家医疗保障局,作为国务院直属机构。

国家医疗保障局的职责是:拟订医疗保险、生育保险、医疗救助等医疗保障制度的政策、规划、标准并组织实施,监督管理相关医疗保障基金,完善国家异地就医管理和费用结算平台,组织制定和调整药品、医疗服务价格和收费标准,制定药品和医用耗材的招标采购政策并监督实施,监督管理纳入医保支出范围内的医疗服务行为和医疗费用等。

(2)改革国税地税征管体制

为提高社会保险资金征管效率,将基本养老保险费、基本医疗保险费、失业保险费等各项社会保险费交由税务部门统一征收。

3.1.18 基本医疗保险数据

《2019 年医疗保障事业发展统计快报》显示:

(1)参保人员情况

截至 2019 年底,全口径基本医疗保险参保人数 135436 万人,参保覆盖面稳定在 95%以上。其中参加职工基本医疗保险人数 32926 万人,比上年增加 1245 万人,增长 3.9%;参加城乡居民基本医疗保险人数 102510 万人,比上年减少 268 万人,降低 0.3%。参加职工基本医疗保险人员中,在职职工 24231 万人,退休人员 8695 万人,分别比上年末增加 923 万人和 322 万人。

(2)基金收支情况

2019 全年基本医疗保险基金总收入、总支出分别为 23334.87 亿元、19945.73 亿元,年末累计结存 26912.11 亿元。

2019 全年职工基本医疗保险基金收入 14883.87 亿元,同比增长 9.94%,其中统筹基金收入 9185.84 亿元;基金支出 11817.37 亿元,同比增长 10.37%,其中统筹基金支出 7120.30 亿元;年末累计结存 21850.29 亿元,其中统筹基金累计结存 13573.79 亿元,个人账户累计结存 8276.50 亿元。

2019 全年城乡居民基本医疗保险基金收入 8451.00 亿元,同比增长7.71%;支出 8128.36 亿元,同比增长 14.23%;年末累计结存 5061.82 亿元。

3.2 补充医疗保险制度

中国补充医疗保险制度包括城乡居民大病保险、职工大额医疗费用互助、公务员医疗补助、企业补充医疗保险。单位和个人在参加基本医疗保险的基础上,可以参加补充医疗保险,国家对此给予一定的政策支持。

3.2.1 城乡居民大病保险

为防范与化解城乡居民因病致贫、因病返贫风险,国家在建立城乡居民基本医疗保险制度的基础上,建立了旨在对高额医疗费用进行补偿的城乡居民大病保险制度。

3.2.1.1 基本规定

参加城乡居民基本医疗保险的居民,自付医疗费用超过一定额度时,由大病保险资金支付一定比例的费用,上不封顶。

3.2.1.2 相关法规

《关于开展城乡居民大病保险工作的指导意见》规定:

城乡居民大病保险,是在基本医疗保险的基础上,对大病患者发生的高额医疗费用给予进一步保障的一项制度性安排,可进一步放大保障效用,是基本医疗保险制度的拓展和延伸,是对基本医疗保险的有益补充。

(1)保障对象

大病保险保障对象为城镇居民医疗保险、新农合的参保(合)人。

（2）资金来源

从城镇居民医疗保险基金、新农合基金中划出一定比例或额度作为大病保险资金。

（3）统筹层次和范围

开展大病保险可以市（地）级统筹，也可以探索全省（自治区、直辖市）统一政策，统一组织实施，提高抗风险能力。

（4）保障范围

大病保险的保障范围要与城镇居民医疗保险、新农合相衔接。城镇居民医疗保险、新农合应按政策规定提供基本医疗保障。在此基础上，大病保险主要在参保（合）人患大病发生高额医疗费用的情况下，对城镇居民医保、新农合补偿后需个人负担的合规医疗费用给予保障。高额医疗费用，可以个人年度累计负担的合规医疗费用超过当地统计部门公布的上一年度城镇居民年人均可支配收入、农村居民年人均纯收入为判定标准，具体金额由地方政府确定。合规医疗费用，指实际发生的、合理的医疗费用（可规定不予支付的事项），具体由地方政府确定。

（5）保障水平

以力争避免城乡居民发生家庭灾难性医疗支出为目标，合理确定大病保险补偿政策，实际支付比例不低于50%；按医疗费用高低分段制定支付比例，原则上医疗费用越高支付比例越高。

3.2.1.3　相关范畴

（1）城乡居民大病保险依托居民基本医疗保险基金起步建立

2012年发展改革委等6部门印发《关于开展城乡居民大病保险工作的指导意见》，要求主要利用居民医疗保险结余基金，推进各地开展大病保险试点。2015年国务院办公厅印发《关于全面实施城乡居民大病保险的意见》，在明确大病保险资金由城乡居民医疗保险基金划转的同时，也明确提出要完善居民医疗保险多渠道筹资机制，保证制度可持续发展。

（2）全面实施城乡居民大病保险

2015年底，所有统筹地区均已启动实施大病保险，覆盖城镇居民基本医疗保险所有参保人员，对大病患者合规医疗费用支付50%以上，支付水平在基本医疗保险之上提高10%以上，进一步减轻了大病患者高额医疗费用负担。同时，各地积极探索通过降低起付线、提高报销比例、提高封顶线等措施实施向困难群体倾斜的精准支付政策。此外,国家在多层次医疗保障体系建设中,还注重通过鼓励建立各类补充医疗保险和发展商业健康保险,满足群众较高的医疗保障需求。

3.2.1.4 地方示例

《北京市人力资源和社会保障局印发〈北京市城乡居民基本医疗保险办法实施细则〉的通知》规定:参保人员在享受城乡居民基本医疗保险待遇后,还可按规定享受城乡居民大病医疗保险待遇。

《关于印发北京市城乡居民大病保险试行办法的通知》规定:

参加北京市城镇居民基本医疗保险和新型农村合作医疗的人员适用本办法。

城镇居民大病保险资金实行全市统筹,由城镇居民基本医疗保险基金按照当年筹资标准5%的额度划拨;农村居民大病保险资金实行区县统筹,由各区县新农合基金按照当年筹资标准5%的额度划拨。大病保险资金纳入社会保障基金财政专户,单独核算,专款专用。

城乡居民在基本医疗保险定点医疗机构发生的符合北京市城乡居民基本医疗保险报销范围的费用,在基本医疗保险报销后,城镇居民在基本医疗保险政策范围内个人自付超过上一年度全市城镇居民年人均可支配收入的高额费用,农村居民在基本医疗保险政策范围内个人自付超过上一年度全市农村居民年人均纯收入的高额费用(具体金额由北京市人力资源和社会保障局、市卫生局发布),纳入北京市城乡居民大病保险支付范围。

大病保险实行"分段计算、累加支付"。城乡居民发生起付金额以上、5万元(含)以内的费用,由大病保险资金报销50%;超过5万元的费用,由大病保险资金报销60%。一个医疗保险年度结算一次。

城镇居民大病保险由北京市人力资源和社会保障部门主管,北京市和区县医保中心负责经办。农村居民大病保险由北京市卫生部门主管,各区县新农合管理部门负责经办。

《关于调整基本医疗保险住院最高支付限额等有关问题的通知》规定:

城乡居民大病保险起付标准调整为上一年度北京市城镇居民中20%低收入户人均可支配收入(以下简称起付标准,以北京市统计局公开发布的数据为准)。2019 年城乡居民大病保险起付标准为 30404 元。

参加城乡居民基本医疗保险的参保人员中，享受北京市城乡居民最低生活保障和生活困难补助人员、享受城乡低收入救助人员、特困供养人员和低收入农户四类困难人员，其城乡居民大病保险起付标准降低一半(2019 年城乡居民困难人员大病保险起付标准为 15202 元)，起付标准以上(不含)部分累加 5 万元以内的个人自付医疗费用，大病保险基金支付比例由 60% 提高至 65%，超过 5 万元(不含)以上的个人自付医疗费用，大病保险基金支付比例由 70% 提高至 75%。

3.2.2　职工大额医疗费用补助[1]

3.2.2.1　基本规定

超过职工基本医疗保险统筹基金支付限额的医疗费用，由职工大额医疗费用补助资金(互助资金)支付较大比例。

3.2.2.2　相关法规

《国务院关于印发完善城镇社会保障体系试点方案的通知》规定：实行职工大额医疗费用补助办法，妥善解决基本医疗保险最高支付限额以上的医疗费用。

3.2.2.3　地方示例

《北京市基本医疗保险规定》规定：

(1)建立大额医疗费用互助制度

大额医疗费用互助资金按比例支付职工和退休人员在一个年度内累计超过一定数额的门诊、急诊医疗费用和超过基本医疗保险统筹基金最高支付限额(不含起付标准以下以及个人负担部分)的医疗费用。参加基本医疗保险的用人单位及其职工和退休人员应当参加大额医疗费用互助，但实行国家公务员医疗补助办法的用人单位及其职工和退休人员除外。

大额医疗费用互助办法由北京市劳动保障行政部门会同市财政部门制定。

(2)大额医疗费用互助资金由用人单位和个人共同缴纳

用人单位按全部职工缴费工资基数之和的 1% 缴纳，职工和退休人员个人

---

① 称谓不同，有的称为职工大额医疗费用补助制度，有的称为职工大额医疗费用互助制度。

按每月 3 元缴纳。大额医疗费用互助资金在每月缴纳基本医疗保险费时一并缴纳。

大额医疗费用互助资金不足支付时,财政给予适当补贴。

大额医疗费用互助资金缴费比例、缴费金额需要调整时,由北京市劳动保障行政部门会同北京市财政部门提出,报北京市人民政府批准。

（3）大额医疗费用互助资金统筹管理

大额医疗费用互助资金实行北京市统筹,单独列账,纳入社会保障基金财政专户,按照基本医疗保险基金计息办法计息。

大额医疗费用互助资金由社会保险经办机构负责统一筹集、管理和使用。

（4）大额医疗费用互助资金的支付办法

大额医疗费用互助资金对符合基本医疗保险规定的大额医疗费用按照下列办法支付:

职工在一个年度内门诊、急诊医疗费用累计超过 2000 元的部分,大额医疗费用互助资金支付 50%,个人支付 50%。

退休人员在一个年度内门诊、急诊医疗费用累计超过 1300 元的部分,不满 70 周岁的退休人员,大额医疗费用互助资金支付 70%,个人支付 30%;70 周岁以上的退休人员,大额医疗费用互助资金支付 80%,个人支付 20%。

大额医疗费用互助资金在一个年度内累计支付职工和退休人员门诊、急诊医疗费用的最高数额为 2 万元。

职工和退休人员在一个年度内超过基本医疗保险统筹基金最高支付限额（不含起付标准以下以及个人负担部分）的住院医疗费用,恶性肿瘤放射治疗和化学治疗、肾透析、肾移植后服抗排异药的门诊医疗费用,大额医疗费用互助资金支付 70%,个人支付 30%。但大额医疗费用互助资金在一个年度内累计支付最高数额为 10 万元。

大额医疗费用互助资金起付标准、支付比例、最高支付限额需要调整时,由北京市劳动保障行政部门会同市财政部门提出,报北京市人民政府批准（截至 2019 年,北京市大额医疗费用互助资金起付标准、支付比例、最高限额都进行了调整,调整后的比例见表 3-3、表 3-4、表 3-5）。

《关于印发〈北京市大额医疗费用互助暂行办法〉的通知》规定:

北京市参加基本医疗保险的用人单位及其职工和退休人员应当参加大额

医疗费用互助。实行国家公务员医疗补助办法的用人单位及其职工和退休人员不实行本办法。

大额医疗费用互助资金用于支付职工和退休人员的大额医疗费用。大额医疗费用是指职工和退休人员在一个年度内累计超过一定数额的门诊、急诊医疗费用和超过基本医疗保险统筹基金最高支付限额(不含起付标准以下及个人负担的部分)的住院医疗费用以及恶性肿瘤放射治疗和化学治疗、肾透析、肾移植后服抗排异药的门诊医疗费用。

3.2.3　企业补充医疗保险

3.2.3.1　基本规定

在参加职工基本医疗保险的基础上,有条件的企业建立可以为本单位职工和退休人员建立企业补充医疗保险,主要补偿基本医疗保险基金和大额医疗费用资金互助报销后的自付费用。补充医疗保险费的提取额在本企业上一年职工工资总额 4% 以内的部分从成本中列支。

3.2.3.2　相关法规

《国务院关于建立城镇职工基本医疗保险制度的决定》规定:为了不降低一些特定行业职工现有的医疗消费水平,在参加基本医疗保险的基础上,作为过渡措施,允许建立企业补充医疗保险。企业补充医疗保险费在工资总额 4% 以内的部分,从职工福利费中列支,福利费不足列支的部分,经同级财政部门核准后列入成本。

《国务院关于印发完善城镇社会保障体系试点方案的通知》规定:有条件的企业可以为职工建立补充医疗保险,提取额在工资总额 4% 以内的从成本中列支。

3.2.3.3　地方示例

《北京市基本医疗保险规定》规定:参加基本医疗保险的企业和事业单位可以建立补充医疗保险。企业补充医疗保险费在本企业职工工资总额 4% 以内的部分,列入成本。补充医疗保险办法由北京市劳动保障行政部门会同北京市财政部门制定。

《关于印发〈北京市企业补充医疗保险暂行办法〉的通知》规定：

补充医疗保险是基本医疗保险的补充形式。参加了北京市基本医疗保险的企业可以为本单位职工和退休人员建立补充医疗保险。

企业补充医疗保险重点用于解决退休人员个人负担的医疗费用，以及职工住院治疗需个人自付的医疗费用。

补充医疗保险费的提取额在本企业上一年职工工资总额4%以内的部分从成本中列支。

补充医疗保险费支付职工和退休人员在定点医疗机构和定点零售药店发生的下列费用：个人账户不足支付时的医疗费用；基本医疗保险统筹基金支付之余应由个人支付的医疗费用；大额医疗费用互助资金支付之余应由个人支付的医疗费用。

企业补充医疗保险的支付范围，可以比照北京市基本医疗保险定点医疗管理规定，以及基本医疗保险药品目录、诊疗项目目录、服务设施范围和支付标准确定。具体支付比例由企业确定。

企业补充医疗保险费当年结余部分，结转下一年度使用。补充医疗保险由企业管理。企业根据本办法制定具体管理办法。

3.2.4　公务员医疗补助

3.2.4.1　基本规定

参加基本医疗保险的国家公务员（包括退休人员）的自付医疗费用部分享受公务员医疗补助待遇。

3.2.4.2　相关法规

《国务院关于建立城镇职工基本医疗保险制度的决定》规定：国家公务员在参加基本医疗保险的基础上，享受医疗补助政策。具体办法另行制定。

《国务院办公厅转发劳动保障部财政部关于实行国家公务员医疗补助意见的通知》规定：实行国家公务员医疗补助是在城镇职工基本医疗保险制度基础上对国家公务员的补充医疗保障，是保持国家公务员队伍稳定、廉洁，保证政府高效运行的重要措施。

（1）医疗补助的范围

符合《国家公务员暂行条例》和《国家公务员制度实施方案》规定的国家行政机关工作人员和退休人员；经人事部或省、自治区、直辖市人民政府批准列入依照国家公务员制度管理的事业单位的工作人员和退休人员；经中共中央组织部或省、自治区、直辖市党委批准列入参照国家公务员制度管理的党群机关，人大、政协机关，各民主党派和工商联机关以及列入参照国家公务员管理的其他单位机关工作人员和退休人员；审判机关、检察机关的工作人员和退休人员。

（2）医疗补助的经费来源

按现行财政管理体制，医疗补助经费由同级财政列入当年财政预算，具体筹资标准应根据原公费医疗的实际支出、基本医疗保险的筹资水平和财政承受能力等情况合理确定。医疗补助经费要专款专用、单独建账、单独管理，与基本医疗保险基金分开核算。

（3）医疗补助经费的使用

医疗补助经费主要用于基本医疗保险统筹基金最高支付限额以上，符合基本医疗保险用药、诊疗范围和医疗服务设施标准的医疗费用补助；在基本医疗保险支付范围内，个人自付超过一定数额的医疗费用补助；中央和省级人民政府规定享受医疗照顾的人员，在就诊、住院时按规定补助的医疗费用。补助经费的具体使用办法和补助标准，由各地按照收支平衡的原则做出规定。

原享受公费医疗待遇的事业单位工作人员、退休人员，可参照国家公务员医疗补助办法，实行医疗补助，具体单位和人员由各地劳动保障和财政部门共同审核，并报同级人民政府批准。原享受公费医疗经费补助的事业单位所需医疗补助资金，仍按原资金来源渠道筹措，需要财政补助的由同级财政在核定事业单位财政拨款时给予安排；对少数资金确有困难的事业单位，由同级财政区别不同情况给予适当补助。

《国务院办公厅关于印发〈在京中央国家机关公务员医疗补助暂行办法〉的通知》规定：

医疗补助的筹资标准，参照享受医疗补助人员当期实际医疗消费水平、基本医疗保险保障水平和工资收入水平，由劳动保障部、财政部逐年核定，每年第四季度发布下一年的筹资标准。2001年的筹集标准为上年用人单位职工工资总额的5%。

医疗补助经费用于补助以下开支：符合基本医疗保险药品目录、诊疗项目范围和医疗服务设施标准，超过基本医疗保险统筹基金最高支付限额以上部分的医疗费用；基本医疗保险支付范围内个人自付超过一定数额的医疗费用；医疗照顾人员按规定享受照顾所发生的医疗费用。

符合本办法规定的医疗费用开支按以下标准给予补助：

（1）在一个年度内发生的住院医疗费用（含肾透析、恶性肿瘤放化疗、肾移植后服抗排异药等纳入基本医疗保险统筹基金支付范围的门诊医疗费用，下同）超过基本医疗保险统筹基金最高支付限额以上的部分，5万元以下的部分补助90%，5万元以上的部分补助95%。

（2）在一个年度内发生的住院医疗费用，在基本医疗保险统筹基金最高支付限额以下应由个人负担的部分（含个人账户支付部分），退休人员和享受医疗照顾的司局级以上（含司局级）在职人员补助95%，其他在职人员补助90%。

（3）在一个年度内发生的门诊医疗费用累计超过1300元（含个人账户支付部分）以上的部分，退休人员和享受医疗照顾的司局级以上（含司局级）在职人员补助95%，其他在职人员补助90%。

医疗照顾人员按规定在医疗服务设施、诊疗项目等方面享受照顾时发生的费用超过基本医疗保险规定支付的部分，由医疗补助经费按医疗照顾政策的规定予以补助。

在享受基本医疗保险和医疗补助后，个人负担确有困难的，可由所在单位适当给予困难补助。

3.2.4.3　地方示例

《北京市基本医疗保险规定》规定：国家公务员在参加基本医疗保险的基础上，享受医疗补助待遇，具体办法由市劳动保障行政部门会同市财政部门提出，报市人民政府批准后施行。

3.3 医疗救助与医疗福利制度

3.3.1 医疗救助制度

3.3.1.1 基本规定

无收入低收入困难群众的城乡居民基本医疗保险费由政府全额或部分缴纳,困难群众就医时的自付医药费用适当降低,对自付医药费用过高而影响家庭生活的给予医疗救助。

3.3.1.2 相关法规

《民政部 卫生部 财政部关于实施农村医疗救助的意见》规定:

对农村五保户,农村贫困户家庭成员,地方政府规定的其他符合条件的农村贫困农民进行医疗救助。

资助医疗救助对象缴纳个人应负担的全部或部分资金,参加当地合作医疗,享受合作医疗待遇。因患大病经合作医疗补助后个人负担医疗费用过高,影响家庭基本生活的,再给予适当的医疗救助。

医疗救助对象全年个人累计享受医疗救助金额原则上不超过当地规定的医疗救助标准。对于特殊困难人员,可适当提高医疗救助水平。

《国务院办公厅转发民政部等部门关于建立城市医疗救助制度试点工作意见的通知》规定:救助对象主要是城市居民最低生活保障对象中未参加城镇职工基本医疗保险人员、已参加城镇职工基本医疗保险但个人负担仍然较重的人员和其他特殊困难群众。对救助对象在扣除各项医疗保险可支付部分、单位应报销部分及社会互助帮困等后,个人负担超过一定金额的医疗费用或特殊病种医疗费用给予一定比例或一定数量的补助。具体补助对象和标准由地方政府民政部门会同卫生、劳动保障、财政等部门制订。对于特别困难的人员,可适当提高补助标准。

《民政部 财政部 卫生部 人力资源和社会保障部关于进一步完善城乡医疗

救助制度的意见》规定:

在切实将城乡低保家庭成员和五保户纳入医疗救助范围的基础上,逐步将其他经济困难家庭人员纳入医疗救助范围。其他经济困难家庭人员主要包括低收入家庭重病患者以及当地政府规定的其他特殊困难人员。

要坚持以住院救助为主,同时兼顾门诊救助。住院救助主要用于帮助解决因病住院救助对象个人负担的医疗费用;门诊救助主要帮助解决符合条件的救助对象患有常见病、慢性病、需要长期药物维持治疗以及急诊、急救的个人负担的医疗费用。

逐步降低或取消医疗救助的起付线,合理设置封顶线,进一步提高救助对象经相关基本医疗保险制度补偿后需自付的基本医疗费用的救助比例。

《国务院办公厅转发民政部等部门关于进一步完善医疗救助制度全面开展重特大疾病医疗救助工作意见的通知》规定:

各地要在2015年底前,将城市医疗救助制度和农村医疗救助制度整合为城乡医疗救助制度。要按照《城乡医疗救助基金管理办法》的要求,合并原来在社会保障基金财政专户中分设的"城市医疗救助基金专账"和"农村医疗救助基金专账",在政策目标、资金筹集、对象范围、救助标准、救助程序等方面加快推进城乡统筹,确保城乡困难群众获取医疗救助的权利公平、机会公平、规则公平、待遇公平。

(1)救助对象

最低生活保障家庭成员和特困供养人员是医疗救助的重点对象。要逐步将低收入家庭的老年人、未成年人、重度残疾人和重病患者等困难群众(以下统称低收入救助对象),以及县级以上人民政府规定的其他特殊困难人员纳入救助范围。

(2)缴费补贴

对重点救助对象参加城镇居民基本医疗保险或新型农村合作医疗的个人缴费部分进行补贴,特困供养人员给予全额资助,最低生活保障家庭成员给予定额资助,保障其获得基本医疗保险服务。

(3)救助标准

重点救助对象在定点医疗机构发生的政策范围内住院费用中,对经基本医疗保险、城乡居民大病保险及各类补充医疗保险、商业保险报销后的个人负担费用,在年度救助限额内按不低于70%的比例给予救助。

（4）救助服务

定点医疗机构应当减免救助对象住院押金，及时给予救治；医疗救助经办机构要及时确认救助对象，并可向定点医疗机构提供一定额度的预付资金，方便救助对象看病就医。

做到医疗救助与基本医疗保险、城乡居民大病保险、疾病应急救助、商业保险等信息管理平台互联互享、公开透明，实现"一站式"信息交换和即时结算，救助对象所发生的医疗费用可先由定点医疗机构垫付医疗救助基金支付的部分，救助对象只支付自负部分。

3.3.1.3　相关范畴——对缴费困难人员的补贴政策

对困难人员参加城镇居民基本医疗保险给予补贴，是从制度上解决城市贫困人口基本医疗保障问题的重要途径，体现了社会主义制度的优越性和中国共产党全心全意为人民服务的根本宗旨。在总结实践经验的基础上，《中华人民共和国社会保险法》明确了享受城镇居民医疗保险缴费补贴的人员范围，主要包括：享受最低生活保障的人、丧失劳动能力的重度残疾人、低收入家庭 60 周岁以上的老年人和未成年人。

（1）享受最低生活保障的人

最低生活保障，指国家对家庭人均收入低于当地政府公告的最低生活标准的人口给予一定现金资助，以保证该家庭成员基本生活所需的社会保障制度。城市居民最低生活保障制度的保障对象是家庭人均收入低于当地最低生活保障标准的持有非农业户口的城市居民。从实际执行情况来看，主要是以下三类人员：（1）无生活来源、无劳动能力、无法定赡养人或抚养人的居民；（2）领取失业救济金期间或失业救济期满仍未能重新就业，家庭人均收入低于最低生活保障标准的居民；（3）在职人员和下岗人员在领取工资或最低工资、基本生活费后以及退休人员领取退休金后，其家庭人均收入仍低于最低生活保障标准的居民。

《城市居民最低生活保障条例》规定：城市居民最低生活保障标准，按照当地维持城市居民基本生活所必需的衣、食、住费用，并适当考虑水电燃煤（燃气）费用以及未成年人的义务教育费用确定。直辖市、设区的市的城市居民最低生活保障标准，由市人民政府民政部门会同财政、统计、物价等部门制定，报本级人民政府批准并公布执行；县（县级市）的城市居民最低生活保障标准，由县（县级市)人民政府民政部门会同财政、统计、物价等部门制定,报本级人民政府批准并报上一级人民政府备案后公布执行。

(2)丧失劳动能力的重度残疾人

丧失劳动能力,是指已经失去劳动的能力。丧失劳动能力又分完全丧失劳动能力和大部分丧失劳动能力两个程度档次。根据劳动保障部印发的《职工非因工伤残或因病丧失劳动能力程度鉴定标准(试行)》规定,完全丧失劳动能力,是指因损伤或疾病造成人体组织器官缺失、严重缺损、畸形或严重损害,致使伤病的组织器官或生理功能完全丧失或存在严重功能障碍。大部分丧失劳动能力,是指因损伤或疾病造成人体组织器官大部分缺失、明显畸形或损害,致使受损组织器官功能中等度以上障碍。如果伤病职工同时符合不同类别疾病三项以上(含三项)"大部分丧失劳动能力"条件时,可确定为"完全丧失劳动能力"。

根据中国制定的五类残疾标准,重度残疾人包括:视力残疾中的一级盲、二级盲;听力残疾中的一级;言语残疾中的一级;肢体残疾中的一级;智力残疾中的一级、二级;精神残疾中的一级。

(3)低收入家庭60周岁以上的老年人和未成年人

城市低收入家庭,是指家庭成员人均收入和家庭财产状况符合当地人民政府规定的低收入标准的城市居民家庭。家庭成员是指具有法定赡养、抚养或扶养关系并共同生活的人员。根据《民政部 国家发展改革委 公安部 财政部 人力资源和社会保障部 住房城乡建设部 人民银行 税务总局 工商总局 统计局 证监会关于印发〈城市低收入家庭认定办法〉的通知》规定,城市低收入家庭收入标准主要包括家庭收入和家庭财产两项指标,应当根据当地经济和社会发展水平,统筹考虑居民人均可支配收入、最低生活保障标准、最低工资标准以及住房保障和其他社会救助的关系,以满足城市居民基本生活需求为原则,按照不同救助项目需求和家庭支付能力确定。直辖市、设区的市低收入家庭收入标准,由市人民政府制定;县(市)城市低收入家庭收入标准,由县(市)人民政府制定,并报上级人民政府备案。

3.3.1.4 地方示例

《北京市基本医疗保险规定》规定:

对于享受北京市城镇居民家庭最低生活保障的职工和退休人员,在个人负担的医疗费用上给予照顾。

北京市设立特困人员医疗救助资金,有关部门应当采取措施,多方筹集资金,解决特困人员因医疗费支出过大造成的困难。

《北京市人民政府关于印发〈北京市城乡居民基本医疗保险办法〉的通知》规定:

政府补助资金由北京市、区财政按比例分担,分担比例另行确定。接受普通高等学历教育的全日制非在职学生,按照高校隶属关系,政府补助资金由同级财政承担。

北京市享受城乡居民最低生活保障和生活困难补助人员、享受城乡低收入救助人员、特困供养人员、享受定期抚恤补助的优抚对象、由民政部门管理具有北京市户籍的见义勇为人员(含享受定期抚恤补助的见义勇为死亡人员遗属)、去世离休干部无工作配偶、计划生育特殊家庭成员、低收入农户、享受困境儿童生活保障的事实无人抚养儿童、区级福利机构内由政府供养的享受困境儿童生活保障的孤儿弃婴、残疾人员和参照北京市城乡社会救助对象医疗救助政策享受医疗待遇的退养人员、退离居委会老积极分子,个人缴费由户籍所在区财政全额补贴。

北京市市级福利机构内由政府供养的享受困境儿童生活保障的孤儿弃婴,个人缴费由市财政全额补贴。

《北京市社会救助实施办法》规定:

对最低生活保障家庭成员、特困人员、低收入家庭成员参加城乡居民基本医疗保险的个人缴费部分,给予全额资助;

对救助对象经基本医疗保险、生育保险、工伤保险、大病保险和商业补充医疗保险等支付后,由个人负担的符合北京市规定的医疗费用,按照门诊、住院、生育、重大疾病等不同情形,分别给予救助。

医疗救助的具体标准,由北京市医疗救助主管部门会同财政等部门根据北京市经济社会发展水平拟定,报市人民政府批准、公布。区人民政府可以制定本区的医疗救助标准,但不得低于全市医疗救助标准。

3.3.1.5　组织管理

国家医疗保障主管部门负责医疗救助政策的制定与监督管理,地方医疗保障机构负责医疗救助工作的具体落实。

3.3.2 疾病应急救助制度

3.3.2.1 基本规定

对极少数需要急救的患者因身份不明、无能力支付医疗费用等原因无法支付的医疗费用,由疾病应急救助基金等予以支付,以确保患者得到急救保障。

3.3.2.2 相关法规

《国务院办公厅关于建立疾病应急救助制度的指导意见》规定:

各省(区、市)、市(地)政府组织设立本级疾病应急救助基金。疾病应急救助基金通过财政投入和社会各界捐助等多渠道筹集。在中国境内发生急重危伤病、需要急救但身份不明确或无力支付相应费用的患者为救助对象。

医疗机构对其紧急救治所发生的费用,先由责任人、工伤保险和基本医疗保险等各类保险、公共卫生经费,以及医疗救助基金、道路交通事故社会救助基金等渠道支付。无上述渠道或上述渠道费用支付有缺口,由疾病应急救助基金给予补助。疾病应急救助基金不得用于支付有负担能力但拒绝付费患者的急救医疗费用。

3.3.3 医疗福利制度

医疗福利包括社会医疗福利与职业医疗福利。社会医疗福利是基本公共卫生均等化的产物,主要表现在国家免费提供的基本公共卫生服务项目上。职业医疗福利是用工单位为职工提供的免费体检、健康咨询等项目的总称。

根据《国家基本公共卫生服务规范(第三版)》规定,社会医疗福利包括12项目内容,即:居民健康档案管理、健康教育、预防接种、0～6岁儿童健康管理、孕产妇健康管理、老年人健康管理、慢性病患者健康管理(包括高血压患者健康管理和2型糖尿病患者健康管理)、严重精神障碍患者管理、肺结核患者健康管理、中医药健康管理、传染病及突发公共卫生事件报告和处理、卫生计生监督协管。

国家基本公共卫生服务项目自2009年启动以来,在基层医疗卫生机构得到了普遍开展。2011～2019年,人均基本公共卫生服务经费补助标准从25元提高至 69 元,先后增加了中医药健康管理服务和结核病患者健康管理服务,经费水平不断提高,保障项目不断扩大,取得一定成效。

3.3.3.1　预防接种服务

(1)服务对象

辖区内 0~6 岁儿童和其他重点人群。

(2)服务内容

及时为辖区内所有居住满 3 个月的 0~6 岁儿童建立预防接种证和预防接种卡(簿)等儿童预防接种档案。根据国家免疫规划疫苗免疫程序,对适龄儿童进行常规接种。在部分省份对重点人群接种出血热疫苗。在重点地区对高危人群实施炭疽疫苗、钩体疫苗应急接种。根据传染病控制需要,开展乙肝、麻疹、脊灰等疫苗强化免疫或补充免疫、群体性接种工作和应急接种工作。

3.3.3.2　儿童健康管理服务

(1)服务对象

辖区内 0~6 岁儿童。

(2)服务内容

新生儿出院后 1 周内,医务人员到新生儿家中进行,同时进行产后访视;新生儿出生后 28~30 天,结合接种乙肝疫苗第二针,在乡镇卫生院、社区卫生服务中心进行随访。新生儿满月后的随访服务均应在乡镇卫生院、社区卫生服务中心进行,偏远地区可在村卫生室、社区卫生服务站进行,时间分别在儿童 3、6、8、12、18、24、30、36 月龄时,共 8 次。为 4~6 岁儿童每年提供一次健康管理服务。散居儿童的健康管理服务应在乡镇卫生院、社区卫生服务中心进行,集居儿童可在托幼机构进行。

3.3.3.3　孕产妇健康管理服务

(1)服务对象

辖区内常住的孕产妇。

(2)服务内容

为孕 13 周前孕妇建立《母子健康手册》,并进行第 1 次产前检查。进行孕早期健康教育和指导,由孕妇居住地的乡镇卫生院、社区卫生服务中心建立《母子健康手册》。进行孕中期(孕 16~20 周、21~24 周各一次)健康教育和指导。进行孕晚期(孕 28~36 周、37~40 周各一次)健康教育和指导。乡镇卫生院、村卫生室和社区卫生服务中心(站)在收到分娩医院转来的产妇分娩信息后应于产妇出院后 1 周内到产妇家中进行产后访视,进行产褥期健康管理,加强母乳喂养和新生儿护理指导,同时进行新生儿访视,并进行产后 42 天健康检查。

3.3.3.4 老年人健康管理服务

(1)服务对象

辖区内 65 岁及以上常住居民。

(2)服务内容

每年为老年人提供 1 次健康管理服务,包括生活方式和健康状况评估、体格检查、辅助检查和健康指导。

3.3.3.5 高血压患者健康管理服务

(1)服务对象

辖区内 35 岁及以上常住居民中原发性高血压患者。

(2)服务内容

每年为辖区内 35 岁及以上常住居民免费测量一次血压(非同日三次测量)。对原发性高血压患者,每年要提供至少 4 次面对面的随访。

3.3.3.6 2 型糖尿病患者健康管理服务

(1)服务对象

辖区内 35 岁及以上常住居民中 2 型糖尿病患者。

(2)服务内容

对工作中发现的 2 型糖尿病高危人群进行有针对性的健康教育,建议其每年至少测量 1 次空腹血糖,并接受医务人员的健康指导。对确诊的 2 型糖尿病患者,每年提供 4 次免费空腹血糖检测,至少进行 4 次面对面随访。

3.3.3.7 严重精神障碍患者管理服务

(1)服务对象

辖区内常住居民中诊断明确、在家居住的严重精神障碍患者。主要包括精神分裂症、分裂情感性障碍、偏执性精神病、双向情感障碍、癫痫所致精神障碍、精神发育迟滞伴发精神障碍等精神障碍患者。

（2）服务内容

对应管理的严重精神障碍患者每年至少随访 4 次，每次随访应对患者进行危险性评估；检查患者的精神状况，包括感觉、知觉、思维、情感和意志行为、自知力等；询问和评估患者的躯体疾病、社会功能情况、用药情况及各项实验室检查结果等。

3.3.3.8　肺结核患者健康管理服务

（1）服务对象

辖区内确诊的常住肺结核患者。

（2）服务内容

乡镇卫生院、村卫生室、社区卫生服务中心（站）接到上级专业机构管理肺结核患者的通知单后，要在 72 小时内访视患者，并做好就诊督导与防范提醒等工作。

3.3.3.9　传染病及突发公共卫生事件报告和处理服务

（1）服务对象

辖区内服务人口。

（2）服务内容

传染病疫情和突发公共卫生事件风险管理；传染病和突发公共卫生事件的发现、登记；传染病和突发公共卫生事件相关信息报告；传染病和突发公共卫生事件的处理。

3.3.3.10　组织管理

国家卫生健康委员会负责医疗福利等政策的制定与总体监管。各级卫生健康主管机构、各地医疗服务机构、社区卫生机构负责医疗福利政策的落实。

3.3.4　医疗救助数据

《2019 年医疗保障事业发展统计快报》显示：2019 年资助 7782 万人参加基

本医疗保险,直接救助 6180 万人次;2019 年中央财政投入医疗救助补助资金 245 亿元,安排 40 亿元补助资金专项用于支持深度贫困地区提高贫困人口医疗保障水平。

《2018 年全国基本医疗保障事业发展统计公报》显示:2018 年,全国医疗救助基金支出 424.6 亿元,资助参加基本医疗保险 7673.9 万人,实施门诊和住院救助 5361 万人次,全国平均次均住院救助、门诊救助分别达到 1151 元、106 元。

3.4 医疗保障热点问题解答

根据人力资源和社会保障部和国家医疗保障局对人大代表建议和政协委员提案的回复,就有关医疗保障热点问题进行解答。

3.4.1 完善医保个人账户

《国务院关于建立城镇职工基本医疗保险制度的决定》规定:职工基本医疗保险实行统账结合模式,基本医疗保险基金由统筹基金和个人账户构成。按规定,职工个人缴纳的基本医疗保险费全部计入个人账户,单位缴费的 70%左右用于建立统筹基金,30%左右划入个人账户,具体比例由统筹地区确定。在使用上,个人账户基金用于支付在定点医院和定点药店发生的符合规定的医药费用,解决参保人的门诊和小额医疗费用;统筹基金主要用于支付符合规定的住院费用和门诊慢性病、特殊疾病和大病费用。为解决灵活就业人员和部分缴费能力有困难的企业职工等困难人群的医保问题,国家规定这部分人群可按先建立统筹基金、暂不建立个人账户的办法参加职工医保。

职工医保建立时,中国正处于确立社会主义市场经济和深化国企改革的关键时期,整体经济形势和企业现实情况导致筹资能力相对不足,加上对医患双方都缺乏有效的制约机制,以统筹基金支付全部医疗费用比较困难。建立个人账户,一是为门诊小病提供保障,保证新旧制度平稳过渡,二能适应当时经济社会发展和改革形势,有利于获得广大职工和社会各界支持,三可增强参保人健康意识和社会保障意识,形成一定的费用制约机制。实践证明,个人账户的设置,对建立社会主义市场经济体制、深化国有企业改革和推进劳保公费医疗制度改革发挥了重要作用。

在实际运行中,个人账户确实存在共济不足问题,存在"老人不够用,年轻人花不完""有病的不够用,没病的花不完",而且目前保障方式没有完全解决参保人普通门诊保障问题,同时个人账户基金占比大,调剂使用难。基于以上问题,各地开展了一些探索,主要是通过调剂个人账户资金,探索建立门诊统筹,在保障门诊大病基础上,逐步将一些门诊小病、常见病纳入基金支付范围,受到参保群众普遍欢迎。中共十八届五中全会和"十三五"规划纲要对改革完善个人账户政策提出明确任务部署,要求"改进个人账户,开展门诊统筹"。

在总结地方经验和前期研究成果基础上,提出了改革完善个人账户的初步思路。总体考虑是控制个人账户计入规模,优化使用途径,包括用个人账户资金引导建立职工门诊统筹,探索职工用个人账户结存资金为家属缴纳支付居民医保费及大病保险费等。

3.4.2　将健康促进、预防、康复、保健等功能纳入基本医保

为提高国民健康水平,国家在深化医药卫生体制改革工作中着力建设覆盖城乡居民的公共卫生服务体系、医疗服务体系、医疗保障体系、药品供应保障体系,形成四位一体的基本医疗卫生制度,实现四大体系整体推进,协调发展。从目前的制度安排来看,主要通过完善公共卫生服务体系逐步解决疾病预防控制、健康教育等问题,通过完善基本医保体系逐步提高疾病治疗保障水平,并发展补充保险、商业保险以满足不同人群的健康需求。此外,国家倡导和鼓励用人单位配合国家做好职工的健康保护工作,这也是用人单位应承担的社会责任。

基本医疗保险基金不能支付健身消费。由于中国经济发展水平整体不高,地区间经济发展不平衡,现阶段基本医疗保险还只能保障人民群众的基本医疗需求,医保基金只能用于支付临床诊疗必需、安全有效、价格适宜的药品和医疗服务费用。2011年实施的《中华人民共和国社会保险法》也明确规定了基本医保基金的支付范围,即"符合基本医保药品目录、诊疗项目、医疗服务设施标准以及急诊、抢救的医疗费用",健身消费不在上述范围内。从法律规定和保障基本医疗保险可持续发展看,现阶段尚不能把体育健身消费等非基本医疗需求项目纳入医

保支付范围。

健康促进、预防、保健等项目,属于财政已安排经费予以保障的基本公共卫生服务项目。根据原卫生部、财政部、原国家人口和计划生育委员会《关于促进基本公共卫生服务逐步均等化的意见》,国家卫生和计划生育委员会自2009年启动实施了国家基本公共卫生服务项目,主要内容包括免费为城乡居民提供建立健康档案、健康教育、预防接种、健康体检、儿童健康管理等12项国家基本公共卫生服务。2017年,国家卫生和计划生育委员会印发了《关于印发国家基本公共卫生服务规范(第三版)的通知》,明确了基本公共卫生服务内容,确定了重大公共卫生服务专项,如定期为65岁以上老年人进行健康检查,为3岁以下婴幼儿进行生长发育检查,为高血压、糖尿病患者提供规范化管理,为适龄妇女免费开展"两癌"筛查等妇女保健项目等。2015年人均基本公共卫生服务经费补助标准已经提高到人均40元,并且还在不断提高。①基本医保的责任主要是化解疾病费用风险,并通过费用分担机制促进个人自我健康维护,医保不宜替代公共卫生和预防保健,也不能替代个人责任。随着基本公共卫生服务投入的不断增加,公共卫生项目将逐步均等化,包括健康体检在内的各项服务内容也将不断扩展和延伸,从而切实起到对疾病早发现、早治疗的作用。

基本医疗保险的主要功能是治疗疾病,与公共卫生的防病相结合。由于目前中国仍处于社会主义初级阶段,经济快速增长但整体水平仍然不高,基本医疗保险筹资水平特别是城镇居民医保和新农合的筹资水平比较低,2016年城乡居民医保人均筹资水平还不足600元。因此,从现阶段医保制度整体发展状况、群众疾病治疗需求以及医疗保险基金筹资水平和抗风险能力来看,当前基本医疗保险制度主要还是立足于为群众提供基本疾病治疗保障,解决群众医疗负担,并通过门诊按人头付费、部分承担家庭医生签约服务费等措施,激励家庭医生对参保人进行健康管理,还没有能力将支付范围扩大到包括健康体检等非治疗性、预防筛查的项目。同时,按照《中华人民共和国社会保险法》的规定,应当由公共卫生负担的费用,不纳入基本医疗保险基金支付范围。

不宜用医保个人账户进行体检消费。医保个人账户虽然具有个人属性,但账户内资金是职工基本医疗保险基金的组成部分,同样适用于目前国家对基本

---

① 人均基本公共卫生服务经费补助标准为2019年69元,2018年55元,2017年50元,2016年45元。

医疗保险制度的整体定位以及《中华人民共和国社会保险法》的规定。因此体检等非医疗消费,暂时还无法通过医保个人账户解决。今后,将在总结地方探索经验基础上,研究提出相应改革思路,提高个人账户资金使用效率,增强资金保障绩效,切实维护参保人员的合法权益。

今后,应当在公共卫生服务体系与基本医疗保险的有效衔接方面进行统筹考虑和深入研究,进一步完善我国基本医疗卫生制度和基本医疗保险制度,不断提升全民健康保障水平。

3.4.3　退休职工不缴纳医疗保险费

基本医疗保险制度建立之初,为实现原公费、劳保医疗制度向职工医疗保险制度的顺畅过渡,促进国有企业改革平稳推进,国务院《关于建立城镇职工基本医疗保险制度的决定》明确退休人员参加职工医保个人不缴费。《中华人民共和国社会保险法》对退休人员参保政策做了进一步完善,明确了退休人员享受医疗保险待遇的条件:"参加职工基本医疗保险的个人,达到法定退休年龄时累计缴费达到国家规定年限的,退休后不再缴纳基本医疗保险费,按照国家规定享受基本医疗保险待遇;未达到国家规定年限的,可以缴费至国家规定年限。"符合条件的退休人员参加职工医保不缴费,按规定享受相应医保待遇,主要是基于职工医保建立时的特殊历史时期和特定改革背景,体现了对国有单位退休人员历史贡献的尊重。

在《中华人民共和国社会保险法》审议过程中,一些全国人大常委会委员和专家提出,"退休后不再缴纳基本医疗保险费"的规定不妥,建议规定退休人员按照基本养老金的一定比例缴纳基本医疗保险费。他们的主要考虑主要有三点。其一,目前占参保人数 25% 的退休人员花费了 60% 的医疗费用,人均支出是在职职工的 4.5 倍,随着我国老龄化的加快,老年人口数量快速增加,而老年人的人均医疗费用支出大,导致医疗费用迅猛增加,相应地,在职职工比例减小导致基金收入相对减少,由此造成医疗保险基金支付压力越来越大,最终医疗保险制度将无法维持,退休人员继续缴费有利于提高医疗保险基金支撑能力,对应对人口老龄化有重要意义。其二,城镇居民基本医疗保险和新型农村合作医疗制度中参保的老年人都需要缴费,而退休职工继续长期不缴费,会导致政策的不平衡。其三,在德国等一些实行社会保险的国家,退休人员一般都需要继续缴费。立法机关对这些意见进行了认真研究,认为退休人员不缴费是现行政策规定,而且目前医疗保险基金也能承受,在《中华人民共和国社会保险法》中明确规定退休人员不缴纳基本医疗保险费更有利于保障退休人员医疗待遇,因此法律维持了现行规定。

今后应按照中央关于健全医疗保险稳定可持续筹资和报销比例调整机制的有关任务部署,积极开展相关研究。从实际情况看,调整退休人员缴费政策涉及对《中华人民共和国社会保险法》有关内容的修订,需要慎重考虑。在具体研究中,需要综合考虑应对人口老龄化、健全护理保险制度、均衡各类人群筹资责任等多种因素,加强顶层设计,依法推动建立更加公平更可持续的医疗保障制度,确保包括退休人员在内的全体参保人的合法权益。

3.4.4 职工医保缴费年限

考虑到制度可持续发展和基金收支平衡,国家通过制定《中华人民共和国社会保险法》和相关法规,提出退休职工医保缴费年限政策,明确了退休人员享受退休医保待遇的条件。考虑到缴费年限政策标准涉及城乡及不同地区间的待遇政策差异和长期基金平衡等复杂因素,暂时难以制定全国统一的缴费年限政策标准,2011 年人社部颁布《实施〈中华人民共和国社会保险法〉若干规定》,明确退休人员享受医疗保险待遇的缴费年限按照各地规定执行。

在基本医疗保险制度实践过程中,各地因地制宜,从保持基金平衡和制度可持续发展的角度出发,制定了相应的基本医保缴费年限规定。实际操作过程中,由于地区间经济社会发展、人口年龄结构和基金总体收支等方面存在差异,各地医保缴费年限政策(尤其是视同缴费年限政策)有很大不同。

今后应结合基本医疗保险制度的完善,进一步研究健全医保缴费年限政策,确保包括非公企业职工在内的全体参保人员的基本医保权益。

3.4.5 提高医疗保险统筹层次

社会医疗保险遵循"大数法则",覆盖面越广,管理和控制风险的能力越强,越有助于降低或消除不确定性。截至 2018 年,中国城镇基本医保已经实现市级统筹,京津沪渝四个直辖市和海南、西藏等地实现了省级统筹。新农合还是县级统筹,基金池子小,穿底风险较大。随着城乡居民基本医疗保险制度整合工作的推进,应进一步完善城乡居民医保市级统筹。同时贯彻落实"十三五"深化医药卫生体制改革规划的要求,按照分级管理、责任共担、统筹调剂、预算考核的基本思路,加快提高基金统筹层次,全面巩固市级统筹,推动有条件的地区实行省级统筹。

3.4.6　重症患者医疗保障

目前,中国已形成覆盖城乡、相互衔接、多层次的全民医保体系,织起了世界上最大的全民基本医保网,为实现人人病有所医提供了制度保障。基本医保参保人数超过 13 亿,城乡居民医保人均政府补助标准提高到 2019 年的 520 元 / 年,职工医保和居民医保政策范围内住院费用支付比例分别为 80% 和 70% 左右,统筹地区最高支付限额分别达到当地职工和居民可支配收入的 6 倍。

为进一步减轻困难群众高额医疗费用负担,2012 年启动城乡居民大病保险试点。2015 年 7 月,国务院办公厅印发《关于全面实施城乡居民大病保险的意见》,要求全面实施大病保险。目前,所有统筹地区均已启动实施大病保险并覆盖所有居民医保参保人员,大病患者医疗费用报销比例平均提高 10%,大病患者医疗费用负担进一步减轻。同时,鼓励各地政策向困难群体倾斜,实施精准的医保支付政策,并加强与医疗救助等制度衔接,共同发挥托底保障作用。

为适应医疗技术水平和临床用药水平的提升,逐步扩大医保用药目录范围。对部分具有重大临床价值且价格高昂的专利独家药品,通过开展医保药品谈判,准入了 36 种药品,治疗领域覆盖多种恶性肿瘤、部分罕见病及慢性病。这些药品大多数为肿瘤靶向药,医保用药目录范围的扩大可以明显减轻癌症患者等重症患者医疗费用负担。

基本医疗保险制度是重要的社会制度,其保障水平要与经济社会发展水平相适应,遵循以收定支、收支平衡、略有结余的原则。中国尚处于社会主义初级阶段,医保基金筹资能力有限,为确保制度长期平稳运行,满足群众的合理诉求,基本医保待遇水平的确定应充分考虑社会经济发展总体水平及财政、企业和个人实际承受能力。

今后应当根据基金承受能力,积极加强对地方的指导,稳步提高基本医疗保障水平,完善大病保险,建立药品目录动态调整机制,为包括癌症病人在内的重症患者提供更好的基本医保服务。

3.4.7 医保支付方式改革

支付制度是基本医疗保险制度的核心和基础,建立并不断完善医保支付方式是提高医保管理水平的内在要求。1998 年城镇职工医保建立后, 原劳动保障部印发了一系列文件对医保支付方式提出了要求。2009 年新医改开始以后, 人力资源和社会保障部在及时总结各地探索经验的基础上, 制定印发了《关于进一步推进医疗保险付费方式改革的意见》《人力资源和社会保障部 财政部 卫生部关于开展基本医疗保险付费总额控制的意见》等文件,明确了新形势下基本医疗保险支付方式改革的思路、方向和做法,提出要在控制费用总额的基础上,结合门诊统筹的开展探索按人头付费,结合住院、门诊大病的保障探索按病种付费, 建立和完善基本医疗保险经办机构与医疗机构的谈判协商机制与风险分担机制,逐步形成与基本医疗保险制度发展相适应,激励与约束相并重的支付制度。

同时,国家卫生计生委也积极部署新农合支付方式改革工作,2012 年印发了《关于推进新农合支付方式改革工作的指导意见》,指导各地规范化推进门诊费用总额预付、住院费用按病种付费、按床日付费等支付方式改革。2015 年,国家卫生计生委编印《新农合支付方式改革操作指南》,并通过重点联系点、培训、会议、督导等形式,切实加强对各地支付方式改革的指导和监督。2016 年又启动了新农合支付方式改革联系点工作,探索不同形式的支付方式改革。

按照国家文件精神,各地结合实际情况积极完善医保支付方式,取得了良好的效果。支付方式改革的推进,体现了基本医保从"数量扩张"向"质量提升"的转变,在提高医保基金使用效率、控制医疗费用快速不合理上涨、增强医疗机构成本意识等方面发挥了积极的作用。

医药卫生体制改革的不断深化对医保支付方式改革提出了更高的要求。为此,国务院办公厅印发了《关于进一步深化基本医疗保险支付方式改革的指导意见》(以下简称《指导意见》),对进一步全面推进医保支付方式改革做出部署。2017 年起,将进一步加强医保基金预算管理,全面推进建立以按病种付费为主的多元复合支付方式。到 2020 年,医保支付方式改革覆盖所有医疗机构及医疗服务,按项目付费占比明显下降。

《指导意见》提出,要针对不同医疗服务特点,推进医保支付方式分类改革。对住院医疗服务,主要按病种、按疾病诊断相关分组(DRGs)付费,长期、慢性病住院医疗服务可按床日付费;对基层医疗服务,可按人头付费,积极探索将按人头付费与慢性病管理相结合;对不宜打包付费的复杂病例和门诊费用,可按项目付费;探索符合中医药服务特点的支付方式。要强化医保医疗行为监管,将监管重点从费用控制逐步转向费用和质量双控制。

《指导意见》的出台,有利于加强医保支付对医疗机构的激励与约束作用,促进医疗服务行为规范,调动医疗机构和医务人员主动控制医疗成本的积极性,同时有利于分级诊疗模式的建立和基层医疗卫生机构的健康发展,切实保障广大参保人员基本医疗权益和保障医保制度长期可持续发展,为医疗卫生体制改革的深化提供助力。

今后应当全面落实《指导意见》精神,制定符合实际的医保支付方式改革实施方案,做好国家 DRGs 付费试点等工作,调动医疗机构和医务人员主动控制医疗费用的积极性,进一步提高医保基金使用效率。

3.4.8　加强医保监管

医保主管部门高度重视对定点医药机构的医疗服务行为的监管,积极采取了一系列的监管措施:

一是完善医保定点医药机构管理。人社部分别于 2014 年、2015 年印发了《关于进一步加强基本医疗保险医疗服务监管的意见》《关于完善基本医疗保险定点医药机构协议管理的指导意见》,要求地方适应新形势,改进医保定点管理方式,进一步完善医疗保险服务协议,强化定点退出机制,建立医保费用监控预警和数据分析平台,同时发挥经办审核稽查、社保行政监督以及社会监督各方的综合作用,形成合力。

二是全面推进医保智能监控工作。为充分利用信息化手段做好医保医药服务监管,2012 年人社部着手研发了医保智能监控软件并组织开展试点,在总结经验的基础上,2015 年人社部印发了《关于全面推进基本医疗保险医疗服务智能监控的通知》,对各地建设完善医保智能监控系统提出了要求。截止到 2018 年底,全国已有近 84% 的统筹地区启用了医保智能监控系统,其中 21 个省已覆盖全省所有统筹地区,初步实现了对门诊、住院、购药等各类医疗服务行为的全面、及时、高效监控,大大规范了医务人员的医疗服务行为和参保人员的就医购药行为。

三是发挥多方监管作用。国家层面,人社部积极加强与卫生、药监、物价和公安等部门的协作配合,依法依规加大反欺诈骗保工作力度。在新的《中华人民共和国刑法》解释明确欺诈骗取社会保险金属于诈骗罪的基础上,2015 年人社部会同公安部联合印发了《关于加强社会保险欺诈案件查处和移送工作的通知》,促进医保监管与司法执法的有效衔接,联合打击诈骗、套取医保资金行为。

《关于进一步深化基本医疗保险支付方式改革的指导意见》再次对强化医保监管提出了具体要求,即完善医保定点协议管理、全面推开医保智能监控,将医保监管从医疗机构延伸到医务人员医疗服务行为,实现监管重点从医疗费用控制转向医疗费用和医疗质量双控制。

卫生计生部门积极加强新农合监管工作。2005 年原卫生部办公厅印发了《关于加强新型农村合作医疗机构医药费用管理的若干意见》,从规范药品零售价格和进药渠道、规范诊疗行为、坚持公示告知制度等方面提出定点医疗机构监管要求,并要求统筹地区建立定点医疗机构准入制度和考核制度,加强定点医疗机构监管和考核。

今后,医保主管部门应当进一步完善经办机构与定点医疗机构的协议管理,加强对目录外药品使用率、药占比、次均费用、住院率、平均住院日等指标的监控,并探索推进医保智能监控系统应用,进一步提高医保基金使用效率,确保医保基金安全。

3.4.9 门诊医疗保障

从中国社会主义初级阶段的国情出发,基本医疗保险起步阶段采取了重点保障大病救治的实施策略。同时,为切实解决一部分参保患者门诊费用负担较重的情况,很多地区将大病门诊费用纳入了统筹基金支付范围,具体病种或门诊费用起付标准由各统筹地区结合当地情况确定。

近年来,基本医保在提高住院大病保障水平的同时,也注重将保障范围向门诊小病延伸。一是建立和完善门诊统筹机制。职工医保实行社会统筹和个人账户相结合,统筹基金主要用于支付住院和门诊大病,个人账户主要用于支付参保职工的门诊医疗费用和定点药店购药费用。目前有些地区正在积极探索建立职工医保门诊统筹。城镇居民医保在重点保障参保人员住院和门诊大病医疗支出的基础上,逐步建立居民医保门诊统筹,将门诊常见病、多发病医疗费用纳入基本医疗保险保障范围。目前,90%以上的地区已经建立了居民医保门诊统筹。二是采取措施减轻参保人员门诊慢性病、特殊病治疗费用负担。国家以文件形式特别明确了恶性肿瘤门诊放化疗、糖尿病患者胰岛素治疗等至少五种大病可参照住院制定相应的管理和支付办法,以鼓励对一些既可住院治疗又可在门诊治疗的慢性疾病实施门诊治疗,具体病种由各统筹地区根据当地疾病发生情况和基金承受能力确定。同时,绝大部分地区也都开展了新农合特殊病种大额门诊补偿。

3.4.10　完善分级诊疗体系

针对我国长期以来医疗资源分配不均、分级诊疗体系建立不全、患者集中到大城市大医院就医的现象,为引导参保人员合理就医,国务院办公厅于2015年印发了《关于推进分级诊疗制度建设的指导意见》,提出以提高基层医疗服务能力为重点,以常见病、多发病、慢性病分级诊疗为突破口,完善服务网络、运行机制和激励机制,引导优质医疗资源下沉,形成"基层首诊、双向转诊、急慢分治、上下联动"的科学合理就医秩序。随后,国务院有关部门联合印发了《关于印发推进家庭医生签约服务指导意见的通知》《关于推进医疗联合体建设和发展的指导意见》等文件,进一步促进医疗卫生工作重心下移、提升基层服务能力、理顺双向转诊流程。

基本医疗保险在促进分级诊疗和合理就医方面采取了一系列政策措施。一是将符合条件的包括中医医疗机构在内的基层医疗机构纳入医保定点范围。截至2016年底,全国医保定点医疗机构近15万家,其中基层医疗机构占比近84%,非公立医疗机构占比近30%,其所提供的符合条件中医药服务均可按规定纳入医保支付范围。二是对参保人员在不同等级的定点医疗机构就医采取不同比例支付,已将基层医疗机构与三级医院支付比例拉开10%以上。各地还通过对符合规定的转诊住院患者实行连续计算起付线等措施,引导参保人员有序就医。三是在参保人员选择定点医疗机构时,要求至少应包括 1～2 家基层医疗机构。四是积极推动家庭医生签约服务,鼓励参保居民与家庭医生签约,并按规定支付签约服务费,引导居民到家庭医生处首诊。

3.4.11　医保药品处方量

为规范处方管理、提高处方质量、促进合理用药、保障医疗安全,根据执业医师法、药品管理法、《医疗机构管理条例》《麻醉药品和精神药品管理条例》等有关法律、法规,原卫生部印发了《处方管理办法》,对处方用药量提出了明确要求:处方一般不得超过 7 日用量;急诊处方一般不得超过 3 日用量;对于某些慢性病、老年病或特殊情况,处方中用量时间可适当延长,但医师应当注明理由。

慢性疾病病情及治疗迁延、复杂,即使处于稳定期,也存在着变化性,且药品本身具有毒副作用,出于用药和患者生命安全考虑,每隔一段时期需要根据相关化验指标在专业医生指导下进行药量和药物种类配伍调整,因此对处方中用药量进行限制有其必要性。

根据卫生计生部门有关规定,基本医疗保险进行了政策衔接。同时,一些地区人力资源和社会保障部门为方便参保人员,同意在确保用药安全的情况下,将医保基金可支付的门诊开药量放宽至 1～2 个月。

第4章 中国就业保障制度

中国就业保障制度由失业保险、就业促进、劳动报酬和劳动保护、就业援助等制度构成。经过多年改革,中国建立了覆盖全体劳动者的就业保障制度体系。职工依法参加失业保险,单位和职工缴纳失业保险费,职工按规定享受失业保险待遇。国家实施劳动者自主择业、用工单位自主招聘、市场引导就业、政府促进就业的政策。通过公共就业服务、职业培训、社会保险补贴、岗位补贴、公平就业等措施促进就业。通过实施最低工资制度、按规定支付工资、保障工时与休假、落实劳动保护措施等,保障劳动者的合法权益。对就业困难群体、零就业家庭等进行就业援助。

➡ 失业保险制度

➡ 就业促进制度

➡ 劳动报酬与劳动保护制度

➡ 就业援助制度

➡ 就业保障热点问题解答

4.1　失业保险制度

失业保险是社会保险的重要组成部分,是防范和化解失业风险的制度安排。失业保险制度是失业保险覆盖范围、基金来源、资格条件、待遇计发等一系列规定的总称。

按照失业保险制度要求,用人单位和职工按规定缴纳失业保险费,职工一旦失业,将按规定享受失业保险待遇。

4.1.1　法规依据

《中华人民共和国社会保险法》

《实施〈中华人民共和国社会保险法〉若干规定》

《在中国境内就业的外国人参加社会保险暂行办法》

《香港澳门台湾居民在内地(大陆)参加社会保险暂行办法》

《失业保险条例》

《失业保险金申领发放办法》

《人力资源和社会保障部 财政部 国家税务总局 关于失业保险基金省级统筹的指导意见》

《中华人民共和国就业促进法》

《就业服务与就业管理规定》

《人力资源和社会保障部 国家发展改革委 财政部 关于推进全方位公共就业服务的指导意见》

《财政部 人力资源和社会保障部关于印发〈就业补助资金管理办法〉的通知》

《人力资源和社会保障部 财政部 国家发展改革委 工业和信息化部关于失业保险支持企业稳定就业岗位的通知》

4.1.2　覆盖范围

失业保险覆盖范围是失业保险"制度覆盖"与"实际覆盖"的总称。制度覆盖是指被失业保险制度覆盖的人口,实际覆盖是指实际参加失业保险的人口(包括缴纳失业保险费的人口与享受失业保险待遇的人口)。

4.1.2.1　基本规定

职工应当参加失业保险,由用人单位和职工按照国家规定共同缴纳失业保险费,符合条件的职工享受失业保险待遇。

在中国境内就业的外国人按规定参加失业保险,在内地(大陆)就业的港澳台居民按规定参加失业保险。

4.1.2.2　相关法规

《中华人民共和国社会保险法》规定:职工应当参加失业保险,由用人单位和职工按照国家规定共同缴纳失业保险费。

《在中国境内就业的外国人参加社会保险暂行办法》规定:

在中国境内依法注册或者登记的企业、事业单位、社会团体、民办非企业单位、基金会、律师事务所、会计师事务所等组织(以下称用人单位)依法招用的外国人,应当依法参加职工基本养老保险、职工基本医疗保险、工伤保险、失业保险和生育保险,由用人单位和本人按照规定缴纳社会保险费。

与境外雇主订立雇用合同后,被派遣到在中国境内注册或者登记的分支机构、代表机构(以下称境内工作单位)工作的外国人,应当依法参加职工基本养老保险、职工基本医疗保险、工伤保险、失业保险和生育保险,由境内工作单位和本人按照规定缴纳社会保险费。

《失业保险条例》规定:

城镇企业事业单位、城镇企业事业单位职工依照本条例的规定,缴纳失业保险费。城镇企业事业单位失业人员依照本条例的规定,享受失业保险待遇。

本条所称城镇企业,是指国有企业、城镇集体企业、外商投资企业、城镇私营企业以及其他城镇企业。

省、自治区、直辖市人民政府根据当地实际情况,可以决定本条例适用于本行政区域内的社会团体及其专职人员、民办非企业单位及其职工、有雇工的城镇个体工商户及其雇工。

4.1.2.3　相关范畴

（1）失业

失业是指在劳动年龄内，有就业能力，并有求职要求的劳动者未能找到或者丧失工作岗位的情况。

国际上，根据造成失业的原因的主观性或客观性，将失业分为自愿失业和非自愿失业。自愿失业，指劳动者自行提出离开工作岗位而导致的失业。非自愿失业，指非因本人意愿而导致的失业。按照造成失业的客观原因，又可分为摩擦性失业、技术性失业、结构性失业、周期性失业和季节性失业。

（2）失业与待业

在 20 世纪八九十年代改革开放过程中，我国政府文件长期使用"待业"这一概念。1982 年人口普查的相关文件规定，"待业人员"是指在劳动年龄内、有劳动能力的人要求就业而无任何职业者。从这一定义上看，"待业"与"失业"是没有区别的。1986 年国务院发布的《国营企业职工待业保险暂行规定》（以下简称1986 年《暂行规定》）和 1993 年国务院发布的《国有企业职工待业保险规定》（以下简称 1993 年《待业保险规定》）中均使用"待业"这一概念。这一概念带有从计划经济的角度认识失业这一社会现象的色彩。

（3）失业与下岗

失业与下岗都表现为劳动者离开原单位的工作岗位。但是不同的是，下岗是指由于用人单位的生产和经营发生特殊困难等客观原因，劳动者离开所在单位的具体工作岗位，但未与所在单位解除或者终止劳动关系，又没有找到新的工作岗位的情况。20 世纪 90 年代末下岗人员大量增多是我国在经济转轨过程中出现的社会经济现象，主要表现为国有企业的职工大量下岗。失业则是劳动者与用人单位已解除或者终止劳动关系，而没有新的工作岗位的情况。所以，失业与下岗是有区别的。

（4）失业与就业、再就业

失业是与就业相对应而存在的概念。就业是指在国家规定的劳动年龄内，有劳动能力的人，从事一定的社会劳动并取得劳动报酬或者经营收入的状态。再就业是失业后重新获得就业岗位的状况。

4.1.2.4 地方示例

《北京市失业保险规定》规定：

本市行政区域内的城镇企业、事业单位和城镇企业、事业单位职工按照本规定缴纳失业保险费。城镇企业、事业单位的失业人员依照本规定,享受失业保险待遇。

本规定所称城镇企业,包括国有企业、城镇集体企业、股份制企业及各类联营企业、外商投资企业和港、澳、台商投资企业、城镇私营企业和其他城镇企业。

4.1.3 缴费办法

4.1.3.1 基本规定

用人单位和职工个人按规定缴纳失业保险费。职工按本人缴费工资基数的1%缴费,用人单位按缴费工资总额的2%①缴费。单位缴费工资总额为参保职工本人缴费工资基数的总和。

职工本人缴费工资基数通常为本人上年平均工资。本人缴费工资基数的上限为所在省、自治区、直辖市上年平均工资(指本省城镇非私营单位就业人员平均工资和城镇私营单位就业人员平均工资加权计算的全口径城镇单位就业人员平均工资,下同)300%,下限为所在省、自治区、直辖市上年平均工资的60%。

各统筹地区缴费费率存在一定差别,正在全国范围内逐步统一。

4.1.3.2 相关法规

《失业保险条例》规定：

城镇企业事业单位按照本单位工资总额的2%缴纳失业保险费。城镇企业事业单位职工按照本人工资的1%缴纳失业保险费。城镇企业事业单位招用的农民合同制工人本人不缴纳失业保险费。

省、自治区、直辖市人民政府根据本行政区域失业人员数量和失业保险基金数额,报经国务院批准,可以适当调整本行政区域失业保险费的费率。

---

① 这里是《失业保险条例》规定的费率,单位和个人的实际缴费费率与之相比均有一定下调,各个统筹地区的费率不同。

4.1.3.3　相关范畴

(1)失业保险基金

失业保险基金是开展失业保险的物质基础。根据《失业保险条例》第五条规定,失业保险基金由下列各项构成:城镇企业事业单位、城镇企业事业单位职工缴纳的失业保险费;失业保险基金的利息;财政补贴;依法纳入失业保险基金的其他资金。其中,参保单位和个人的缴费是失业保险基金的主要来源。

(2)失业保险缴费义务人

根据《中华人民共和国社会保险法》规定,失业保险由用人单位和职工按照国家规定共同缴纳失业保险费。

(3)失业保险费的缴费基数和费率

《中华人民共和国社会保险法》未对失业保险费的缴费基数和费率作具体规定,只是规定应"按照国家规定"。这里的"国家规定",主要是指《失业保险条例》的规定。《失业保险条例》第六条规定,城镇企业事业单位按照本单位工资总额的2%缴纳失业保险费, 城镇企业事业单位职工按照本人工资的1%缴纳失业保险费。城镇企业事业单位招用的农民合同工本人不缴纳失业保险费。此外,《失业保险条例》还规定,省、自治区、直辖市人民政府根据本行政区域失业人员数量和失业保险基金数额,报经国务院批准,可以适当调整本行政区域失业保险费的费率。

4.1.3.4　地方示例

《北京市失业保险规定》规定的失业保险费缴纳标准是:

(1)国有企业、城镇集体企业、股份制企业及各类联营企业、私营企业和事业单位,按本单位上年职工月平均工资总额的1.5%缴纳失业保险费;

(2)外商投资企业和港、澳、台商投资企业按本单位中方职工上年月平均工资总额的1.5%缴纳失业保险费;

(3)职工个人按本人上年月平均工资的0.5%缴纳失业保险费,职工本人月平均工资高于上一年本市职工月平均工资300%以上的部分, 不作为缴纳失业保险费的基数;

(4)用人单位招用的农民合同制工人本人不缴纳失业保险费。

失业保险费收缴费率需要调整时,由市劳动保障行政部门会同市财政部门提出，报市人民政府同意，国务院批准后执行。

用人单位缴纳的失业保险费在缴纳所得税前列支，职工个人缴纳的失业保险费不计入个人当期的工资薪金收入，免征个人所得税。

北京市失业保险历年缴费基数上下限及单位、职工缴费比例如表4-1所示：

表4-1　北京市失业保险历年缴费基数上下限及单位、职工缴费比例一览表

单位：元

年度	缴费基数（下限）		缴费基数（上限）	单位缴费比例	个人缴费比例
1994.6~1999.10	——		——	1%	2元/月·人
1999.11~2000.3	310		3071	1.5%	0.5%
2000.4~2001.3	400		3444		
2001.4~2002.3	412		3933		
2002.4~2003.3	435		4524		
2003.4~2004.3	465		5182		
2004.4~2005.3	465		6011		
2005.4~2006.3	545		7087		
2006.4~2007.3	580		8202		
2007.4~2008.3	1203	640*	9024		
2008.4~2008.12	1329	730*	9966		
2009.1~2009.3	1329	730*	9966	1%	0.2%
2009.4~2010.3	1490	800*	11178		
2010.4~2011.3	1615		12111		
2011.4~2012.3	1680		12603		
2012.4~2013.3	1869		14016		
2013.4~2014.6	2089		15669		
2014.7~2015.6	2317		17379		
2015.7~2016.6	2585		19389		
2016.5~2016.6	2585		19389	0.8%	
2016.7~2017.6	2834		21258		
2017.7~2018.6	3082		23118		
2018.7~2019.6	3387		25401		

* 农村劳动力（当年）参加失业保险缴费基数
农村劳动力参加失业保险个人不缴费

来源：https://www.bjxch.gov.cn/xcfw/shbz/xxxq/pnidpv740562.html.

4.1.4　政府资助

4.1.4.1　基本规定

国家对社会保险事业提供经费保障,对社会保险实行税收优惠政策。统筹地区的失业保险基金不敷使用时,由失业保险调剂金调剂、地方财政补贴。

4.1.4.2　相关法规

《中华人民共和国社会保险法》规定:县级以上人民政府在社会保险基金出现支付不足时,给予补贴。社会保险经办机构的人员经费和经办社会保险发生的基本运行费用、管理费用,由同级财政按照国家规定予以保障。国家通过税收优惠政策支持社会保险事业。

《失业保险条例》规定:统筹地区的失业保险基金不敷使用时,由失业保险调剂金调剂、地方财政补贴。社会保险经办机构所需经费列入预算,由财政拨付。

4.1.4.3　地方示例

《北京市失业保险规定》规定:失业保险基金包括单位、个人缴费与财政补贴。社会保险经办机构所需经费列入预算,由财政拨付。失业保险基金不计征税、费。

4.1.5　统筹层次

4.1.5.1　基本规定

失业保险基金在直辖市和设区的市实行全市统筹,其他地区的统筹层次由省、自治区人民政府规定。失业保险基金逐步实行省级统筹,具体时间、步骤由国务院规定。

4.1.5.2　相关法规

《中华人民共和国社会保险法》规定:基本养老保险基金逐步实行全国统筹,其他社会保险基金逐步实行省级统筹,具体时间、步骤由国务院规定。

《失业保险条例》规定：失业保险基金在直辖市和设区的市实行全市统筹；其他地区的统筹层次由省、自治区人民政府规定。

4.1.5.3 地方示例

《北京市失业保险规定》规定：失业保险基金实行全市统筹。失业保险基金必须存入财政部门在国有商业银行开设的社会保障基金财政专户，实行收支两条线管理，由财政部门依法进行监督。

4.1.6 资格条件

4.1.6.1 基本规定

所在单位和本人已按照规定履行失业保险缴费义务满1年，非因本人意愿中断就业，已办理失业登记，并有求职要求的失业人员可以领取失业保险金。

4.1.6.2 相关法规

《中华人民共和国社会保险法》规定：失业人员符合下列条件的，从失业保险基金中领取失业保险金：失业前用人单位和本人已经缴纳失业保险费满1年的；非因本人意愿中断就业的；已经进行失业登记，并有求职要求的。

《失业保险条例》规定：具备下列条件的失业人员，可以领取失业保险金：按照规定参加失业保险，所在单位和本人已按照规定履行缴费义务满1年的；非因本人意愿中断就业的；已办理失业登记，并有求职要求的。

《实施〈中华人民共和国社会保险法〉若干规定》规定：

失业人员符合社会保险法第四十五条规定条件的，可以申请领取失业保险金并享受其他失业保险待遇。其中，非因本人意愿中断就业包括下列情形：

依照劳动合同法第四十四条第一项、第四项、第五项规定终止劳动合同的；

由用人单位依照劳动合同法第三十九条、第四十条、第四十一条规定解除劳动合同的；

用人单位依照劳动合同法第三十六条规定向劳动者提出解除劳动合同并与劳动者协商一致解除劳动合同的；

由用人单位提出解除聘用合同或者被用人单位辞退、除名、开除的；

劳动者本人依照劳动合同法第三十八条规定解除劳动合同的；

法律、法规、规章规定的其他情形。

4.1.6.3　相关范畴

（1）失业前用人单位和本人已经缴纳失业保险费满 1 年

失业人员要想领到失业保险金，除了参加失业保险外，其所在单位及其本人还必须按照规定缴纳了失业保险费，且缴费时间满 1 年。如果缴纳时间不满 1 年，失业后，不能领取失业保险金。如果是未参加过工作的失业者，或参加工作已 1 年以上，但用人单位和个人没有参加失业保险，由于其没有履行过缴费义务，即使处于失业状态，也不符合享受失业保险待遇的条件，不能领取失业保险金。

（2）非因本人意愿中断就业

所谓自愿失业与非自愿失业，是英国著名经济学家凯恩斯于 20 世纪 30 年代首次提出的失业划分方法。在他看来，只要消除非自愿失业，就能够实现"充分就业"，因为自愿失业，责任全在就业者本人。或是出于获取更体面的工作岗位和更优厚工资的考虑，或是出于其他的个人考虑，这种离开原工作岗位而暂时失业的情况，理应由个人负责，国家没有必要给他们提供失业保险的待遇，他们也没有获得这种待遇的权利。至于非自愿失业者，因为这类失业现象的发生责任不在失业者本人，而是与失业者本人无关的原因造成的。例如，企业因经营不善而破产，致使企业全体职工失业；劳动合同到期，用人单位不再与之订立新的劳动合同，劳动者又未找到新的工作等。对于这种失业人员，国家应当为其提供失业保险待遇，失业者也有权利享受失业保险待遇。

国际通行做法是将自愿中断就业的人员排除在享受失业保险待遇的范围之外。《失业保险条例》借鉴国际经验，将自愿离职而失业的人员排除在享受失业保险待遇的范围之外，只有非因本人意愿中断就业的人员才能领失业保险金。

（3）已经进行失业登记，并有求职要求

失业人员失业后，要想领到失业保险金，除了符合上述条件，还应持有关材料到当地经办失业保险事务的社会保险经办机构办理失业登记。办理失业登记是失业人员领取失业保险金的必经程序，目的是为了掌握失业人员的基本情况，确认其资格，失业登记是失业人员进入申领失业保险待遇程序的重要标志。社会保险经办机构应对其报送的有关材料进行审核，看其是否具备领取失业保险金的条件。具备领取条件的,应给失业人员发放领取失业保险金证明卡,失业人员按规定的时间到经办失业保险事务的社会保险经办机构领取失业保险金。

失业人员享受失业保险待遇,还须有求职要求。失业保险的一个重要功能是促进失业人员再就业,要实现这一目的,一方面需要加快经济发展,创造更多的就业岗位,同时,发展和完善就业服务事业,为失业人员实现再就业提供服务;另一方面也要求失业人员积极主动地利用各种就业机会和就业服务设施,不断提高自身素质,增强竞争就业的能力。可以说,这是享受失业保险待遇的一个前提,也是失业人员应尽的义务。要求申领失业保险金的失业人员积极寻找工作,可以使其在得到基本生活保障的同时,获得必要的就业服务,争取尽快实现再就业,从根本上解决失业问题。在认定失业人员是否有求职要求时,应以其是否在职业介绍机构登记求职并参加就业培训等活动为衡量的标准。例如,失业人员应接受为失业人员举办的职业培训、职业介绍等。对职业介绍机构介绍的工作应积极响应,如果失业人员无正当理由,拒不接受职业介绍机构介绍的工作,经办机构应当告知其领取失业保险金时间有限,如不尽快找到工作对其本人将十分不利。

这样规定,主要是为了督促失业人员积极寻找工作,避免出现单纯依靠失业保险金的思想,激励失业人员积极主动地利用各种就业机会和就业服务,不断提高自身素质,增强竞争就业的能力。

4.1.6.4 地方示例

《北京市失业保险规定》规定:

具备下列条件的失业人员,可以领取失业保险金:按照规定参加失业保险,所在单位和本人已按规定履行缴费义务满1年的;非因本人意愿中断就业的;已办理失业登记,并有求职要求的。

失业人员在领取失业保险金期间,按照规定同时享受其他失业保险待遇。

4.1.7 领取期限

4.1.7.1 基本规定

失业保险金领取期限根据单位和职工缴纳失业保险费期限的长短确定。一次领取失业保险金的期限最长不超过 24 个月。

4.1.7.2　相关法规

《中华人民共和国社会保险法》规定:失业人员失业前用人单位和本人累计缴费满 1 年不足 5 年的,领取失业保险金的期限最长为 12 个月;累计缴费满 5 年不足 10 年的, 领取失业保险金的期限最长为 18 个月; 累计缴费 10 年以上的,领取失业保险金的期限最长为 24 个月。重新就业后,再次失业的,缴费时间重新计算,领取失业保险金的期限与前次失业应当领取而尚未领取的失业保险金的期限合并计算,最长不超过 24 个月。

《失业保险条例》规定:重新就业后,再次失业的,缴费时间重新计算,领取失业保险金的期限可以与前次失业应领取而尚未领取的失业保险金的期限合并计算,但是最长不得超过 24 个月。

《失业保险金申领发放办法》规定:

经办机构根据失业人员累计缴费时间核定其领取失业保险金的期限。失业人员累计缴费时间按照下列原则确定:

(1)实行个人缴纳失业保险费前,按国家规定计算的工龄视同缴费时间,与《失业保险条例》发布后缴纳失业保险费的时间合并计算。

(2)失业人员在领取失业保险金期间重新就业后再次失业的,缴费时间重新计算,其领取失业保险金的期限可以与前次失业应领取而尚未领取的失业保险金的期限合并计算,但是最长不得超过 24 个月。失业人员在领取失业保险金期间重新就业后不满一年再次失业的,可以继续申领其前次失业应领取而尚未领取的失业保险金。

4.1.7.3　相关范畴

(1)关于领取失业保险金的期限

失业人员领取失业保险金的期限与其缴纳失业保险费的年限挂钩,是国际上大多数国家的通行做法。在总结我国失业保险制度实践经验的基础上,《中华人民共和国社会保险法》规定,失业人员领取失业保险金的期限由失业人员失业前用人单位和本人的累计缴费确定。这样规定主要有两点考虑:一是将履行缴费义务与享受失业保险待遇权利紧密结合,缴费时间越长,领取失业保险金的期限越长，不按规定缴费的，应在计算其领取期限时作相应扣除，这是强化职工缴费意识的重要手段；二是允许缴费时间累计相加作为确定享受期限的标准，有利于保护失业人员的合法权益，特别是对那些失业前多次转换工作单位，且参加了失业保险的人员来说，此规定更加体现了这一精神。从这点来讲，此规定也有利于促进劳动力合理流动，督促城镇企业事业单位及其职工参加失业保险。

《中华人民共和国社会保险法》规定的失业人员领取失业保险金的期限，分为三个档次：（1）累计缴费时间满1年不足5年的，最多能够领取12个月的失业保险金；（2）累计缴费时间满5年不足10年的，最多能够领取18个月的失业保险金；（3）累计缴费时间10年以上的，最多能够领取24个月的失业保险金。

需要特别说明的是，关于领取失业保险金的最长期限的规定，不能理解为缴费时间达到上述要求的失业人员都能领取最长期限的失业保险金。由于我国地域辽阔，各地的情况千差万别，社会经济发展水平存在较大差异。在这种情况下，如果把享受失业保险金的年限和缴费年限划分得太细，不便于各地结合本地区情况具体操作。正是基于这一考虑，《中华人民共和国社会保险法》没有将享受待遇的期限与缴费年限的关系划分得很细，而只是作了原则规定，即规定领取失业保险金应达基本缴费年限，也就是失业前累计缴费满1年。同时，根据不同的缴费年限，规定了领取失业保险金不同的最长期限。在具体操作中，各地可以在同一档次内，根据失业人员缴费时间的长短，相应拉开其领取失业保险金期限的差距。例如，失业人员失业前，累计缴费时间满1年不足2年的，可以领取6个月的失业保险金；累计缴费时间每增加1年，领取失业保险金的期限增加2个月等。至于具体档次如何划分，由各地根据实际情况确定。

（2）关于累计缴费年限的计算

确定领取失业保险金期限的依据是失业人员失业前累计缴费年限，而不是失业前的连续缴费时间。

在社会主义市场经济条件下，劳动者可以通过多种形式实现就业，如劳动者可以自愿组织起来就业、从事个体经营或通过非全日制工作等形式实现就业。在这种情况下，很容易出现劳动者就业期限不满1年就失业，也可能出现劳动者多次就业又多次失业的情况。例如，一个劳动者工作满6个月后失业了，一段时间后又再次就业，如果就业6个月后又再次失业，这时其累计就业时间已满1年。假如该劳动者在就业期间用人单位和他本人都按照规定履行了缴费义务,按照《中华人民共和国社会保险法》失业前累计缴费的规定,该劳动者就符合享受失业保险待遇的条件,就应当可以领取失业保险金。但如果只是把失业前的连续缴费时间作为领取失业保险金的条件,不承认间断的累计,上述失业人员就不符合享受失业保险待遇的条件,也就不能领取失业保险金。将缴费时间加以累计,不仅保护了这部分人员的合法权益,同时在实践中将起到鼓励失业人员通过多种方式尽快实现再就业的作用。

(3)关于累计领取失业保险金期限的计算

《中华人民共和国社会保险法》规定,重新就业后,再次失业的,缴费时间重新计算,领取失业保险金的期限与前次失业应当领取而尚未领取的失业保险金的期限合并计算,最长不超过 24 个月。这一规定有两层含义:一是重新就业后,再次失业的,缴费时间重新计算,也就是说,不管根据之前累计缴费年限确定的领取失业保险金的期限是否已经全部使用,之前的缴费时间均不再累计计算,而是根据重新就业后的缴费时间重新计算;二是对前次失业应领取而尚未领取的失业保险金的期限所对应的权益予以保留,可以与根据再次失业时的累计缴费年限计算出来的领取失业保险金的期限合并计算。这样规定的目的是为了保护阶段性就业人员享受失业保险待遇的权利。

例如,一个劳动者工作满 5 年后失业了,在这 5 年就业期间用人单位和他本人都按照规定履行了缴费义务,根据当地社会保险行政部门规定,他最多可以领取 12 个月的失业保险金,当他领了 6 个月失业保险金后,再次就业,又工作了 5 年后失业,这 5 年中用人单位和他本人都按照规定履行了缴费义务,这时候他领取失业保险金的期限怎么算?根据《中华人民共和国社会保险法》的规定,就需要计算两个年限:一是根据重新就业后的缴费时间计算出的领取失业保险金的期限,也就是再次就业后工作的这 5 年,可以领取 12 个月的失业保险金;二是前次失业应领取而尚未领取的失业保险金的期限,在上次失业时,该劳动者本可领取 12 个月的失业保险金,但实际上他只领了 6 个月,还有 6 个月的期限尚未使用,这 6 个月就是"前次失业应当领取而尚未领取的失业保险金的期限"。那么,该劳动者第二次失业时,能领取失业保险金的期限为 18 个月。

4.1.7.4　地方示例

《北京市失业保险规定》规定:

失业人员领取失业保险金的期限,根据失业人员失业前累计缴费时间确定:

(1)累计缴费时间 1 年以上不满 2 年的,可以领取 3 个月失业保险金;

(2)累计缴费时间 2 年以上不满 3 年的,可以领取 6 个月失业保险金;

(3)累计缴费时间 3 年以上不满 4 年的,可以领取 9 个月失业保险金;

(4)累计缴费时间 4 年以上不满 5 年的,可以领取 12 个月失业保险金;

(5)累计缴费时间 5 年以上的,按每满 1 年增发 1 个月失业保险金的办法计算,确定增发的月数。领取失业保险金的期限最长不得超过 24 个月。

失业保险费缴费时间按用人单位和职工个人缴纳失业保险费的时间累计计算。

北京市实行个人缴纳失业保险费前,按国家规定计算的连续工龄视同缴费时间,计发失业保险金时合并计算。

失业人员领取失业保险金期限内,重新就业后再次失业的,缴费时间重新计算,领取失业保险金的期限可以与前次失业应领取而尚未领取的失业保险金的期限合并计算,但是最长不得超过 24 个月。

4.1.8　失业保险金标准

4.1.8.1　基本规定

失业保险金的标准,由省、自治区、直辖市人民政府确定,不得低于城市居民最低生活保障标准。

4.1.8.2　相关法规

《中华人民共和国社会保险法》规定:失业保险金的标准,由省、自治区、直辖市人民政府确定,不得低于城市居民最低生活保障标准。

《失业保险条例》规定:失业保险金的标准,按照低于当地最低工资标准、高于城市居民最低生活保障标准的水平,由省、自治区、直辖市人民政府确定。失业人员符合城市居民最低生活保障条件的,按照规定享受城市居民最低生活保障待遇。

4.1.8.3　相关范畴

失业保险金,是指社会保险经办机构依法支付给符合条件的失业人员的基本生活费用,是对失业人员在失业期间失去工资收入的一种临时补偿,目的是为了保障失业人员的基本生活。

《中华人民共和国社会保险法》规定了失业保险金的最低标准,即城市居民最低生活保障标准。其最高限,仍应执行《失业保险条例》的规定。《失业保险条例》规定:"失业保险金的标准,按照低于当地最低工资标准、高于城市居民最低生活保障标准的水平,由省、自治区、直辖市人民政府确定。"

最低工资标准,是指劳动者在法定工作时间或依法签订的劳动合同约定的工作时间内提供了正常劳动的前提下,用人单位依法应支付的最低劳动报酬。根据《最低工资规定》,最低工资标准一般采取月最低工资标准和小时最低工资标准的形式,月最低工资标准适用于全日制就业劳动者,小时最低工资标准适用于非全日制就业劳动者。确定和调整月最低工资标准,应参考当地就业者及其赡养人口的最低生活费用、城镇居民消费价格指数、职工个人缴纳的社会保险费和住房公积金、职工平均工资、经济发展水平、就业状况等。最低工资标准的确定和调整方案,由省、自治区、直辖市人民政府劳动保障行政部门会同有关单位研究拟订,报省、自治区、直辖市人民政府批准并公布批行。目前,全国各省、自治区和直辖市都已制定了最低工资标准,并建立了相应的调整机制。《失业保险条例》所说的当地最低工资标准指的是统筹地区的月最低工资标准。

城市居民最低生活保障标准,又称为城市居民最低生活保障线,是国家为救济社会成员中收入难以维持其基本生活需求的人口而制定的一种社会救济标准。《城市居民最低生活保障条例》规定,城市居民最低生活保障标准,按照当地维持城市居民基本生活所必需的衣、食、住费用,并适当考虑水、电、燃煤(燃气)费用以及未成年人的义务教育费用确定。直辖市、设区的市的城市居民最低生活保障标准,由市人民政府民政部门会同财政、统计、物价等部门制定,报本级人民政府批准并公布执行;县(县级市)的城市居民最低生活保障标准,由县(县级市)人民政府民政部门会同财政、统计、物价等部门制定,报本级人民政府批准并报上一级人民政府备案后公布执行。

将失业保险金的发放标准与最低工资标准和城市居民最低生活保障标准挂钩,主要有两点考虑。第一,中国是一个发展中国家,经济相对落后,且基金承受能力有限,失业人员生活保障程度不宜过高,只能维持其基本生活需要。从这一原则出发,失业保险金的发放标准不能高于提供了正常劳动的劳动者所得工资的最低标准,即最低工资标准,如果超过这个标准,不仅会引发社会矛盾,也容易使失业人员产生依赖心理,不利于失业人员积极寻找工作、实现再就业;同时,也不应低于城市居民最低生活保障标准,如果低于这个标准,难以保障失业人员的基本生活。第二,将失业保险金的发放标准与最低工资和城市居民最低生活保障标准挂钩,使失业保险金标准随着最低工资标准和城市居民最低生活保障标准的调整而调整,这也是保证失业人员享受社会进步和经济发展成果的重要措施。

考虑到各地社会经济发展水平存在较大差异,全国不宜规定一个统一的标准,《失业保险条例》将具体发放标准授权省、自治区、直辖市人民政府根据当地的实际情况自行确定。

4.1.8.4　地方示例

《北京市失业保险规定》规定:失业保险金标准的确定及调整,根据失业人员失业前缴纳失业保险费的年限,按照低于本市最低工资标准、高于城市居民最低生活保障标准的原则,结合本市经济发展状况及居民生活水平等因素,由市劳动保障行政部门会同财政部门提出,报市人民政府批准并公布后执行。

4.1.9　医疗保险待遇

4.1.9.1　基本规定

失业人员在领取失业保险金期间参加职工基本医疗保险,由失业保险基金缴纳基本医疗保险费,失业人员患病就诊时享受基本医疗保险待遇。

4.1.9.2　相关法规

《中华人民共和国社会保险法》规定:失业人员在领取失业保险金期间,参加职工基本医疗保险,享受基本医疗保险待遇。失业人员应当缴纳的基本医疗保险费从失业保险基金中支付,个人不缴纳基本医疗保险费。

4.1.9.3　相关范畴

（1）失业人员医疗补助金

1999 年《失业保险条例》规定,失业人员在领取失业保险金期间患病就医的,可以按照规定向社会保险经办机构申请领取医疗补助金。医疗补助金的标准由省、自治区、直辖市人民政府规定。实践中,有的地区采用定额补助的办法,规定失业人员在领取失业保险金期间,每月领取一定数额的医疗补助金;也有的地区规定,失业人员在领取失业保险金期间患病并在社会保险经办机构指定医院治疗的,可以按照住院治疗费用的一定比例发放医疗补助金。

（2）失业人员参加基本医疗保险

在《中华人民共和国社会保险法》草案公开征求意见期间,有意见提出,如只有缴纳医疗保险费才可以享受当期的医疗保险待遇,失业人员一旦在失业期间生病,就只能由个人承担高昂的医疗费用,负担很重,建议医疗保险能以人为本,关注、容纳失业者。立法机关对这些意见进行了认真研究后规定:失业人员在领取失业保险金期间,参加职工基本医疗保险,享受基本医疗保险待遇。同时,考虑到失业人员失业期间生活负担较重,《中华人民共和国社会保险法》进一步规定:失业人员应当缴纳的基本医疗保险费从失业保险基金中支付,失业人员本人不缴纳基本医疗保险费。

需要特别说明的是,由于我国地域辽阔、地区间情况差别较大,加上失业人员参加职工基本医疗保险尚无实践基础,《中华人民共和国社会保险法》对失业人员医疗保险待遇只作了原则规定。至于失业人员参加职工基本医疗保险的方式、缴费基数和费率的确定、失业保险制度与职工基本医疗保险制度的衔接,以及失业人员参加职工基本医疗保险后的待遇与《失业保险条例》规定的医疗补助金待遇的衔接等,涉及比较复杂的具体操作问题,还需要制定具体的实施办法。

4.1.9.4　地方示例

《北京市人力资源和劳动社会保障局关于领取失业保险金人员参加职工基本医疗保险有关问题的通知》规定:领取失业保险金人员按规定所缴纳的基本医疗保险费由失业保险基金医疗补助金中统一支付,个人不缴费。领取失业保险金人员参加职工医保后,自办理领取失业保险金手续当月起,按《北京市基本医疗保险规定》享受基本医疗保险待遇,享受待遇期限与领取失业保险金期限相一致,其缴费时间与其失业前参加职工医保缴费年限累计计算。

4.1.10　丧葬费与抚恤金

4.1.10.1　基本规定

失业人员在领取失业保险金期间死亡的,参照当地对在职职工死亡的规定,向其遗属发给一次性丧葬补助金和抚恤金。

4.1.10.2　相关法规

《中华人民共和国社会保险法》规定:失业人员在领取失业保险金期间死亡的,参照当地对在职职工死亡的规定,向其遗属发给一次性丧葬补助金和抚恤金。所需资金从失业保险基金中支付。个人死亡同时符合领取基本养老保险丧葬补助金、工伤保险丧葬补助金和失业保险丧葬补助金条件的,其遗属只能选择领取其中的一项。

《失业保险条例》规定:失业人员在领取失业保险金期间死亡的,参照当地对在职职工的规定,对其家属一次性发给丧葬补助金和抚恤金。

《失业保险金申领发放办法》规定:失业人员在领取失业保险金期间死亡的,其家属可持失业人员死亡证明、领取人身份证明、与失业人员的关系证明,按规定向经办机构领取一次性丧葬补助金和其供养配偶、直系亲属的抚恤金。失业人员当月尚未领取的失业保险金可由其家属一并领取。

4.1.10.3　相关范畴

（1）失业人员死亡后遗属待遇领取条件

根据《中华人民共和国社会保险法》规定,失业人员在领失业保险金期间死亡的,向其遗属发给一次性丧葬补助金和抚恤金。理解这一规定需要把握两点。第一,仅限于"领取失业保险金期间"死亡的。也就是说,以下几种情况不能享受遗属待遇:失业人员失业后,没有到社会保险经办机构办理失业登记,或者没有申请领取失业保险金的;因不符合条件而不能领取失业保险金的;依法停止领取失业保险金的;领取失业保险金期满后,仍处于失业状态的。第二,这里所说的"死亡",并没有限定条件,包括病故、因意外伤害死亡等,也包括被人民法院宣告死亡。

(2)有关遗属待遇之间的关系

根据《中华人民共和国社会保险法》第十七条规定,参加基本养老保险的个人,因病或者非因工死亡的,其遗属可以领取丧葬补助金和抚恤金,所需资金从基本养老保险基金中支付。根据《中华人民共和国社会保险法》第三十八条规定,职工因工死亡的,其遗属领取的丧葬补助、供养亲属抚恤金,按照国家规定从工伤保险基金中支付。根据《中华人民共和国社会保险法》第四十九条规定,失业人员在领失业保险金期间死亡的,向其遗属发给一次性丧葬补助金和抚恤金,所需资金从失业保险基金中支付。

实践中,有可能出现同时符合领取基本养老保险丧葬补助金、工伤保险丧葬补助金和失业保险丧葬补助金条件的情况。而这三项丧葬补助金的功能都是一样的,都是为了减轻职工家属因办丧事而增加的经济负担,只是资金的支出渠道不同而已。为统筹协调社会保险各险种之间的关系,避免重复,个人死亡同时符合领取基本养老保险丧葬补助金、工伤保险丧葬补助金和失业保险丧葬补助金条件的,其遗属只能选择领取其中的一项。

4.1.10.4 地方示例

《北京市失业保险规定》规定:失业人员在领取失业保险金期间死亡的,参照本市在职职工社会保险有关规定发给丧葬补助金。有供养直系亲属的,发给一次性抚恤金,抚恤金标准按失业人员死亡当月领取失业保险金的数额和供养人数发给。供养 1 人的,给付 6 个月;供养 2 人的,给付 9 个月;供养 3 人或 3 人以上的,给付 12 个月。

4.1.11 失业保险关系转接

4.1.11.1 基本规定

职工跨统筹地区就业时转移失业保险关系,累计计算缴费年限。

4.1.11.2 相关法规

《中华人民共和国社会保险法》规定:职工跨统筹地区就业的,其失业保险关系随本人转移,缴费年限累计计算。

《失业保险条例》规定:城镇企业事业单位成建制跨统筹地区转移,失业人员跨统筹地区流动的,失业保险关系随之转迁。

4.1.11.3 相关范畴

(1)关于职工跨统筹地区就业

失业保险统筹地区就是统一筹集、管理和使用失业保险基金的行政区域。根据《失业保险条例》规定,失业保险基金在直辖市和设区的市实行全市统筹;其他地区的统筹层次由省、自治区人民政府规定。在具体实施过程中,各地可以结合实际情况,确定不同的全市统筹的实现方式,可以统一管理和调度使用全部基金,也可以统筹调剂使用部分基金,以充分发挥基金保障失业人员基本生活和促进再就业的功能。

跨统筹地区就业,是指职工到当前的统筹地区以外的其他地区就业。从跨统筹地区就业前职工状况看,可以分为几种情况:一是跨统筹地区就业前,职工已经失业,并按照规定申请领取失业保险金,享受相应的失业保险待遇;二是跨统筹地区就业前,职工已经失业,但是因各种原因并没有申请领取失业保险金,并到统筹地区以外的其他地区就业;三是跨统筹地区就业前没有处于失业状态,离开原工作单位后马上到其他统筹地区就业的,也不存在申请领取失业保险金的情况。

(2)关于失业保险关系随本人转移

《失业保险条例》规定,城镇企业事业单位成建制跨统筹地区转移,失业人员跨统筹地区流动的,失业保险关系随之转迁。《失业保险金申领发放办法》规定的具体政策是:

失业人员失业保险关系跨省、自治区、直辖市转迁的,失业保险费用应随失业保险关系相应划转。需划转的失业保险费用包括失业保险金、医疗补助金和职业培训、职业介绍补贴。其中,医疗补助金和职业培训、职业介绍补贴按失业人员应享受的失业保险金总额的一半计算。失业人员失业保险关系在省、自治区范围内跨统筹地区转迁,失业保险费用的处理由省级劳动保障行政部门规定。失业人员跨统筹地区转移的,凭失业保险关系迁出地经办机构出具的证明材料到迁入地经办机构领取失业保险金。

(3)关于缴费年限累计计算

缴费年限是指职工及其所在用人单位缴纳失业保险费的年限。失业人员领取失业保险金的期限和其缴费年限紧密相关,失业保险待遇在一定程度上带有权益积累的性质。当职工流动就业时,其之前的缴费年限对其今后享受失业保险待遇具有重要作用。因此,《中华人民共和国社会保险法》明确规定,职工跨统筹地区就业的,其失业保险关系随本人转移,缴费年限累计计算。

4.1.11.4 地方示例

《北京市失业保险规定》规定:城镇企业、事业单位成建制跨统筹地区转移,失业人员跨统筹地区流动的,失业保险关系按有关规定转移。

4.1.12 失业保险基金管理

4.1.12.1 基本规定

失业保险基金由单位缴费、职工缴费、政府补贴、利息等构成,用于失业保险金、医疗补助金、丧葬费、抚恤金、培训补贴等项目的支付。失业保险基金存入财政专户,专款专用,按规定计算利息。

4.1.12.2 相关法规

《失业保险条例》规定:失业保险基金由城镇企业事业单位、城镇企业事业单位职工缴纳的失业保险费,失业保险基金的利息,财政补贴,依法纳入失业保险基金的其他资金等项构成。失业保险基金用于失业保险金、医疗补助金、丧葬费、抚恤金、培训补贴等支出。失业保险基金必须存入财政部门在国有商业银行开设的社会保障基金财政专户,实行收支两条线管理,由财政部门依法进行监督。存入银行和按照国家规定购买国债的失业保险基金,分别按照城乡居民同期存款利率和国债利息计息。失业保险基金的利息并入失业保险基金。失业保险基金专款专用,不得挪作他用,不得用于平衡财政收支。

4.1.13 失业保险组织管理

4.1.13.1 基本规定

国家人力资源和社会保障相关部门负责失业保险政策制定与总体监管,各地人力资源和社会保障主管部门落实失业保险政策,进行具体监管。

各级社会保险经办机构负责失业保险基金管理和失业保险待遇发放,各级税务部门负责失业保险费征缴,各级财政和审计部门负责失业保险基金监督与审计。

4.1.13.2 相关法规

《中华人民共和国社会保险法》规定:国务院社会保险行政部门负责全国的社会保险管理工作,国务院其他有关部门在各自的职责范围内负责有关的社会保险工作。社会保险经办机构提供社会保险服务,负责社会保险登记、个人权益记录、社会保险待遇支付等工作。财政部门、审计机关按照各自职责,对社会保险基金的收支、管理和投资运营情况实施监督。

2018 年中共中央印发的《深化党和国家机构改革方案》规定:为提高社会保险资金征管效率,将基本养老保险费、基本医疗保险费、失业保险费等各项社会保险费交由税务部门统一征收。

4.1.14 失业保险数据

《2018 年度人力资源和社会保障事业发展统计公报》显示:

2018 年末全国参加失业保险人数为 19643 万人,比上年末增加 859 万人。2018 年末全国领取失业保险金人数为 223 万人,比上年末增加 3 万人。全年共为 452 万名失业人员发放了不同期限的失业保险金,比上年减少 6 万人。失业保险金月人均水平 1266 元,比上年增长 13.9%。全年共为领取失业保险金人员代缴基本医疗保险费 92 亿元,比上年增长 8.2%。全年发放稳岗补贴惠及职工6445 万人,发放技能提升补贴惠及职工 60 万人。

全年失业保险基金收入 1171 亿元,基金支出 915 亿元。年末失业保险基金累计结存 5817 亿元。

4.2 就业促进制度

就业促进制度是有关就业促进的规定的总称。国家把扩大就业放在经济社会发展的突出位置,实施积极的就业政策,坚持劳动者自主择业、市场调节就业、政府促进就业的方针,多渠道扩大就业。为了保障困难人员就业,实现充分就业,中国建立了包括政策支持、就业补贴、稳定就业岗位在内的就业促进制度。本节根据《中华人民共和国就业促进法》《就业资金补助管理办法》和《中华人民共和国劳动法》,对中国就业促进的有关规定进行梳理。

4.2.1 政策支持

根据《中华人民共和国就业促进法》,国家在财政税收、失业保险、财税融资等方面采取相应政策,促进就业。

4.2.1.1 财政政策

国家实行有利于促进就业的财政政策,加大资金投入,改善就业环境,扩大就业。

县级以上人民政府应当根据就业状况和就业工作目标,在财政预算中安排就业专项资金用于促进就业工作。

就业专项资金用于职业介绍、职业培训、公益性岗位、职业技能鉴定、特定就业政策和社会保险等的补贴,小额贷款担保基金和微利项目的小额担保贷款贴息,以及扶持公共就业服务等。就业专项资金的使用管理办法由国务院财政部门和劳动行政部门规定。

4.2.1.2 失业保险

国家建立健全失业保险制度,依法确保失业人员的基本生活,并促进其实现就业。

4.2.1.3 税费政策

国家鼓励企业增加就业岗位,扶持失业人员和残疾人就业,对下列企业、人员依法给予税收优惠:

吸纳符合国家规定条件的失业人员达到规定要求的企业;

失业人员创办的中小企业;

安置残疾人员达到规定比例或者集中使用残疾人的企业;

从事个体经营的符合国家规定条件的失业人员;

从事个体经营的残疾人;

国务院规定给予税收优惠的其他企业、人员。

有关部门应当对上述企业、人员在经营场地等方面给予照顾,免除行政事业性收费。

4.2.1.4 金融政策

国家实行有利于促进就业的金融政策,增加中小企业的融资渠道;鼓励金融机构改进金融服务,加大对中小企业的信贷支持,并对自主创业人员在一定期限内给予小额信贷等扶持。

4.2.2 就业服务

《中华人民共和国就业促进法》规定:

县级以上人民政府建立健全公共就业服务体系,设立公共就业服务机构,为劳动者免费提供下列服务:

(1)就业政策法规咨询;

(2)职业供求信息、市场工资指导价位信息和职业培训信息发布;

(3)职业指导和职业介绍;

(4)对就业困难人员实施就业援助;

(5)办理就业登记、失业登记等事务;

(6)其他公共就业服务。

公共就业服务机构应当不断提高服务的质量和效率,不得从事经营性活动。

公共就业服务经费纳入同级财政预算。

地方各级人民政府和有关部门、公共就业服务机构举办的招聘会,不得向劳动者收取费用。

失业人员参加就业培训的,按照有关规定享受政府培训补贴。

4.2.3　公平就业

根据《中华人民共和国就业促进法》,国家在性别平等就业、民族平等就业、城乡平等就业、强弱平等就业、自主选择就业等方面采取相应政策,实现公平就业。

4.2.3.1　性别平等就业

国家保障妇女享有与男子平等的劳动权利。

用人单位招用人员,除国家规定的不适合妇女的工种或者岗位外,不得以性别为由拒绝录用妇女或者提高对妇女的录用标准。

用人单位录用女职工,不得在劳动合同中规定限制女职工结婚、生育。

4.2.3.2　民族平等就业

各民族劳动者享有平等的劳动权利。

用人单位招用人员,应当依法对少数民族劳动者给予适当照顾。

4.2.3.3　城乡平等就业

农村劳动者进城就业享有与城镇劳动者平等的劳动权利,不得对农村劳动者进城就业设置歧视性限制。

4.2.3.4　强弱平等就业

各级人民政府创造公平就业的环境,消除就业歧视,制定政策并采取措施对就业困难人员给予扶持和援助。

各级人民政府应当对残疾人就业统筹规划,为残疾人创造就业条件。

用人单位招用人员,不得歧视残疾人。

用人单位招用人员,不得以是传染病病原携带者为由拒绝录用。但是,经医学鉴定传染病病原携带者在治愈前或者排除传染嫌疑前，不得从事法律、行政法规和国务院卫生行政部门规定禁止从事的易使传染病扩散的工作。

4.2.3.5 自主选择就业

劳动者依法享有自主择业的权利。劳动者年满 16 周岁，有劳动能力且有就业愿望的，可凭本人身份证件，通过公共就业服务机构、职业中介机构介绍或直接联系用人单位等渠道求职。

用人单位依法享有自主用人的权利。用人单位招用人员，应当向劳动者提供平等的就业机会和公平的就业条件。

4.2.4 就业补贴

《就业资金补助管理办法》规定：国家建立就业补贴资金。补贴资金用于职业培训补贴、职业技能鉴定补贴、社会保险补贴、公益性岗位补贴、创业补贴、就业见习补贴、求职创业补贴等支出。

4.2.4.1 职业培训补贴

享受职业培训补贴的人员范围包括：贫困家庭子女、毕业年度高校毕业生（含技师学院高级工班、预备技师班和特殊教育院校职业教育类毕业生，下同）、城乡未继续升学的应届初高中毕业生、农村转移就业劳动者、城镇登记失业人员（以下简称五类人员），以及符合条件的企业职工。

4.2.4.2 职业技能鉴定补贴

对通过初次职业技能鉴定并取得职业资格证书（不含培训合格证）的五类人员，给予职业技能鉴定补贴。对纳入重点产业职业资格和职业技能等级评定指导目录的，可适当提高补贴标准。

4.2.4.3 社会保险补贴

享受社会保险补贴的人员范围包括：符合《中华人民共和国就业促进法》规定的就业困难人员和高校毕业生。

就业困难人员社会保险补贴。对招用就业困难人员并缴纳社会保险费的单位,以及通过公益性岗位安置就业困难人员并缴纳社会保险费的单位,按其为就业困难人员实际缴纳的基本养老保险费、基本医疗保险费和失业保险费给予补贴,不包括就业困难人员个人应缴纳的部分。对就业困难人员灵活就业后缴纳的社会保险费,给予一定数额的社会保险补贴,补贴标准原则上不超过其实际缴费的 2/3。就业困难人员社会保险补贴期限,除对距法定退休年龄不足 5 年的就业困难人员可延长至退休外,其余人员最长不超过 3 年(以初次核定其享受社会保险补贴时年龄为准)。

高校毕业生社会保险补贴。对招用毕业年度高校毕业生,与之签订 1 年以上劳动合同并为其缴纳社会保险费的小微企业,给予最长不超过 1 年的社会保险补贴,不包括高校毕业生个人应缴纳的部分。对离校 1 年内未就业的高校毕业生灵活就业后缴纳的社会保险费,给予一定数额的社会保险补贴,补贴标准原则上不超过其实际缴费的 2/3,补贴期限最长不超过 2 年。

4.2.4.4　公益岗位补贴

享受公益性岗位补贴的人员范围为就业困难人员,重点是大龄失业人员和零就业家庭人员。

对公益性岗位安置的就业困难人员给予岗位补贴,补贴标准参照当地最低工资标准执行。

公益性岗位补贴期限,除对距法定退休年龄不足 5 年的就业困难人员可延长至退休外,其余人员最长不超过 3 年(以初次核定其享受公益性岗位补贴时年龄为准)。

4.2.4.5　创业补贴

对首次创办小微企业或从事个体经营,且所创办企业或个体工商户自工商登记注册之日起正常运营 1 年以上的离校 2 年内高校毕业生、就业困难人员,试点给予一次性创业补贴。具体试点办法由省级财政、人社部门另行制定。

4.2.4.6　就业见习补贴

享受就业见习补贴的人员范围为离校 2 年内未就业高校毕业生,艰苦边远地区、老工业基地、国家级贫困县可扩大至离校 2 年内未就业中职毕业生。对吸纳上述人员参加就业见习的单位,给予一定标准的就业见习补贴,用于见习单位支付见习人员见习期间基本生活费、为见习人员办理人身意外伤害保险,以及对见习人员的指导管理费用。对见习人员见习期满留用率达到50%以上的单位,可适当提高见习补贴标准。

4.2.4.7　求职创业补贴

对在毕业年度有就业创业意愿并积极求职创业的低保家庭、贫困残疾人家庭、建档立卡贫困家庭和特困人员中的高校毕业生,残疾及获得国家助学贷款的高校毕业生,给予一次性求职创业补贴。

4.2.5　稳定就业岗位

《中华人民共和国劳动法》规定:

需要裁减人员20人以上或者裁减不足20人但占企业职工总数10%以上的,用人单位提前30日向工会或者全体职工说明情况,听取工会或者职工的意见后,经向劳动行政部门报告后,可以裁减人员:

(1)依照企业破产法规定进行重整的;

(2)生产经营发生严重困难的;

(3)企业转产、重大技术革新或者经营方式调整,经变更劳动合同后,仍需裁减人员的;

(4)其他因劳动合同订立时所依据的客观经济情况发生重大变化,致使劳动合同无法履行的。

裁减人员时,应当优先留用下列人员:

(1)与本单位订立较长期限的固定期限劳动合同的;

(2)与本单位订立无固定期限劳动合同的;

(3)家庭无其他就业人员,有需要扶养的老人或者未成年人的。

用人单位依照本条第一款规定裁减人员,在六个月内重新招用人员的,应当通知被裁减的人员,并在同等条件下优先招用被裁减的人员。

劳动者有下列情形之一的,用人单位不得依照劳动合同法第四十条、第四十一条的规定解除劳动合同:

（1）从事接触职业病危害作业的劳动者未进行离岗前职业健康检查，或者疑似职业病病人在诊断或者医学观察期间的；

（2）在本单位患职业病或者因工负伤并被确认丧失或者部分丧失劳动能力的；

（3）患病或者非因工负伤，在规定的医疗期内的；

（4）女职工在孕期、产期、哺乳期的；

（5）在本单位连续工作满十五年，且距法定退休年龄不足五年的；

（6）法律、行政法规规定的其他情形。

4.2.6 就业数据

《2018 年度人力资源和社会保障事业发展统计公报》显示：

2018 年末全国就业人员 77586 万人，其中城镇就业人员 43419 万人。全国就业人员中，第一产业就业人员占 26.1%；第二产业就业人员占 27.6%；第三产业就业人员占 46.3%。

2018 年全国农民工总量 28836 万人，其中外出农民工 17266 万人。

全年城镇新增就业 1361 万人，有 551 万城镇失业人员实现再就业。年末城镇登记失业人员 974 万人，城镇登记失业率为 3.80%。年末全国城镇调查失业率为 4.9%。

4.3 劳动报酬与劳动保护制度

劳动报酬与劳动保护制度是有关工资报酬、休息休假、劳动条件等规定的总称。本节根据《中华人民共和国劳动法》《最低工资规定》《工资支付暂行规定》《职工带薪年休假条例》《使用有毒物品作业场所劳动保护条例》《未成年工特殊保护规定》等，对劳动报酬与劳动保护有关的规定进行梳理。

4.3.1　工资报酬

《中华人民共和国劳动法》规定：

用人单位根据本单位的生产经营特点和经济效益,依法自主确定本单位的工资分配方式和工资水平。

国家实行最低工资保障制度。最低工资的具体标准由省、自治区、直辖市人民政府规定,报国务院备案。

用人单位支付劳动者的工资不得低于当地最低工资标准。

工资应当以货币形式按月支付给劳动者本人。不得克扣或者无故拖欠劳动者的工资。

劳动者在法定休假日和婚丧假期间以及依法参加社会活动期间,用人单位应当依法支付工资。

4.3.2　最低工资

《最低工资规定》规定：

最低工资标准,是指劳动者在法定工作时间或依法签订的劳动合同约定的工作时间内提供了正常劳动的前提下,用人单位依法应支付的最低劳动报酬。

正常劳动是指劳动者按依法签订的劳动合同约定,在法定工作时间或劳动合同约定的工作时间内从事的劳动。劳动者依法享受带薪年休假、探亲假、婚丧假、生育(产)假、节育手术假等国家规定的假期间,以及法定工作时间内依法参加社会活动期间,视为提供了正常劳动。

最低工资标准一般采取月最低工资标准和小时最低工资标准的形式。月最低工资标准适用于全日制就业劳动者,小时最低工资标准适用于非全日制就业劳动者。

确定和调整月最低工资标准,应参考当地就业者及其赡养人口的最低生活费用、城镇居民消费价格指数、职工个人缴纳的社会保险费和住房公积金、职工平均工资、经济发展水平、就业状况等因素。

确定和调整小时最低工资标准,应在颁布的月最低工资标准的基础上,考虑单位应缴纳的基本养老保险费和基本医疗保险费因素,同时还应适当考虑非全日制劳动者在工作稳定性、劳动条件和劳动强度、福利等方面与全日制就业人员之间的差异。

最低工资标准每两年至少调整一次。

4.3.3　工资支付

《工资支付暂行规定》规定：

工资是指用人单位依据劳动合同的规定，以各种形式支付给劳动者的工资报酬。

工资支付主要包括：工资支付项目、工资支付水平、工资支付形式、工资支付对象、工资支付时间以及特殊情况下的工资支付。

工资应当以法定货币支付。不得以实物及有价证券替代货币支付。

用人单位应将工资支付给劳动者本人。劳动者本人因故不能领取工资时，可由其亲属或委托他人代领。

用人单位可委托银行代发工资。

工资至少每月支付一次，实行周、日、小时工资制的可按周、日、小时支付工资。

对完成一次性临时劳动或某项具体工作的劳动者，用人单位应按有关协议或合同规定在其完成劳动任务后即支付工资。

劳动关系双方依法解除或终止劳动合同时，用人单位应在解除或终止劳动合同时一次付清劳动者工资。

4.3.4　工作时间与加班工资

《中华人民共和国劳动法》规定：

国家实行劳动者每日工作时间不超过 8 小时、平均每周工作时间不超过 44 小时的工时制度。

用人单位应当保证劳动者每周至少休息 1 日。

用人单位在下列节日期间应当依法安排劳动者休假：

（1）元旦；

(2)春节;

(3)国际劳动节;

(4)国庆节;

(5)法律、法规规定的其他休假节日。

有下列情形之一的,用人单位应当按照下列标准支付高于劳动者正常工作时间工资的工资报酬:

(1)安排劳动者延长工作时间的,支付不低于工资的150%的工资报酬;

(2)休息日安排劳动者工作又不能安排补休的,支付不低于工资的200%的工资报酬;

(3)法定休假日安排劳动者工作的,支付不低于工资的300%的工资报酬。

国家实行带薪年休假制度。

劳动者连续工作1年以上的,享受带薪年休假。具体办法由国务院规定。

4.3.5 职工带薪年休假

《职工带薪年休假条例》规定:

机关、团体、企业、事业单位、民办非企业单位、有雇工的个体工商户等单位的职工连续工作1年以上的,享受带薪年休假(以下简称年休假)。单位应当保证职工享受年休假。职工在年休假期间享受与正常工作期间相同的工资收入。

职工累计工作已满1年不满10年的,年休假5天;已满10年不满20年的,年休假10天;已满20年的,年休假15天。

国家法定休假日、休息日不计入年休假的假期。

单位确因工作需要不能安排职工休年休假的,经职工本人同意,可以不安排职工休年休假。对职工应休未休的年休假天数,单位应当按照该职工日工资收入的300%支付年休假工资报酬。

4.3.6 劳动保护

《中华人民共和国劳动法》规定:

用人单位必须为劳动者提供符合国家规定的劳动安全卫生条件和必要的

劳动防护用品,对从事有职业危害作业的劳动者应当定期进行健康检查。

禁止安排女职工从事矿山井下、国家规定的第四级体力劳动强度的劳动和其他禁忌从事的劳动。

不得安排女职工在经期从事高处、低温、冷水作业和国家规定的第三级体力劳动强度的劳动。

不得安排女职工在怀孕期间从事国家规定的第三级体力劳动强度的劳动和孕期禁忌从事的活动。对怀孕 7 个月以上的女职工,不得安排其延长工作时间和夜班劳动。

不得安排女职工在哺乳未满 1 周岁的婴儿期间从事国家规定的第三级体力劳动强度的劳动和哺乳期禁忌从事的其他劳动,不得安排其延长工作时间和夜班劳动。

不得安排未成年工(未成年工是指年满 16 周岁未满 18 周岁的劳动者)从事矿山井下、有毒有害、国家规定的第四级体力劳动强度的劳动和其他禁忌从事的劳动。

用人单位应当对未成年工定期进行健康检查。

《使用有毒物品作业场所劳动保护条例》规定:

从事使用有毒物品作业的用人单位(以下简称用人单位)应当使用符合国家标准的有毒物品,不得在作业场所使用国家明令禁止使用的有毒物品或者使用不符合国家标准的有毒物品。

用人单位不得安排未成年人和孕期、哺乳期的女职工从事使用有毒物品的作业。

用人单位应当与劳动者订立劳动合同,将工作过程中可能产生的职业中毒危害及其后果、职业中毒危害防护措施和待遇等如实告知劳动者,并在劳动合同中写明,不得隐瞒或者欺骗。

用人单位应当按照规定对从事使用高毒物品作业的劳动者进行岗位轮换。

用人单位应当为从事使用高毒物品作业的劳动者提供岗位津贴。

《劳动部关于颁发〈未成年工特殊保护规定〉的通知》规定:未成年工是指年满 16 周岁,未满 18 周岁的劳动者。用人单位不得安排未成年工从事《生产性粉尘作业危害程度分级》国家标准中第一级以上的接尘作业、《有毒作业分级》国家标准中第一级以上的有毒作业、《高处作业分级》国家标准中第二级以上的高处作业、《冷水作业分级》国家标准中第二级以上的冷水作业、《高温作业分级》国家标准中第三级以上的高温作业、《低温作业分级》国家标准中第三级以上的低温作业、《体力劳动强度分级》国家标准中第四级体力劳动强度的作业等。

4.4　就业援助制度

就业援助制度是通过对就业困难群体提供公益性岗位、社会保险补贴、岗位补贴、税费减免、贷款贴息等支持就业的有关规定的总称。根据《中华人民共和国就业促进法》，公共就业服务机构应当制定专门的就业援助计划，对就业援助对象实施优先扶持和重点帮助。各级人民政府建立健全就业援助制度，采取税费减免、贷款贴息、社会保险补贴、岗位补贴等办法，通过公益性岗位安置等途径，对就业困难人员实行优先扶持和重点帮助。

4.4.1　困难人员就业

就业困难人员是指因身体状况、技能水平、家庭因素、失去土地等原因难以实现就业，以及连续失业一定时间仍未能实现就业的人员。

政府投资开发的公益性岗位，应当优先安排符合岗位要求的就业困难人员。被安排在公益性岗位工作的，按照国家规定给予岗位补贴。

地方各级人民政府加强基层就业援助服务工作，对就业困难人员实施重点帮助，提供有针对性的就业服务和公益性岗位援助。

地方各级人民政府鼓励和支持社会各方面为就业困难人员提供技能培训、岗位信息等服务。

4.4.2　残疾人就业

各级人民政府采取特别扶助措施，促进残疾人就业。用人单位应当按照国家规定安排残疾人就业，具体办法由国务院规定。

4.4.3　零就业家庭就业

就业困难人员和零就业家庭可以向所在地街道、社区公共就业服务机构申请就业援助。

县级以上地方人民政府采取多种就业援助形式，拓宽公益性岗位范围，开发就业岗位，确保城市有就业需求的家庭至少有一人实现就业。

法定劳动年龄内的家庭人员均处于失业状况的城市居民家庭，可以向住所地街道、社区公共就业服务机构申请就业援助。经街道、社区公共就业服务机构确认属实的，应当为该家庭中至少一人提供适当的就业岗位。

4.4.4　资源枯竭就业

国家鼓励资源开采型城市和独立工矿区发展与市场需求相适应的产业，引导劳动者转移就业。

对因资源枯竭或者经济结构调整等原因造成就业困难人员集中的地区，上级人民政府应当给予必要的扶持和帮助。

4.4.5　就业援助数据

《2018 年度人力资源和社会保障事业发展统计公报》显示：全年城镇新增就业 1361 万人，有 551 万城镇失业人员实现再就业。年末城镇登记失业人员 974 万人，城镇登记失业率为 3.80%。年末全国城镇调查失业率为 4.9%。就业困难人员就业 181 万人，全年全国共帮助 4.9 万户零就业家庭实现每户至少一人就业。

4.5　就业保障热点问题解答

本节根据人力资源和社会保障部对人大代表建议和政协委员提案的回复，就有关就业保障热点问题进行解答。

4.5.1　技术性失业

人工智能在加快发展的过程中，对就业领域的影响不断加深，需要采取措施加以应对。技术发展速度加快，由此引发的不同行业、不同群体就业失业状况变化，需要予以重点关注。

目前国家层面已成立新一代人工智能治理专业委员会，加强人工智能相关法律、伦理、标准和社会问题研究，防范失业问题是研究的重点之一。2016 年以来，持续跟踪"机器换人"对各地就业影响情况，会同高校、科研院所进行分析，通过实地调研和企业座谈等方式，多渠道了解分析人工智能对企业用工影响情况。从目前掌握的情况看，人工智能对就业的影响仍处于温和且渐进的过程中。

为加强失业风险监测预警，人社部建立了覆盖 5 万家企业 2700 万个岗位的失业动态监测机制，定期跟踪调查企业岗位流失情况，及时捕捉行业和区域用工变化；对 20 个省 2000 个行政村农村劳动力外出务工情况进行定期监测，及时了解农民工群体就业情况；对广东等 11 个省、市人力资源市场供求情况进行追踪，掌握劳动力市场变化情况。

今后应进一步完善失业监测和预警机制，特别是加强对人工智能对就业影响的研究分析，对大规模应用智能机器的重点地区、行业企业，加强就业岗位动态监测，及时做出风险预警。

4.5.2　在常住地申领失业保障

在常住地进行失业登记、落实失业保险待遇，是保障困难群众基本生活、兜牢民生底线的重要举措。有关部门围绕这些方面采取了一系列措施，确保失业人员就业有出路、生活有保障。

一是实行常住地失业登记服务。《国务院关于做好当前和今后一个时期促进就业工作的若干意见》明确要求，失业人员可在常住地公共就业服务机构办理失业登记，申请享受当地就业创业服务和政策。《关于推进全方位公共就业服务的指导意见》要求，劳动年龄内、有劳动能力、有就业要求的城乡劳动者可在常住地公共就业服务机构申请公共就业服务，其中处于无业状态的劳动者可进行失业登记,就业困难人员以及零就业家庭的劳动者可申请就业援助。据此,劳动者可以更加便捷地在常住地享受各项政策服务。

二是及时兑现失业保险待遇。《中华人民共和国社会保险法》和《失业保险条例》规定,符合条件的失业人员可领取失业保险金。为切实兜牢民生底线,2017 年下发的《关于调整失业保险金标准的指导意见》指导各地逐步将失业保险金标准提高到最低工资标准的 90%,使失业人员共享经济社会发展成果。同时,根据《中华人民共和国社会保险法》,失业保险基金还为领金人员代缴基本医疗保险,为领金期间死亡失业人员的遗属发放丧葬补助金和抚恤金。此外,通过减少证明材料、增加服务供给、推行网上经办、实行信息比对核实、推进作风建设等方式,切实提高失业保险经办水平,确保失业人员及时领取失业保险金。

三是落实最低生活保障制度。1997 年和 2007 年,城市低保和农村低保制度先后在全国全面建制。按照《社会救助暂行办法》等法规政策规定,包含失业的劳动者家庭在内,家庭成员人均收入低于当地低保标准且符合当地低保家庭财产状况规定的家庭,都可以申请低保。

4.5.3 失业保险支持企业稳定就业岗位

自 2014 年起,经国务院同意,人社部会同财政部、国家发展改革委、工业和信息化部印发《关于失业保险支持企业稳定岗位有关问题的通知》,对在兼并重组、化解产能过剩、淘汰落后产能中采取措施不裁员或少裁员稳定职工队伍的企业,使用失业保险基金发放稳岗补贴,补贴标准为不超过企业及其职工上年度实际缴纳失业保险费的 50%。企业可将补贴资金主要用于职工生活补助、缴纳社会保险费、转岗培训和技能提升培训等。

2015 年和 2017 年下发的国务院就业创业文件将三类企业扩大到所有符合条件的企业,对钢铁、煤炭、煤电行业企业降低门槛,提高标准。2018 年末下发的国务院就业创业新文件中,除明确继续实施企业稳岗返还外,还规定在 2019 年度对面临生产经营困难且恢复有望的参保企业给予更大力度的稳岗返还,返还标准可按 6 个月的当地月人均失业保险金和参保职工人数确定,或按 6 个月的企业及其职工应缴纳社会保险费的 50%确定。按照国务院就业创业新文件要求，2019年初，人社部会同财政部、国家发展改革委、工业和信息化部共同印发《关于失业保险支持企业稳定就业岗位的通知》，指导各地对经营困难且恢复有望企业加大援企稳岗力度，同时放宽技能提升补贴条件，加大对深度贫困地区的倾斜支持力度，不断优化经办服务，切实助力企业稳定发展。

第5章　中国伤残保障制度

中国伤残保障制度由工伤保险、残疾人保障、职业病防治、军人优抚与烈士褒扬等制度构成。经过多年改革,中国建立了覆盖全民的伤残保障制度架构。职工依法参加工伤保险,单位为职工缴纳工伤保险费,职工按规定享受工伤保险待遇。国家对残疾人康复、就业、教育、救助等方面提供保障。职业病防治工作坚持预防为主、防治结合的方针,建立用人单位负责、行政机关监管、行业自律、职工参与和社会监督的机制,实行分类管理、综合治理,依法保障劳动者享有的职业卫生保护的权利。国家对伤残军人实行优待抚恤制度,对烈士实行褒扬制度。

➡ 工伤保险制度

➡ 残疾人保障制度

➡ 职业病防治制度

➡ 军人抚恤与烈士褒扬制度

➡ 伤残保障热点问题解答

5.1 工伤保险制度

工伤保险是社会保险的重要组成部分,是防范和化解因工伤残风险的制度安排。工伤保险制度是工伤保险覆盖范围、基金来源、资格条件、工伤认定、劳动能力鉴定、待遇计发、待遇调整等规定的总称。

5.1.1 法规依据

《中华人民共和国社会保险法》

《实施〈中华人民共和国社会保险法〉若干规定》

《在中国境内就业的外国人参加社会保险暂行办法》

《香港澳门台湾居民在内地(大陆)参加社会保险暂行办法》

《工伤保险条例》

《工伤认定办法》

《工伤职工劳动能力鉴定管理办法》

《人力资源和社会保障部关于执行〈工伤保险条例〉若干问题的意见》

《人力资源和社会保障部 财政部 关于调整工伤保险费率政策的通知》

《人力资源和社会保障部办公厅关于加快推进工伤保险基金省级统筹工作的通知》

5.1.2 覆盖范围

工伤保险覆盖范围是工伤保险"制度覆盖"与"实际覆盖"的总称。其中制度覆盖是指被工伤保险制度覆盖的人口,实际覆盖是指实际参加工伤保险的人口。

5.1.2.1 基本规定

工伤保险覆盖各类用人单位,由用人单位缴纳工伤保险费,职工个人不缴纳工伤保险费,符合条件的职工享受工伤保险待遇。

在中国境内就业的外国人按规定参加工伤保险,在内地(大陆)就业的港澳台居民按规定参加工伤保险。

5.1.2.2　相关法规

《中华人民共和国社会保险法》规定:职工应当参加工伤保险,由用人单位缴纳工伤保险费,职工不缴纳工伤保险费。

《工伤保险条例》规定:

中华人民共和国境内的各类企业、有雇工的个体工商户(以下称用人单位)应当依照本条例规定参加工伤保险,为本单位全部职工或者雇工(以下称职工)缴纳工伤保险费。

中华人民共和国境内的各类企业的职工和个体工商户的雇工,均有依照本条例的规定享受工伤保险待遇的权利。

《实施〈中华人民共和国社会保险法〉若干规定》规定:职工(包括非全日制从业人员)在两个或者两个以上用人单位同时就业的,各用人单位应当分别为职工缴纳工伤保险费。职工发生工伤,由职工受到伤害时工作的单位依法承担工伤保险责任。

《在中国境内就业的外国人参加社会保险暂行办法》规定:

在中国境内依法注册或者登记的企业、事业单位、社会团体、民办非企业单位、基金会、律师事务所、会计师事务所等组织(以下称用人单位)依法招用的外国人,应当依法参加职工基本养老保险、职工基本医疗保险、工伤保险、失业保险和生育保险,由用人单位和本人按照规定缴纳社会保险费。

与境外雇主订立雇用合同后,被派遣到在中国境内注册或者登记的分支机构、代表机构(以下称境内工作单位)工作的外国人,应当依法参加职工基本养老保险、职工基本医疗保险、工伤保险、失业保险和生育保险,由境内工作单位和本人按照规定缴纳社会保险费。

《香港澳门台湾居民在内地(大陆)参加社会保险暂行办法》规定:在内地(大陆)依法注册或者登记的企业、事业单位、社会组织、有雇工的个体经济组织等用人单位(以下统称用人单位)依法聘用、招用的港澳台居民,应当依法参加职工基本养老保险、职工基本医疗保险、工伤保险、失业保险和生育保险,由用人单位和本人按照规定缴纳社会保险费。

5.1.2.3　相关范畴

（1）职工个人不缴费的原则

工伤保险费由用人单位缴纳，职工个人不缴纳任何费用。在用人单位守法缴费的情况下，发生工伤事故后的补偿由工伤保险基金承担，这是工伤保险与养老、医疗、失业保险的主要区别之处。这一特点是由工伤保险产生的历史过程所决定的。国际上最早的工伤保险制度是从雇主无过错赔偿责任制度演化而来的。在雇主无过错赔偿的工伤补偿制度中，雇员在工作过程中受到伤害，无论雇主有否过错，都应对雇员进行补偿，雇员不用承担责任。

（2）实行行业差别费率和企业浮动费率

工伤保险的重要功能之一是促进工伤预防、减少工伤事故。这主要通过行业差别费率和企业浮动费率来实现，其实际费率与行业或职业的风险程度和企业上一缴费周期实际发生的事故率相关。为了使用人单位的缴费与所属行业风险挂钩，根据不同行业的工伤保险费使用、工伤发生率等情况，确定不同类别行业的费率，并且在同一行业内设定不同的费率档次。风险程度高的行业，费率相应高，反之则低。

（3）工伤补偿与工伤预防、工伤康复相结合

工伤保险的首要任务是工伤补偿，但这不是其唯一的任务。社会保险的根本任务是保障职工生活、保护职工健康，促进社会安定和生产力发展。从这个根本任务出发，工伤补偿就应当与工伤预防和工伤康复相结合。

（4）一次性补偿和长期补偿相结合

对部分丧失或完全丧失劳动能力的工伤职工或因工死亡的职工，其工伤保险待遇实行一次性补偿和长期补偿相结合的办法。即对 1～6 级因工伤残职工及因工死亡职工遗属，工伤保险基金一般在支付一次性补偿的同时，还按月支付长期待遇。

5.1.2.4　地方示例

《北京市实施〈工伤保险条例〉若干规定》规定：

本市行政区域内的用人单位应当依照《工伤保险条例》和本规定参加工伤保险，为本单位职工缴纳工伤保险费。用人单位的职工有依照《工伤保险条例》

和本规定享受工伤保险待遇的权利。

本市国家机关和参照公务员法管理的事业单位、社会团体参加工伤保险的，参照《工伤保险条例》和本规定执行。

《北京市人力资源和社会保障局、北京市财政局关于印发〈北京市国家机关和参照国家公务员法管理的事业单位、社会团体参加工伤保险办法〉的通知》规定：本市行政区域内的市级及各区县国家机关、参照公务员法管理的事业单位、社会团体及规范工资的事业单位、社会团体（以下简称参保单位）应当参加北京市工伤保险费用社会统筹。

5.1.3 缴费办法

5.1.3.1 基本规定

用人单位应当按照本单位职工工资总额，根据社会保险经办机构确定的费率缴纳工伤保险费。用人单位缴纳工伤保险费的数额为工资总额与费率之积。

5.1.3.2 相关法规

《中华人民共和国社会保险法》规定：

国家根据不同行业的工伤风险程度确定行业的差别费率，并根据使用工伤保险基金、工伤发生率等情况在每个行业内确定费率档次。行业差别费率和行业内费率档次由国务院社会保险行政部门制定，报国务院批准后公布施行。

社会保险经办机构根据用人单位使用工伤保险基金、工伤发生率和所属行业费率档次等情况，确定用人单位缴费费率。

《工伤保险条例》规定：

用人单位应当按时缴纳工伤保险费。职工个人不缴纳工伤保险费。

用人单位缴纳工伤保险费的数额为本单位职工工资总额乘以单位缴费费率之积。

工资总额是指用人单位直接支付给本单位全部职工的劳动报酬总额。

对难以按照工资总额缴纳工伤保险费的行业，其缴纳工伤保险费的具体方式，由国务院社会保险行政部门规定。

《人力资源和社会保障部 财政部 关于调整工伤保险费率政策的通知》规定：

根据行业风险确定工伤保险基准费率,根据单位工伤发生情况实行浮动费率。

(1)关于行业工伤风险类别划分

按照《国民经济行业分类》(GB/T 4754-2011)对行业的划分,根据不同行业的工伤风险程度,由低到高,依次将行业工伤风险类别划分为一类至八类。如表5-1 所示:

表 5-1 工伤保险行业风险分类表

行业类别	行业名称
一	软件和信息技术服务业,货币金融服务,资本市场服务,保险业,其他金融业,科技推广和应用服务业,社会工作,广播、电视、电影和影视录音制作业,中国共产党机关,国家机构,人民政协、民主党派,社会保障,群众团体、社会团体和其他成员组织,基层群众自治组织,国际组织
二	批发业,零售业,仓储业,邮政业,住宿业,餐饮业,电信、广播电视和卫星传输服务,互联网和相关服务,房地产业,租赁业,商务服务业,研究和试验发展,专业技术服务业,居民服务业,其他服务业,教育,卫生,新闻和出版业,文化艺术业
三	农副食品加工业,食品制造业,酒、饮料和精制茶制造业,烟草制品业,纺织业,木材加工和木、竹、藤、棕、草制品业,文教、工美、体育和娱乐用品制造业,计算机、通信和其他电子设备制造业,仪器仪表制造业,其他制造业,水的生产和供应业,机动车、电子产品和日用产品修理业,水利管理业,生态保护和环境治理业,公共设施管理业,娱乐业
四	农业,畜牧业,农、林、牧、渔服务业,纺织服装、服饰业,皮革、毛皮、羽毛及其制品和制鞋业,印刷和记录媒介复制业,医药制造业,化学纤维制造业,橡胶和塑料制品业,金属制品业,通用设备制造业,专用设备制造业,汽车制造业,铁路、船舶、航空航天和其他运输设备制造业,电气机械和器材制造业,废弃资源综合利用业,金属制品、机械和设备修理业,电力、热力生产和供应业,燃气生产和供应业,铁路运输业,航空运输业,管道运输业,体育
五	林业,开采辅助活动,家具制造业,造纸和纸制品业,建筑安装业,建筑装饰和其他建筑业,道路运输业,水上运输业,装卸搬运和运输代理业
六	渔业,化学原料和化学制品制造业,非金属矿物制品业,黑色金属冶炼和压延加工业,有色金属冶炼和压延加工业,房屋建筑业,土木工程建筑业
七	石油和天然气开采业,其他采矿业,石油加工、炼焦和核燃料加工业
八	煤炭开采和洗选业,黑色金属矿采选业,有色金属矿采选业,非金属矿采选业

来源:人力资源和社会保障部网站,http://www.mohrss.gov.cn/SYrlzyhshbzb/ldbk/shehuibaozhang/gongshang/201507/t20150729_216271.htm.

（2）关于行业差别费率及其档次确定

不同工伤风险类别的行业执行不同的工伤保险行业基准费率。各行业工伤风险类别对应的全国工伤保险行业基准费率为，一类至八类分别控制在该行业用人单位职工工资总额的0.2%、0.4%、0.7%、0.9%、1.1%、1.3%、1.6%、1.9%左右。

通过费率浮动的办法确定每个行业内的费率档次。一类行业分为三个档次，即在基准费率的基础上，可向上浮动至120%、150%，二类至八类行业分为五个档次，即在基准费率的基础上，可分别向上浮动至120%、150%或向下浮动至80%、50%。

各统筹地区人力资源和社会保障部门要会同财政部门，按照"以支定收、收支平衡"的原则，合理确定本地区工伤保险行业基准费率具体标准，并征求工会组织、用人单位代表的意见，报统筹地区人民政府批准后实施。基准费率的具体标准可根据统筹地区经济产业结构变动、工伤保险费使用等情况适时调整。

（3）关于单位费率的确定与浮动

统筹地区社会保险经办机构根据用人单位工伤保险费使用、工伤发生率、职业病危害程度等因素，确定其工伤保险费率，并可依据上述因素变化情况，每1至3年确定其在所属行业不同费率档次间是否浮动。对符合浮动条件的用人单位，每次可上下浮动一档或两档。统筹地区工伤保险最低费率不低于本地区一类风险行业基准费率。费率浮动的具体办法由统筹地区人力资源和社会保障部门商财政部门制定，并征求工会组织、用人单位代表的意见。

5.1.3.3 相关范畴

（1）用人单位缴纳工伤保险费的基数为工资总额

《工伤保险条例》规定："工资总额是指用人单位直接支付给本单位全部职工的劳动报酬总额"。1989年9月30日国务院批准、1990年1月1日国家统计局第1号令发布的《关于工资总额组成的规定》规定："工资总额是指各单位在一定时期内直接支付给本单位全部职工的劳动报酬总额。工资总额的计算应以直接支付给职工的全部劳动报酬为根据。"其中"全部职工"是指用人单位招用的所有劳动者，包括各种用工形式、各种用工期限的劳动者。

（2）确定工伤保险费率的基本原则

根据《中华人民共和国社会保险法》有关社会保险基金通过预算实现收支

平衡的规定,工伤保险基金当期征缴的工伤保险费基本用于支付当期的各项工伤保险待遇及其他合法支出。因此,工伤保险应根据以支定收、收支平衡的原则,合理确定总体费率水平。

(3)行业差别费率和行业内费率档次的制定

用人单位缴纳工伤保险费不执行统一的费率,而是执行行业差别费率和用人单位浮动费率相结合的工伤保险费率。不同的行业,工伤风险大小有很大差别,工伤保险费率在实现社会共济的同时,与用人单位所属行业挂钩,形成行业差别费率,使工伤保险缴费更为公平。在执行行业差别费率的基础上,建立单位缴费浮动机制。也就是说,国家根据不同行业的工伤风险程度,确定行业的差别费率,并根据本行业内企业间工伤保险费使用、工伤发生的差异程度等情况确定若干费率档次。

(4)用人单位缴费费率的确定

用人单位具体缴费费率的确定,是在行业差别费率及费率档次制定后,根据每个用人单位上一费率确定周期使用工伤保险基金、工伤发生率等情况,由统筹地区的社会保险经办机构确定其费率档次。

5.1.3.4　地方示例

《北京市实施〈工伤保险条例〉若干规定》规定:

北京市社会保险行政部门根据国家公布的行业差别费率及行业内费率档次,结合北京市工伤保险费收支情况,确定并公布北京市适用的行业内费率浮动档次。

北京市社会保险经办机构根据用人单位工伤保险费使用、工伤发生率等情况,在所属行业适用的费率浮动档次内,确定用人单位缴费费率。

《北京市人力资源和社会保障局、北京市财政局关于印发〈北京市国家机关和参照国家公务员法管理的事业单位、社会团体参加工伤保险办法〉的通知》规定:

参保单位缴纳工伤保险费的数额为本单位工作人员工资总额乘以 0.5%。工作人员个人不缴纳工伤保险费。费率水平由市社会保险行政部门会同市财政部门根据国家有关规定和基金收支情况适时调整。参保单位缴纳工伤保险费所需资金,由同级财政预算安排解决。

北京市工伤保险历年缴费基数上下限及单位、职工缴费比例如表5-2所示：

5-2 北京市工伤保险历年缴费基数上下限及单位、职工缴费比例一览表

单位:元

年度	缴费基数(下限)		缴费基数(上限)	单位缴费比例	个人缴费比例
2004.1~2004.3	465		5182		
2004.4~2005.3	465		6011		
2005.4~2006.3	545		7087		
2006.4~2007.3	580	1640*	8202		
2007.4~2008.3	1203	1805*	9024		
2008.4~2009.3	1329	1993*	9966		
2009.4~2010.3	1490	2236*	11178		
2010.4~2011.3	1615	2422*	12111		
2011.4~2012.3	1680	2521*	12603	0.2%~1.9%	个人不缴费
2012.4~2013.3	2803		14016		
2013.4~2014.6	3134		15669		
2014.7~2015.6	3476		17379		
2015.7~2016.6	3878		19389		
2016.7~2017.6	4252		21258		
2017.7~2018.6	4624		23118		
2018.7~2019.6	5080		25401		

* 农村劳动力(当年)参加工伤保险缴费基数下限

来源:https://www.bjxch.gov.cn/xcfw/shbz/xxxq/pnidpv745389.html.

5.1.4 政府资助

5.1.4.1 基本规定

国家对社会保险事业提供经费保障,对社会保险实行税收优惠政策,政府对工伤基金支付缺口予以垫付。

5.1.4.2 相关法规

《中华人民共和国社会保险法》规定:县级以上人民政府在社会保险基金出现支付不足时,给予补贴。社会保险经办机构的人员经费和经办社会保险发生

的基本运行费用、管理费用,由同级财政按照国家规定予以保障。国家通过税收优惠政策支持社会保险事业。

《工伤保险条例》规定:工伤保险基金应当留有一定比例的储备金,用于统筹地区重大事故的工伤保险待遇支付;储备金不足支付的,由统筹地区的人民政府垫付。

5.1.5　统筹层次

5.1.5.1　基本规定

工伤保险基金逐步实行省级统筹,具体时间、步骤由国务院规定。

5.1.5.2　相关法规

《中华人民共和国社会保险法》规定：基本养老保险基金逐步实行全国统筹,其他社会保险基金逐步实行省级统筹,具体时间、步骤由国务院规定。

《工伤保险条例》规定:工伤保险基金逐步实行省级统筹。

《人力资源和社会保障部办公厅关于加快推进工伤保险基金省级统筹工作的通知》规定:要切实加强基金管理,实行全省(区、市)基金收支预算管理制度,加快提升基金预算编制水平,支持有条件的省份实行基金统收统支管理,稳妥处理各市(地)原基金结余;目前暂不具备条件的省份可以先在省级建立调剂金,由市(地)按照一定规则和比例将基金上解到省级社保财政专户集中管理,用于调剂解决各市(地)工伤保险基金支出缺口。

5.1.5.3　地方示例

《北京市实施〈工伤保险条例〉若干规定》规定:工伤保险基金实行全市统筹。

5.1.6　资格条件

5.1.6.1　基本规定

职工因工作原因受到事故伤害或者患职业病,且经工伤认定的,享受工伤保险待遇。

5.1.6.2　相关法规

《中华人民共和国社会保险法》规定:职工因工作原因受到事故伤害或者患职业病,且经工伤认定的,享受工伤保险待遇;其中,经劳动能力鉴定丧失劳动能力的,享受伤残待遇。

《工伤保险条例》规定:

职工有下列情形之一的,应当认定为工伤:

(1)在工作时间和工作场所内,因工作原因受到事故伤害的;

(2)工作时间前后在工作场所内,从事与工作有关的预备性或者收尾性工作受到事故伤害的;

(3)在工作时间和工作场所内,因履行工作职责受到暴力等意外伤害的;

(4)患职业病的;

(5)因工外出期间,由于工作原因受到伤害或者发生事故下落不明的;

(6)在上下班途中,受到非本人主要责任的交通事故或者城市轨道交通、客运轮渡、火车事故伤害的;

(7)法律、行政法规规定应当认定为工伤的其他情形。

职工有下列情形之一的,视同工伤:

(1)在工作时间和工作岗位,突发疾病死亡或者在 48 小时之内经抢救无效死亡的,享受工伤保险待遇;

(2)在抢险救灾等维护国家利益、公共利益活动中受到伤害的,享受工伤保险待遇;

(3)职工原在军队服役,因战、因公负伤致残,已取得革命伤残军人证,到用人单位后旧伤复发的,享受除一次性伤残补助金以外的工伤保险待遇。

5.1.6.3　相关范畴

（1）工伤

根据相关国际劳工公约,工伤是指职工"由于工作直接或间接引起的事故"所受到的伤害。最初不包括职业病,随着时间的推移,各国逐渐开始将职业病也纳入工伤范畴,并以国际公约的形式确定了现在的工伤概念。职工受到的伤害是否属于工伤,其核心因素是"因工作原因"。也就是说,由于工作直接或间接引起的伤害都是工伤。可从三个方面理解什么是"因工作原因":一是职工在工作过程中,直接因从事工作受到伤害;二是职工虽未工作,但由于用人单位的设施和设备不完善、劳动条件或劳动环境不良、管理不善等原因,造成职工受到伤害;三是职工受用人单位指派,外出期间受到伤害。

（2）事故伤害和职业病

事故伤害是指由于工作原因直接或间接造成的伤害和急性中毒事故。按照伤害程度划分,可分为轻伤事故、重伤事故和死亡事故。

职业病是指职工在职业活动中,因接触粉尘、放射性物质和其他有毒、有害物质等原因而引起的疾病,其特征是职工在有毒有害的环境下工作而患的疾病。按照卫生部、劳动和社会保障部 2002 年发布的《职业病目录》的规定,职业病包括尘肺、职业性放射性疾病、职业中毒、物理因素所致职业病等 10类。职业病诊断必须由省级以上人民政府卫生行政部门批准的医疗卫生机构承担。

5.1.7　工伤认定

5.1.7.1　基本规定

职工发生事故伤害或被诊断、鉴定为职业病后,只有通过工伤认定,方能享受工伤待遇。

5.1.7.2　相关法规

《中华人民共和国社会保险法》规定:职工因工作原因受到事故伤害或者患职业病,且经工伤认定的,享受工伤保险待遇;其中,经劳动能力鉴定丧失劳动能力的,享受伤残待遇。工伤认定和劳动能力鉴定应当简捷、方便。

《工伤保险条例》规定:

职工发生事故伤害或者按照职业病防治法规定被诊断、鉴定为职业病,所在单位应当自事故伤害发生之日或者被诊断、鉴定为职业病之日起 30 日内,向统筹地区社会保险行政部门提出工伤认定申请。遇有特殊情况,经报社会保险行政部门同意,申请时限可以适当延长。

用人单位未按规定提出工伤认定申请的,工伤职工或者其近亲属、工会组织在事故伤害发生之日或者被诊断、鉴定为职业病之日起 1 年内,可以直接向用人单位所在地统筹地区社会保险行政部门提出工伤认定申请。

用人单位未按规定的时限内提交工伤认定申请,在此期间发生的工伤待遇等有关费用由该用人单位负担。

5.1.7.3　相关范畴

(1)工伤认定

职工受到事故伤害或被诊断、鉴定为职业病后,能否享受工伤保险待遇,需要首先经过工伤认定。按照《工伤保险条例》的规定,工伤认定应当由统筹地区负责社会保险的行政部门作出。

(2)申请主体及时限

根据《工伤保险条例》的规定,工伤认定的申请主体首先是用人单位。发生工伤事故伤害或职工被诊断出职业病后,用人单位应当在 30 日内向统筹地区社会保险行政部门提出工伤认定申请。其次由工伤职工或其直系亲属、工会组织申请工伤认定。《工伤保险条例》规定,用人单位不按规定提出工伤认定申请的,工伤职工或其直系亲属、工会组织可以在事故伤害发生或职工被诊断出职业病后 1 年内,提出工伤认定申请。

(3)申请工伤认定应递交的材料

提出工伤认定申请应当提交《工伤认定申请表》、与用人单位存在劳动关系的证明材料、医疗诊断证明或职业病诊断证明。职工或其直系亲属认为是工伤,用人单位不认为是工伤的,由用人单位承担举证责任。根据工伤申请的材料,需要补正的,社会保险行政部门应予以一次性书面告知。

（4）工伤认定的主体及时限

申请材料完整的,社会保险行政部门作出受理或者不予受理工伤认定申请的决定并书面通知申请人。受理工伤申请后,社会保险行政部门可以对证据进行调查核实,用人单位和职工等有关部门和个人应予以配合。工伤认定决定应自受理工伤认定申请之日起 60 日内作出。职工或其直系亲属、用人单位对工伤认定决定不服的,可以依法申请行政复议或提起行政诉讼。

5.1.8　工伤排除

5.1.8.1　基本规定

故意犯罪、自残自杀等情形,不能认定为工伤。

5.1.8.2　相关法规

《中华人民共和国社会保险法》规定:职工因下列情形之一导致本人在工作中伤亡的,不认定为工伤:故意犯罪;醉酒或者吸毒;自残或者自杀;法律、行政法规规定的其他情形。

5.1.8.3　相关范畴

对于利用工作机会实施故意犯罪、工作中故意麻痹自己使自己不能控制行为、自残、自杀等导致的工作过程中的伤亡,不认定为工伤。这四种情形与工作没有必然的联系,其后果应由行为人自己承担,不属于工伤保险保障的范围。

（1）故意犯罪

职工故意犯罪造成自身伤亡,应由职工本人承担相应的法律后果。《中华人民共和国刑法》第十三条规定:"一切危害国家主权、领土完整和安全,分裂国家、颠覆人民民主专政的政权和推翻社会主义制度,破坏社会秩序和经济秩序,侵犯国有财产或者劳动群众集体所有的财产,侵犯公民私人所有的财产,侵犯公民的人身权利、民主权利和其他权利,以及其他危害社会的行为,依照法律应当受刑罚处罚的,都是犯罪。"

犯罪具有三个特征。一是社会危害性。这是犯罪最基本的、具有决定意义的特征。社会危害性必须达到一定程度才能构成犯罪,情节显著轻微危害不大的,不是犯罪。二是刑事违法性。具有社会危害性的行为并不都是犯罪,只有《中华人民共和国刑法》规定的危害社会的行为才是犯罪。三是应受惩罚性。犯罪的应受惩罚性是由犯罪的前两个特征派生出来的法律后果。

但并不是所有因犯罪造成的伤亡都不是工伤,只有故意犯罪造成的伤亡才不认定为工伤。何谓故意犯罪?《中华人民共和国刑法》第十四条规定:"明知自己的行为会发生危害社会的结果,并且希望或者放任这种结果发生,因而构成犯罪的,是故意犯罪。"如重大责任事故罪,虽然也是造成人员伤亡的犯罪,但不属于故意犯罪的范畴。《中华人民共和国刑法》规定的重大责任事故罪,是指工厂、矿山、林场、建筑企业或者其他企业、事业单位的职工,由于不服管理、违反规章制度,或者强令工人违章冒险作业,因而发生重大伤亡事故或者造成其他严重后果。该罪在主观方面表现为过失。因此,职工即使构成重大责任事故罪,但若自己也同时在事故中受到伤害,因其属于过失犯罪,仍可被认定为工伤。

（2）醉酒或者吸毒

因醉酒导致的伤亡,是指职工饮用含有酒精的饮料达到醉酒的状态,在酒精作用期间从事工作受到事故伤害。酒精具有麻痹神经中枢的作用,导致行为人的判断能力和反应能力迟钝,难以辨认或控制自己的行为。职工在工作时因醉酒导致行为失控而对自己造成的伤害,不认定为工伤。对于醉酒,应根据行为人体内酒精含量的检测结果做出认定,如果发现行为人体内的酒精含量达到或者超过一定标准,就应认定为醉酒。醉酒的标准可以参照《车辆驾驶人员血液、呼气酒精含量阈值与检验》国家标准（GB19522-2004）,该标准规定:驾驶人血液中的酒精含量大于（等于）20毫克/100毫升、小于80毫克/100毫升的行为属于饮酒驾车,含量大于（等于）80毫克/100毫升的行为属于醉酒驾车。

吸毒在医学上多称为药物依赖和药物滥用。吸毒对吸毒者的身心危害极大:毒品进入人体后作用于人的神经系统,使吸毒者对毒品产生依赖,出现一种渴求用药的强烈欲望,驱使吸毒者不顾一切地寻求和使用毒品。吸毒后,人的自控力降低。职工在工作时因吸毒导致行为失控而对自己造成的伤害,不认定为工伤。

（3）自残或者自杀

自残是指行为人伤害自己的身体并造成伤害结果的行为。例如,某职工为了获取较高的工伤保险赔付,在工作过程中,故意用利器将自己扎伤,该职工的这种行为,就属于自残。自杀是指行为人通过各种方法和手段结束自己生命的行为。例如,某职工因个人私事想不开,从工作场所内的塔吊上纵身跳下,当场死亡。该职工的这种行为就属于自杀。自残或者自杀,其行为的目的都是为了伤害自己,而非因工作导致,因此自杀或自残伤亡的,不认定为工伤。

5.1.9　劳动能力鉴定

5.1.9.1　基本规定

职工发生工伤,经治疗伤情相对稳定后存在残疾、影响劳动能力的,应当进行劳动能力鉴定,进入残疾等级评定程序。

5.1.9.2　相关法规

《工伤保险条例》规定:

劳动能力鉴定包括劳动功能障碍程度的等级鉴定,以及生活自理障碍程度的等级鉴定。

劳动功能障碍分为十个伤残等级,最重的为一级,最轻的为十级。

生活自理障碍分为三个等级:生活完全不能自理、生活大部分不能自理和生活部分不能自理。

劳动能力鉴定标准由国务院社会保险行政部门会同国务院卫生行政部门等部门制定。

劳动能力鉴定由用人单位、工伤职工或者其近亲属向设区的市级劳动能力鉴定委员会提出申请,并提供工伤认定决定和职工工伤医疗的有关资料。

5.1.9.3　相关范畴

(1)劳动能力鉴定

劳动能力鉴定,是指根据国家制定的评残标准,运用医学科学技术的方法和手段,确定职工伤残程度和丧失劳动能力程度的一种综合评定。劳动能力鉴定有广义和狭义之分。广义的劳动能力鉴定是指任何自然人无论因何种原因导致劳动功能发生障碍,由劳动能力鉴定委员会根据用人单位、工伤职工或者亲属的申请,组织劳动能力鉴定医学专家,根据国家制定的评残标准,确定其劳动能力丧失程度的一种综合评定。狭义的劳动能力鉴定是指工伤保险制度规定的劳动能力鉴定,也就是劳动能力鉴定委员会根据国家标准《职工工伤与职业病致残等级》对工伤职工的劳动功能障碍程度和生活自理障碍程度的一种综合评定。劳动能力鉴定结论是工伤职工享受工伤保险待遇的依据。

(2)劳动能力鉴定的主体

按照《工伤保险条例》的规定,劳动能力鉴定由劳动能力鉴定委员会组织专家,依据劳动能力鉴定标准,对工伤职工劳动功能障碍程度和生活自理障碍程度进行鉴定。劳动能力鉴定委员会由社会保险行政部门、卫生行政部门、工会组织、经办机构代表以及用人单位代表组成,分为两级:设区的市一级和省、自治区、直辖市一级。

(3)劳动能力鉴定的申请

职工发生工伤,伤情相对稳定后存在残疾、影响劳动能力的,应当进行劳动能力鉴定。劳动能力鉴定由用人单位、工伤职工或者其直系亲属向设区的市级劳动能力鉴定委员会提出申请,并提供工伤认定决定和职工工伤医疗的有关资料。收到劳动能力鉴定申请后,劳动能力鉴定委员会应当从其建立的医疗卫生专家库中随机抽取相关专家组成专家组,由专家组提出鉴定意见。然后,根据专家组的鉴定意见做出工伤职工劳动能力鉴定结论;必要时,可以委托具备资格的医疗机构协助进行有关的诊断。劳动能力鉴定委员会组成人员或者参加鉴定的专家与当事人有利害关系的,应当回避。对劳动能力鉴定结论不服的,可以在收到该鉴定结论之日起 15 日内向省、自治区、直辖市劳动能力鉴定委员会提出再次鉴定申请。省一级劳动能力鉴定委员会做出的劳动能力鉴定结论为最终结论。

(4)伤残等级

劳动功能障碍分为 10 个伤残等级,最重的为一级,最轻的为十级。生活自理障碍分为 3 个等级:生活完全不能自理、生活大部分不能自理和生活部分不能自理。

5.1.10　工伤基金支付的项目

5.1.10.1　基本规定

职工因工作原因遭受事故伤害或者患职业病被认定为工伤的,由工伤保险基金支付"医疗康复费用、伙食补助费、交通食宿费、器具费、护理费、伤残补助金、伤残津贴、医疗补助金、死亡补助金、劳动力能力鉴定费"等项目。

5.1.10.2　相关法规

《中华人民共和国社会保险法》规定：

因工伤发生的下列费用，按照国家规定从工伤保险基金中支付：

（1）治疗工伤的医疗费用和康复费用；

（2）住院伙食补助费；

（3）到统筹地区以外就医的交通食宿费；

（4）安装配置伤残辅助器具所需费用；

（5）生活不能自理的，经劳动能力鉴定委员会确认的生活护理费；

（6）一次性伤残补助金和一至四级伤残职工按月领取的伤残津贴；

（7）终止或者解除劳动合同时，应当享受的一次性医疗补助金；

（8）因工死亡的，其遗属领取的丧葬补助金、供养亲属抚恤金和因工死亡补助金；

（9）劳动能力鉴定费。

《工伤保险条例》规定：工伤保险基金存入社会保障基金财政专户，用于工伤保险待遇，劳动能力鉴定，工伤预防的宣传、培训等费用，以及法律、法规规定的用于工伤保险的其他费用的支付。

5.1.11　单位支付的项目

5.1.11.1　基本规定

职工因工作原因遭受事故伤害或者患职业病，单位支付工资福利、伤残津贴、伤残就业补助金等项目。

5.1.11.2　相关法规

《中华人民共和国社会保险法》规定：

因工伤发生的下列费用，按照国家规定由用人单位支付：

（1）治疗工伤期间的工资福利；

（2）五级、六级伤残职工按月领取的伤残津贴；

（3）终止或者解除劳动合同时，应当享受的一次性伤残就业补助金。

5.1.11.3　相关范畴

规定单位承担部分工伤费用，是为了增强单位的工伤预防责任。按照现行《工伤保险条例》的规定，工伤保险待遇由两个渠道支付：大部分工伤保险待遇由工伤保险基金支付，另一部分工伤保险待遇由用人单位支付。意在分散用人单位工伤风险的同时，引导用人单位增强安全生产和劳动保护的责任感，更好地降低工伤风险，从而保护劳动者的职业安全。

5.1.12　工伤医疗待遇

5.1.12.1　基本规定

职工因工作原因遭受事故伤害或者患职业病进行治疗，享受医疗费、伙食补助费、交通食宿费等工伤医疗待遇。

5.1.12.2　相关法规

《工伤保险条例》规定：

职工因工作遭受事故伤害或者患职业病进行治疗，享受工伤医疗待遇。

职工治疗工伤应当在签订服务协议的医疗机构就医，情况紧急时可以先到就近的医疗机构急救。

治疗工伤所需费用符合工伤保险诊疗项目目录、工伤保险药品目录、工伤保险住院服务标准的，从工伤保险基金支付。工伤保险诊疗项目目录、工伤保险药品目录、工伤保险住院服务标准，由国务院社会保险行政部门会同国务院卫生行政部门、食品药品监督管理部门等部门制定。

职工住院治疗工伤的伙食补助费，以及经医疗机构出具证明，报经办机构同意，工伤职工到统筹地区以外就医所需的交通、食宿费用从工伤保险基金支付，基金支付的具体标准由统筹地区人民政府规定。

工伤职工治疗非工伤引发的疾病，不享受工伤医疗待遇，按照基本医疗保险办法处理。

5.1.12.3　相关范畴

（1）工伤保险待遇

工伤保险待遇是职工受到事故伤害或者患职业病后，享有的医疗救治和经济补偿等待遇的总称。工伤保险待遇包括工伤医疗待遇与工伤经济补偿待遇。工伤医疗待遇为实物待遇（服务待遇），工伤经济补偿待遇为现金待遇。

（2）工伤医疗待遇的组成

工伤医疗待遇是工伤职工享有的医疗救治待遇，是工伤职工的一项基本待遇。主要包括四项：

一是医疗费。治疗工伤所需的挂号费、医疗康复费、药费、住院费等费用，如符合工伤保险诊疗项目目录、工伤保险药品目录、工伤保险住院服务标准，从工伤保险基金中支付。

二是住院伙食补助费。工伤职工治疗工伤需要住院的，由工伤保险基金支付一定标准的住院伙食补助费。《中华人民共和国社会保险法》颁布前，工伤职工需要住院治疗工伤的，由所在单位按照本单位因公出差伙食补助标准的70%发给住院伙食补助费。根据《中华人民共和国社会保险法》和现行的《工伤保险条例》的规定，原由用人单位支付的住院伙食补助费，改为从工伤保险基金中支付。

三是到统筹地区以外就医的交通食宿费。同住院伙食补助费一样，《中华人民共和国社会保险法》颁布前，经医疗机构出具证明，报社会保险经办机构同意，工伤职工到统筹地区以外就医治疗的，所需交通、食宿费用由所在单位按照本单位职工因公出差标准报销。根据《中华人民共和国社会保险法》和现行的《工伤保险条例》规定，此项费用改为从工伤保险基金中支出。

四是工伤治疗期间的工资福利待遇。工伤职工需要停止工作接受治疗的，享受由用人单位支付的工资福利。

（3）工伤保险药品目录

根据《国家医保局 人力资源和社会保障部关于印发〈国家基本医疗保险、工伤保险和生育保险药品目录〉的通知》，基本医疗保险、工伤保险和生育保险基金准予支付费用的药品共计2643个。其中西药部分1279个，中成药1316个（含民族药93个），协议期内谈判药品部分48个（含西药43个、中成药5个）。

《药品目录》包括限工伤保险基金准予支付费用的品种6个。工伤保险支付药品费用时不区分甲、乙类。

"备注"栏中对部分药品规定了限定支付范围，工伤保险支付药品费用时不受限定支付范围限制。

（4）工伤保险诊疗项目目录

根据各地的实践，《基本医疗保险和工伤保险诊疗项目目录》采用排除法，分别列明基本医疗保险和工伤保险基金不予支付费用的诊疗项目目录、基本医疗保险基金支付部分费用的诊疗项目目录。属于基本医疗保险和工伤保险基金不予支付的诊疗项目，由参保人员自付；属于基本医疗保险基金支付部分费用的诊疗项目，先由基本医疗保险参保人员自付20%（个别项目采用特别自付比例），再由基本医疗保险基金按规定支付；工伤保险支付的，除基本医疗保险和工伤保险基金不予支付的诊疗项目外，其他诊疗项目不需参保人员个人自付。

（5）工伤保险住院服务设施目录

根据各地实践，《基本医疗保险和工伤保险医疗服务设施项目范围》分别规定了纳入基本医疗保险和工伤保险基金支付费用的医疗服务设施项目范围、基本医疗保险基金支付部分费用的医疗服务设施项目范围、基本医疗保险和工伤保险基金不予支付的医疗服务设施项目范围。属于基本医疗保险和工伤保险基金支付费用的医疗服务设施项目，按基本医疗保险和工伤保险的有关规定支付（基本医疗保险个人自付一定比例，工伤保险不需要个人自付）；属于基本医疗保险基金支付部分费用的医疗服务设施项目，先由基本医疗保险参保人员自付20%，再由基本医疗保险基金按规定支付，工伤保险则不需参保人员个人自付；属于基本医疗保险和工伤保险基金不予支付的医疗服务设施项目，由参保人员自付。

（6）抢救时可以扩大目录范围

根据各地实践，职工因工作遭受事故伤害或患职业病进行急救、抢救期间，用药、诊疗范围不受上述"三个目录"限制，由医疗机构根据工伤职工的救治需要实施救治。

5.1.13　工伤停工留薪待遇

5.1.13.1　基本规定

工伤职工因就医治疗而停止工作期间,原工资福利由单位按月支付,需要护理的由单位负责。

5.1.13.2　相关法规

《工伤保险条例》规定:

职工因工作遭受事故伤害或者患职业病需要暂停工作接受工伤医疗的,在停工留薪期内,原工资福利待遇不变,由所在单位按月支付。

停工留薪期一般不超过 12 个月。伤情严重或者情况特殊,经设区的市级劳动能力鉴定委员会确认,可以适当延长,但延长不得超过 12 个月。工伤职工评定伤残等级后,停发原待遇,按照有关规定享受伤残待遇。工伤职工在停工留薪期满后仍需治疗的,继续享受工伤医疗待遇。

生活不能自理的工伤职工在停工留薪期需要护理的,由所在单位负责。

5.1.13.3　相关范畴

(1)停工留薪的时限

工伤职工因为工作原因而受到事故伤害或患职业病,从公平性角度考虑,其暂停工作治疗工伤期间,应当视同提供了正常劳动,继续享有受到事故伤害或患职业病前的工资福利。为此,《工伤保险条例》规定了停工留薪期,即工伤职工暂停工作接受工伤治疗并保留原工资福利的时间。《工伤保险条例》规定,停工留薪期一般不超过 12 个月。伤情严重或者情况特殊的,经设区市一级的劳动能力鉴定委员会确认,可以适当延长,但延长不得超过 12 个月。

(2)治疗工伤期间的工资计算标准

停工留薪期间,受伤职工的原工资待遇不变,由所在单位按月支付。受伤职工的工资收入按因工作遭受事故伤害(或者患职业病)前 12 个月平均工资收入计算;不足 12 个月的,按实际发生月平均工资计算。

(3)治疗工伤期间的福利

一是工伤职工在治疗工伤期间,应继续享受用人单位提供的职工福利,用人单位不能以工伤职工停工治疗工伤为由,停止工伤职工的福利待遇。这些职工福利待遇包括:带薪假期、探亲假路费补贴、上下班交通补助、培训、过节补助、供养亲属半费医疗、冬季取暖补贴、住房津贴、集体商业保险、旅游福利等。二是指按照《工伤保险条例》的规定,对工伤职工在停工留薪期需要护理的,由所在单位负责护理和照顾的待遇。

5.1.14　工伤职工护理待遇

5.1.14.1　基本规定

经工伤认定的工伤职工,生活需要护理的,享受医疗期间的护理待遇与评残后的生活护理费待遇。

5.1.14.2　相关法规

《工伤保险条例》规定:

生活不能自理的工伤职工在停工留薪期需要护理的,由所在单位负责。

工伤职工已经评定伤残等级并经劳动能力鉴定委员会确认需要生活护理的,从工伤保险基金按月支付生活护理费。

生活护理费按照生活完全不能自理、生活大部分不能自理或者生活部分不能自理3个不同等级支付,其标准分别为统筹地区上年度职工月平均工资的50%、40%或者30%。

5.1.14.3　相关范畴

工伤职工护理待遇包括医疗期间护理待遇与生活护理费待遇。医疗期间的护理待遇是指生活不能自理的工伤职工在停工留薪期需要护理的,由所在单位负责。生活护理费待遇是指工伤职工已经评定伤残等级并经劳动能力鉴定委员会确认需要生活护理的,由工伤保险基金按月支付生活护理费。

5.1.14.4　地方示例

《上海市工伤保险实施办法》规定:工伤人员已经评定伤残等级并经鉴定委员会确认需要生活护理的,从工伤保险基金按月支付生活护理费。生活护理费按照生活完全不能自理、生活大部分不能自理或者生活部分不能自理3个不同等级支付,其标准分别为上年度全市职工月平均工资的 50%、40% 或者 30%。

5.1.15　工伤一级至四级伤残待遇

5.1.15.1　基本规定

劳动力能力鉴定为一级至四级伤残的工伤职工,享受一次性伤残补助金、按月享受伤残津贴等工伤保险待遇。

5.1.15.2　相关法规

《工伤保险条例》规定:

职工因工致残被鉴定为一级至四级伤残的,保留劳动关系,退出工作岗位,享受以下待遇:

从工伤保险基金按伤残等级支付一次性伤残补助金,标准为:一级伤残为 27 个月的本人工资,二级伤残为 25 个月的本人工资,三级伤残为 23 个月的本人工资,四级伤残为 21 个月的本人工资;

从工伤保险基金按月支付伤残津贴,标准为:一级伤残为本人工资的 90%,二级伤残为本人工资的 85%,三级伤残为本人工资的 80%,四级伤残为本人工资的 75%。伤残津贴实际金额低于当地最低工资标准的,由工伤保险基金补足差额;

职工因工致残被鉴定为一级至四级伤残的,由用人单位和职工个人以伤残津贴为基数,缴纳基本医疗保险费。

5.1.15.3　相关范畴

计算待遇的“本人工资”是指“缴费工资”。根据《工伤保险条例》规定,本人工资是指工伤职工因工作遭受事故伤害或者患职业病前 12 个月平均月缴费工资。本人工资高于统筹地区职工平均工资 300% 的,按照统筹地区职工平均工资的 300% 计算;本人工资低于统筹地区职工平均工资 60% 的,按照统筹地区职工平均工资的 60% 计算。

5.1.15.4　地方示例

《上海市工伤保险实施办法》规定:参加本市基本医疗保险的用人单位和工

伤人员以伤残津贴为基数,按月缴纳基本医疗保险费,享受基本医疗保险待遇。工伤人员到达法定退休年龄后,继续享受基本医疗保险待遇。工伤人员到达法定退休年龄,但不符合继续享受基本医疗保险待遇条件的,用人单位和工伤人员以伤残津贴为基数,按照基本医疗保险规定一次性缴纳基本医疗保险费至符合条件后,继续享受基本医疗保险待遇。

5.1.16　工伤五级至六级伤残待遇

5.1.16.1　基本规定

劳动力能力鉴定为五级至六级伤残的工伤职工,享受一次性伤残补助金、由单位安排适当工作或按月发放伤残津贴等工伤保险待遇。

5.1.16.2　相关法规

《工伤保险条例》规定:

职工因工致残被鉴定为五级、六级伤残的,享受以下待遇:

从工伤保险基金按伤残等级支付一次性伤残补助金,标准为:五级伤残为18个月的本人工资,六级伤残为16个月的本人工资;

保留与用人单位的劳动关系,由用人单位安排适当工作。难以安排工作的,由用人单位按月发给伤残津贴,标准为:五级伤残为本人工资的70%,六级伤残为本人工资的60%,并由用人单位按照规定为其缴纳应缴纳各项社会保险费。伤残津贴实际金额低于当地最低工资标准的,由用人单位补足差额。

经工伤职工本人提出,该职工可以与用人单位解除或者终止劳动关系,由工伤保险基金支付一次性工伤医疗补助金,由用人单位支付一次性伤残就业补助金。一次性工伤医疗补助金和一次性伤残就业补助金的具体标准由省、自治区、直辖市人民政府规定。

5.1.16.3　相关范畴

五级、六级伤残职工领取工伤残津贴需要符合领取条件。工伤职工被鉴定为五级、六级伤残的,也被称为大部分丧失劳动能力。对这部分职工,用人单位应当与其保留劳动关系,同时,鉴于大部分丧失劳动能力的工伤职工仍有部分劳动能力,在其身体机能恢复的基础上,应由用人单位安排适当工作。用人单位难以安排工作的,由用人单位向其按月支付伤残津贴。需要注意的是,被鉴定为五级、六级伤残的工伤职工并不当然获得伤残津贴,只有在其保留与用人单位的劳动关系,用人单位应予以安排适当工作但难以安排的时候,才由用人单位按月对其支付伤残津贴。用人单位应积极为五、六级伤残职工安排适当工作,保障其劳动权。

5.1.16.4　地方示例

《上海市工伤保险实施办法》规定:

工伤人员因工致残被鉴定为五级、六级伤残的,享受以下待遇:

(1)从工伤保险基金支付一次性伤残补助金。五级伤残的,为 18 个月的工伤人员本人工资;六级伤残的,为 16 个月。

(2)保留与用人单位劳动关系,由用人单位安排适当工作。难以安排工作的,由用人单位按月发给伤残津贴。五级伤残的,为工伤人员本人工资的70%;六级伤残的,为 60%。并由用人单位和工伤人员继续按照规定缴纳各项社会保险费。伤残津贴实际金额低于本市职工最低月工资标准的,由用人单位补足差额。

(3)经工伤人员本人提出,该工伤人员可以与用人单位解除或者终止劳动关系,由工伤保险基金支付一次性工伤医疗补助金,由用人单位支付一次性伤残就业补助金。五级伤残的,分别为 18 个月的上年度全市职工月平均工资;六级伤残的,分别为 15 个月。

(4)经工伤人员本人提出与用人单位解除劳动关系,且解除劳动关系时距法定退休年龄不足 5 年的,不足年限每减少 1 年,一次性工伤医疗补助金和一次性伤残就业补助金递减 20%,但属于《中华人民共和国劳动合同法》第三十八条规定的情形除外。

5.1.17　工伤七级至十级伤残待遇

5.1.17.1　基本规定

劳动力能力鉴定为七级至十级伤残的工伤职工,享受一次性伤残补助金、一次性工伤医疗补助金和一次性伤残就业补助金待遇。

5.1.17.2 相关法规

《工伤保险条例》规定：

职工因工致残被鉴定为七级至十级伤残的,享受以下待遇:

从工伤保险基金按伤残等级支付一次性伤残补助金,标准为:七级伤残为13个月的本人工资,八级伤残为11个月的本人工资,九级伤残为9个月的本人工资,十级伤残为7个月的本人工资;

劳动、聘用合同期满终止,或者职工本人提出解除劳动、聘用合同的,由工伤保险基金支付一次性工伤医疗补助金,由用人单位支付一次性伤残就业补助金。一次性工伤医疗补助金和一次性伤残就业补助金的具体标准由省、自治区、直辖市人民政府规定。

5.1.17.3 相关范畴

一次性工伤医疗补助金和一次性伤残就业补助金是五级至十级伤残的工伤职工享受的一项待遇。其中属于七级至十级伤残的,劳动合同期满可以终止,或者可由职工本人提出解除劳动合同,在此情况下,由工伤保险基金支付一次性工伤医疗补助金,由就业单位按规定发放一次性伤残就业补助金。

5.1.17.4 地方示例

《上海市工伤保险实施办法》规定:

工伤人员因工致残被鉴定为七级至十级伤残的,享受以下待遇:

(1)从工伤保险基金支付一次性伤残补助金。七级伤残的,为13个月的工伤人员本人工资;八级伤残的,为11个月;九级伤残的,为9个月;十级伤残的,为7个月。

(2)劳动合同期满终止,或者工伤人员本人提出解除劳动合同的,由工伤保险基金支付一次性工伤医疗补助金,由用人单位支付一次性伤残就业补助金。七级伤残的,分别为12个月的上年度全市职工月平均工资;八级伤残的,分别为9个月;九级伤残的,分别为6个月;十级伤残的,分别为3个月。

(3)经工伤人员本人提出与用人单位解除劳动关系,且解除劳动关系时距法定退休年龄不足5年的,不足年限每减少1年,一次性工伤医疗补助金和一次性伤残就业补助金递减20%,但属于《中华人民共和国劳动合同法》第三十八条规定的情形除外。

5.1.18 工亡待遇

5.1.18.1 基本规定

因工死亡的职工,可以享有丧葬补助金、供养亲属抚恤金和一次性工亡补助金等工亡待遇。

5.1.18.2 相关法规

《工伤保险条例》规定:

职工因工死亡,其近亲属按照下列规定从工伤保险基金领取丧葬补助金、供养亲属抚恤金和一次性工亡补助金:

丧葬补助金为 6 个月的统筹地区上年度职工月平均工资;

供养亲属抚恤金按照职工本人工资的一定比例发给由因工死亡职工生前提供主要生活来源、无劳动能力的亲属,标准为:配偶每月 40%,其他亲属每人每月 30%,孤寡老人或者孤儿每人每月在上述标准的基础上增加 10%,核定的各供养亲属的抚恤金之和不应高于因工死亡职工生前的工资,供养亲属的具体范围由国务院社会保险行政部门规定;

一次性工亡补助金标准为上一年度全国城镇居民人均可支配收入的 20 倍。

5.1.18.3 地方示例

《上海市工伤保险实施办法》规定:

从业人员因工死亡,其近亲属按照下列规定从工伤保险基金领取丧葬补助金、供养亲属抚恤金和一次性工亡补助金:

(1)丧葬补助金为从业人员因工死亡时 6 个月的上年度全市职工月平均工资。

(2)供养亲属抚恤金按照从业人员生前本人工资的一定比例发给其生前提供主要生活来源、无劳动能力的亲属。其中,配偶每月 40%,其他亲属每人每月 30%;孤寡老人或者孤儿每人每月在上述标准的基础上增加 10%。核定的各供养亲属的抚恤金之和不应高于因工死亡人员生前本人工资。

（3）一次性工亡补助金标准为从业人员因工死亡时上一年度全国城镇居民人均可支配收入的 20 倍。

工伤人员在停工留薪期内因工伤导致死亡的,其近亲属享受本规定的待遇。

致残一级至四级的工伤人员在停工留薪期满后死亡的,其近亲属可以享受本规定第一项、第二项的待遇。

供养亲属的具体范围,按照国家有关规定执行。

5.1.19 工伤职工辅助器具配置待遇

5.1.19.1 基本规定

工伤职工可以安装假肢、配备轮椅等,按规定由工伤保险基金支付费用。

5.1.19.2 相关法规

《工伤保险条例》规定:工伤职工因日常生活或者就业需要,经劳动能力鉴定委员会确认,可以安装假肢、矫形器、假眼、假牙和配置轮椅等辅助器具,所需费用按照国家规定的标准从工伤保险基金支付。

5.1.19.3 相关范畴

工伤职工伤残后因日常生活或者就业需要,经劳动能力鉴定委员会确认需要配置辅助器具的,可以安装假肢、矫形器、假眼、假牙或配置轮椅等辅助器具,所需费用按照国家规定的标准从工伤保险基金中支付。伤残辅助器具应当按照国内普及性标准报销费用。

5.1.19.4 地方示例

《上海市工伤保险实施办法》规定:工伤人员因日常生活或者就业需要,经鉴定委员会确认,应当选择到与社保经办机构签订服务协议的辅助器具配置机构安装假肢、矫形器、假眼、假牙和配置轮椅等辅助器具,所需费用符合国家和本市辅助器具安装配置项目和标准的,从工伤保险基金支付,并由社保经办机构与辅助器具配置机构结算。

5.1.20 工伤康复待遇

5.1.20.1 基本规定

符合要求的工伤康复费用,由工伤保险基金支付。

5.1.20.2 相关法规

《工伤保险条例》规定:工伤职工到签订服务协议的医疗机构进行工伤康复的费用,符合规定的,从工伤保险基金支付。

5.1.20.3 相关范畴

工伤职工按照签订服务协议的医疗机构建议,并经劳动鉴定委员会批准,到签订服务协议的康复医疗机构进行康复治疗期间,或安排工伤职工进行康复训练期间,应享受工伤医疗待遇和停工留薪期待遇。工伤职工进行康复性治疗的有关费用,按照国家规定从工伤保险基金中支付。康复性治疗一般包括:医疗护理;社会、心理和其他方面的咨询和协助;自理训练,包括行动、交往及日常生活技能训练;并为听觉、视觉受损者提供所需的特殊器具。

5.1.20.4 地方示例

《上海市工伤保险实施办法》规定:

工伤人员需要进行工伤康复的,应当选择与市医保经办机构签订服务协议的工伤康复机构。

工伤人员到工伤康复机构进行工伤康复的费用,符合国家和本市工伤康复服务项目、工伤康复诊疗规范的,从工伤保险基金支付。

5.1.21 工伤待遇调整

5.1.21.1 基本规定

工伤待遇标准随平均工资和生活费用的变化进行调整。

5.1.21.2　相关法规

《工伤保险条例》规定:伤残津贴、供养亲属抚恤金、生活护理费由统筹地区社会保险行政部门根据职工平均工资和生活费用变化等情况适时调整。调整办法由省、自治区、直辖市人民政府规定。

5.1.21.3　地方示例

《上海市工伤保险实施办法》规定:伤残津贴、供养亲属抚恤金、生活护理费的标准,由市人力资源和社会保障局根据全市职工平均工资和生活费用变化等情况适时调整。调整办法由市人力资源和社会保障局拟订,报市人民政府批准后执行。

5.1.22　伤残待遇与养老金待遇的衔接

5.1.22.1　基本规定

符合养老金领取条件的,领取养老金待遇,中止伤残津贴待遇。如果养老金低于伤残待遇,由工伤保险基金进行补差。

5.1.22.2　相关法规

《工伤保险条例》规定:工伤职工达到退休年龄并办理退休手续后,停发伤残津贴,按照国家有关规定享受基本养老保险待遇。基本养老保险待遇低于伤残津贴的,由工伤保险基金补足差额。

5.1.22.3　相关范畴

(1)符合领取基本养老保险金条件的,停发伤残津贴

按照《中华人民共和国社会保险法》第十六条的规定,参加基本养老保险的职工符合两个条件,即可享受基本养老保险待遇:一是达到法定退休年龄,一般是男60周岁、女干部55周岁、女工人50周岁;二是按照规定累计缴纳基本养老保险费满15年。享受伤残津贴待遇的工伤职工,如果达到了领取基本养老金的条件,将不再享受伤残津贴待遇,转而享受基本养老保险待遇。

（2）不符合领取基本养老保险金条件的，继续享受伤残津贴

享受伤残待遇的工伤职工，可能因不符合缴纳基本养老保险费年限条件而不能享受基本养老保险待遇。在这种情况下，则应继续享受伤残津贴。比如，根据《工伤保险条例》规定，职工因工致残被鉴定为一级至四级伤残的，要由用人单位和职工个人以伤残津贴为基数，缴纳基本医疗保险费，未规定应缴纳基本养老保险费。因此，一级至四级伤残职工缴纳养老保险费的年限可能达不到领取基本养老金的最低年限，因而不符合领取基本养老金的条件。

（3）基本养老保险待遇和伤残津贴待遇对比补差

在享受伤残津贴的工伤职工转为享受基本养老保险待遇时，应将基本养老保险待遇与伤残津贴进行一次对比。对比的目的是，确保工伤职工享受的基本养老保险待遇不低于伤残津贴待遇。如果工伤职工享受的基本养老保险待遇低于伤残津贴待遇的，应当按照伤残津贴的标准补足差额。

5.1.23　用人单位未缴纳工伤保险费应承担的责任

5.1.23.1　基本规定

若用人单位没有为职工缴纳工伤保险费，由单位按规定承担工伤保险待遇的责任。

5.1.23.2　相关法规

《中华人民共和国社会保险法》规定：

职工所在用人单位未依法缴纳工伤保险费，发生工伤事故的，由用人单位支付工伤保险待遇。用人单位不支付的，从工伤保险基金中先行支付。

从工伤保险基金中先行支付的工伤保险待遇应当由用人单位偿还。用人单位不偿还的，社会保险经办机构可以依照本法第六十三条的规定追偿。

5.1.23.3　相关范畴

（1）用人单位如未缴纳工伤保险费应承担工伤保险责任

用人单位须缴纳工伤保险费，是国家以法律的形式规定的，具有强制性。凡是纳入工伤保险范围的用人单位，应当按照规定按时、足额缴纳工伤保险费，以

保证基金的支付能力,保障工伤职工及时获得医疗救治和经济补偿。用人单位必须按照法律的规定履行缴费义务,否则就是一种违法行为,要依法承担相应的法律责任。可是在现实中,可能存在用人单位应当缴费而未缴费的情况。用人单位不依法缴纳工伤保险费,并不影响职工的工伤保险权益。按照《工伤保险条例》规定,用人单位应当参加工伤保险而未参加的,其职工发生工伤后,由该用人单位按照国家规定的工伤保险待遇项目和标准支付费用,使工伤职工得到及时医疗救治和经济补偿。

(2)用人单位不支付工伤保险待遇时,由工伤保险基金先行支付

工伤基金先行支付,是指在工伤事故发生后,未缴纳工伤保险费的用人单位不向工伤职工支付工伤保险待遇时,由工伤保险基金先行支付。工伤保险基金的先行支付属于垫付性质,用人单位应当偿还,否则社会保险经办机构有权向用人单位追偿。对未缴纳工伤保险费又不承担工伤保险责任的用人单位的工伤职工,从工伤保险基金先行支付工伤保险待遇,客观上讲是与社会保险"权利与义务对等"的原则有所冲突。但如果不建立工伤保险基金先行支付的制度,不少受到伤害的职工,特别是农民工,不能得到医疗救治,伤情恶化,继而危及生命,也会影响到社会的稳定。用人单位不履行缴纳工伤保险费的义务,其不利后果不能由工伤职工承担。因此,在用人单位未缴纳工伤保险费又不支付工伤保险待遇的情况下,由工伤保险基金先行向工伤职工支付相应待遇,是确保工伤职工获得及时医疗救治的有效办法, 也体现了社会保险制度的人性化、共济性。

(3)用人单位不偿还工伤保险基金先行支付的工伤保险待遇,社会保险经办机构应依法追偿

从保护工伤职工利益出发,用人单位未依法缴纳工伤保险费,该单位职工的工伤保险权益并不受影响,如果发生工伤事故,用人单位不支付工伤保险待遇的,可从工伤保险基金中先行支付。但由工伤保险基金先行支付工伤保险待遇,不意味着工伤保险责任的转移,工伤保险待遇仍要由用人单位偿还。用人单位不偿还工伤保险基金先行支付的工伤保险待遇的, 社会保险经办机构有权追偿,具体方式可以按照《中华人民共和国社会保险法》第六十三条的规定执行。赋予社会保险经办机构追偿权,是维护工伤保险法律严肃性、保证工伤

保险基金安全的重要手段。

5.1.24 工伤事故中的第三方责任

5.1.24.1 基本规定

由第三方原因造成工伤时,由第三方承担相应责任。

5.1.24.2 相关法规

《中华人民共和国社会保险法》规定:由于第三人的原因造成工伤,第三人不支付工伤医疗费用或者无法确定第三人的,由工伤保险基金先行支付。工伤保险基金先行支付后,有权向第三人追偿。

5.1.24.3 相关范畴

由于第三人原因造成的工伤,工伤医疗费用原则上应由第三人承担。

(1)关于第三人侵权责任

第三人是指除工伤职工本人、用人单位以外的其他人。《中华人民共和国侵权责任法》第三十七条第二款规定:"因第三人的行为造成他人损害的,由第三人承担侵权责任。"《最高人民法院关于审理人身损害赔偿案件适用法律若干问题的解释》第十二条规定,因用人单位以外的第三人侵权造成劳动者人身损害,赔偿权利人请求第三人承担民事赔偿责任的,人民法院应予支持。因此,第三人侵权造成工伤的,侵权人应当依法承担赔偿责任。在目前的工伤保险争议中,第三人侵权的情形大多发生在上下班途中的机动车事故伤害、外出工作期间的意外伤害,以及在工作场所内因第三方提供的产品质量缺陷造成工伤等情形,那么,交通事故肇事者、意外事件致害人,以及产品提供者等应当承担第三人侵权责任。

(2)第三人应承担的民事赔偿责任

一是受害人遭受人身损害,因就医治疗支出的各项费用及因误工减少的收入,包括医疗费、误工费、护理费、交通费、住宿费、住院伙食补助费、必要的营养费,赔偿义务人应当予以赔偿。二是受害人因伤致残的,其因增加生活需要所支出的必要费用及因丧失劳动能力导致的收入损失,包括残疾赔偿金、残疾辅助器具费、被扶养人生活费,以及因康复护理、继续治疗实际发生的必要的康复费、护理费、后续治疗费,赔偿义务人也应当予以赔偿。三是受害人死亡的,赔偿义务人除应当根据抢救治疗情况赔偿相关费用外,还应当赔偿丧葬费、被扶养人生活费、死亡补偿费以及受害人亲属办理丧葬事宜支出的交通费、住宿费和误工损失等其他合理费用。四是受害人或者死者近亲属遭受精神损害,赔偿权利人向人民法院请求赔偿精神损害抚慰金的,适用《最高人民法院关于确定民事侵权精神损害赔偿责任若干问题的解释》予以确定。

(3)关于工伤医疗费用

由于第三人的原因造成工伤后,工伤职工的工伤医疗费用应当由第三人支付。这里所说的工伤医疗费用,包括因就医治疗支出的各项费用,以及因康复护理、继续治疗实际发生的必要的康复费、护理费、后续治疗费。具体在工伤保险制度下,则是指工伤职工治疗工伤所花费的诊疗、用药、住院服务费用,且符合工伤保险诊疗项目目录、工伤保险药品目录、工伤保险住院服务标准的。在第三人已经依法支付了工伤医疗费用的情况下,工伤保险基金不应当再次支付工伤医疗费用。

(4)关于工伤保险基金先行支付的条件

由于第三人原因造成工伤,工伤保险基金不应当承担工伤医疗费用。但为了确保工伤职工能够及时得到救治,在两种情形下,需由工伤保险基金先行支付工伤医疗费用:一是造成工伤的第三人不支付工伤医疗费用,所谓不支付,是指工伤职工受到伤害后急需治疗,第三人拒绝支付或者没有经济能力支付工伤医疗费用,二是非用人单位原因造成职工工伤,造成工伤的责任主体不能确定,或者是否由第三人原因造成工伤尚未确认,无法明确工伤医疗费用的承担者。在上述两种情况下,即因第三人的原因造成工伤但第三人拒绝支付工伤医疗费用或者第三人无法确定的前提条件下,由工伤保险基金先行支付工伤医疗费用。如此规定,表明基于第三人原因造成的工伤,侵权赔偿主体应当是第三人。但由于第三人拒绝承担责任,或者在不能确定第三人的情况下,为保障工伤职工的权益,使其及时得到医疗救治,规定由工伤保险基金先行支付工伤医疗费用。

(5)工伤基金先行支付的性质

工伤保险基金先行支付工伤医疗费用,不意味着工伤医疗费用支付主体的改变,该义务的法定履行主体仍是第三人。因第三人原因造成的工伤,工伤保险基金本不应承担工伤医疗费用,而应由第三人承担,即第三人有义务帮助工伤职工治疗工伤,支付所产生的医疗费用。工伤保险基金的先行支付属于垫付性质,应当依法向第三人追偿。即工伤职工向第三人主张赔偿的请求权转给工伤保险基金。换言之,赔偿请求权转给管理工伤保险基金的经办机构,后者就可以向第三人主张这一债权。工伤保险基金追偿额的范围,以其先行支付的额度为限。

5.1.25　停止工伤待遇的情形

5.1.25.1　基本规定

当工伤职工丧失工伤待遇条件时,停止支付工伤保险待遇。

5.1.25.2　相关法规

《中华人民共和国社会保险法》规定:
工伤职工有下列情形之一的,停止享受工伤保险待遇:
(1)丧失享受待遇条件的;
(2)拒不接受劳动能力鉴定的;
(3)拒绝治疗的。

5.1.25.3　相关范畴

工伤职工(或享受抚恤的遗属)享受工伤保险待遇的权利,与一定的条件和义务相对应。当丧失了享受的条件或不履行义务时,就失去了相应的权利。这也正是社会保险制度中"权利义务相关原则"的具体体现。停止支付工伤保险待遇主要有以下情形:

(1)丧失享受待遇条件

工伤保险制度保护的对象是特定人群,即工伤职工,旨在保障工伤职工遭受意外伤害或者患职业病而丧失或者部分丧失劳动能力时的医疗救治和经济补偿。如果工伤职工在享受工伤保险待遇期间情况发生变化,不再具备享受工伤保险待遇的条件,如劳动能力完全恢复而无需工伤保险制度提供保障时,就应当停发工伤保险待遇。此外,工亡职工的亲属,在某些情形下,也将丧失享受有关待遇的条件,如享受抚恤金的工亡职工的子女达到一定的年龄或者就业后,丧失享受遗属抚恤待遇的条件;享受抚恤金的工亡职工的亲属死亡的,丧失享受遗属抚恤待遇的条件等。

（2）拒不接受劳动能力鉴定

劳动能力鉴定是伤残的工伤职工享受不同等级工伤保险待遇的前提。工伤职工经治疗伤情相对稳定,存在残疾,影响劳动能力的,只有经过劳动能力鉴定,才能享受相应级别的工伤保险待遇。换言之,劳动能力不同程度的丧失,使劳动者可能因此不能从事原本适合的正常职业,甚至导致不能再从事任何工作的结果,也有可能恢复劳动能力可以继续从事适合他的职业或者工作。而这一切都必须通过劳动能力鉴定来确定。劳动能力鉴定结论是确定不同程度的补偿、合理调换工作岗位和恢复工作等的科学依据。如果工伤职工没有正当理由,拒不接受劳动能力鉴定,一方面工伤保险待遇无法确定,另一方面也表明这些工伤职工并不愿意接受工伤保险制度提供的帮助。鉴于此,就不应当再享受工伤保险待遇。

根据《工伤保险条例》规定,劳动能力鉴定包括初次鉴定、再次鉴定、复查鉴定,在这三个环节,工伤职工都应当依照法律法规规定接受劳动能力鉴定,而不能拒绝。一是初次鉴定。职工发生工伤,经治疗伤情相对稳定后存在残疾、影响劳动能力的,应当进行劳动能力鉴定。二是再次鉴定。申请鉴定的单位或者个人对设区的市级劳动能力鉴定委员会做出的鉴定结论不服的,可以在收到该鉴定结论之日起15日内向省、自治区、直辖市劳动能力鉴定委员会提出再次鉴定申请。如果用人单位申请再次鉴定,则工伤职工应当按照省、自治区、直辖市劳动能力鉴定委员会的安排进行再次鉴定。三是复查鉴定。自劳动能力鉴定结论做出之日起1年后,工伤职工或者其直系亲属、所在单位或者经办机构认为伤残情况发生变化的,可以申请劳动能力复查鉴定。如果用人单位或者社会保险经办机构申请复查鉴定,则工伤职工应当按照劳动能力鉴定委员会的安排进行复查鉴定。

（3）拒绝治疗

提供医疗救治,帮助工伤职工恢复劳动能力、重返社会,是工伤保险制度的重要目的之一,因而职工遭受工伤事故或患职业病后,有享受工伤医疗待遇的权利,也有积极配合医疗救治的义务。如果无正当理由拒绝治疗,就有悖于促进职业康复的宗旨。规定拒绝治疗的不得再继续享受工伤保险待遇,就是为了促进工伤职工积极医治,尽可能地恢复劳动能力,提高自己的生活质量。

5.1.26 工伤预防费用

5.1.26.1 基本规定

从工伤保险基金中提取工伤预防费用,用于工伤保险宣传、培训等支出。

5.1.26.2 相关法规

《工伤保险条例》规定:

工伤保险基金存入社会保障基金财政专户,用于本条例规定的工伤保险待遇,劳动能力鉴定,工伤预防的宣传、培训等费用,以及法律、法规规定的用于工伤保险的其他费用的支付。

工伤预防费用的提取比例、使用和管理的具体办法,由国务院社会保险行政部门会同国务院财政、卫生行政、安全生产监督管理等部门规定。

《工伤预防费使用管理暂行办法》规定:

工伤预防费是指统筹地区工伤保险基金中依法用于开展工伤预防工作的费用。工伤预防费用于工伤事故和职业病预防宣传和培训支出。

在保证工伤保险待遇支付能力和储备金留存的前提下,工伤预防费的使用原则上不得超过统筹地区上年度工伤保险基金征缴收入的3%。因工伤预防工作需要,经省级人力资源和社会保障部门和财政部门同意,可以适当提高工伤预防费的使用比例。

5.1.26.3 地方示例

《北京市工伤预防费使用管理暂行办法》规定:

工伤预防费用于工伤事故和职业病预防的宣传、培训项目的支出,优先用于工伤事故伤害、职业病高发的本市参保单位和参保职工。

在保证本市工伤保险待遇支付能力和储备金留存充足的前提下,工伤预防费的使用不得超过本市上年度工伤保险基金征缴收入的3%。

5.1.27　工伤保险储备金

5.1.27.1　基本规定

工伤保险基金中要预留一定比例的储备金，以应对重大事故风险。

5.1.27.2　相关法规

《工伤保险条例》规定：工伤保险基金应当留有一定比例的储备金，用于统筹地区重大事故的工伤保险待遇支付；储备金不足支付的，由统筹地区的人民政府垫付。储备金占基金总额的具体比例和储备金的使用办法，由省、自治区、直辖市人民政府规定。

5.1.27.3　地方示例

《关于印发〈上海市工伤保险储备金管理使用办法〉的通知》规定：工伤保险储备金主要用于本市重特大工伤伤亡事故的应急处理和当年工伤保险基金收不抵支，且历年滚存结余不足以保证支付需求时工伤保险待遇的支付。工伤保险储备金按年提取，提取的金额不超过上年全市工伤保险费征缴额的 10%，当储备金累积总量达到上年全市工伤保险费征缴额的 30% 时，不再提取。

5.1.28　工伤保险基金管理

5.1.28.1　基本规定

工伤保险基金存入财政专户，专款专用，按规定计算利息。

5.1.28.2　相关法规

《工伤保险条例》规定：

工伤保险基金存入社会保障基金财政专户，用于本条例规定的工伤保险待遇，劳动能力鉴定，工伤预防的宣传、培训等费用，以及法律、法规规定的用于工伤保险的其他费用的支付。

任何单位或者个人不得将工伤保险基金用于投资运营、兴建或者改建办公场所、发放奖金，或者挪作其他用途。

5.1.28.3　地方示例

《上海市工伤保险实施办法》规定：

工伤保险基金实行全市统筹,存入本市市级社会保障基金财政专户,专款专用,任何单位和个人不得擅自动用。

市人力资源和社会保障局依法对工伤保险费的征缴和工伤保险基金的支付情况进行监督检查。

市财政、审计部门依法对工伤保险基金的收支、管理情况进行监督。

5.1.29　工伤保险组织管理

5.1.29.1　基本规定

人力资源和社会保障部负责工伤保险政策制定与总体监管,各地人力资源和社会保障主管部门落实工伤保险政策,进行具体监管。

各级社会保险经办机构负责工伤保险基金管理和工伤保险待遇发放,各级税务部门负责社会保险费征缴,各级财政和审计部门负责工伤保险基金监督与审计。

5.1.29.2　相关法规

《工伤保险条例》规定：

国务院社会保险行政部门负责全国的工伤保险工作。

县级以上地方各级人民政府社会保险行政部门负责本行政区域内的工伤保险工作。

社会保险行政部门按照国务院有关规定设立的社会保险经办机构具体承办工伤保险事务。

2018 年 3 月 21 日,中共中央印发的《深化党和国家机构改革方案》规定:为提高社会保险资金征管效率,将基本养老保险费、基本医疗保险费、失业保险费等各项社会保险费交由税务部门统一征收。

5.1.30　工伤保险数据

《2018 年度人力资源和社会保障事业发展统计公报》显示：

2018 年末全国参加工伤保险人数为 23874 万人,比上年末增加 1151 万人。截至 2018 年末, 全国新开工工程建设项目工伤保险参保率为 99%。全年认定(视同)工伤 110 万人,评定伤残等级 56.9 万人。全年有 199 万人次享受工伤保险待遇。

全年工伤保险基金收入 913 亿元,基金支出 742 亿元。年末工伤保险基金累计结存 1785 亿元(含储备金 294 亿元)。

5.2　残疾人保障制度

残疾人保障制度是有关残疾预防、残疾人康复、残疾人教育、残疾人就业、残疾人救助、残疾人优待等规定的总称。本节根据《中华人民共和国残疾人保障法》《残疾人就业条例》《残疾预防和残疾人康复条例》《残疾人教育条例》等,对残疾保障的有关规定进行阐述。

5.2.1　一般规定

《中华人民共和国残疾人保障法》规定:

残疾人是指在心理、生理、人体结构上,某种组织、功能丧失或者不正常,全部或者部分丧失以正常方式从事某种活动能力的人。

残疾人包括视力残疾、听力残疾、言语残疾、肢体残疾、智力残疾、精神残疾、多重残疾和其他残疾的人。

国家有计划地开展残疾预防工作,宣传、普及母婴保健和预防残疾的知识,建立健全出生缺陷预防和早期发现、早期治疗机制,针对遗传、疾病、药物、事故、灾害、环境污染和其他致残因素,组织和动员社会力量,采取措施,预防残疾的发生,减轻残疾程度。

5.2.2　残疾预防

《残疾预防和残疾人康复条例》规定:

残疾预防,是指针对各种致残因素,采取有效措施,避免个人心理、生理、人体结构上某种组织、功能的丧失或者异常,防止全部或者部分丧失正常参与社会活动的能力。

残疾预防工作应当覆盖全人群和全生命周期,以社区和家庭为基础,坚持普遍预防和重点防控相结合。

县级以上人民政府组织有关部门、残疾人联合会等实施残疾监测和制定并实施残疾预防工作计划。

卫生等部门做好残疾预防工作,针对遗传、疾病、药物等致残因素,采取相应措施消除或者降低致残风险,加强临床早期康复介入,减少残疾的发生。

公安、安全生产监督管理、食品药品监督管理、环境保护、防灾减灾救灾等部门应针对事故、环境污染、灾害等致残因素,采取相应措施,减少残疾的发生。

具有高度致残风险的用人单位应加强伤残预防相关知识培训,告知作业场所和工作岗位存在的致残风险,并采取防护措施,提供防护设施和防护用品。

未成年人、老年人的监护人或者家庭成员应当增强残疾预防意识,采取有针对性的残疾预防措施。

5.2.3　残疾人康复

《残疾预防和残疾人康复条例》规定:

残疾人康复,是指在残疾发生后综合运用医学、教育、职业、社会、心理和辅助器具等措施,帮助残疾人恢复或者补偿功能,减轻功能障碍,增强生活自理和社会参与能力。

县级以上人民政府应当建立和完善以社区康复为基础、康复机构为骨干、残疾人家庭为依托的残疾人康复服务体系,优先开展残疾儿童康复工作,实行康复与教育相结合。

康复机构应当具有符合无障碍环境建设要求的服务场所以及与所提供康复服务相适应的专业技术人员、设施设备等条件,建立完善的康复服务管理制度。

提供残疾人康复服务,应当针对残疾人的健康、日常活动、社会参与等需求进行评估,依据评估结果制定个性化康复方案,并根据实施情况对康复方案进行调整优化。

5.2.4 残疾人教育

《中华人民共和国残疾人保障法》规定:

各级人民政府对接受义务教育的残疾学生、贫困残疾人家庭的学生提供免费教科书,并给予寄宿生活费等费用补助;对接受义务教育以外其他教育的残疾学生、贫困残疾人家庭的学生按照国家有关规定给予资助。

普通教育机构对具有接受普通教育能力的残疾人实施教育,并为其学习提供便利和帮助。普通小学、初级中等学校,必须招收能适应其学习生活的残疾儿童、少年入学;普通高级中等学校、中等职业学校和高等学校,必须招收符合国家规定的录取要求的残疾考生入学,不得因其残疾而拒绝招收。普通幼儿教育机构应当接收能适应其生活的残疾幼儿。

残疾幼儿教育机构、普通幼儿教育机构附设的残疾儿童班、特殊教育机构的学前班、残疾儿童福利机构、残疾儿童家庭,对残疾儿童实施学前教育。

初级中等以下特殊教育机构和普通教育机构附设的特殊教育班,对不具有接受普通教育能力的残疾儿童、少年实施义务教育。

高级中等以上特殊教育机构、普通教育机构附设的特殊教育班和残疾人职业教育机构,对符合条件的残疾人实施高级中等以上文化教育、职业教育。

特殊教育教师和手语翻译,享受特殊教育津贴。

5.2.5 残疾人就业

《中华人民共和国残疾人保障法》规定:

各级人民政府应当对残疾人劳动就业统筹规划,为残疾人创造劳动就业条件。

政府和社会举办残疾人福利企业、盲人按摩机构和其他福利性单位,集中安排残疾人就业。

国家机关、社会团体、企业事业单位、民办非企业单位应当按照规定的比例安排残疾人就业,并为其选择适当的工种和岗位。达不到规定比例的,按照国家有关规定履行保障残疾人就业义务。

国家对安排残疾人就业达到、超过规定比例或者集中安排残疾人就业的用人单位和从事个体经营的残疾人,依法给予税收优惠,并在生产、经营、技术、资金、物资、场地等方面给予扶持。国家对从事个体经营的残疾人,免除行政事业性收费。

地方各级人民政府应当开发适合残疾人就业的公益性岗位。

政府有关部门设立的公共就业服务机构,应当为残疾人免费提供就业服务。

《残疾人就业条例》规定:

用人单位应当按照一定比例安排残疾人就业,并为其提供适当的工种、岗位。用人单位安排残疾人就业的比例不得低于本单位在职职工总数的 1.5%。具体比例由省、自治区、直辖市人民政府根据本地区的实际情况规定。

用人单位安排残疾人就业达不到其所在地省、自治区、直辖市人民政府规定比例的,应当缴纳残疾人就业保障金。

政府和社会依法兴办的残疾人福利企业、盲人按摩机构和其他福利性单位(以下统称集中使用残疾人的用人单位),应当集中安排残疾人就业。

集中使用残疾人的用人单位中从事全日制工作的残疾人职工,应当占本单位在职职工总数的 25% 以上。

国家对集中使用残疾人的用人单位依法给予税收优惠,并在生产、经营、技术、资金、物资、场地使用等方面给予扶持。

国家鼓励扶持残疾人自主择业、自主创业。对残疾人从事个体经营的,应当依法给予税收优惠,有关部门应当在经营场地等方面给予照顾,并按照规定免收管理类、登记类和证照类的行政事业性收费。

国家对自主择业、自主创业的残疾人在一定期限内给予小额信贷等扶持。

《财政部 国家税务总局 中国残疾人联合会关于印发〈残疾人就业保障金征收使用管理办法〉的通知》规定:

用人单位安排残疾人就业的比例不得低于本单位在职职工总数的 1.5%。具体比例由各省、自治区、直辖市人民政府根据本地区的实际情况规定。

用人单位安排残疾人就业达不到其所在地省、自治区、直辖市人民政府规定比例的,应当缴纳保障金。

保障金按上年用人单位安排残疾人就业未达到规定比例的差额人数和本

单位在职职工年平均工资之积计算缴纳。计算公式如下：

保障金年缴纳额 =（上年用人单位在职职工人数 × 所在地省、自治区、直辖市人民政府规定的安排残疾人就业比例 – 上年用人单位实际安排的残疾人就业人数）× 上年用人单位在职职工年平均工资。

自工商登记注册之日起 3 年内，对安排残疾人就业未达到规定比例、在职职工总数 20 人以下（含 20 人）的小微企业，免征保障金。

保障金纳入地方一般公共预算统筹安排，主要用于支持残疾人就业和保障残疾人生活。

《关于印发〈关于完善残疾人就业保障金制度更好促进残疾人就业的总体方案〉的通知》规定：

（1）实行分档征收。将残保金由单一标准征收调整为分档征收，用人单位安排残疾人就业比例 1%（含）以上但低于本省（区、市）规定比例的，三年内按应缴费额 50% 征收；1% 以下的，三年内按应缴费额 90% 征收。

（2）暂免征收小微企业残保金。对在职职工总数 30 人（含）以下的企业，暂免征收残保金。

（3）明确社会平均工资口径。残保金征收标准上限仍按当地社会平均工资的 2 倍执行，社会平均工资的口径为城镇私营单位和非私营单位就业人员加权平均工资。

5.2.6 残疾人社会保险、救助与福利

《中华人民共和国残疾人保障法》规定：

残疾人及其所在单位应当按照国家有关规定参加社会保险。对生活确有困难的残疾人，按照国家有关规定给予社会保险补贴。

县级以上人民政府对残疾人搭乘公共交通工具，应当根据实际情况给予便利和优惠。残疾人可以免费携带随身必备的辅助器具。

盲人持有效证件免费乘坐市内公共汽车、电车、地铁、渡船等公共交通工具。盲人读物邮件免费寄递。

《残疾预防和残疾人康复条例》规定：

各级人民政府应当按照社会保险的有关规定将残疾人纳入基本医疗保险

范围,对纳入基本医疗保险支付范围的医疗康复费用予以支付;按照医疗救助的有关规定,对家庭经济困难的残疾人参加基本医疗保险给予补贴,并对经基本医疗保险、大病保险和其他补充医疗保险支付医疗费用后仍有困难的给予医疗救助。

国家建立残疾儿童康复救助制度,逐步实现 0~6 岁视力、听力、言语、肢体、智力等残疾儿童和孤独症儿童免费得到手术、辅助器具配置和康复训练等服务;完善重度残疾人护理补贴制度;通过实施重点康复项目为城乡贫困残疾人、重度残疾人提供基本康复服务,按照国家有关规定对基本型辅助器具配置给予补贴。

5.2.7　残疾人生活环境

《中华人民共和国残疾人保障法》规定:

新建、改建和扩建建筑物、道路、交通设施等,应当符合国家有关无障碍设施工程建设标准。

国家和社会研制、开发适合残疾人使用的信息交流技术和产品。

公共服务机构和公共场所应当创造条件,为残疾人提供语音和文字提示、手语、盲文等信息交流服务,并提供优先服务和辅助性服务。

公共交通工具应当逐步达到无障碍设施的要求。有条件的公共停车场应当为残疾人设置专用停车位。

5.2.8　残疾人社会保障数据

《2018 年残疾人事业发展统计公报》显示,截至 2018 年底,残疾居民参加城乡社会养老保险人数 2561.2 万;595.2 万 60 岁以下参保重度残疾人中,576.0 万得到政府的参保扶助,享受代缴比例达到 96.8%。298.4 万非重度残疾人享受了个人缴费资助政策。1024.4 万人领取养老金。

《2018 年民政事业发展统计公报》显示,2018 年,全国有困难残疾人生活补贴对象 1005.8 万人,重度残疾人护理补贴对象 1193.0 万人。

5.3　职业病防治制度

职业病防治制度是有关职业病预防、职业病防护、职业病诊断、职业病鉴定、职业病救治、职业病康复、职业病人生活保障等规定的总称。有关职业病防治的相关法律法规与文件包括:《中华人民共和国职业病防治法》《尘肺病防治条例》《使用有毒物品作业场所劳动保护条例》《工作场所职业卫生监督管理规定》《用人单位职业健康监护监督管理办法》《关于印发〈职业病分类和目录〉的通知》《职业病诊断与鉴定管理办法》等。本部分将根据相关法规文件,对职业病防治有关规定进行梳理。

5.3.1　一般规定

《中华人民共和国职业病防治法》规定:

职业病是指企业、事业单位和个体经济组织等用人单位的劳动者在职业活动中,因接触粉尘、放射性物质和其他有毒、有害因素而引起的疾病。

职业病防治工作坚持预防为主、防治结合的方针,建立用人单位负责、行政机关监管、行业自律、职工参与和社会监督的机制,实行分类管理、综合治理。

用人单位应当为劳动者创造符合国家职业卫生标准和卫生要求的工作环境和条件,并采取措施保障劳动者获得职业卫生保护。

根据《关于印发〈职业病分类和目录〉的通知》的规定,职业病包括职业性尘肺病及其他呼吸系统疾病、职业性皮肤病、职业性眼病、职业性耳鼻喉口腔疾病、职业性化学中毒、物理因素所致职业病、职业性放射性疾病、职业性传染病、职业性肿瘤、其他职业病等类型。

5.3.2　职业病预防

《中华人民共和国职业病防治法》规定:

用人单位应当依照法律、法规要求,严格遵守国家职业卫生标准,落实职业病预防措施,从源头上控制和消除职业病危害。

产生职业病危害的用人单位的设立除应当符合法律、行政法规规定的设立条件外,其工作场所还应当符合下列职业卫生要求:

(1)职业病危害因素的强度或者浓度符合国家职业卫生标准;

(2)有与职业病危害防护相适应的设施;

(3)生产布局合理,符合有害与无害作业分开的原则;

(4)有配套的更衣间、洗浴间、孕妇休息间等卫生设施;

(5)设备、工具、用具等设施符合保护劳动者生理、心理健康的要求;

(6)法律、行政法规和国务院卫生行政部门关于保护劳动者健康的其他要求。

5.3.3 劳动过程中的防护与管理

《使用有毒物品作业场所劳动保护条例》规定:用人单位有关管理人员应当熟悉有关职业病防治的法律、法规以及确保劳动者安全使用有毒物品作业的知识。

《中华人民共和国职业病防治法》规定:

用人单位必须采用有效的职业病防护设施,并为劳动者提供个人使用的职业病防护用品。

用人单位与劳动者订立劳动合同(含聘用合同,下同)时,应当将工作过程中可能产生的职业病危害及其后果、职业病防护措施和待遇等如实告知劳动者,并在劳动合同中写明,不得隐瞒或者欺骗。

对从事接触职业病危害的作业的劳动者,用人单位应当按照国务院卫生行政部门的规定组织上岗前、在岗期间和离岗时的职业健康检查,并将检查结果书面告知劳动者。职业健康检查费用由用人单位承担。

用人单位不得安排未成年工从事接触职业病危害的作业;不得安排孕期、哺乳期的女职工从事对本人和胎儿、婴儿有危害的作业。

5.3.4 职业病诊断

《职业病诊断通则》规定:

职业病诊断应根据劳动者的职业病危害因素接触史和工作场所职业病危

害因素情况,以其临床表现及相应的辅助检查结果为主要依据,按照循证医学的要求进行综合分析,并排除其他类似疾病,做出诊断结论。

职业病诊断的实质是确定疾病与接触职业病危害因素之间的因果关系。判定疾病与接触职业病危害因素之间的因果关系,需要可靠的职业病危害因素接触资料、毒理学资料及疾病的临床资料。

《中华人民共和国职业病防治法》规定:

职业病诊断应当由取得《医疗机构执业许可证》的医疗卫生机构承担。

劳动者可以在用人单位所在地、本人户籍所在地或者经常居住地依法承担职业病诊断的医疗卫生机构进行职业病诊断。

职业病诊断证明书应当由参与诊断的取得职业病诊断资格的执业医师签署,并经承担职业病诊断的医疗卫生机构审核盖章。

5.3.5 职业病鉴定

《职业病诊断与鉴定管理办法》规定:

当事人对职业病诊断机构做出的职业病诊断结论有异议的,可以在接到职业病诊断证明书之日起30日内,向职业病诊断机构所在地设区的市级卫生行政部门申请鉴定。

设区的市级职业病诊断鉴定委员会负责职业病诊断争议的首次鉴定。

当事人对设区的市级职业病鉴定结论不服的,可以在接到鉴定书之日起15日内,向原鉴定组织所在地省级卫生行政部门申请再鉴定。

职业病鉴定实行两级鉴定制,省级职业病鉴定结论为最终鉴定。

职业病鉴定书应当于鉴定结论做出之日起20日内由职业病鉴定办事机构送达当事人。

5.3.6 职业病病人保障

《中华人民共和国职业病防治法》规定:

用人单位应当及时安排对疑似职业病病人进行诊断;在疑似职业病病人诊断或者医学观察期间,不得解除或者终止与其订立的劳动合同。疑似职业病病人在诊断、医学观察期间的费用,由用人单位承担。

用人单位应当按照国家有关规定,安排职业病病人进行治疗、康复和定期检查。用人单位对不适宜继续从事原工作的职业病病人,应当调离原岗位,并妥善安置。用人单位对从事接触职业病危害的作业的劳动者,应当给予适当岗位津贴。

职业病病人除依法享有工伤保险外,依照有关民事法律,尚有获得赔偿的权利的,有权向用人单位提出赔偿要求。

职业病病人变动工作单位,其依法享有的待遇不变。

用人单位已经不存在或者无法确认劳动关系的职业病病人,可以向地方人民政府医疗保障、民政部门申请医疗救助和生活等方面的救助。

5.3.7　职业病防治数据

《2018 年我国卫生健康事业发展统计公报》显示,截至 2018 年底,全国共有职业健康检查机构 2754 个、职业病诊断机构 478 个。2018 年全国共报告各类职业病新病例 23497 例,职业性尘肺病及其他呼吸系统疾病 19524 例(其中职业性尘肺病 19468 例),职业性耳鼻喉口腔疾病 1528 例,职业性化学中毒 1333 例,职业性传染病 540 例,物理因素所致职业病 331 例,职业性肿瘤 77 例,职业性皮肤病 93 例,职业性眼病 47 例,职业性放射性疾病 17 例,其他职业病 7 例。截至 2018 年,连续 16 年组织开展《职业病防治法》宣传周活动,实施职业健康培训工程,近 10 年累计培训企业负责人和职业健康管理人员 430 万人次。

《2017 年我国卫生健康事业发展统计公报》显示,2017 年,全国共报告各类职业病新病例 26756 例。职业性尘肺病及其他呼吸系统疾病 22790 例,其中职业性尘肺病 22701 例;职业性耳鼻喉口腔疾病 1608 例;职业性化学中毒 1021 例,其中急、慢性职业中毒分别为 295 例和 726 例;职业性传染病 673 例;物理因素所致职业病 399 例;职业性肿瘤 85 例;职业性皮肤病 83 例;职业性眼病 70 例;职业性放射性疾病 15 例;其他职业病 12 例。

职业病数据如表 5-3 所示:

表 5-3　职业病病例统计表

单位：人

	各类职业病新病例	职业性尘肺病及其他呼吸系统疾病	职业性耳鼻喉口腔疾病	职业性化学中毒	职业性传染病	物理因素所致职业病	职业性肿瘤	职业性皮肤病	职业性眼病	职业性放射性疾病	其他职业病
2018 年	23497	19524	1528	1333	540	331	77	93	47	17	7
2017 年	26756	22790	1608	1021	673	399	85	83	70	15	12

5.4　军人抚恤与烈士褒扬制度

本节根据《国务院关于修改〈烈士褒扬条例〉的决定》和《军人抚恤优待条例》的有关规定,对军人抚恤与烈士褒扬制度进行梳理。

5.4.1　军人抚恤优待

5.4.1.1　基本规定

军人及其家属为抚恤优待对象,依照规定享受抚恤优待。

5.4.1.2　相关法规

《军人抚恤优待条例》规定:

(1)覆盖对象

中国人民解放军现役军人(以下简称现役军人)、服现役或者退出现役的残疾军人以及复员军人、退伍军人、烈士遗属、因公牺牲军人遗属、病故军人遗属、现役军人家属,是本条例规定的抚恤优待对象,依照本条例的规定享受抚恤优待。

(2)保障标准

军人的抚恤优待,实行国家和社会相结合的方针,保障军人的抚恤优待与国民经济和社会发展相适应,保障抚恤优待对象的生活不低于当地的平均生活水平。

（3）资金来源

军人抚恤优待所需经费由国务院和地方各级人民政府分级负担。中央和地方财政安排的军人抚恤优待经费，专款专用，并接受财政、审计部门的监督。

（4）死亡抚恤

现役军人死亡被批准为烈士、被确认为因公牺牲或者病故的，其遗属依照本条例的规定享受抚恤。

现役军人死亡，根据其死亡性质和死亡时的月工资标准，由县级人民政府退役军人事务部门发给其遗属一次性抚恤金，标准是：烈士和因公牺牲的，为上一年度全国城镇居民人均可支配收入的 20 倍加本人 40 个月的工资；病故的，为上一年度全国城镇居民人均可支配收入的 2 倍加本人 40 个月的工资。

对符合下列条件之一的烈士遗属、因公牺牲军人遗属、病故军人遗属，发给定期抚恤金：

一是父母（抚养人）、配偶无劳动能力、无生活费来源，或者收入水平低于当地居民平均生活水平的；

二是子女未满 18 周岁或者已满 18 周岁但因上学或者残疾无生活费来源的；

三是兄弟姐妹未满 18 周岁或者已满 18 周岁但因上学无生活费来源且由该军人生前供养的。

定期抚恤金标准应当参照全国城乡居民家庭人均收入水平确定。

（5）残疾抚恤

现役军人残疾被认定为因战致残、因公致残或者因病致残的，依照规定享受抚恤。

残疾的等级，根据劳动功能障碍程度和生活自理障碍程度确定，由重到轻分为一级至十级。

因战、因公致残，残疾等级被评定为一级至十级的，享受抚恤；因病致残，残疾等级被评定为一级至六级的，享受抚恤。

残疾军人的抚恤金标准应当参照全国职工平均工资水平确定。

退出现役的因战、因公致残的残疾军人因旧伤复发死亡的，由县级人民政府退役军人事务部门按照因公牺牲军人的抚恤金标准发给其遗属一次性抚恤金，其遗属享受因公牺牲军人遗属抚恤待遇。

退出现役的因战、因公、因病致残的残疾军人因病死亡的，对其遗属增发 12

个月的残疾抚恤金,作为丧葬补助费;其中,因战、因公致残的一级至四级残疾军人因病死亡的,其遗属享受病故军人遗属抚恤待遇。

退出现役的一级至四级残疾军人,由国家供养终身;其中,对需要长年医疗或者独身一人不便分散安置的,经省级人民政府退役军人事务部门批准,可以集中供养。

对分散安置的一级至四级残疾军人发给护理费,护理费的标准为平均工资的一定比例。

（6）军人军属优待

烈士遗属依照《烈士褒扬条例》的规定享受优待。

义务兵服现役期间,其家庭由当地人民政府发给优待金或者给予其他优待,优待标准不低于当地平均生活水平。

义务兵从部队发出的平信,免费邮递。

国家对一级至六级残疾军人的医疗费用按照规定予以保障,由所在医疗保险统筹地区社会保险经办机构单独列账管理。

七级至十级残疾军人旧伤复发的医疗费用,已经参加工伤保险的,由工伤保险基金支付,未参加工伤保险,有工作的由工作单位解决,没有工作的由当地县级以上地方人民政府负责解决。

残疾军人、复员军人、带病回乡退伍军人以及因公牺牲军人遗属、病故军人遗属享受医疗优惠待遇。

军人凭证件乘坐境内运行的火车、轮船、长途公共汽车以及民航班机或乘坐市内公共汽车、电车和轨道交通工具或参观游览公园、博物馆、名胜古迹享受优待。

5.4.2 烈士褒扬

5.4.2.1 基本规定

对于烈士依照规定予以褒扬,烈士的遗属依照规定享受抚恤优待。

5.4.2.2 相关法规

《国务院关于修改〈烈士褒扬条例〉的决定》规定:

（1）覆盖范围

公民在保卫祖国和社会主义建设事业中牺牲被评定为烈士的，依照本条例的规定予以褒扬。烈士的遗属，依照本条例的规定享受抚恤优待。

（2）抚恤标准

国家对烈士遗属给予的抚恤优待应当随经济社会的发展逐步提高，保障烈士遗属的生活不低于当地居民的平均生活水平。

（3）资金来源

烈士褒扬和烈士遗属抚恤优待经费列入财政预算，专款专用，接受财政部门、审计机关的监督。

（4）烈士评定

公民牺牲符合下列情形之一的，评定为烈士：

一是在依法查处违法犯罪行为、执行国家安全工作任务、执行反恐怖任务和处置突发事件中牺牲的；

二是抢险救灾或者其他为了抢救、保护国家财产、集体财产、公民生命财产牺牲的；

三是在执行外交任务或者国家派遣的对外援助、维持国际和平任务中牺牲的；

四是在执行武器装备科研试验任务中牺牲的；

五是其他牺牲情节特别突出，堪为楷模的。

（5）烈士褒扬金和烈士遗属的抚恤优待

国家建立烈士褒扬金制度。烈士褒扬金标准为烈士牺牲时上一年度全国城镇居民人均可支配收入的 30 倍。战时，参战牺牲的烈士褒扬金标准可以适当提高。

符合下列条件之一的烈士遗属，享受定期抚恤金：

一是烈士的父母或者抚养人、配偶无劳动能力、无生活来源，或者收入水平低于当地居民的平均生活水平的；

二是烈士的子女未满 18 周岁，或者已满 18 周岁但因残疾或者正在上学而无生活来源的；

三是由烈士生前供养的兄弟姐妹未满 18 周岁，或者已满 18 周岁但因正在上学而无生活来源的。

定期抚恤金标准参照全国城乡居民家庭人均收入水平确定。

享受定期抚恤金的烈士遗属死亡的,增发 6 个月其原享受的定期抚恤金作为丧葬补助费。

烈士遗属享受相应的医疗优惠待遇。

5.5 伤残保障热点问题解答

本节根据人力资源和社会保障部对人大代表建议和政协委员提案的回复,就有关伤残保障热点问题进行解答。

5.5.1 扩大工伤保险制度适用范围

我国工伤保险制度的建立是为了保障因工作遭受事故伤害或患职业病的职工获得医疗救助和经济补偿,分散用人单位工伤风险。随着我国工伤保险制度的发展,保障范围持续扩大。从 1996 年出台的《企业职工工伤保险试行办法》到 2004 年 1 月 1 日起正式执行的《工伤保险条例》,保障范围从以国内企业及其职工为主扩展至我国境内的各类企业、有雇工的个体工商户。2010 年修订后的《工伤保险条例》适用范围进一步扩展至我国境内各类企业、事业单位、社会团体、民办非企业单位、基金会、律师事务所、会计师事务所等组织的职工和个体工商户的雇工。近年来,随着工伤保险事业的发展和扩面工作的深入推进,越来越多的就业人员获得了工伤保障。

在工伤保险事业的快速发展过程中,也出现了包括公务员、退休超龄人员等特殊群体工伤待遇得不到有效保障的问题。与此同时,随着我国经济与社会蓬勃发展,新经济组织、新社会组织不断涌现,一些新业态从业人员也需要纳入工伤保险制度的保障范围。为解决好上述人员的工伤保障问题,近年来陆续出台了一些政策措施。一方面,主管部门在抓紧研究制定全国公务员工伤保障政策的同时,另一方面积极支持鼓励各地将公务员纳入工伤保险范围。目前,全国已有 18 个省份出台了文件,将公务员整体纳入了工伤保险制度,另有 12 个省份的部分地市也开展了公务员参加工伤保险试点工作。

针对新经济新业态从业人员快速发展面临的工伤保障问题,应组织研究新业态从业人员特别是工伤风险较高的快递从业人员的工伤保障政策等相关问题。

5.5.2　超龄人员工伤保险

针对退休超龄人员面临的工伤保障问题,2016 年出台的《关于执行〈工伤保险条例〉若干问题的意见(二)》对退休超龄人员是否适用《工伤保险条例》分两种情况予以明确规定。一是达到或超过法定退休年龄,但未办理退休手续或者未依法享受城镇职工基本养老保险待遇,继续在原用人单位工作期间受到事故伤害或患职业病的,用人单位依法承担工伤保险责任。二是用人单位招用已经达到、超过法定退休年龄或已经领取城镇职工基本养老保险待遇的人员,在用工期间因工作原因受到事故伤害或患职业病的,如招用单位已按项目参保等方式为其缴纳工伤保险费的,应适用《工伤保险条例》。

该规定一方面进一步明确了用人单位应当承担的工伤保险责任,另一方面也充分考虑了部分行业采用按项目参保等方式缴纳工伤保险费的实际,有利于更好地保障超过法定退休年龄人员的工伤保险权益。

5.5.3　建筑业农民工工伤保险

为了把建筑业农民工纳入工伤保险保障范围,针对建筑业用工流动性大、劳动关系不稳定的特点,做出了工伤优先、项目参保、概算提取、一次参保、全员覆盖的制度安排。工伤优先为建筑业农民工参加工伤保险提供了可能,项目参保为建筑业农民工参加工伤保险拓展了渠道,概算提取为建筑业农民工参加工伤保险扫清了障碍,一次参保、全员覆盖为建筑业农民工参加工伤保险实现了最大利益保障。2014 年,人社部会同住建部、国家安监总局、全国总工会联合印发了《关于进一步做好建筑业工伤保险工作的意见》。为了抓好政策落实,从 2015年起开展了为期三年的建筑业工伤保险专项扩面行动计划——"同舟计划",截至 2017 年底,全国建筑业新开工项目参保率达到 99.92%,在建项目参保率达到 98.27%。累计有 4000 多万人次建筑业农民工被纳入工伤保险保障范围,基本实现了建筑领域农民工工伤保险制度全覆盖,进一步织密了工伤保险保障网。2018 年,人社部会同交通运输部等五部门联合制定印发了《关于铁路、公路、水运、水利、能源、机场工程建设项目参加工伤保险工作的通知》,基本实现了工程建设领域农民工制度保障全覆盖。

5.5.4 加强工伤预防和康复与实行浮动费率

工伤预防、补偿、康复是工伤保险的三驾马车。工伤预防是工伤保险制度的重要组成部分，《工伤保险条例》明确规定将工伤预防宣传、培训等费用纳入工伤保险基金支出范围。为规范工伤预防费使用，2017 年，人社部会同财政部、国家卫生计生委、国家安全监管总局联合制定了《工伤预防费使用管理暂行办法》，明确一定比例的工伤保险基金专门用于工伤预防宣传和培训等，使工伤保险预防关口前移，推动工伤预防工作规范有效开展，有效降低了工伤事故的发生率。同时进一步完善工伤康复服务体系，提出先康复后评残，提高工伤职工的生活质量和就业可能。

工伤保险实行行业差别费率和单位浮动费率，根据用人单位所在的行业工伤风险程度执行不同档次的基准费率；同时，根据用人单位工伤保险费用使用、工伤发生率，对用人单位在其所属行业不同费率档次间实行工伤保险浮动费率机制，即在基准费率的基础上，可分别向上浮动至 120%、150% 或向下浮动至80%、50%。通过实行工伤保险差别费率和浮动费率机制，充分发挥工伤保险的预防和引导作用，有效减少工伤事故的发生；同时激励用人单位做好预防，提高用人单位参保积极性，形成良性循环。但用人单位的工伤保险费率上浮或下浮，不影响职工应享受的工伤保险待遇。

5.5.5 出境人员参加工伤保险

随着我国"一带一路"建设的推进，将有更多的中国员工被派遣或是以其他形式出国出境工作，保障出境工作人员的工伤权益意义重大。为此，《工伤保险条例》第四十四条规定：职工被派遣出境工作，依据前往国家或地区的法律应当参加当地工伤保险的，参加当地工伤保险，其国内工伤保险关系中止；不能参加当地工伤保险的，其国内工伤保险关系不中止。按此规定，参加当地工伤保险的，应按当地规定享受工伤保险待遇；若不能参加当地工伤保险的，按国内规定享受相应的工伤保险待遇。《工伤保险条例》实施以来，这一规定对有效保护我国被派遣出境工作职工的工伤保险权益发挥了积极作用。

第6章 中国生育保障制度

　　中国生育保障制度由生育保险、生育妇女劳动保护、母婴保健、婴幼儿照护等制度构成。经过多年改革,中国建立了覆盖全民的生育保障制度架构。职工依法参加生育保险,单位为职工缴纳生育保险费,职工按规定享受生育保险待遇。城乡居民的生育医疗费用由城乡居民基本医疗保险按规定支付。生育女职工享有特殊劳动保护,为生育女职工在哺乳等方面提供便利。医疗保健机构为公民提供婚前保健服务,为育龄妇女和孕产妇提供孕产期保健服务。发展多种形式的婴幼儿照护服务机构,完善母婴设施配置。

➡ 生育保险制度

➡ 妇女保障与母婴保健制度

➡ 婴幼儿照护制度

➡ 生育保障热点问题解答

6.1 生育保险制度

生育保险是社会保险的重要组成部分,是防范和化解公民生育风险的制度安排。生育保险制度是生育保险覆盖范围、基金来源、资格条件、待遇计发、待遇调整等规定的总称。

6.1.1 法规依据

《中华人民共和国社会保险法》

《实施〈中华人民共和国社会保险法〉若干规定》

《在中国境内就业的外国人参加社会保险暂行办法》

《香港澳门台湾居民在内地(大陆)参加社会保险暂行办法》

《女职工劳动保护特别规定》

《企业职工生育保险试行办法》

《国务院办公厅关于全面推进生育保险和职工基本医疗保险合并实施的意见》

《人力资源和社会保障部关于妥善解决城镇居民生育医疗费用的通知》

6.1.2 覆盖范围

6.1.2.1 基本规定

生育保险覆盖各类用人单位,由用人单位缴纳生育保险费,职工个人不缴纳生育保险费,符合条件的职工享受生育保险待遇。

6.1.2.2 相关法规

《中华人民共和国社会保险法》规定:职工应当参加生育保险,由用人单位按照国家规定缴纳生育保险费,职工不缴纳生育保险费。

《国务院办公厅关于全面推进生育保险和职工基本医疗保险合并实施的意见》规定：参加职工基本医疗保险的在职职工同步参加生育保险。实施过程中要完善参保范围，结合全民参保登记计划摸清底数，促进实现应保尽保。

《在中国境内就业的外国人参加社会保险暂行办法》规定：

在中国境内依法注册或者登记的企业、事业单位、社会团体、民办非企业单位、基金会、律师事务所、会计师事务所等组织（以下称用人单位）依法招用的外国人，应当依法参加职工基本养老保险、职工基本医疗保险、工伤保险、失业保险和生育保险，由用人单位和本人按照规定缴纳社会保险费。

与境外雇主订立雇用合同后，被派遣到在中国境内注册或者登记的分支机构、代表机构（以下称境内工作单位）工作的外国人，应当依法参加职工基本养老保险、职工基本医疗保险、工伤保险、失业保险和生育保险，由境内工作单位和本人按照规定缴纳社会保险费。

《香港澳门台湾居民在内地（大陆）参加社会保险暂行办法》规定：在内地（大陆）依法注册或者登记的企业、事业单位、社会组织、有雇工的个体经济组织等用人单位（以下统称用人单位）依法聘用、招用的港澳台居民，应当依法参加职工基本养老保险、职工基本医疗保险、工伤保险、失业保险和生育保险，由用人单位和本人按照规定缴纳社会保险费。

6.1.2.3　相关范畴

实施生育保险制度具有重要意义。生育保险的宗旨在于通过向生育女职工提供生育津贴、产假及医疗服务等方面的待遇，保障她们因生育而暂时丧失劳动能力时的基本经济收入和医疗保健待遇，帮助生育女职工恢复劳动能力、重返工作岗位，并使婴儿得到必要的照顾和哺育，从而体现国家和社会对妇女在这一特殊时期的支持和爱护。同时，通过将妇女生育负担由用人单位承担转为全社会承担，可以平衡企业负担，减轻用人单位招用妇女的成本，帮助妇女就业。

6.1.3　缴费办法

6.1.3.1　基本规定

用人单位按国家规定缴纳生育保险费，职工不缴纳生育保险费。

6.1.3.2　相关法规

《中华人民共和国社会保险法》规定:职工应当参加生育保险,由用人单位按照国家规定缴纳生育保险费,职工不缴纳生育保险费。

《企业职工生育保险试行办法》规定:生育保险根据"以支定收,收支基本平衡"的原则筹集资金,由企业按照其工资总额的一定比例向社会保险经办机构缴纳生育保险费,建立生育保险基金。生育保险费的提取比例由当地人民政府根据计划内生育人数和生育津贴、生育医疗费等项费用确定,并可根据费用支出情况适时调整,但最高不得超过工资总额的1%。企业缴纳的生育保险费作为期间费用处理,列入企业管理费用。职工个人不缴纳生育保险费。

《国务院办公厅关于全面推进生育保险和职工基本医疗保险合并实施的意见》规定:生育保险基金并入职工基本医疗保险基金,统一征缴,统筹层次一致。按照用人单位参加生育保险和职工基本医疗保险的缴费比例之和确定新的用人单位职工基本医疗保险费率,个人不缴纳生育保险费。同时,根据职工基本医疗保险基金支出情况和生育待遇的需求,按照收支平衡的原则,建立费率确定和调整机制。

6.1.3.3　地方示例

《北京市企业职工生育保险规定》规定:

生育保险费由企业按月缴纳。职工个人不缴纳生育保险费。

企业按照其缴费总基数的0.8%缴纳生育保险费。企业缴费总基数为本企业符合条件的职工缴费基数之和。

职工缴费基数按照本人上一年月平均工资计算;低于上一年本市职工月平均工资60%的,按照上一年本市职工月平均工资的60%计算;高于上一年本市职工月平均工资3倍以上的, 按照上一年本市职工月平均工资的3倍计算;本人上一年月平均工资无法确定的,按照上一年本市职工月平均工资计算。

北京市生育保险历年缴费基数上下限及单位、职工缴费比例如表6-1所示:

表6-1 北京市生育保险历年缴费基数上下限及单位、职工缴费比例一览表

单位:元

年度	缴费基数(下限)	缴费基数(上限)	单位缴费比例	个人缴费比例
2005.7~2006.3	1417	7087		
2006.4~2007.3	1640	8202		
2007.4~2008.3	1805	9024		
2008.4~2009.3	1993	9966		
2009.4~2010.3	2236	11178		
2010.4~2011.3	2422	12111		
2011.4~2012.3	2521	12603		
2012.4~2013.3	2803	14016	0.8%	个人不缴费
2013.4~2014.6	3134	15669		
2014.7~2015.6	3476	17379		
2015.7~2016.6	3878	19389		
2016.7~2017.6	4252	21258		
2017.7~2018.6	4624	23118		
2018.7~2019.6	5080	25401		

来源:https://www.bjxch.gov.cn/xcfw/shbz/xxxq/pnidpv745388.html.

6.1.4 资格条件

6.1.4.1 基本法规

用人单位缴纳生育保险费,其职工享受生育保险待遇。

6.1.4.2 相关政策

《中华人民共和国社会保险法》规定:用人单位已经缴纳生育保险费的,其职工享受生育保险待遇;职工未就业配偶按照国家规定享受生育医疗费用待遇。所需资金从生育保险基金中支付。

6.1.4.3 相关范畴

生育保险待遇的享受同其他险种待遇一样,需要具备一定的条件。《中华人

民共和国社会保险法》对之规定了两个条件:

第一,用人单位已经缴纳生育保险费。权利与义务相对应,是社会保险制度赖以存在的前提条件。只有履行了法定的义务之后,才能享受各项社会保险待遇,生育保险也是如此,只有用人单位依法缴纳了生育保险费,其职工才能享受生育保险待遇。

第二,受益人是属于已缴纳生育保险费的用人单位的职工。用人单位缴纳生育保险费,那么理所当然地该单位职工可以享受生育保险待遇。

6.1.5 生育保险待遇项目与支出渠道

6.1.5.1 基本规定

生育保险待遇项目包括生育医疗费与生育津贴待遇。

6.1.5.2 相关法规

《中华人民共和国社会保险法》规定:生育保险待遇包括生育医疗费用和生育津贴。所需资金从生育保险基金中支付。

6.1.5.3 相关范畴

(1)生育保险待遇的项目

生育保险待遇包括生育医疗费用和生育津贴。其中,生育医疗费用包括女职工因怀孕、生育发生的检查费、接生费、手术费、住院费、药费和计划生育手术费。生育津贴是指根据国家法律、法规规定对职业妇女因生育休产假而离开工作岗位期间,给予的生活费用,是对工资收入的替代。因此,在实行生育保险社会统筹的地区, 由生育保险基金按本单位上年度职工月平均工资的标准支付,支付期限一般与产假期限相一致,期限不少于98天。

(2)生育保险待遇支出渠道

《中华人民共和国社会保险法》规定,生育保险待遇所需资金从生育保险基金中支付。改革开放前,女职工生育期间的产假工资和医疗费用都由本单位负担。改革开放后,不同的社会分工和行业特点造成女职工分布不均匀,有的企业女职工人数占职工总数60%以上,导致企业负担畸轻畸重,使女职工较多的企业不能平等地参与市场竞争。为了降低成本,企业在招用员工时往往倾向于排斥妇女,造成妇女平等就业权受到损害。特别是一些效益不好的企业,无力保障女职工生育期间待遇的兑现,使女职工的合法权益得不到保障。为了适应市场经济体制和现代企业制度的要求,在总结各地探索经验的基础上,劳动部颁布《企业职工生育保险试行办法》,将生育保险由用人单位负责管理转变为实行生育保险社会统筹。实践证明,生育保险基金社会统筹,体现了全社会共担风险的大数法则,有利于在市场经济体制下均衡不同单位和行业负担的职工生育成本,充分发挥对妇女劳动者的保护功能。

6.1.6 职工未就业的配偶的生育医疗费用待遇

6.1.6.1 基本规定

职工未就业配偶按照国家规定享受生育医疗待遇。

6.1.6.2 相关法规

《中华人民共和国社会保险法》规定:用人单位已经缴纳生育保险费的,其职工享受生育保险待遇;职工未就业配偶按照国家规定享受生育医疗费用待遇。所需资金从生育保险基金中支付。

6.1.6.3 相关范畴

职工未就业的配偶享受生育医疗费用待遇的"国家规定"主要有以下三项:

一是参加城镇(城乡)居民基本医疗保险的未就业妇女,其生育医疗费用可以按照规定从城镇居民基本医疗保险基金中支付。根据《人力资源和社会保障部办公厅关于妥善解决城镇居民生育医疗费用的通知》的规定,各地要将城镇居民基本医疗保险参保人员住院分娩发生的符合规定的医疗费用纳入城镇居民基本医疗保险基金支付范围。开展门诊统筹的地区,可将参保居民符合规定的产前检查费用纳入基金支付范围。

二是参加新型农村合作医疗的农村妇女,其生育医疗费用可以按照规定从新型农村合作医疗基金中支付。根据2003年,国务院办公厅以国办发〔2003〕3号文转发卫生部、财政部、农业部《关于建立新型农村合作医疗制度的意见》,以及 2009 年,卫生部、财政部印发的《关于进一步加强农村孕产妇住院分娩工作的指导意见》,参加新型农村合作医疗的农村孕产妇在财政补助之外的住院分娩费用,可按当地新型农村合作医疗制度的规定给予补偿。对个人负担较重的贫困孕产妇,可由农村医疗救助制度按规定给予救助。

6.1.7　职工生育医疗费用待遇

6.1.7.1　基本规定

生育的医疗费用、计划生育的医疗费用等由生育保险基金支付。

6.1.7.2　相关法规

《中华人民共和国社会保险法》规定:

生育医疗费用包括下列各项:

(1)生育的医疗费用;

(2)计划生育的医疗费用;

(3)法律、法规规定的其他项目费用。

6.1.7.3　相关范畴

(1)生育医疗费用与基本医疗费用的不同点

一是生育保险待遇从孕期就开始给付,实现事先保障和事后保障相结合,而医疗保险是在疾病发生之后支付,属于事后救济、补偿保障。

二是医疗服务范围的确定性。生育是人类自然的生理现象,正常生产的产妇不需要特殊的医疗技术和服务,如遇到难产可借助手术助产或进行剖宫产手术,医疗服务均属于传统辅助治疗手段。因此,生育保险的检查项目、治疗手段大都是基础性服务项目,医疗服务项目相对比较固定、费用也比较低廉,这与医疗保险有很大区别。

三是生育保险医疗服务保障水平高于医疗保险。考虑到孕产妇及其下一代的身体健康和安全,在生育保险制度设计上,医疗费用报销比例一般高于医疗保险,在医疗保险药品目录、诊疗项目目录等规定的范围内的,基本可以全部报销,没有规定起付线和封顶线。在门诊进行的产前检查、住院分娩或者高危情况下的医疗费用都可以由生育保险基金支付。

（2）生育医疗费用的组成

按照《女职工劳动保护特别规定》，女职工生育或者流产的医疗费用，按照生育保险规定的项目和标准，对已经参加生育保险的，由生育保险基金支付；对未参加生育保险的，由用人单位支付。根据《企业职工生育保险试行办法》，生育医疗费用包括女职工生育期间的检查费、接生费、手术费、住院费、药费等。女职工生育出院后，其因生育引起的疾病的医疗费也由生育保险基金支付；其他疾病的医疗费，按照基本医疗保险的规定办理。

检查费是指女职工围产期保健过程中，定期到医疗机构进行身体检查的相关费用。大致可分为全身检查、产科检查、化验检查及特殊检查四部分。全身检查主要有发育和营养状况、身高、体重、血压检查，心、肺、肝、脾，以及脊柱和乳房检查。产科检查包括腹部检查、骨盆测量、阴道检查。化验检查包括血常规、血型、尿常规、尿糖，必要时作肝、肾功能检查。特殊检查包括根据情况做超声波检查、羊水检查、胎盘功能检查等。

接生费主要是指女职工分娩时，医生或助产人员协助产妇分娩出新生儿过程中所发生的费用，即医生及助产人员提供的医疗服务费用。大部分产妇为自然生产，这是接生过程中最为简单的一种，也是费用最低的一种。也有一部分产妇由于各种原因不能靠自己的力量分娩，需要医务人员手术才能娩出胎儿。无论哪种接生方式，其费用均由生育保险基金支付。

手术费支付的项目主要是分娩过程中的剖宫产术。当产妇自身条件不适宜自己娩出胎儿时，必须依靠医务人员进行手术帮助产妇完成分娩过程，其手术费用由生育保险基金支付。

住院费是指产妇分娩住院期间的床位费、取暖费等。床位费按照国家物价监督管理部门规定的普通床位收费标准支付。母婴同室以及高标准病房所需费用，不属于生育保险基金支付的范围。

药费是指女职工从怀孕至分娩后出院期间，医生根据产妇需要给予的药物护理、治疗所发生的费用。产妇自行到药店购药及购买滋补营养品所发生的费用，不属于生育保险基金支付的范围。

（3）计划生育的医疗费用

1999年，劳动和社会保障部、国家计划生育委员会、财政部、卫生部颁布的

《关于妥善解决城镇职工计划生育手术费用问题的通知》规定,职工计划生育手术费用是指职工因实行计划生育需要,实施放置(取出)宫内节育器、流产术、引产术、绝育及复通手术所发生的医疗费用。已经建立地方企业职工生育保险的地区,参保单位职工的计划生育手术费用可列入生育保险基金支付范围;没有建立企业职工生育保险的地区,在建立城镇职工基本医疗保险制度时,可以将符合基本医疗保险有关规定的参保单位职工计划生育手术费用纳入基本医疗保险统筹基金支付范围;没有参加生育保险和基本医疗保险的单位,职工计划生育手术费用仍由原渠道解决。由此,解决了职工实行计划生育手术的费用。

6.1.7.4　地方示例

《北京市企业职工生育保险规定》规定:

生育医疗费用包括女职工因怀孕、生育发生的医疗检查费、接生费、手术费、住院费和药品费。

计划生育手术医疗费用包括职工因计划生育实施放置(取出)宫内节育器、流产术、引产术、绝育及复通手术所发生的医疗费用。

生育、计划生育手术医疗费用符合本市基本医疗保险药品目录、诊疗项目和医疗服务设施项目规定的,由生育保险基金支付。

《关于贯彻实施〈北京市企业职工生育保险规定〉有关问题的通知》规定:

生育保险基金支付的医疗费用,采取按限额、定额、项目付费的方式支付。

(1)女职工产前检查医疗费实行按照限额方式支付。发生的医疗费用在限额以内的,生育保险基金按实际费用支付;超出限额的,生育保险基金按照限额标准支付。

(2)住院自然分娩、人工干预分娩、剖宫产的医疗费用,按照定额标准支付。住院分娩出现严重并发症的医疗费用,按照项目付费方式支付。

住优质优价、特需病房分娩发生的医疗费用,按照不同分娩方式的定额标准支付。

(3)职工在门诊发生的计划生育手术费用,生育保险基金按照规定的限额方式支付。实际发生费用高于限额标准的,按限额标准支付;低于限额标准的,按实际发生费用支付。医疗机构原则上不得向参保职工另外收取超出限额标准外的医疗费用。

住院发生的计划生育手术费用按照定额标准支付。

计划生育复通手术,宫内节育器嵌顿、断裂、变形、异位或在绝经 1 年后实施的取出宫内节育器手术的住院医疗费用,生育保险基金按项目付费方式支付。

(4)生育保险执行本市基本医疗保险药品目录、诊疗项目目录、医疗服务设施范围和支付标准的规定,其中医疗保险规定需个人先部分负担的费用,全额纳入生育保险支付范围。

北京市西城区公布的 2012 年制定的生育医疗费用支付标准分限额支付、定额支付与按项目支付三种情况,如表6-2 所示:

表6-2 生育医疗费用支付标准

类别		医疗项目	支付标准(元)		
			三级医院	二级医院	一级医院
限额	生育	妊娠 1 至 12 周前的产前检查费	520		
		妊娠 1 至 27 周末的产前检查费	850		
		妊娠至分娩前的产前检查费	1400		
		妊娠 13 周至分娩前的产前检查费	880		
		妊娠 1 至 27 周末的产前检查费	330		
		妊娠 28 周至分娩前的产前检查费	550		
	计划生育	住院实施计划生育手术之前的门诊相关检查费用	300		
		门诊人工流产手术	270	260	250
		门诊药物流产	360	350	340
		门诊输卵管药物粘堵术	1420	1410	1400
		门诊输精管结扎术	1440	1430	1420
		门诊输精管药物粘堵术	1390	1390	1380
		门诊宫内节育器放置术	510	500	500
		门诊宫内节育器取出术	360	360	350
		人工流产同时+取环术	282	271	259
		人工流产同时+上环术	431	420	408
		人工流产同时+上环+取环	555	541	534
		高危人工流产同时+上环手术+取环手术	588	571	559
		门诊宫内节育器取出+宫内节育器放置术	522	511	509

类别		医疗项目	支付标准(元)		
			三级医院	二级医院	一级医院
定额	生育	自然分娩的医疗费	3000	2900	2700
		人工干预分娩的医疗费	330	3200	3000
		剖宫产术的医疗费	4400	4200	3800
	计划生育	住院人工流产手术	970	950	920
		住院人工流产+宫内节育器放置	1131	1110	1078
		住院人工流产+宫内节育器取出	982	961	929
		因母婴原因终止妊娠的中期引产术	2800	2700	2500
		住院输卵管结扎术	1700	1600	1500
		住院人工流产+宫内节育器取出+宫内节育器放置	1143	1121	1087
		住院高危人工流产+宫内节育器取出+宫内节育器放置	1176	1162	1121
		住院人工流产+输卵管结扎术	1911	1803	1686
		住院高危人工流产+输卵管结扎术	1944	1833	1711
项目	生育分娩当次	重度贫血(血红蛋白 HGB 小于 8 万/mm³)	符合生育保险规定及基本医疗保险药品目录、诊疗项目目录、医疗服务设施范围的医疗费用,生育保险基金按项目支付。		
		重度血小板减少(血小板计数小于 5 万/mm³)			
		产科出血(出血大于 500ml)			
		心脏疾病伴心功能不全			
		高血压疾病伴先兆子痫、子痫			
		糖尿病需用胰岛素治疗			
		急生脂肪肝			
		产褥期感染			
		甲状腺功能亢进、甲状腺功能减低			
	计划生育	输卵管、输精管复通手术的住院医疗费			
		宫内节育器取出伴有嵌顿、断裂、变形、异位或绝经期 1 年以上者的住院医疗费			

北京市《关于调整本市职工生育保险政策有关问题的通知》规定:

自 2020 年 5 月 1 日起调整北京市部分生育保险医疗费用支付标准。

(1)产前检查支付标准

自确定妊娠至终止妊娠,发生的产前检查费用按限额标准支付 3000 元。低于限额标准的按实际发生的费用支付,高于限额标准的,按限额标准支付。

（2）住院分娩定额支付标准

自然分娩的医疗费：三级医院 5000 元、二级医院 4800 元、一级医院 4750 元（剖宫产术后再次妊娠阴道试产且采取椎管内分娩镇痛，定额支付标准在各级医院"自然分娩"定额标准的基础上分别增加 1000 元）。

人工干预分娩的医疗费：三级医院 5200 元、二级医院 5000 元、一级医院 4950 元。

剖宫产手术的医疗费：三级医院 5800 元、二级医院 5600 元、一级医院 5550 元。

（3）计划生育支付标准

门诊计划生育不分医院等级，按不同项目执行不同限额支付标准（比如门诊人工流产手术医疗费 777 元）。住院计划生育按医院等级、不同项目执行不同定额支付标准（比如住院人工流产手术医疗费：三级医院 1695 元、二级医院 1575 元、一级医院 1545 元）。

6.1.8 生育津贴

6.1.8.1 基本规定

职工产假或计划生育休假期间，享受生育津贴待遇。

6.1.8.2 相关法规

《中华人民共和国社会保险法》规定：

职工有下列情形之一的，可以按照国家规定享受生育津贴：

（1）女职工生育享受产假；

（2）享受计划生育手术休假；

（3）法律、法规规定的其他情形。

生育津贴按照职工所在用人单位上年度职工月平均工资计发。

6.1.8.3 相关范畴

生育津贴是指根据国家法律、法规规定对职业妇女因生育而离开工作岗位期间，给予的生活费用。女职工在生育期间离开工作岗位，不能正常工作，生育津贴是对女职工基本生活的保障。

关于生育津贴的支付标准,过去是按照女职工本人产前标准工资计发。由于工资制度改革,标准工资的概念逐步淡化,在制定生育津贴给付标准时,一方面要考虑不降低女职工的生活水平,另一方面要照顾不同行业的工资差异,调动所有企业参加生育保险的积极性。因此,劳动部《企业职工生育保险试行办法》规定,女职工产假期间的生育津贴按照本企业上年度职工月平均工资计发,由生育保险基金支付。

实践中,由于各地经济发展水平和具体情况不同,生育津贴的支付标准也各不相同,主要有以下几种方式:一是按照女职工生育前的工资标准支付;二是按照本单位上年度职工月平均工资支付;三是按照职工缴纳社会保险费的基数计发;四是按照社会平均工资标准计发。在总结实践经验的基础上,国家规定生育津贴按照职工所在用人单位上年度职工月平均工资计发。

6.1.9　生育假期

6.1.9.1　基本规定

职工生育或实行计划生育手术,享受生育假期。

6.1.9.2　相关法规

《女职工劳动保护特别规定》规定:

女职工生育享受 98 天产假,其中产前可以休假 15 天;难产的,增加产假 15 天;生育多胞胎的,每多生育 1 个婴儿,增加产假 15 天。

女职工怀孕未满 4 个月流产的,享受 15 天产假;怀孕满 4 个月流产的,享受 42 天产假。

女职工产假期间的生育津贴,对已经参加生育保险的,按照用人单位上年度职工月平均工资的标准由生育保险基金支付;对未参加生育保险的,按照女职工产假前工资的标准由用人单位支付。

女职工生育或者流产的医疗费用,按照生育保险规定的项目和标准,对已经参加生育保险的,由生育保险基金支付;对未参加生育保险的,由用人单位支付。

《中华人民共和国人口与计划生育法》规定：公民实行计划生育手术，享受国家规定的休假；地方人民政府可以给予奖励。

6.1.9.3 相关范畴

（1）产假的意义

产假是指在职妇女产期前后的休假待遇，享受产假的主要是女职工。生育是人类繁衍生存和劳动力再生产的行为，既是一种自然行为，又是一种社会行为。职业妇女既要从事经济活动，又要担负生育子女的职责，实际上是为社会做出了双重贡献。国家和社会有必要通过制度安排，使其从怀孕开始就得到生活、身体等方面的照顾，并使她们在产后能安心在家休养，逐步恢复身体健康，以投入日后的工作。这对于保护妇女及婴儿的身体健康具有十分重要的意义。

（2）产假规定的演变

根据1951年《中华人民共和国劳动保险条例》和1955年《国务院关于女工作人员生产假期的通知》的规定，女职工生育享受产假56天，难产或双生增加产假14天，怀孕3个月以内流产的可以休产假15天，3个月以上不满7个月流产时，给予30天的产假。

1988年7月，国务院颁布《女职工劳动保护规定》，将正常产假由原来的56天延长到90天，其中产前假15天，难产的增加产假15天，生育多胞胎的，每多生育一个婴儿，增加产假15天。同年，劳动部发布了《关于女职工生育待遇若干问题的通知》，规定女职工怀孕不满4个月流产的，产假为15～30天；怀孕满4个月以上流产的，产假为42天，产假期间工资照发。

1994年颁布的《中华人民共和国劳动法》第六十二条也规定："女职工生育享受不少于90天的产假。"

《女职工劳动保护特别规定》规定：女职工生育享受98天产假，其中产前可以休假15天；难产的，增加产假15天；生育多胞胎的，每多生育1个婴儿，增加产假15天。

（3）计划生育手术休假

计划生育手术主要是指公民为实行计划生育而采取的避孕、节育和补救措施。据统计，全国每年进行的计划生育手术能达到2600万件。公民在进行这些手术时,身心不可避免地会受到不同程度的伤害,有的还可能因为手术操作不当而遭遇手术并发症,理应得到国家的经济奖励和补偿。因此,《中华人民共和国人口与计划生育法》第二十六条规定:公民实行计划生育手术,享受国家规定的休假;地方人民政府可以给予奖励。

目前国家并没有一个正式的关于公民实行计划生育手术术后休假的强制性规定。卫生部和国家计划生育委员会在 1984 年发布的《关于印发〈节育手术常规〉(第三版)的通知》中,提出了对各种节育手术术后休假的建议,主要为:放置宫内节育器,手术后休息 2 天;取宫内节育器,手术后休息 1 天;输精管结扎,手术后休息 7 天;单纯输卵管结扎,手术后休息 21 天;产后结扎输卵管,按产假另加 14 天,等等。有的地方已经根据该建议,对计划生育手术的休假作出了明确规定。

6.1.10 生育保险与职工基本医疗保险合并实施

6.1.10.1 基本规定

生育保险费与职工基本医疗保险费合并征缴,生育保险待遇从基本医疗保险基金中支付。

6.1.10.2 相关法规

《国务院办公厅关于全面推进生育保险和职工基本医疗保险合并实施的意见》规定:

遵循保留险种、保障待遇、统一管理、降低成本的总体思路,推进两项保险合并实施,实现参保同步登记、基金合并运行、征缴管理一致、监督管理统一、经办服务一体化。

(1)统一参保登记。参加职工基本医疗保险的在职职工同步参加生育保险。

(2)统一基金征缴和管理。生育保险基金并入职工基本医疗保险基金,统一征缴,统筹层次一致。按照用人单位参加生育保险和职工基本医疗保险的缴费比例之和确定新的用人单位职工基本医疗保险费率,个人不缴纳生育保险费。

职工基本医疗保险基金严格执行社会保险基金财务制度,不再单列生育保险基金收入,在职工基本医疗保险统筹基金待遇支出中设置生育待遇支出项目。

(3)统一医疗服务管理。医疗保险经办机构与定点医疗机构签订相关医疗服务协议时,要将生育医疗服务有关要求和指标增加到协议内容中,并充分利用协议管理,强化对生育医疗服务的监控。执行基本医疗保险、工伤保险、生育保险药品目录以及基本医疗保险诊疗项目和医疗服务设施范围。

(4)促进生育医疗服务行为规范。将生育医疗费用纳入医保支付方式改革范围,推动住院分娩等医疗费用按病种、产前检查按人头等方式付费。生育医疗费用原则上实行医疗保险经办机构与定点医疗机构直接结算。充分利用医保智能监控系统,强化监控和审核,控制生育医疗费用不合理增长。

(5)统一经办和信息服务。两项保险合并实施后,原有生育保险医疗费用结算平台可暂时保留,待条件成熟后并入医疗保险结算平台。完善统计信息系统,确保及时全面准确反映生育保险基金运行、待遇享受人员、待遇支付等方面情况。

(6)确保职工生育期间的生育保险待遇不变。生育保险待遇包括《中华人民共和国社会保险法》规定的生育医疗费用和生育津贴,所需资金从职工基本医疗保险基金中支付。生育津贴支付期限按照《女职工劳动保护特别规定》等法律法规规定的产假期限执行。

6.1.10.3 地方示例

《北京市生育保险和职工基本医疗保险合并实施意见》规定:

生育保险基金并入职工基本医疗保险基金,统一征缴,全市统筹。用人单位按全部职工缴费基数之和的9.8%缴纳基本医疗保险费,职工个人不缴纳生育保险费。职工基本医疗保险大额医疗费用互助资金仍由用人单位按全部职工缴费基数之和的1%缴纳。职工缴费基数按照本人上一年月平均工资计算。职工本人上一年度月平均工资低于本市职工基本医疗保险月缴费基数下限的,按本市职工基本医疗保险月缴费基数下限为职工缴费基数;职工本人上一年度月平均工资高于本市职工基本医疗保险月缴费基数上限的,按本市职工基本医疗保险月缴费基数上限为职工缴费基数。

确保职工生育保险待遇。两项保险合并实施后,生育保险基金支付范围不变,所需资金从职工基本医疗保险基金中支付。

6.1.11　生育保险数据

《2019 年医疗保障事业发展统计快报》显示,2019 年生育保险参保人数 21432 万人,比上年底增加 997 万人,增长 4.9%。全年生育保险基金收入 861.36 亿元,同比增长 10.28%;支出 792.07 亿元,同比增长 3.90%;年末累计结存 619.29 亿元。

6.2　妇女保障与母婴保健制度

6.2.1　妇女劳动和社会保障权益

《中华人民共和国妇女权益保障法》规定:

任何单位均应根据妇女的特点,依法保护妇女在工作和劳动时的安全和健康,不得安排不适合妇女从事的工作和劳动。

妇女在经期、孕期、产期、哺乳期受特殊保护。

任何单位不得因结婚、怀孕、产假、哺乳等情形,降低女职工的工资,辞退女职工,单方解除劳动(聘用)合同或者服务协议。但是,女职工要求终止劳动(聘用)合同或者服务协议的除外。

国家发展社会保险、社会救助、社会福利和医疗卫生事业,保障妇女享有社会保险、社会救助、社会福利和卫生保健等权益。

国家推行生育保险制度,建立健全与生育相关的其他保障制度。地方各级人民政府和有关部门应当按照有关规定为贫困妇女提供必要的生育救助。

《女职工劳动保护特别规定》规定:

用人单位应当遵守女职工禁忌从事的劳动范围的规定。用人单位应当将本单位属于女职工禁忌从事的劳动范围的岗位书面告知女职工。

用人单位不得因女职工怀孕、生育、哺乳降低其工资、予以辞退、与其解除劳动或者聘用合同。

女职工在孕期不能适应原劳动的,用人单位应当根据医疗机构的证明,予以减轻劳动量或者安排其他能够适应的劳动。

对怀孕7个月以上的女职工,用人单位不得延长劳动时间或者安排夜班劳动,并应当在劳动时间内安排一定的休息时间。

怀孕女职工在劳动时间内进行产前检查,所需时间计入劳动时间。

对哺乳未满1周岁婴儿的女职工,用人单位不得延长劳动时间或者安排夜班劳动。

用人单位应当在每天的劳动时间内为哺乳期女职工安排1小时哺乳时间;女职工生育多胞胎的,每多哺乳1个婴儿每天增加1小时哺乳时间。

女职工比较多的用人单位应当根据女职工的需要,建立女职工卫生室、孕妇休息室、哺乳室等设施,妥善解决女职工在生理卫生、哺乳方面的困难。

《中华人民共和国人口与计划生育法》规定:

实行计划生育的育龄夫妻免费享受国家规定的基本项目的计划生育技术服务。所需经费,按照国家有关规定列入财政预算或者由社会保险予以保障。

禁止歧视、虐待生育女婴的妇女和不育的妇女。禁止歧视、虐待、遗弃女婴。

符合法律、法规规定生育子女的夫妻,可以获得延长生育假的奖励或者其他福利待遇。

妇女怀孕、生育和哺乳期间,按照国家有关规定享受特殊劳动保护并可以获得帮助和补偿。公民实行计划生育手术,享受国家规定的休假;地方人民政府可以给予奖励。

在国家提倡一对夫妻生育一个子女期间,自愿终身只生育一个子女的夫妻,国家发给《独生子女父母光荣证》。获得《独生子女父母光荣证》的夫妻,按照国家和省、自治区、直辖市有关规定享受独生子女父母奖励。获得《独生子女父母光荣证》的夫妻,独生子女发生意外伤残、死亡的,按照规定获得扶助。

《中华人民共和国劳动法》规定:

不得安排女职工在怀孕期间从事国家规定的第三级体力劳动强度的劳动和孕期禁忌从事的劳动。对怀孕7个月以上的女职工,不得安排其延长工作时间和夜班劳动。

女职工生育享受不少于90天的产假。

不得安排女职工在哺乳未满1周岁的婴儿期间从事国家规定的第三级体

力劳动强度的劳动和哺乳期禁忌从事的其他劳动,不得安排其延长工作时间和夜班劳动。

6.2.2　母婴保健

6.2.2.1　婚前保健

《中华人民共和国母婴保健法》规定:

医疗保健机构应当为公民提供婚前保健服务。婚前保健服务包括下列内容:

(1)婚前卫生指导:关于性卫生知识、生育知识和遗传病知识的教育;

(2)婚前卫生咨询:对有关婚配、生育保健等问题提供医学意见;

(3)婚前医学检查:对准备结婚的男女双方可能患影响结婚和生育的疾病进行医学检查。

婚前医学检查包括对下列疾病的检查:

(1)严重遗传性疾病;

(2)指定传染病;

(3)有关精神病。

经婚前医学检查,医疗保健机构应当出具婚前医学检查证明。

经婚前医学检查,对患指定传染病在传染期内或者有关精神病在发病期内的,医师应当提出医学意见;准备结婚的男女双方应当暂缓结婚。

经婚前医学检查, 对诊断患医学上认为不宜生育的严重遗传性疾病的,医师应当向男女双方说明情况,提出医学意见;经男女双方同意,采取长效避孕措施或者施行结扎手术后不生育的,可以结婚。但《中华人民共和国婚姻法》规定禁止结婚的除外。

接受婚前医学检查的人员对检查结果持有异议的,可以申请医学技术鉴定,取得医学鉴定证明。

男女双方在结婚登记时,应当持有婚前医学检查证明或者医学鉴定证明。

省、自治区、直辖市人民政府对婚前医学检查应当规定合理的收费标准,对边远贫困地区或者交费确有困难的人员应当给予减免。

6.2.2.2 孕产期保健

《中华人民共和国母婴保健法》规定:

医疗保健机构应当为育龄妇女和孕产妇提供孕产期保健服务。

孕产期保健服务包括下列内容:

(1)母婴保健指导:对孕育健康后代以及严重遗传性疾病和碘缺乏病等地方病的发病原因、治疗和预防方法提供医学意见;

(2)孕妇、产妇保健:为孕妇、产妇提供卫生、营养、心理等方面的咨询和指导以及产前定期检查等医疗保健服务;

(3)胎儿保健:为胎儿生长发育进行监护,提供咨询和医学指导;

(4)新生儿保健:为新生儿生长发育、哺乳和护理提供医疗保健服务。

对患严重疾病或者接触致畸物质,妊娠可能危及孕妇生命安全或者可能严重影响孕妇健康和胎儿正常发育的,医疗保健机构应当予以医学指导。

医师发现或者怀疑患严重遗传性疾病的育龄夫妻,应当提出医学意见。育龄夫妻应当根据医师的医学意见采取相应的措施。

经产前检查,医师发现或者怀疑胎儿异常的,应当对孕妇进行产前诊断。

经产前诊断,有下列情形之一的,医师应当向夫妻双方说明情况,并提出终止妊娠的医学意见:

(1)胎儿患严重遗传性疾病的;

(2)胎儿有严重缺陷的;

(3)因患严重疾病,继续妊娠可能危及孕妇生命安全或者严重危害孕妇健康的。

依照本法规定施行终止妊娠或者结扎手术,应当经本人同意,并签署意见。本人无行为能力的,应当经其监护人同意,并签署意见。

依照本法规定施行终止妊娠或者结扎手术的,接受免费服务。

医疗保健机构和从事家庭接生的人员按照国务院卫生行政部门的规定,出具统一制发的新生儿出生医学证明;有产妇和婴儿死亡以及新生儿出生缺陷情况的,应当向卫生行政部门报告。

医疗保健机构为产妇提供科学育儿、合理营养和母乳喂养的指导。

医疗保健机构对婴儿进行体格检查和预防接种,逐步开展新生儿疾病筛查、婴儿多发病和常见病防治等医疗保健服务。

6.3 婴幼儿照护制度

儿童是祖国的未来,关注弱势儿童、提高儿童的福利水平,是全社会义不容辞的责任。中国政府高度重视儿童福利事业,制定了儿童福利政策,建立了儿童福利机构,儿童福利事业取得了长足的进展。

6.3.1 对家庭婴幼儿照护的支持和指导

《国务院办公厅关于促进 3 岁以下婴幼儿照护服务发展的指导意见》规定:

全面落实产假政策,鼓励用人单位采取灵活安排工作时间等积极措施,为婴幼儿照护创造便利条件。

支持脱产照护婴幼儿的父母重返工作岗位,并为其提供信息服务、就业指导和职业技能培训。

加强对家庭的婴幼儿早期发展指导,通过入户指导、亲子活动、家长课堂等方式,利用互联网等信息化手段,为家长及婴幼儿照护者提供婴幼儿早期发展指导服务,增强家庭的科学育儿能力。

切实做好基本公共卫生服务、妇幼保健服务工作,为婴幼儿家庭开展新生儿访视、膳食营养、生长发育、预防接种、安全防护、疾病防控等服务。

6.3.2 加强对社区婴幼儿照护服务的支持力度

《国务院办公厅关于促进 3 岁以下婴幼儿照护服务发展的指导意见》规定:

地方各级政府要按照标准和规范在新建居住区规划、建设与常住人口规模相适应的婴幼儿照护服务设施及配套安全设施,并与住宅同步验收、同步交付使用;老城区和已建成居住区无婴幼儿照护服务设施的,要限期通过购置、置换、租赁等方式建设。

鼓励地方各级政府采取政府补贴、行业引导和动员社会力量参与等方式,在加快推进老旧居住小区设施改造过程中,通过做好公共活动区域的设施和部位改造，为婴幼儿照护创造安全、适宜的环境和条件。

各地要根据实际，在农村社区综合服务设施建设中，统筹考虑婴幼儿照护服务设施建设。

6.3.3　发展多种形式的婴幼儿照护服务机构

《国务院办公厅关于促进3岁以下婴幼儿照护服务发展的指导意见》规定：

举办非营利性婴幼儿照护服务机构的，在婴幼儿照护服务机构所在地的县级以上机构编制部门或民政部门注册登记；举办营利性婴幼儿照护服务机构的，在婴幼儿照护服务机构所在地的县级以上市场监管部门注册登记。

地方各级政府要将需要独立占地的婴幼儿照护服务设施和场地建设布局纳入相关规划，新建、扩建、改建一批婴幼儿照护服务机构和设施。城镇婴幼儿照护服务机构建设要充分考虑进城务工人员随迁婴幼儿的照护服务需求。

支持用人单位以单独或联合相关单位共同举办的方式，在工作场所为职工提供福利性婴幼儿照护服务，有条件的可向附近居民开放。鼓励支持有条件的幼儿园开设托班，招收2至3岁的幼儿。

各类婴幼儿照护服务机构可根据家庭的实际需求，提供全日托、半日托、计时托、临时托等多样化的婴幼儿照护服务；随着经济社会发展和人民消费水平提升，提供多层次的婴幼儿照护服务。

6.3.4　完善母婴设施配置

《关于加快推进母婴设施建设的指导意见》规定：

经常有母婴逗留且建筑面积超过1万平方米或日客流量超过1万人的交通枢纽、商业中心、医院、旅游景区及游览娱乐等公共场所，应当建立使用面积一般不少于10平方米的独立母婴室，并配备基本设施。对已建成的母婴室要做好改造完善工作。用人单位参照该标准建设女职工休息哺乳室等设施。

火车等移动空间，应按要求配置母婴设施或提供便利服务。

统一母婴设施标识，设置醒目的导向标志。鼓励各地因地制宜设置母婴候乘厅（区）、母婴专座等。在乘车、登机和检票口针对孕期、哺乳期妇女，以及携带婴幼儿的乘客提供绿色服务通道或便利服务。

6.4　生育保障热点问题解答

本节根据人力资源和社会保障部与国家医疗保障局对人大代表建议和政协委员提案的回复,就有关生育保障热点问题进行解答。

6.4.1　关于用生育保险支付奖励性产假期间的女职工工资待遇

生育保险是社会保障重要的组成部分。按照《中华人民共和国社会保险法》和国家有关规定,用人单位应当参加生育保险,并缴纳生育保险费,生育保险基金用于支付女职工生育期间的生育医疗费用和产假期间的生育津贴。生育保险通过将单个用人单位雇用女职工的成本在全体用人单位间分摊,降低了用人单位雇用女职工的成本,减轻了用人单位雇用女职工的顾虑,对消除就业性别歧视具有重要意义。近年来,生育保险覆盖面逐步扩大,待遇水平逐步提高。截至 2018 年底,全国参加生育保险人数 2.04 亿人,首次突破 2 亿人大关。当期基金收入 781.1 亿元,支出 762.2 亿元,总体运行稳定,393 万人享受生育保险待遇。

关于生育保险津贴待遇支付期限,《女职工劳动保护特别规定》有明确规定,女职工生育享受 98 天产假,产假期间的生育津贴,已经参加生育保险的由生育保险基金支付,未参加生育保险的按照产假前工资的标准由用人单位支付。2015 年修订的《中华人民共和国人口与计划生育法》规定,符合法律法规规定生育子女的夫妻可以获得延长生育假的奖励,在实施中,各省(区、市)通过地方性法规等形式明确了 30 至 90 天不等的生育奖励假,同时有一些地方明确把生育奖励假纳入了生育津贴待遇支付范围。在全面两孩政策背景下,特别是在一些因生育奖励假延长待遇支付期的地方,制度平稳运行面临风险,出现收不抵支。人力资源和社会保障部高度重视,认真分析研判,会同财政部、原国家卫生计生委于 2018 年 3 月印发了《人力资源和社会保障部 财政部 国家卫生计生委关于做好当前生育保险工作的意见》,规范了生育津贴支付期限和计发标准等,确保女职工法定产假期限内的生育津贴支付到位,探索多渠道解决生育奖励假待遇问题。

今后,应当在指导地方确保生育保险制度平稳运行和现有待遇不降低的基础上,会同有关部门完善生育津贴相关政策研究,进一步规范完善生育津贴支付期限,推进生育保险制度可持续发展。

6.4.2 关于完善生育保险制度、减轻企业负担问题

随着《中华人民共和国社会保险法》及《女职工劳动保护特别规定》的颁布实施,生育保险制度不断完善,参保覆盖面进一步扩大,待遇项目及标准不断规范,在维护女性平等就业、均衡用人单位负担、保障职业妇女生育期间基本生活和身体健康等方面起着重要作用。2018年,全国参加生育保险人数20434万,比上年增长5.9%;生育保险基金收入781.1亿元,比上年增长21.6%;基金支出762.4亿元,比上年增长2.5%;当期结存18.7亿元,累计结存581.7亿元。

当前,随着经济形势发展变化,供给侧结构性改革不断深化,生育保险制度同样面临着诸多挑战:一方面,为适应经济新常态,生育保险适当降低费率,减轻企业负担;另一方面,随着人口老龄化程度加深和国家实施全面两孩政策,生育保险基金支出压力不断增大。

人社部会同有关部门采取措施,持续推动生育保险制度改革不断深入。一是适当降低生育保险费率,以减轻企业负担,支持供给侧改革。2015年7月,人社部会同财政部印发了《人力资源和社会保障部 财政部关于适当降低生育保险费率的通知》,要求生育保险基金结余超过合理结存的地区降低生育保险费率。符合降费率条件的25个省份所辖394个统筹地区将费率调整到参保单位职工工资总额的0.5%以下,预计每年可减少用人单位缴费100亿元。二是积极推进生育保险与基本医疗保险合并实施,以优化管理资源、降低运行成本。遵循保留险种、保障待遇、统一管理、降低成本的总体思路,全面推进两项保险合并实施,实现参保同步登记、基金合并运行、征缴管理一致、监督管理统一、经办服务一体化。通过整合两项保险基金及管理资源,强化基金共济能力,提升管理综合效能,降低管理运行成本,建立适应我国经济发展水平、优化保险管理资源、实现两项保险长期稳定可持续发展的制度体系和运行机制。

6.4.3　关于提高生育保险统筹层次、扩大生育保险覆盖问题

近年来,生育保险探索按照与医疗保险协同推进、统一管理的模式,但部分地区统筹层次偏低,以县市级统筹为主。生育保险和基本医疗保险合并实施后,统筹层次将逐步过渡到市(地)统筹,条件成熟的地区可实行省级统筹。

按照《中华人民共和国社会保险法》规定,职工应当参加生育保险,由用人单位按照国家规定缴纳生育保险费,职工不缴纳生育保险费。全国大部分省(区、市)已将机关、事业单位、社会团体、有雇工的个体经济组织以及其他社会组织及其职工纳入生育保险覆盖范围,部分地区还将灵活就业人员纳入保险范围。职工未就业配偶可按照国家规定享受生育医疗费用待遇,所需资金从生育保险基金中支付。

与此同时,将城乡居民生育医疗费用纳入基本医疗保险支付范围,较好地保障了广大育龄妇女生育保险权益,促进了女性就业公平。

今后,将继续做好生育保险与基本医疗保险合并实施工作,参加医疗保险的职工同步参加生育保险,并逐步实现省级统筹,提高基金抗风险能力,进而为职工提供更加充分的生育保障。

第7章 中国贫弱保障制度

中国贫弱保障制度由最低生活保障、特困人员救助供养、临时救助、儿童保障等制度构成。经过多年探索和改革,中国建立了覆盖全民的贫弱保障制度架构。公民家庭人均收入低于最低生活保障标准时,国家给予收入保障,确保公民家庭人均收入达到规定标准。对于无劳动能力、无收入来源、无法定赡养人(抚养人、扶养人)的个人,国家提供特困人员救助供养待遇。对于因遭受火灾、交通事故等临时生活困难者,国家提供临时救助待遇,确保基本生活得到保障。对于困难儿童(包括孤儿),国家提供基本生活、基本医疗、基础教育、残疾帮扶、就业援助、住房供给等保障,确保儿童健康成长。国家实施教育救助、住房救助、灾害救助、法律援助等专项救助,确保困难群体的基本生活与合法权益。

➡ 最低生活保障制度

➡ 特困人员救助供养制度

➡ 临时救助制度

➡ 儿童保障制度

➡ 专项救助制度

➡ 贫弱保障热点问题解答

7.1　最低生活保障制度

最低生活保障制度是国家对符合规定条件的低收入家庭予以收入补助,使其收入达到最低生活标准,以保障公民家庭基本生活的相关规定的总称。

7.1.1　覆盖范围

7.1.1.1　基本规定

家庭收入和财产低于最低生活保障标准的,享受最低生活保障待遇。

7.1.1.2　相关法规

《社会救助暂行办法》规定:国家对共同生活的家庭成员人均收入低于当地最低生活保障标准,且符合当地最低生活保障家庭财产状况规定的家庭,给予最低生活保障。

《城市居民最低生活保障条例》规定:

持有非农业户口的城市居民,凡共同生活的家庭成员人均收入低于当地城市居民最低生活保障标准的,均有从当地人民政府获得基本生活物质帮助的权利。

前款所称收入,是指共同生活的家庭成员的全部货币收入和实物收入,包括法定赡养人、扶养人或者抚养人应当给付的赡养费、扶养费或者抚养费,不包括优抚对象按照国家规定享受的抚恤金、补助金。

《国务院关于在全国建立农村最低生活保障制度的通知》规定:农村最低生活保障对象是家庭年人均纯收入低于当地最低生活保障标准的农村居民,主要是因病残、年老体弱、丧失劳动能力以及生存条件恶劣等原因造成生活常年困难的农村居民。

7.1.1.3　地方示例

《北京市社会救助实施办法》规定:

本市对共同生活的家庭成员月人均收入低于本市当年最低生活保障标准，且符合本市最低生活保障家庭财产状况规定的北京市户籍居民组成的家庭，给予最低生活保障。

本办法规定的共同生活的家庭成员，包括配偶、父母和未成年子女、已成年但不能独立生活的子女以及其他具有法定赡养、抚养、扶养义务关系并长期共同居住的人员。

本办法规定的共同生活的家庭成员月人均收入，是指申请人在申请最低生活保障前 12 个月内的月均家庭收入除以共同生活的家庭成员数量所得数额。

本办法规定的家庭收入，包括共同生活的家庭成员的工资性收入、经营净收入、财产净收入、转移净收入等可支配收入；家庭财产包括共同生活的家庭成员拥有的现金、银行存款、有价证券、机动车、房屋以及无形资产等财产。

《北京市民政局 北京市财政局 北京市人力资源和社会保障局关于印发〈北京市城乡居民最低生活保障及低收入家庭救助制度实施细则〉的通知》规定：

符合下列条件之一的本市户籍人员，直接纳入城乡低保范围：

（1）低收入家庭中残疾等级为一、二级的视力、听力、言语、肢体残疾人和残疾等级为一、二、三级的智力、精神残疾人（以下简称重度残疾人）；

（2）符合本市城乡低保家庭财产状况规定的、依靠兄弟姐妹或 60 周岁及以上的老人扶养或抚养的成年无业重度残疾人。

《北京市人民政府办公厅转发市民政局〈关于进一步加强社会救助家庭经济状况认定工作的指导意见〉的通知》规定：

家庭成员是指共同生活的家庭成员，包括配偶、父母和未成年子女、已成年但不能独立生活的子女以及其他具有法定赡养、抚养、扶养义务关系并长期共同居住的人员，现役军人中的义务兵、连续三年以上（含三年）脱离家庭独立生活的宗教教职人员、人民法院宣告失踪人员、在监狱内服刑人员、民政部门按照有关程序认定的其他人员不计入共同生活的家庭成员。

7.1.2 保障标准

7.1.2.1 基本规定

最低生活保障标准，由地方政府公布并调整。

7.1.2.2　相关法规

《社会救助暂行办法》规定：最低生活保障标准，由省、自治区、直辖市或者设区的市级人民政府按照当地居民生活必需的费用确定、公布，并根据当地经济社会发展水平和物价变动情况适时调整。

《城市居民最低生活保障条例》规定：

城市居民最低生活保障标准，按照当地维持城市居民基本生活所必需的衣、食、住费用，并适当考虑水电燃煤（燃气）费用以及未成年人的义务教育费用确定。

直辖市、设区的市的城市居民最低生活保障标准，由市人民政府民政部门会同财政、统计、物价等部门制定，报本级人民政府批准并公布执行；县（县级市）的城市居民最低生活保障标准，由县（县级市）人民政府民政部门会同财政、统计、物价等部门制定，报本级人民政府批准并报上一级人民政府备案后公布执行。

《国务院关于在全国建立农村最低生活保障制度的通知》规定：农村最低生活保障标准由县级以上地方人民政府按照能够维持当地农村居民全年基本生活所必需的吃饭、穿衣、用水、用电等费用确定，并报上一级地方人民政府备案后公布执行。农村最低生活保障标准要随着当地生活必需品价格变化和人民生活水平提高适时进行调整。

7.1.2.3　地方示例

《北京市社会救助实施办法》规定：最低生活保障标准，由北京市民政、财政、统计等部门按照本市上年度城镇居民人均消费支出的一定比例拟定，报市人民政府批准、公布。

《关于印发〈北京市城乡居民最低生活保障及低收入家庭救助制度实施细则〉的通知》规定：

本市实施城乡统一的最低生活保障标准。城乡低保标准主要考虑居民必需的基本生活需要，按照本市上年度城镇居民人均消费支出的一定比例确定，并根据本市经济社会发展水平、物价变动和居民消费支出等情况适时调整。

城乡低保标准的确定和调整，每年由市民政局会同市财政、统计等相关部门研究提出方案，报市政府批准，由市民政局向社会公布。

北京市《关于调整本市最低生活保障标准的通知》规定：本市最低生活保障标准从家庭月人均 1000 元调整为 1100 元。因调整标准所增加的经费,由区财政负担。以上最低生活保障标准从 2019 年 1 月起正式实施。

7.1.3 认定办法

7.1.3.1 基本规定

家庭收入状况、财产状况的认定办法,由地方政府根据国家规定制定。

7.1.3.2 相关法规

《社会救助暂行办法》规定：最低生活保障家庭收入状况、财产状况的认定办法,由省、自治区、直辖市或者设区的市级人民政府按照国家有关规定制定。

《城市居民最低生活保障条例》规定：管理审批机关为审批城市居民最低生活保障待遇的需要,可以通过入户调查、邻里访问以及信函索证等方式对申请人的家庭经济状况和实际生活水平进行调查核实。申请人及有关单位、组织或者个人应当接受调查,如实提供有关情况。

《国务院关于在全国建立农村最低生活保障制度的通知》规定：乡(镇)人民政府和县级人民政府民政部门要核查申请人的家庭收入, 了解其家庭财产、劳动力状况和实际生活水平,并结合村民民主评议,提出审核、审批意见。在核算申请人家庭收入时,申请人家庭按国家规定所获得的优待抚恤金、计划生育奖励与扶助金以及教育、见义勇为等方面的奖励性补助,一般不计入家庭收入,具体核算办法由地方人民政府确定。

7.1.3.3 地方示例

《北京市人民政府办公厅转发市民政局〈关于进一步加强社会救助家庭经济状况认定工作的指导意见〉的通知》规定：

(1)家庭收入认定标准

申请特困人员供养和最低生活保障的,家庭月人均收入应低于本市当年最低生活保障标准;申请本市低收入家庭认定的,家庭月人均收入应低于本市当年最低工资标准。

家庭收入按照其申请或定期核查前 12 个月（含当月）的家庭月平均收入确定。

（2）家庭财产认定标准

家庭拥有应急之用的货币财产总额，2 人及 2 人以下户家庭，人均不超过上年度本市居民人均消费支出的 1.2 倍；3 人及 3 人以上户家庭，人均不超过上年度本市居民人均消费支出。

家庭财产为其申请前 6 个月（含当月）内任一时点核对出的家庭成员名下的全部货币财产和实物财产。对已获得社会救助的家庭，在任一时点核对出的家庭成员名下的全部货币财产和实物财产，均认定为其家庭财产。

申请或已获得社会救助期间，出现家庭成员罹患重大疾病、发生重大变故等突发情况，家庭财产发生异常变化的，各区根据实际情况决定具体处置办法。

（3）存在以下情形之一的，不符合给予社会救助的条件

家庭成员名下拥有机动车辆（不含残疾人功能性补偿代步机动车辆）和大型农机具。居住在本市城六区以外，家庭拥有唯一机动车且该机动车用于家庭成员因罹患重大疾病在本市行政区域内医院长期就医使用等特殊情形的，可适当放宽认定条件，具体认定办法由有关区根据实际制定。

家庭成员名下拥有及承租的住房达到两套及以上（家庭人均住房建筑面积低于统计部门公布的上年度全市人均住房建筑面积的除外）。具体包括产权住房、承租的公有住房、集体土地上的住宅等，其中农村居民家庭成员名下的宅基地住房、统一规划的农民新村住房按一套计算。

家庭成员名下拥有非住宅类房屋，且非兼做家庭唯一居住场所的。

（4）已批准给予社会救助的家庭成员或人员，有以下高档消费行为的，要对其家庭收入和财产进行重点核查，对不符合救助条件的，及时终止对其社会救助

自费乘坐交通工具时，选择飞机头等舱、公务舱，列车软卧、一等（含）以上座位，轮船二等（含）以上舱位；

自费在四星级（含）以上宾馆、酒店，高尔夫球场等高消费场所进行消费；

自费安排家庭成员出国（境）留学或者在高收费民办、私立学校就读；

家庭成员自费出国（境）旅游；

其他高档消费行为。

7.1.4　申请程序

7.1.4.1　基本规定

家庭成员向乡镇政府、街道办事处提出最低生活保障申请，有关部门经核查、审查、公示后，做出批准或不批准决定。

7.1.4.2　相关法规

《社会救助暂行办法》规定：

申请最低生活保障，按照下列程序办理：

（1）由共同生活的家庭成员向户籍所在地的乡镇人民政府、街道办事处提出书面申请；家庭成员申请有困难的，可以委托村民委员会、居民委员会代为提出申请。

（2）乡镇人民政府、街道办事处应当通过入户调查、邻里访问、信函索证、群众评议、信息核查等方式，对申请人的家庭收入状况、财产状况进行调查核实，提出初审意见，在申请人所在村、社区公示后报县级人民政府民政部门审批。

（3）县级人民政府民政部门经审查，对符合条件的申请予以批准，并在申请人所在村、社区公布；对不符合条件的申请不予批准，并书面向申请人说明理由。

《城市居民最低生活保障条例》规定：

申请享受城市居民最低生活保障待遇，由户主向户籍所在地的街道办事处或者镇人民政府提出书面申请，并出具有关证明材料，填写《城市居民最低生活保障待遇审批表》。城市居民最低生活保障待遇，由其所在地的街道办事处或者镇人民政府初审，并将有关材料和初审意见报送县级人民政府民政部门审批。

管理审批机关为审批城市居民最低生活保障待遇的需要，可以通过入户调查、邻里访问以及信函索证等方式对申请人的家庭经济状况和实际生活水平进行调查核实。申请人及有关单位、组织或者个人应当接受调查，如实提供有关情况。

《国务院关于在全国建立农村最低生活保障制度的通知》规定：申请农村最低生活保障，一般由户主本人向户籍所在地的乡（镇）人民政府提出申请；村民委员会受乡（镇）人民政府委托，也可受理申请。受乡（镇）人民政府委托，在村党组织的领导下，村民委员会对申请人开展家庭经济状况调查、组织村民会议或村民代表会议民主评议后提出初步意见,报乡(镇)人民政府;乡(镇)人民政府审核后,报县级人民政府民政部门审批。乡(镇)人民政府和县级人民政府民政部门要核查申请人的家庭收入,了解其家庭财产、劳动力状况和实际生活水平,并结合村民民主评议,提出审核、审批意见。在核算申请人家庭收入时,申请人家庭按国家规定所获得的优待抚恤金、计划生育奖励与扶助金以及教育、见义勇为等方面的奖励性补助,一般不计入家庭收入,具体核算办法由地方人民政府确定。

7.1.4.3　地方示例

《北京市社会救助实施办法》规定:

申请最低生活保障,按照下列程序办理:

(1)由共同生活的家庭成员向户籍所在地乡镇人民政府、街道办事处提出书面申请,并按照要求提交户籍、身份、收入和财产等相关证明材料;家庭成员行动不便、读写困难的,可以委托村民委员会、居民委员会或者个人代为提出申请;

(2)乡镇人民政府、街道办事处应当自受理申请之日起 14 个工作日内,通过入户调查、邻里访问、信函索证、群众评议、信息核查等方式完成对申请人家庭人口状况、收入状况、财产状况的审核工作,提出初审意见并在申请人所在村、社区公示 7 日;公示期满后 2 个工作日内将初审意见和公示结果报区民政部门审批;

(3)区民政部门应当自收到初审意见和公示结果之日起 7 个工作日内完成审查工作并作出决定。符合条件的,批准后在申请人所在村、社区发布。

7.1.5　待遇发放

7.1.5.1　基本规定

县级人民政府民政部门按最低生活保障标准与家庭人均收入的差额,按月发放最低生活保障金。

7.1.5.2　相关法规

《社会救助暂行办法》规定:

对批准获得最低生活保障的家庭,县级人民政府民政部门按照共同生活的家庭成员人均收入低于当地最低生活保障标准的差额,按月发给最低生活保障金。

对获得最低生活保障后生活仍有困难的老年人、未成年人、重度残疾人和重病患者,县级以上地方人民政府应当采取必要措施给予生活保障。

《城市居民最低生活保障条例》规定:

县级人民政府民政部门经审查,对符合享受城市居民最低生活保障待遇条件的家庭,应当区分下列不同情况批准其享受城市居民最低生活保障待遇:

(1)对无生活来源、无劳动能力又无法定赡养人、扶养人或者抚养人的城市居民,批准其按照当地城市居民最低生活保障标准全额享受;

(2)对尚有一定收入的城市居民,批准其按照家庭人均收入低于当地城市居民最低生活保障标准的差额享受。

《国务院关于在全国建立农村最低生活保障制度的通知》规定:最低生活保障金原则上按照申请人家庭年人均纯收入与保障标准的差额发放,也可以在核查申请人家庭收入的基础上,按照其家庭的困难程度和类别,分档发放。要加快推行国库集中支付方式,通过代理金融机构直接、及时地将最低生活保障金支付到最低生活保障对象账户。

7.1.5.3 地方示例

《北京市社会救助实施办法》规定:

对批准获得最低生活保障的家庭,区民政部门按照共同生活的家庭成员人均月收入低于本市最低生活保障标准的差额,于每月 10 日前发给最低生活保障金。

对获得最低生活保障后生活仍有困难的老年人、未成年人、重度残疾人、重大疾病患者,按照本市当年最低生活保障标准的一定比例提高救助标准。

7.1.6 资金来源

7.1.6.1 基本规定

最低生活保障资金列入地方政府预算。

7.1.6.2　相关法规

《社会救助暂行办法》规定：对批准获得最低生活保障的家庭，县级人民政府民政部门按照共同生活的家庭成员人均收入低于当地最低生活保障标准的差额，按月发给最低生活保障金。

《城市居民最低生活保障条例》规定：

城市居民最低生活保障所需资金，由地方人民政府列入财政预算，纳入社会救济专项资金支出项目，专项管理，专款专用。

国家鼓励社会组织和个人为城市居民最低生活保障提供捐赠、资助；所提供的捐赠资助，全部纳入当地城市居民最低生活保障资金。

《国务院关于在全国建立农村最低生活保障制度的通知》规定：农村最低生活保障资金的筹集以地方为主，地方各级人民政府要将农村最低生活保障资金列入财政预算，省级人民政府要加大投入。地方各级人民政府民政部门要根据保障对象人数等提出资金需求，经同级财政部门审核后列入预算。中央财政对财政困难地区给予适当补助。

地方各级人民政府及其相关部门要统筹考虑农村各项社会救助制度，合理安排农村最低生活保障资金，提高资金使用效益。同时，鼓励和引导社会力量为农村最低生活保障提供捐赠和资助。农村最低生活保障资金实行专项管理，专账核算，专款专用，严禁挤占挪用。

7.1.6.3　地方示例

《北京市社会救助实施办法》规定：

市、区人民政府应当完善社会救助资金、物资保障机制，将社会救助资金和社会救助工作经费纳入财政预算。

区人民政府应当加强乡镇人民政府、街道办事处社会救助工作人员的配备，保障工作顺利开展。

7.1.7　管理主体

7.1.7.1　基本规定

政府部门分工负责最低生活保障工作。

7.1.7.2　相关法规

《社会救助暂行办法》规定:

国务院民政、卫生计生、教育、住房城乡建设、人力资源和社会保障等部门,按照各自职责负责相应的社会救助管理工作。

县级以上地方人民政府民政、卫生计生、教育、住房城乡建设、人力资源和社会保障等部门,按照各自职责负责本行政区域内相应的社会救助管理工作。

乡镇人民政府、街道办事处负责有关社会救助的申请受理、调查审核,具体工作由社会救助经办机构或者经办人员承担。

村民委员会、居民委员会协助做好有关社会救助工作。

《城市居民最低生活保障条例》规定:城市居民最低生活保障制度实行地方各级人民政府负责制。县级以上地方各级人民政府民政部门具体负责本行政区域内城市居民最低生活保障的管理工作;财政部门按照规定落实城市居民最低生活保障资金;统计、物价、审计、劳动保障和人事等部门分工负责,在各自的职责范围内负责城市居民最低生活保障的有关工作。

《国务院关于在全国建立农村最低生活保障制度的通知》规定:建立农村最低生活保障制度,实行地方人民政府负责制,按属地进行管理。各地要从当地农村经济社会发展水平和财力状况的实际出发,合理确定保障标准和对象范围。

7.1.7.3　地方示例

《北京市社会救助实施办法》规定:

市、区人民政府应当建立健全政府领导、民政部门牵头、有关部门配合、社会力量参与的社会救助工作协调机制。社会救助工作协调机制各成员单位应当按照相关规定履行成员职责,实现信息共享,协同做好社会救助工作。

市、区人民政府民政、卫生计生、教育、住房城乡建设、人力社保等社会救助管理部门,按照各自职责负责本行政区域内相应的社会救助管理工作。

乡镇人民政府、街道办事处负责社会救助申请的受理、调查审核和其他社会救助管理工作,指导村民委员会、居民委员会协助做好有关社会救助工作。

7.1.8　最低生活保障数据

《2018 年民政事业发展统计公报》显示,截至 2018 年底,全国有城市低保对象 605.1 万户、1007.0 万人。全国城市低保平均保障标准 579.7 元 / 人·月,比上年增长 7.2%。全年支出城市低保资金 575.2 亿元。全国有农村低保对象 1901.7 万户、3519.1 万人。全国农村低保平均保障标准 4833.4 元 / 人·年,比上年增长 12.4%。全年支出农村低保资金 1056.9 亿元。

7.2　特困人员救助供养制度

特困人员救助供养制度,是国家对无劳动能力、无生活来源、无法定赡养(抚养、抚养)义务人的困难人员提供衣食住行等全面救助的相关规定的总称。

7.2.1　特困供养范围

7.2.1.1　基本规定

无劳动能力、无生活来源、无法定赡养(抚养、抚养)义务人的困难人员,由国家提供特困人员救助供养待遇。

7.2.1.2　相关法规

《社会救助暂行办法》规定:国家对无劳动能力、无生活来源且无法定赡养、抚养、扶养义务人,或者其法定赡养、抚养、扶养义务人无赡养、抚养、扶养能力的老年人、残疾人以及未满 16 周岁的未成年人,给予特困人员供养。

《国务院关于进一步健全特困人员救助供养制度的意见》规定:

城乡老年人、残疾人以及未满 16 周岁的未成年人,同时具备以下条件的,应当依法纳入特困人员救助供养范围:

无劳动能力、无生活来源、无法定赡养抚养扶养义务人或者其法定义务人无履行义务能力。

《农村五保供养工作条例》规定：老年、残疾或者未满16周岁的村民，无劳动能力、无生活来源又无法定赡养、抚养、扶养义务人，或者其法定赡养、抚养、扶养义务人无赡养、抚养、扶养能力的，享受农村五保供养待遇。

7.2.1.3 地方示例

《北京市社会救助实施办法》规定：

本市对无劳动能力、无生活来源且无法定赡养、抚养、扶养义务人，或者其法定赡养、抚养、扶养义务人无赡养、抚养、扶养能力的本市户籍60周岁以上老年人、残疾人、未满16周岁的未成年人，给予特困人员供养。

特困人员年满16周岁后仍在接受义务教育、普通高中教育、中等职业教育、特殊教育的，继续享受供养待遇。

《关于印发〈北京市特困人员救助供养实施办法〉的通知》规定：

具有本市户籍的老年人、残疾人以及未满16周岁的未成年人，同时具备以下条件的，应当依法纳入特困人员救助供养范围：无劳动能力；无生活来源；无法定赡养、抚养、扶养义务人，或者其法定义务人无履行义务能力。

符合以下条件之一的，可认定为本办法所称的无劳动能力：年满60周岁的老年人；未满16周岁的未成年人；残疾等级为一、二级的视力、肢体残疾人，残疾等级为一、二、三级的智力、精神残疾人；经由劳动能力鉴定委员会鉴定为完全丧失劳动能力或者大部分丧失劳动能力的残疾人。

无生活来源是指居民缺乏基本生活所需的稳定经济来源，靠自身无力解决基本生活问题，一般情况下，家庭月人均收入低于本市居民最低生活保障标准，且家庭财产状况符合本市社会救助家庭经济状况认定办法有关规定的，可认定为本办法所称的无生活来源。

法定赡养、抚养、扶养义务人的范围按照《中华人民共和国婚姻法》和《北京市老年人权益保障条例》有关条款所规定的执行。

法定赡养义务人无赡养能力是指法定赡养义务人没有对被赡养人经济上供养、生活上照料和精神上慰藉的能力；法定抚养义务人无抚养能力是指法定抚养义务人不具备监护能力、无法履行监护责任；法定扶养义务人无扶养能力，一般可以参照法定赡养义务人无赡养能力、法定抚养义务人无抚养能力的情形确定。

7.2.2　特困供养内容

7.2.2.1　基本规定

国家为特困人员提供衣食住行等基本生活条件。

7.2.2.2　相关法规

《社会救助暂行办法》规定：

特困人员供养的内容包括：

(1)提供基本生活条件；

(2)对生活不能自理的给予照料；

(3)提供疾病治疗；

(4)办理丧葬事宜。

特困人员供养标准，由省、自治区、直辖市或者设区的市级人民政府确定、公布。

特困人员供养应当与城乡居民基本养老保险、基本医疗保障、最低生活保障、孤儿基本生活保障等制度相衔接。

《国务院关于进一步健全特困人员救助供养制度的意见》规定：

特困人员救助供养主要包括以下内容：

提供基本生活条件。包括供给粮油、副食品、生活用燃料、服装、被褥等日常生活用品和零用钱。可以通过实物或者现金的方式予以保障。

对生活不能自理的给予照料。包括日常生活、住院期间的必要照料等基本服务。

提供疾病治疗。全额资助参加城乡居民基本医疗保险的个人缴费部分。医疗费用按照基本医疗保险、大病保险和医疗救助等医疗保障制度规定支付后仍有不足的，由救助供养经费予以支持。

办理丧葬事宜。特困人员死亡后的丧葬事宜，集中供养的由供养服务机构办理，分散供养的由乡镇人民政府(街道办事处)委托村(居)民委员会或者其亲属办理。丧葬费用从救助供养经费中支出。

对符合规定标准的住房困难的分散供养特困人员，通过配租公共租赁住

房、发放住房租赁补贴、农村危房改造等方式给予住房救助。对在义务教育阶段
就学的特困人员,给予教育救助;对在高中教育(含中等职业教育)、普通高等教
育阶段就学的特困人员,根据实际情况给予适当教育救助。

《农村五保供养工作条例》规定:

农村五保供养包括下列供养内容:

供给粮油、副食品和生活用燃料;

供给服装、被褥等生活用品和零用钱;

提供符合基本居住条件的住房;

提供疾病治疗,对生活不能自理的给予照料;

办理丧葬事宜。

农村五保供养对象未满16周岁或者已满16周岁仍在接受义务教育的,应
当保障他们依法接受义务教育所需费用。

农村五保供养对象的疾病治疗,应当与当地农村合作医疗和农村医疗救助
制度相衔接。

7.2.2.3 地方示例

《北京市社会救助实施办法》规定:

特困人员供养的内容包括:

供给粮油、副食品和生活用燃料,提供服装、被褥等生活用品和零用钱等基
本生活条件;

为生活不能自理的提供日常生活、住院期间的必要照料等基本服务;

提供疾病治疗;

办理丧葬事宜。

《关于印发〈北京市特困人员救助供养实施办法〉的通知》规定:

特困人员救助供养内容主要包括以下内容:

(1)提供基本生活条件。供给粮油、副食品、生活用水电燃料、服装、被褥等
日常生活用品和零用钱,可以通过实物或者现金的方式予以保障。

(2)对生活不能自理的给予照料。提供日常生活、住院期间的必要照料等基
本服务。

(3)提供疾病治疗。

(4)办理丧葬事宜。

(5)提供住房救助。

(6)提供教育救助。

7.2.3　特困供养标准

7.2.3.1　基本规定

特困人员的救助供养标准不低于当地平均生活水平。

7.2.3.2　相关法规

《国务院关于进一步健全特困人员救助供养制度的意见》规定：

特困人员救助供养标准包括基本生活标准和照料护理标准。

基本生活标准应当满足特困人员基本生活所需。照料护理标准应当根据特困人员生活自理能力和服务需求分类制定，体现差异性。

特困人员救助供养标准由省、自治区、直辖市或者设区的市级人民政府综合考虑地区、城乡差异等因素确定、公布，并根据当地经济社会发展水平和物价变化情况适时调整。民政部、财政部要加强对特困人员救助供养标准制定工作的指导。

《农村五保供养工作条例》规定：

农村五保供养标准不得低于当地村民的平均生活水平，并根据当地村民平均生活水平的提高适时调整。

农村五保供养标准，可以由省、自治区、直辖市人民政府制定，在本行政区域内公布执行，也可以由设区的市级或者县级人民政府制定，报所在的省、自治区、直辖市人民政府备案后公布执行。

国务院民政部门、国务院财政部门应当加强对农村五保供养标准制定工作的指导。

7.2.3.3　地方示例

《北京市社会救助实施办法》规定：各区的特困人员供养标准按照不低于本市上年度全市居民人均消费支出确定。区人民政府统筹特困人员供养资金的支出。

《关于印发〈北京市特困人员救助供养实施办法〉的通知》规定:

(1)特困人员救助供养标准按照不低于市统计局、国家统计局北京调查总队公布的上年度全市居民人均消费支出执行。

(2)特困人员救助供养经费主要用于保障特困人员基本生活、生活照料护理、疾病治疗、丧葬事宜,以及住房、教育等方面的需求所需费用。救助供养经费由区民政部门统筹使用,不得按标准平均分配。

(3)基本生活标准不低于本市最低生活保障标准的 1.5 倍。

(4)照料护理标准按照具有生活自理能力、部分丧失生活自理能力、完全丧失生活自理能力分档制定,分别不低于本市当年最低工资标准的 20%、40%和60%。

(5)医疗、住房、教育、供暖等救助标准按照本市社会救助相关政策执行。

7.2.4　特困供养形式

7.2.4.1　基本规定

特困人员的救助供养形式分为集中供养与分散供养。

7.2.4.2　相关法规

《国务院关于进一步健全特困人员救助供养制度的意见》规定:

特困人员救助供养形式分为在家分散供养和在当地的供养服务机构集中供养。具备生活自理能力的,鼓励其在家分散供养;完全或者部分丧失生活自理能力的,优先为其提供集中供养服务。

(1)分散供养。对分散供养的特困人员,经本人同意,乡镇人民政府(街道办事处)可委托其亲友或村(居)民委员会、供养服务机构、社会组织、社会工作服务机构等提供日常看护、生活照料、住院陪护等服务。有条件的地方,可为分散供养的特困人员提供社区日间照料服务。

(2)集中供养。对需要集中供养的特困人员,由县级人民政府民政部门按照统筹协调、便于管理的原则,就近安排到相应的供养服务机构;未满 16 周岁的,安置到儿童福利机构。

《农村五保供养工作条例》规定：

农村五保供养对象可以在当地的农村五保供养服务机构集中供养，也可以在家分散供养。农村五保供养对象可以自行选择供养形式。

集中供养的农村五保供养对象，由农村五保供养服务机构提供供养服务；分散供养的农村五保供养对象，可以由村民委员会提供照料，也可以由农村五保供养服务机构提供有关供养服务。

7.2.4.3　地方示例

《北京市社会救助实施办法》规定：

特困人员选择在供养服务机构集中供养的，由区民政部门负责安置。

特困人员选择在家分散供养的，乡镇人民政府、街道办事处可以委托村民委员会、居民委员会或者供养服务机构、社会组织等组织或者个人提供生活照料等服务。

《关于印发〈北京市特困人员救助供养实施办法〉的通知》规定：

特困人员救助供养形式分为在供养服务机构集中供养和在家分散供养。特困人员可以自行选择供养形式，鼓励特困人员入住供养服务机构，优先安排完全或部分丧失生活自理能力的特困人员入住供养服务机构。

（1）集中供养

集中供养的特困人员，由区民政部门按照统筹协调、便于管理的原则，安排到户籍所在地乡镇人民政府（街道办事处）供养服务机构就近入住；也可以按照集约资源、方便照料原则，每 3 至 5 个毗邻乡镇人民政府（街道办事处）组成协作区域，选择该区域内一所设施条件较好、服务能力较强的供养服务机构，作为定点机构，统一接收区域内特困人员；供养服务机构暂不具备供养服务条件的，可安排特困人员到辖区内社会办养老机构，通过政府购买服务方式，解决特困人员集中供养问题。区属供养服务机构要保留一定比例床位，做好统筹保障。未满 16 周岁的，应当安置到儿童福利机构；患有精神疾病、传染病的，可以安置到专门的医疗卫生机构；重度残疾的，可以安置到专门的福利机构。

（2）分散供养

分散供养的特困人员，经本人同意，由乡镇人民政府（街道办事处）委托其亲友或村（居）民委员会、供养服务机构、社会组织等提供日常看护、生活照料、住院陪护等服务。有条件的区、乡镇(街道),可依托养老照料中心为分散供养的特困人员提供社区日间照料服务。

7.2.5 特困供养待遇衔接与待遇支付

7.2.5.1 基本规定

国家为特困人员提供衣食住行等基本生活条件。

7.2.5.2 相关法规

《国务院关于进一步健全特困人员救助供养制度的意见》在待遇衔接方面规定:各地要统筹做好特困人员救助供养制度与城乡居民基本养老保险、基本医疗保障、最低生活保障、孤儿基本生活保障、社会福利等制度的有效衔接。符合相关条件的特困人员,可同时享受城乡居民基本养老保险、基本医疗保险等社会保险和高龄津贴等社会福利待遇。纳入特困人员救助供养范围的,不再适用最低生活保障政策。纳入孤儿基本生活保障范围的,不再适用特困人员救助供养政策。纳入特困人员救助供养范围的残疾人,不再享受困难残疾人生活补贴和重度残疾人护理补贴。

7.2.5.3 地方示例

《关于印发〈北京市特困人员救助供养实施办法〉的通知》在供养待遇支付方面规定:

(1)集中供养的特困人员,基本生活费和照料护理费由区民政部门或者财政部门按照基本生活标准和照料护理标准按月拨付至供养服务机构。由供养服务机构按月为特困人员发放零用钱,零用钱标准由区民政部门制定。

(2)分散供养的特困人员,由区民政部门按照基本生活标准按月为其发放生活费;具有生活自理能力的,日常照料费按照供养服务协议按月拨付给供养服务机构、养老照料中心、社会组织或者照料护理人;部分和完全丧失生活自理能力的,照料护理费按照供养服务协议按月拨付给供养服务机构、养老照料中心和社会组织。

(3)全额资助特困人员参加城乡居民基本医疗保险的个人缴费部分。特困人员的疾病治疗,由供养服务机构、社会组织或者照料护理人协助特困人员到医保定点医疗机构或者供养服务机构内的医务室(站)治疗,医疗费用按照基本医疗保险、大病保险和医疗救助等医疗保障制度规定支付后,不足部分从救助供养经费统筹支出。

(4)特困人员因病需要住院治疗的,由供养服务机构、社会组织或者照料护理人及时送医治疗,需要住院陪护的,住院陪护费用从救助供养经费统筹支出。

(5)特困人员死亡后的丧葬事宜按照当地殡葬管理有关规定办理。集中供养的由供养服务机构办理,分散供养的由乡镇人民政府(街道办事处)委托村(居)民委员会或者其亲属办理。丧葬费用从救助供养经费统筹支出。

(6)对符合条件的住房困难的分散供养特困人员,通过配租公共租赁住房、发放市场租房补贴和农村危房改造等方式给予住房救助。

(7)对在接受各类教育期间的特困人员,按照本市教育救助有关规定保障其顺利完成学业。

(8)对符合条件的分散供养的特困人员,通过冬季燃煤自采暖救助、集中供热采暖补助和住宅清洁能源分户自采暖补贴等方式给予供暖救助。

(9)特困人员救助供养制度应当与城乡居民基本养老保险、基本医疗保障、最低生活保障、孤儿基本生活保障、社会福利等制度有效衔接。符合相关条件的可同时享受城乡居民基本养老保险、基本医疗保险等社会保险和高龄津贴等社会福利待遇。分散供养的特困人员中,符合条件的高龄和失能老年人,可以同时享受居家养老服务补贴。纳入特困人员救助供养范围的,不再适用最低生活保障政策;纳入孤儿基本生活保障范围的,不再适用特困人员救助供养政策;纳入特困人员救助供养范围的残疾人,不再享受困难残疾人生活补贴和重度残疾人护理补贴。有条件的区可探索特困人员照料护理与长期护理保险衔接。

7.2.6　资金来源

7.2.6.1　基本规定

政府通过预算安排为特困救助供养人员提供资金支持。

7.2.6.2　相关法规

《国务院关于进一步健全特困人员救助供养制度的意见》规定:县级以上地方人民政府要将政府设立的供养服务机构运转费用、特困人员救助供养所需资金列入财政预算。省级人民政府要优化财政支出结构,统筹安排特困人员救助供养资金。中央财政给予适当补助,并重点向特困人员救助供养任务重、财政困难、工作成效突出的地区倾斜。有农村集体经营等收入的地方,可从中安排资金用于特困人员救助供养工作。各地要完善救助供养资金发放机制,确保资金及时足额发放到位。

《农村五保供养工作条例》规定:

农村五保供养资金,在地方人民政府财政预算中安排。有农村集体经营等收入的地方,可以从农村集体经营等收入中安排资金,用于补助和改善农村五保供养对象的生活。农村五保供养对象将承包土地交由他人代耕的,其收益归该农村五保供养对象所有。具体办法由省、自治区、直辖市人民政府规定。

中央财政对财政困难地区的农村五保供养,在资金上给予适当补助。

农村五保供养资金,应当专门用于农村五保供养对象的生活,任何组织或者个人不得贪污、挪用、截留或者私分。。

7.2.6.3　地方示例

《关于印发〈北京市特困人员救助供养实施办法〉的通知》规定:

区人民政府应当优化财政支出结构, 统筹安排特困人员救助供养经费,政府设立的供养服务机构运转费用、特困人员救助供养经费纳入财政部门预算管理。财政部门应当足额保障救助供养经费。市级民政、财政部门应当通过中央困难群众基本生活救助补助资金对救助供养任务重、财政困难、工作成效突出的区予以补助,补助资金不得用于特困人员救助供养工作经费。所需工作经费,由区财政予以保障。

区民政部门在年度预算执行过程中,应当根据特困人员变化、救助供养标准调整等实际情况,编制预算方案,报同级财政部门,经审核后列入财政预算,并于年终根据实际支出情况编制决算。资金不足部分,由区财政予以保障。

区民政部门及财政部门应完善特困人员救助供养资金发放机制,确保资金及时足额发放到位。有农村集体经营等收入的地方,可从中安排资金用于补助和改善特困人员的生活。

7.2.7　办理程序

7.2.7.1　基本规定

特困人员的救助供养资格办理要经过申请、受理、审核、审查、终止等程序。

7.2.7.2　相关法规

《国务院关于进一步健全特困人员救助供养制度的意见》规定：

（1）申请程序。申请特困人员救助供养，由本人向户籍所在地的乡镇人民政府（街道办事处）提出书面申请，按规定提交相关材料，书面说明劳动能力、生活来源以及赡养、抚养、扶养情况。本人申请有困难的，可以委托村（居）民委员会或者他人代为提出申请。

乡镇人民政府（街道办事处）以及村（居）民委员会应当及时了解掌握辖区内居民的生活情况，发现符合特困人员救助供养条件的人员，应当告知其救助供养政策，对无民事行为能力等无法自主申请的，应当主动帮助其申请。

（2）审核程序。乡镇人民政府（街道办事处）应当通过入户调查、邻里访问、信函索证、群众评议、信息核查等方式，对申请人的收入状况、财产状况以及其他证明材料等进行调查核实，于 20 个工作日内提出初审意见，在申请人所在村（社区）公示后，报县级人民政府民政部门审批。申请人及有关单位、组织或者个人应当配合调查，如实提供有关情况。

（3）审批程序。县级人民政府民政部门应当全面审查乡镇人民政府（街道办事处）上报的调查材料和审核意见，并随机抽查核实，于 20 个工作日内作出审批决定。对符合条件的申请予以批准，并在申请人所在村（社区）公布；对不符合条件的申请不予批准，并书面向申请人说明理由。

（4）终止程序。特困人员不再符合救助供养条件的，村（居）民委员会或者供养服务机构应当及时告知乡镇人民政府（街道办事处），由乡镇人民政府（街道办事处）审核并报县级人民政府民政部门核准后，终止救助供养并予以公示。

县级人民政府民政部门、乡镇人民政府（街道办事处）在工作中发现特困人员不再符合救助供养条件的，应当及时办理终止救助供养手续。特困人员中的未成年人，满 16 周岁后仍在接受义务教育或在普通高中、中等职业学校就读的，可继续享有救助供养待遇。

《农村五保供养工作条例》规定:

享受农村五保供养待遇,应当由村民本人向村民委员会提出申请;因年幼或者智力残疾无法表达意愿的,由村民小组或者其他村民代为提出申请。经村民委员会民主评议,对符合本条例第六条规定条件的,在本村范围内公告;无重大异议的,由村民委员会将评议意见和有关材料报送乡、民族乡、镇人民政府审核。

乡、民族乡、镇人民政府应当自收到评议意见之日起20日内提出审核意见,并将审核意见和有关材料报送县级人民政府民政部门审批。县级人民政府民政部门应当自收到审核意见和有关材料之日起20日内作出审批决定。对批准给予农村五保供养待遇的,发给《农村五保供养证书》;对不符合条件不予批准的,应当书面说明理由。

乡、民族乡、镇人民政府应当对申请人的家庭状况和经济条件进行调查核实;必要时,县级人民政府民政部门可以进行复核。申请人、有关组织或者个人应当配合、接受调查,如实提供有关情况。

农村五保供养对象不再符合规定条件的,村民委员会或者敬老院等农村五保供养服务机构(以下简称农村五保供养服务机构)应当向乡、民族乡、镇人民政府报告,由乡、民族乡、镇人民政府审核并报县级人民政府民政部门核准后,核销其《农村五保供养证书》。

农村五保供养对象死亡,丧葬事宜办理完毕后,村民委员会或者农村五保供养服务机构应当向乡、民族乡、镇人民政府报告,由乡、民族乡、镇人民政府报县级人民政府民政部门核准后,核销其《农村五保供养证书》。

7.2.7.3 地方示例

《北京市社会救助实施办法》规定:特困人员供养申请,由本人提出,本人行动不便、读写困难或者属于无民事行为能力、限制民事行为能力人的,村民委员会、居民委员会应当协助其提出申请。

《关于印发〈北京市特困人员救助供养实施办法〉的通知》规定:

(1)申请及受理程序

申请特困人员救助供养,由本人向户籍所在地乡镇人民政府(街道办事处)

社会保障事务所提出书面申请,按规定提交相关材料,书面说明劳动能力、生活来源以及赡养、抚养、扶养情况。本人申请有困难的,可以委托村(居)民委员会或者他人代为提出申请,并提供申请人书面委托书。

乡镇人民政府(街道办事处)、村(居)民委员会应当及时了解掌握辖区内居民的生活情况,发现符合特困人员救助供养条件的人员,应当告知其救助供养政策,并主动帮助其申请。

需要进行劳动能力鉴定的残疾人,乡镇人民政府(街道办事处)社会保障事务所应向区民政部门报告,由区民政部门委托劳动能力鉴定委员会进行鉴定并出具鉴定报告。对确属完全丧失劳动能力或者大部分丧失劳动能力的,所需鉴定费用由财政部门予以保障,对不属于完全丧失劳动能力或者不属于大部分丧失劳动能力的,所需鉴定费用由本人自行负担。

乡镇人民政府(街道办事处)社会保障事务所应当对申请人提交的材料进行审查,材料齐备的予以受理;材料不齐备的,应当填写社会救助申请材料补正通知书,一次性书面告知申请人补齐规定的材料。

(2)审核程序

乡镇人民政府(街道办事处)是审核特困人员救助供养申请的责任主体,应当自受理特困人员救助供养申请之日起15个工作日内提出审核意见,在申请人所在村(社区)公示后,报区民政部门审批。受乡镇人民政府(街道办事处)委托,社会保障事务所应当承担特困人员救助供养的事务性工作。

家庭经济状况信息调查。乡镇人民政府(街道办事处)社会保障事务所在村(居)民委员会的协助下,组织村(社区)社会救助工作人员逐一对申请人的收入状况、财产状况以及其他证明材料等调查核实。同时将《申请社会救助家庭经济状况登记表及授权书》相关信息录入北京市基本生活救助系统,开展家庭经济状况核查工作。调查申请人家庭经济状况和实际生活状况应当采取信息核对、入户调查、邻里访问、信函索证等方式。

家庭经济状况信息核查不符合条件的,乡镇人民政府(街道办事处)社会保障事务所书面通知申请人或者代理人并说明理由。申请人对家庭经济状况信息核查结果有异议的,应当向乡镇人民政府(街道办事处)社会保障事务所提供相关证明材料并提出复核申请。

民主评议。家庭经济状况调查结束后,乡镇人民政府(街道办事处)社会保障事务所应当在村(居)民委员会的协助下,以村(居)为单位对申请人家庭经济状况调查结果的客观性、真实性进行民主评议。

民主评议应当按照宣讲政策、介绍情况、现场评议、形成结论、签字确认规定程序逐户进行,评议期间申请人的家庭成员应回避。对民主评议争议较大的救助供养申请,乡镇人民政府(街道办事处)应当重新组织调查核实。必要时,可由区民政部门组织进行。

有条件的区、乡镇人民政府(街道办事处)可以委托第三方成立评议小组,由具备相关专业知识的第三方人员担任评议小组组长主持评议,适当引入第三方人员共同参加民主评议。区民政部门可以派人参加民主评议。

审核公示。民主评议结束后,乡镇人民政府(街道办事处)社会保障事务所提出初审意见,并及时将申请人基本情况、民主评议结果、初审意见在其居住地进行公示,公示期为7天。

公示期满后,乡镇人民政府(街道办事处)社会保障事务所应当及时将申请材料、调查结果、民主评议结果、公示情况和《北京市特困人员救助供养审核审批表》等相关材料报送乡镇人民政府(街道办事处)。乡镇人民政府(街道办事处)对材料进行审查后提出审核意见,报区民政部门审批。

申请人及有关单位、组织或者个人应当配合调查,如实提供有关情况。

(3)审批程序

区民政部门是审批特困人员救助供养申请的责任主体,应当自收到乡镇人民政府(街道办事处)上报的调查材料和审核意见之日起8个工作日内,逐一进行调查核实,对符合条件的申请予以批准,通过乡镇人民政府(街道办事处)社会保障事务所书面告知申请人或者代理人,发给特困人员救助供养证,并在申请人所在村(居)社区公布其基本情况、救助供养形式和救助供养标准;对不符合条件的申请不予批准,书面告知申请人或者代理人并说明理由。

生活自理能力评估。区民政部门应当在审批后7个工作日内,在乡镇人民政府(街道办事处)社会保障事务所、村(居)民委员会协助下,委托第三方机构参照《老年人能力评估》(MZ/T 039—2013)有关标准,对特困人员生活自理能力进行评估,根据评估结果,确定照料护理档次。特困人员对生活自理能力评估结果有异议的,可以向乡镇人民政府(街道办事处)社会保障事务所申请重新评估,区民政部门应当及时组织重新评估,并提出认定意见。特困人员的自理能力评估经费由财政部门予以保障。

(4)变更程序

乡镇人民政府(街道办事处)应当对特困人员每年复核一次,根据特困人员的健康状况和生活自理能力变化情况,及时填写《北京市特困人员救助供养终止或变更审核审批表》,由乡镇人民政府(街道办事处)审核并报区民政部门批准后,办理变更手续。

特困人员因户口迁移时,应及时办理迁移手续。因特殊原因暂时不能办理户籍迁移手续的,由特困供养人员长期居住地乡镇人民政府(街道办事处)协助户籍所在地管理部门做好特困供养人员的管理和服务工作。

(5)终止程序

特困人员不再符合救助供养条件的,特困人员本人、村(居)民委员会或者供养服务机构应当及时告知乡镇人民政府(街道办事处),填写《北京市特困人员救助供养终止或变更审核审批表》,由乡镇人民政府(街道办事处)审核并报区民政部门批准后,核销其特困人员救助供养证,终止其救助供养并予以公示,公示期为 7 天。

特困人员死亡的,供养服务机构或者村(居)民委员会应当及时告知乡镇人民政府(街道办事处),填写《北京市特困人员救助供养终止或变更审核审批表》。丧葬事宜办理完毕后,由乡镇人民政府(街道办事处)审核并报区民政部门批准后,核销其特困人员救助供养证,终止其救助供养。

年满 16 周岁的特困人员,仍在接受义务教育或在普通高中、中等职业学校就读的,可继续享受特困人员救助供养。

7.2.8　特困供养数据

《2018 年民政事业发展统计公报》显示,截至 2018 年底,全国共有农村特困人员 455.0 万人,比上年减少 2.6%。全年支出农村特困人员救助供养资金 306.9 亿元。全国共有城市特困人员 27.7 万人,比上年增长 9.1%。全年支出城市特困人员救助供养资金 29.5 亿元。

7.3 临时救助制度

临时救助制度是国家对遭遇突发事件、意外伤害、重大疾病或其他特殊原因导致基本生活陷入困境，其他社会救助制度暂时无法覆盖或救助之后基本生活暂时仍有严重困难的家庭或个人给予的应急性、过渡性救助的相关规定的总称。

7.3.1 覆盖范围

7.3.1.1 基本规定

因火灾、交通事故等意外事件等原因，导致基本生活出现严重困难者，由国家给予临时性救助，以保障其基本生活。

7.3.1.2 相关法规

《社会救助暂行办法》规定：国家对因火灾、交通事故等意外事件，家庭成员突发重大疾病等原因，导致基本生活暂时出现严重困难的家庭，或者因生活必需支出突然增加超出家庭承受能力，导致基本生活暂时出现严重困难的最低生活保障家庭，以及遭遇其他特殊困难的家庭，给予临时救助。

《国务院关于全面建立临时救助制度的通知》规定：

临时救助的对象包括：

（1）家庭对象。因火灾、交通事故等意外事件，家庭成员突发重大疾病等原因，导致基本生活暂时出现严重困难的家庭；因生活必需支出突然增加超出家庭承受能力，导致基本生活暂时出现严重困难的最低生活保障家庭；遭遇其他特殊困难的家庭。

（2）个人对象。因遭遇火灾、交通事故、突发重大疾病或其他特殊困难，暂时无法得到家庭支持，导致基本生活陷入困境的个人。其中，符合生活无着的流浪、乞讨人员救助条件的，由县级人民政府按有关规定提供临时食宿、急病救治、协助返回等救助。

因自然灾害、事故灾难、公共卫生、社会安全等突发公共事件,需要开展紧急转移安置和基本生活救助,以及属于疾病应急救助范围的,按照有关规定执行。

县级以上地方人民政府应当根据当地实际,制定具体的临时救助对象认定办法,规定意外事件、突发重大疾病、生活必需支出突然增加以及其他特殊困难的类型和范围。

7.3.1.3 地方示例

《北京市社会救助实施办法》规定:

本市对具有下列情形之一的家庭和个人,给予临时救助:

(1)因火灾、交通事故等意外事件,家庭成员突发重大疾病等原因,导致基本生活暂时出现严重困难的家庭;

(2)因生活必需支出突然增加超出家庭承受能力,导致基本生活暂时出现严重困难的本市最低生活保障家庭、低收入家庭;

(3)遭遇其他特殊困难,导致基本生活暂时出现严重困难的家庭;

(4)本市行政区域内,因遭遇火灾、交通事故、突发重大疾病或者其他特殊原因,暂时无法得到家庭支持,导致基本生活陷入困境的个人。

《北京市人民政府关于进一步完善本市临时救助制度的通知》规定的临时救助的对象范围包括:

(1)家庭对象。因火灾、交通事故等意外事件,家庭成员突发重大疾病、遭遇突发事件等原因,导致基本生活暂时出现严重困难的家庭;因生活必需支出突然增加超出家庭承受能力,导致基本生活暂时出现严重困难的本市低保、低收入家庭;遭遇其他特殊困难的家庭。

(2)个人对象。因遭遇火灾、交通事故、突发重大疾病或其他特殊困难,暂时无法得到家庭支持,导致基本生活陷入困境的个人。

因自然灾害、事故灾难、公共卫生、社会安全等突发事件,需要开展紧急转移安置和基本生活救助,以及属于疾病应急救助范围的,按照有关规定执行。

7.3.2 救助方式与标准

7.3.2.1 基本规定

社会救助采取发放临时救助金、发放实物、提供转介服务等救助方式,采取与救助需要与救助能力相适应的救助标准。

7.3.2.2 相关法规

《社会救助暂行办法》规定:

国家对生活无着的流浪、乞讨人员提供临时食宿、急病救治、协助返回等救助。

公安机关和其他有关行政机关的工作人员在执行公务时发现流浪、乞讨人员的,应当告知其向救助管理机构求助。对其中的残疾人、未成年人、老年人和行动不便的其他人员,应当引导、护送到救助管理机构;对突发急病人员,应当立即通知急救机构进行救治。

临时救助的具体事项、标准,由县级以上地方人民政府确定、公布。

《国务院关于全面建立临时救助制度的通知》规定:

对符合条件的救助对象,可采取以下救助方式与标准:

发放临时救助金。各地要全面推行临时救助金社会化发放,按照财政国库管理制度将临时救助金直接支付到救助对象个人账户,确保救助金足额、及时发放到位。必要时,可直接发放现金。

发放实物。根据临时救助标准和救助对象基本生活需要,可采取发放衣物、食品、饮用水,提供临时住所等方式予以救助。对于采取实物发放形式的,除紧急情况外,要严格按照政府采购制度的有关规定执行。

提供转介服务。对给予临时救助金、实物救助后,仍不能解决临时救助对象困难的,可分情况提供转介服务。对符合最低生活保障或医疗、教育、住房、就业等专项救助条件的,要协助其申请;对需要公益慈善组织、社会工作服务机构等通过慈善项目、发动社会募捐、提供专业服务、志愿服务等形式给予帮扶的,要及时转介。

临时救助标准要与当地经济社会发展水平相适应。县级以上地方人民政府要根据救助对象困难类型、困难程度,统筹考虑其他社会救助制度保障水平,合理确定临时救助标准,并适时调整。临时救助标准应向社会公布。省级人民政府要加强对本行政区域内临时救助标准制定的统筹,推动形成相对统一的区域临时救助标准。

7.3.2.3　地方示例

《北京市社会救助实施办法》规定:根据临时救助对象的困难情形,采取发放临时救助金、提供救助服务、提供转介服务等方式给予救助。救助标准由市民政、财政等部门根据本市经济社会发展水平、居民基本生活水平和临时救助对象的困难类型、困难程度等因素拟定,报市人民政府批准、公布。

北京市发布的《关于进一步完善本市临时救助制度的通知》规定的临时救助的方式和标准包括:

(1)发放临时救助金。根据临时救助对象困难程度及持续状况,临时救助金发放标准分为三档。临时救助对象以家庭为单位申请的,分别按照家庭全部成员每人 1 个月、2 个月、3 个月的当年北京市城市低保标准,为其发放临时救助金;临时救助对象以个人为单位申请的,分别按照每人 1 个月、2 个月、3 个月的当年北京市城市低保标准,为其发放临时救助金。临时救助金实行社会化发放,直接支付到临时救助对象个人账户;必要时,可直接发放现金。

(2)提供救助服务。北京市各级救助管理机构、慈善超市等,可根据临时救助对象困难情形,为本辖区内临时救助对象发放衣物、食品、饮用水等实物。

北京市各级救助管理机构可根据临时救助对象困难情形,为其提供临时住所、临时生活照料、心理干预等救助服务;对突发急病的临时救助对象,可提供医疗服务。

符合生活无着的流浪、乞讨人员救助条件的,按照本市关于流浪、乞讨人员救助管理的有关规定,为其提供相应的救助服务。

(3)提供转介服务。对给予临时救助金和提供救助服务后,仍不能解决临时救助对象困难的,可分情况提供转介服务。对符合北京市低保或医疗、教育、住房、就业等专项救助条件的,要及时转入相应救助;对需要慈善组织、社会工作服务机构等通过慈善项目、发动社会募捐、提供专业服务、志愿服务等形式给予帮扶的,要及时转介。

7.3.3 救助资金

7.3.3.1 基本规定

临时救助资金列入各级地方政府财政预算。

7.3.3.2 相关法规

《国务院关于全面建立临时救助制度的通知》规定:地方各级人民政府要将临时救助资金列入财政预算;省级人民政府要优化财政支出结构,切实加大临时救助资金投入;城乡居民最低生活保障资金有结余的地方,可安排部分资金用于最低生活保障对象的临时救助支出。中央财政对地方实施临时救助制度给予适当补助,重点向救助任务重、财政困难、工作成效突出的地区倾斜。

7.3.3.3 地方示例

北京市发布的《关于进一步完善本市临时救助制度的通知》规定的临时救助资金预算与渠道是:各区县政府每年要按照上一年度北京市城市低保标准、上一年底由区县民政部门核定的本区县低保对象和低收入对象人数等因素,核算本区县临时救助金的总金额。核算金额公式为:区县临时救助金的总金额 =(低保对象人数 + 低收入对象人数)× 北京市城市低保标准 × 12 × 5%。各区县政府要将临时救助资金纳入财政预算,进一步优化财政支出结构,确保临时救助资金及时到位。市民政、财政部门,要通过使用中央临时救助补助资金和市级福利彩票公益金等方式,加大对区县临时救助资金的补助力度。

7.3.4 申请受理

7.3.4.1 基本规定

临时救助的申请受理分为依申请受理与主动发现受理。依申请受理,是政府部门对当事人提出的临时救助申请加以受理。主动发现受理,是指政府部门在发现或接到公安机关等有关部门、组织或个人报告救助线索后采取救助措施。

7.3.4.2　相关法规

《国务院关于全面建立临时救助制度的通知》规定的临时救助申请受理的情形包括:

(1)依申请受理。凡认为符合救助条件的城乡居民家庭或个人均可以向所在地乡镇人民政府(街道办事处)提出临时救助申请;受申请人委托,村(居)民委员会或其他单位、个人可以代为提出临时救助申请。对于具有本地户籍、持有当地居住证的,由当地乡镇人民政府(街道办事处)受理;对于上述情形以外的,当地乡镇人民政府(街道办事处)应当协助其向县级人民政府设立的救助管理机构(即救助管理站、未成年人救助保护中心等)申请救助;当地县级人民政府没有设立救助管理机构的,乡镇人民政府(街道办事处)应当协助其向县级人民政府民政部门申请救助。申请临时救助,应按规定提交相关证明材料,无正当理由,乡镇人民政府(街道办事处)不得拒绝受理;因情况紧急无法在申请时提供相关证明材料的,乡镇人民政府(街道办事处)可先行受理。

(2)主动发现受理。乡镇人民政府(街道办事处)、村(居)民委员会要及时核实辖区居民遭遇突发事件、意外事故、罹患重病等特殊情况,帮助有困难的家庭或个人提出救助申请。公安、城管等部门在执法中发现身处困境的未成年人、精神病人等无民事行为能力人或限制民事行为能力人,以及失去主动求助能力的危重病人等,应主动采取必要措施,帮助其脱离困境。乡镇人民政府(街道办事处)或县级人民政府民政部门、救助管理机构在发现或接到有关部门、社会组织、公民个人报告救助线索后,应主动核查情况,对于其中符合临时救助条件的,应协助其申请救助并受理。

7.3.4.3　地方示例

北京市发布的《关于进一步完善本市临时救助制度的通知》规定的临时救助的申请受理程序包括:

(1)依申请受理。凡认为符合救助条件的城乡居民家庭或个人均可向所在地乡镇政府(街道办事处)提出临时救助申请;受申请人委托,村(居)民委员会或其他单位、个人可代为提出临时救助申请。

一是申请临时救助金。申请人需具有北京市户籍或持有本市居住证。具有北京市户籍的，应以家庭为单位，向户籍所在地乡镇政府（街道办事处）申请。持有北京市居住证的，可以个人为单位，向居住地乡镇政府（街道办事处）申请。

二是申请救助服务。对申请救助服务的家庭或个人，当地乡镇政府（街道办事处）应当协助其向辖区内的救助管理机构、慈善超市申请。符合条件的家庭或个人，也可直接向北京市各级救助管理机构申请救助服务。

三是转介服务。对需要转介服务的家庭或个人，当地乡镇政府（街道办事处）应当协助其向相关部门或单位申请。

（2）主动发现受理。乡镇政府（街道办事处）、村（居）民委员会要及时核实辖区居民遭遇突发事件、意外事故、罹患重病等特殊情况，帮助有困难的家庭或个人提出救助申请。

公安、城管执法等部门在执法中发现身处困境的未成年人、精神病人等无民事行为能力人或限制民事行为能力人，以及失去主动求助能力的危重病人等，应主动采取必要措施，帮助其脱离困境。

乡镇政府（街道办事处）或区县民政部门在发现或接到有关部门、社会组织、公民个人报告救助线索后，应主动核查情况，对其中符合临时救助条件的，应协助其申请救助并受理。

7.3.5 审核审批

7.3.5.1 基本规定

临时救助的审核审批程序分为一般程序与紧急程序。一般程序包括申请、核查、评议、公示、审批等步骤。紧急程序是指在紧急情况的先行救助再补办审核审批手续。

7.3.5.2 相关法规

《国务院关于全面建立临时救助制度的通知》规定的审核审批程序包括：

（1）一般程序。乡镇人民政府（街道办事处）应当在村（居）民委员会协助下，对临时救助申请人的家庭经济状况、人口状况、遭遇困难类型等逐一调查，视情组织民主评议，提出审核意见，并在申请人所居住的村（居）民委员会张榜公示后，报县级人民政府民政部门审批。对申请临时救助的非本地户籍居民，户籍所在地县级人民政府民政部门应配合做好有关审核工作。县级人民政府民政部门根据乡镇人民政府(街道办事处)提交的审核意见作出审批决定。救助金额较小的,县级人民政府民政部门可以委托乡镇人民政府(街道办事处)审批,但应报县级人民政府民政部门备案。对符合条件的,应及时予以批准;不符合条件不予批准,并书面向申请人说明理由。申请人以同一事由重复申请临时救助,无正当理由的,不予救助。对于不持有当地居住证的非本地户籍人员,县级人民政府民政部门、救助管理机构可以按生活无着人员救助管理有关规定审核审批,提供救助。

(2)紧急程序。对于情况紧急、需立即采取措施以防止造成无法挽回的损失或无法改变的严重后果的,乡镇人民政府(街道办事处)、县级人民政府民政部门应先行救助。紧急情况解除之后,应按规定补齐审核审批手续。

7.3.5.3　地方示例

北京市发布的《关于进一步完善本市临时救助制度的通知》规定的临时救助的审核审批程序是:

(1)一般程序

一是临时救助金审核审批。乡镇政府(街道办事处)应当在村(居)民委员会协助下,对申请人的家庭经济状况、人口状况、遭遇困难类型、困难程度等逐一调查,视情况组织民主评议,提出审核意见,并在申请人户籍地或居住地村(居)民委员会张榜公示后,报送区县民政部门审批。其中,对于持有北京市居住证的申请人,由区县民政部门协调申请人户籍所在地民政部门配合做好财产核查工作。对符合条件的,应及时予以批准;不符合条件的,不予批准,并书面向申请人说明理由。

对属于北京市低保、低收入家庭的申请人,乡镇政府(街道办事处)和区县民政部门在受理申请之日起 7 个工作日内,完成审核审批程序。

不属于北京市低保、低收入家庭的申请人,其家庭财产应符合北京市社会救助财产认定标准,乡镇政府(街道办事处)和区县民政部门在受理申请之日起20 个工作日内,完成审核审批程序。

二是救助服务审核。乡镇政府(街道办事处)应当在村(居)民委员会协助下,结合申请人提供的相关证明材料,对其困难情况进行调查。对经审核符合救助服务条件的,应及时协调救助管理机构、慈善超市为其提供救助服务。

三是转介服务审核。乡镇政府（街道办事处）应当在村（居）民委员会协助下，结合申请人提供的相关证明材料，对其困难情况进行调查。对经审核符合转介服务条件、可纳入本市基本生活救助或专项救助制度保障范围的，要及时协助申请人申请；需纳入慈善组织、社会工作服务机构帮扶的，要及时转入慈善救助渠道。

（2）紧急程序

对于情况紧急、需立即采取措施以防止造成无法挽回的损失或无法改变的严重后果的，乡镇政府（街道办事处）、区县民政部门应先行救助。紧急情况解除之后，应按规定补办审核审批手续。

申请人以同一事由重复申请临时救助，无正当理由的，不予救助。申请人采取虚报、隐瞒、伪造等手段，骗取临时救助的，按照有关法律法规和规定处理。

7.3.6　临时救助数据

《2018 年民政事业发展统计公报》显示，2018 年共实施临时救助 1108.0 万人次，其中救助非本地户籍对象 9.4 万人次。全年支出临时救助资金 130.6 亿元，平均救助水平 1178.8 元／人次。

7.4　儿童保障制度

儿童保障制度是保障儿童基本生活、基本医疗、基础教育等有关规定的总称。儿童是国家和民族的未来，国家与地方出台相关法规政策，加强对弱势儿童的保障。本节根据《中华人民共和国未成年人保护法》《国务院关于加强困境儿童保障工作的意见》《国务院办公厅关于加强孤儿保障工作的意见》等，对有关儿童保障的政策进行梳理。

7.4.1　保障基本生活

《中华人民共和国未成年人保护法》规定：

县级以上人民政府及其民政部门应当根据需要设立救助场所，对流浪乞讨等生活无着未成年人实施救助，承担临时监护责任；公安部门或者其他有关部门应当护送流浪乞讨或者离家出走的未成年人到救助场所,由救助场所予以救助和妥善照顾,并及时通知其父母或者其他监护人领回。

对孤儿、无法查明其父母或者其他监护人的以及其他生活无着的未成年人,由民政部门设立的儿童福利机构收留抚养。

未成年人救助机构、儿童福利机构及其工作人员应当依法履行职责,不得虐待、歧视未成年人;不得在办理收留抚养工作中牟取利益。

《国务院关于加强困境儿童保障工作的意见》规定:对于无法定抚养人的儿童,纳入孤儿保障范围。对于无劳动能力、无生活来源、法定抚养人无抚养能力的未满 16 周岁儿童,纳入特困人员救助供养范围。对于法定抚养人有抚养能力但家庭经济困难的儿童,符合最低生活保障条件的纳入保障范围并适当提高救助水平。对于遭遇突发性、紧迫性、临时性基本生活困难家庭的儿童,按规定实施临时救助时要适当提高对儿童的救助水平。对于其他困境儿童,各地区也要做好基本生活保障工作。

《国务院办公厅关于加强孤儿保障工作的意见》规定:为满足孤儿基本生活需要,建立孤儿基本生活保障制度。各省、自治区、直辖市政府按照不低于当地平均生活水平的原则,合理确定孤儿基本生活最低养育标准,机构抚养孤儿养育标准应高于散居孤儿养育标准,并建立孤儿基本生活最低养育标准自然增长机制。地方各级财政要安排专项资金,确保孤儿基本生活费及时足额到位;中央财政安排专项资金,对地方支出孤儿基本生活费按照一定标准给予补助。民政、财政部门要建立严格的孤儿基本生活费管理制度,加强监督检查,确保专款专用、按时发放,确保孤儿基本生活费用于孤儿。

7.4.2　保障基本医疗

《中华人民共和国未成年人保护法》规定:

卫生部门和学校应当对未成年人进行卫生保健和营养指导,提供必要的卫生保健条件,做好疾病预防工作。

卫生部门应当做好对儿童的预防接种工作,国家免疫规划项目的预防接种实行免费;积极防治儿童常见病、多发病,加强对传染病防治工作的监督管理,加强对幼儿园、托儿所卫生保健的业务指导和监督检查。

《国务院关于加强困境儿童保障工作的意见》规定：对于困难的重病、重残儿童，城乡居民基本医疗保险和大病保险给予适当倾斜，医疗救助对符合条件的适当提高报销比例和封顶线。落实小儿行为听力测试、儿童听力障碍语言训练等医疗康复项目纳入基本医疗保障范围政策。对于最低生活保障家庭儿童、重度残疾儿童参加城乡居民基本医疗保险的个人缴费部分给予补贴。对于纳入特困人员救助供养范围的儿童参加城乡居民基本医疗保险给予全额资助。加强城乡居民基本医疗保险、大病保险、医疗救助、疾病应急救助和慈善救助的有效衔接，实施好基本公共卫生服务项目，形成困境儿童医疗保障合力。

《国务院办公厅关于加强孤儿保障工作的意见》规定：将孤儿纳入城镇居民基本医疗保险、新型农村合作医疗、城乡医疗救助等制度覆盖范围，适当提高救助水平，参保（合）费用可通过城乡医疗救助制度解决；将符合规定的残疾孤儿医疗康复项目纳入基本医疗保障范围，稳步提高待遇水平；有条件的地方政府和社会慈善组织可为孤儿投保意外伤害保险和重大疾病保险等商业健康保险或补充保险。卫生部门要对儿童福利机构设置的医院、门诊部、诊所、卫生所（室）给予支持和指导；疾病预防控制机构要加强对儿童福利机构防疫工作的指导，及时调查处理机构内发生的传染病疫情；鼓励、支持医疗机构采取多种形式减免孤儿医疗费用。继续实施"残疾孤儿手术康复明天计划"。

7.4.3 保障基础教育

《中华人民共和国未成年人保护法》规定：

各级人民政府应当保障未成年人受教育的权利，并采取措施保障家庭经济困难的、残疾的和流动人口中的未成年人等接受义务教育。

未成年人已经完成规定年限的义务教育不再升学的，政府有关部门和社会团体、企业事业组织应当根据实际情况，对他们进行职业教育，为他们创造劳动就业条件。

《国务院关于加强困境儿童保障工作的意见》规定：对于家庭经济困难儿童，要落实教育资助政策和义务教育阶段"两免一补"政策。对于残疾儿童，要建立随班就读支持保障体系，为其中家庭经济困难的提供包括义务教育、高中阶段教育在内的 12 年免费教育。对于农业转移人口及其他常住人口随迁子女，要将其义务教育纳入各级政府教育发展规划和财政保障范畴，全面落实在流入地参加升学考试政策和接受中等职业教育免学费政策。支持特殊教育学校、取得办园许可的残疾儿童康复机构和有条件的儿童福利机构开展学前教育。支持儿童福利机构特教班在做好机构内残疾儿童特殊教育的同时,为社会残疾儿童提供特殊教育。完善义务教育控辍保学工作机制,确保困境儿童入学和不失学,依法完成义务教育。

《国务院办公厅关于加强孤儿保障工作的意见》规定:家庭经济困难的学龄前孤儿到学前教育机构接受教育的,由当地政府予以资助。将义务教育阶段的孤儿寄宿生全面纳入生活补助范围。在普通高中、中等职业学校、高等职业学校和普通本科高校就读的孤儿,纳入国家资助政策体系优先予以资助;孤儿成年后仍在校就读的,继续享有相应政策;学校为其优先提供勤工助学机会。切实保障残疾孤儿受教育的权利,具备条件的残疾孤儿,在普通学校随班就读;不适合在普通学校就读的视力、听力、言语、智力等残疾孤儿,安排到特殊教育学校就读;不能到特殊教育学校就读的残疾孤儿,鼓励并扶持儿童福利机构设立特殊教育班或特殊教育学校,为其提供特殊教育。

7.4.4　落实监护责任

《中华人民共和国未成年人保护法》规定:父母或者其他监护人应当创造良好、和睦的家庭环境,依法履行对未成年人的监护职责和抚养义务。禁止对未成年人实施家庭暴力,禁止虐待、遗弃未成年人,禁止溺婴和其他残害婴儿的行为,不得歧视女性未成年人或者有残疾的未成年人。

《国务院关于加强困境儿童保障工作的意见》规定:对于失去父母、查找不到生父母的儿童,纳入孤儿安置渠道,采取亲属抚养、机构养育、家庭寄养和依法收养方式妥善安置。对于父母没有监护能力且无其他监护人的儿童,以及人民法院指定由民政部门担任监护人的儿童,由民政部门设立的儿童福利机构收留抚养。对于儿童生父母或收养关系已成立的养父母不履行监护职责且经公安机关教育不改的,由民政部门设立的儿童福利机构、救助保护机构临时监护,并依法追究生父母、养父母法律责任。对于决定执行行政拘留的被处罚人或采取刑事拘留等限制人身自由刑事强制措施的犯罪嫌疑人,公安机关应当询问其是否有未成年子女需要委托亲属、其他成年人或民政部门设立的儿童福利机构、救助保护机构监护,并协助其联系有关人员或民政部门予以安排。对于服刑人员、强制隔离戒毒人员的缺少监护人的未成年子女,执行机关应当为其委托亲属、其他成年人或民政部门设立的儿童福利机构、救助保护机构监护提供帮助。对于依法收养儿童,民政部门要完善和强化监护人抚养监护能力评估制度,落实妥善抚养监护要求。

7.4.5　加强残疾儿童福利服务

《国务院关于加强困境儿童保障工作的意见》规定：对于0～6岁视力、听力、言语、智力、肢体残疾儿童和孤独症儿童,加快建立康复救助制度,逐步实现免费得到手术、康复辅助器具配置和康复训练等服务。对于社会散居残疾孤儿,纳入"残疾孤儿手术康复明天计划"对象范围。支持儿童福利机构在做好机构内孤残儿童服务的同时,为社会残疾儿童提供替代照料、养育辅导、康复训练等服务。纳入基本公共服务项目的残疾人康复等服务要优先保障残疾儿童需求。

7.4.6　扶持孤儿成年后就业

《国务院办公厅关于加强孤儿保障工作的意见》规定:认真贯彻落实《中华人民共和国就业促进法》和《国务院关于做好促进就业工作的通知》等精神,鼓励和帮扶有劳动能力的孤儿成年后实现就业, 按规定落实好职业培训补贴、职业技能鉴定补贴、免费职业介绍、职业介绍补贴和社会保险补贴等政策;孤儿成年后就业困难的,优先安排其到政府开发的公益性岗位就业。人力资源和社会保障部门要进一步落实孤儿成年后就业扶持政策, 提供针对性服务和就业援助,促进有劳动能力的孤儿成年后就业。

7.4.7　加强孤儿住房保障和服务

《国务院办公厅关于加强孤儿保障工作的意见》规定:居住在农村的无住房孤儿成年后,按规定纳入农村危房改造计划优先予以资助,乡镇政府和村民委员会要组织动员社会力量和当地村民帮助其建房。居住在城市的孤儿成年后,符合城市廉租住房保障条件或其他保障性住房供应条件的,当地政府要优先安排、应保尽保。对有房产的孤儿,监护人要帮助其做好房屋的维修和保护工作。

7.4.8　儿童福利与保护数据

《2018 年民政事业发展统计公报》显示,截至 2018 年底,全国共有儿童福利和救助保护服务机构 651 个,床位 9.7 万张,年末收留抚养各类人员 4.9 万人。其中注册登记的独立儿童福利机构 475 个,床位 8.9 万张;注册登记的独立未成年人救助保护中心 176 个,床位 0.8 万张,全年共救助流浪乞讨未成年人 2.2 万人次。

7.5　专项救助制度

根据《社会救助暂行办法》,专项救助包括灾害救助、教育救助、住房救助等,以下就有关专项救助的制度和政策进行梳理。

7.5.1　灾害救助

国家建立健全自然灾害救助制度,对基本生活受到自然灾害严重影响的人员,提供生活救助。

7.5.1.1　基本规定

国家和社会对基本生活受自然灾害严重影响的地区、家庭和人员提供紧急救援与物质帮助。

7.5.1.2　救助准备

《自然灾害救助条例》规定:县级以上地方人民政府及其有关部门应当根据有关法律、法规、规章,上级人民政府及其有关部门的应急预案以及本行政区域的自然灾害风险调查情况,制定相应的自然灾害救助应急预案。

7.5.1.3　应急救助

《社会救助暂行办法》规定:自然灾害发生后,县级以上人民政府或者人民政府的自然灾害救助应急综合协调机构应当根据情况紧急疏散、转移、安置受灾人员,及时为受灾人员提供必要的食品、饮用水、衣被、取暖、临时住所、医疗防疫等应急救助。

《自然灾害救助条例》规定：

县级以上人民政府或者人民政府的自然灾害救助应急综合协调机构应当根据自然灾害预警预报启动预警响应。

自然灾害发生并达到自然灾害救助应急预案启动条件的，县级以上人民政府或者人民政府的自然灾害救助应急综合协调机构，应当及时启动自然灾害救助应急响应，采取紧急转移安置受灾人员、组织受灾人员开展自救互救、抚慰受灾人员、处理遇难人员善后事宜等措施。

在自然灾害救助应急期间，县级以上地方人民政府或者人民政府的自然灾害救助应急综合协调机构可以在本行政区域内紧急征用物资、设备、交通运输工具和场地，自然灾害救助应急工作结束后应当及时归还，并按照国家有关规定给予补偿。

7.5.1.4 灾后救助

《自然灾害救助条例》规定：

受灾地区人民政府应当在确保安全的前提下，采取就地安置与异地安置、政府安置与自行安置相结合的方式，对受灾人员进行过渡性安置。

自然灾害发生后的当年冬季、次年春季，受灾地区人民政府应当为生活困难的受灾人员提供基本生活救助。

7.5.2 教育救助

7.5.2.1 基本规定

国家对困难家庭适龄人员接受教育提供物质帮助。

7.5.2.2 相关法规

《社会救助暂行办法》规定：

国家对在义务教育阶段就学的最低生活保障家庭成员、特困供养人员，给予教育救助。

对在高中教育（含中等职业教育）、普通高等教育阶段就学的最低生活保障家庭成员、特困供养人员,以及不能入学接受义务教育的残疾儿童,根据实际情况给予适当教育救助。

教育救助根据不同教育阶段需求,采取减免相关费用、发放助学金、给予生活补助、安排勤工助学等方式实施,保障教育救助对象基本学习、生活需求。

教育救助标准,由省、自治区、直辖市人民政府根据经济社会发展水平和教育救助对象的基本学习、生活需求确定、公布。

申请教育救助,应当按照国家有关规定向就读学校提出,按规定程序审核、确认后,由学校按照国家有关规定实施。

7.5.3　住房救助

住房救助是社会救助的重要组成部分,是针对住房困难的社会救助对象实施的住房保障。住房救助是切实保障特殊困难群众获得能够满足其家庭生活需要的基本住房,在住房方面保民生、促公平的托底性制度安排。

7.5.3.1　住房救助基本规定

《社会救助暂行办法》规定:国家对符合规定标准的住房困难的最低生活保障家庭、分散供养的特困人员,给予住房救助;住房救助通过配租公共租赁住房、发放住房租赁补贴、农村危房改造等方式实施;住房困难标准和救助标准,由县级以上地方人民政府根据本行政区域经济社会发展水平、住房价格水平等因素确定、公布。

《住房城乡建设部 民政部 财政部关于做好住房救助有关工作的通知》规定:住房救助对象是指符合县级以上地方人民政府规定标准的、住房困难的最低生活保障家庭和分散供养的特困人员。要充分考虑住房救助对象经济条件差、住房支付能力不足的客观条件,通过配租公共租赁住房、发放低收入住房困难家庭租赁补贴、农村危房改造等方式实施住房救助。县级以上地方人民政府要统筹考虑本行政区域经济发展水平和住房价格水平等因素,合理确定、及时公布住房救助对象的住房困难条件,以及城镇家庭实施住房救助后住房应当达到的标准和对住房救助对象实施农村危房改造的补助标准。

7.5.3.2 城市廉租住房制度

根据《国务院关于解决城市低收入家庭住房困难的若干意见》,城市廉租住房制度的政策要点包括:

逐步扩大廉租住房制度的保障范围,由城市最低收入住房困难家庭扩大到低收入住房困难家庭。城市廉租住房制度是解决低收入家庭住房困难的主要途径。

合理确定廉租住房保障对象和保障标准。廉租住房保障对象的家庭收入标准和住房困难标准,由城市人民政府按照当地统计部门公布的家庭人均可支配收入和人均住房水平的一定比例,结合城市经济发展水平和住房价格水平确定。廉租住房保障面积标准,由城市人民政府根据当地家庭平均住房水平及财政承受能力等因素统筹研究确定。廉租住房保障对象的家庭收入标准、住房困难标准和保障面积标准实行动态管理,由城市人民政府每年向社会公布一次。

健全廉租住房保障方式。城市廉租住房保障实行货币补贴和实物配租等方式相结合,主要通过发放租赁补贴,增强低收入家庭在市场上承租住房的能力。每平方米租赁补贴标准由城市人民政府根据当地经济发展水平、市场平均租金、保障对象的经济承受能力等因素确定。其中,对符合条件的城市低保家庭,可按当地的廉租住房保障面积标准和市场平均租金给予补贴。

7.5.3.3 经济适用住房制度

根据《国务院关于解决城市低收入家庭住房困难的若干意见》,经济适用房制度要点包括:

规范经济适用住房供应对象。该意见明确:经济适用住房供应对象为城市低收入住房困难家庭,经济适用住房供应对象的家庭收入标准和住房困难标准,由城市人民政府动态管理并每年向社会公布;过去享受过福利分房或购买过经济适用住房的家庭不得再购买经济适用住房;已经购买了经济适用住房的家庭又购买其他住房的,原经济适用住房由政府按规定回购。

合理确定经济适用住房标准。经济适用住房套型标准根据经济发展水平和群众生活水平,建筑面积控制在 60 平方米左右。各地要根据实际情况,每年安排建设一定规模的经济适用住房。

严格经济适用住房上市交易管理。经济适用住房属于政策性住房,购房人拥有有限产权。购买经济适用住房不满 5 年,不得直接上市交易,购房人因各种原因确需转让经济适用住房的,由政府按照原价格并考虑折旧和物价水平等因素进行回购。购买经济适用住房满 5 年,购房人可转让经济适用住房,但应按照届时同地段普通商品住房与经济适用住房差价的一定比例向政府交纳土地收益等价款,具体交纳比例由城市人民政府确定,政府可优先回购;购房人向政府交纳土地收益等价款后,也可以取得完全产权。上述规定应在经济适用住房购房合同中予以明确。政府回购的经济适用住房,继续向符合条件的低收入住房困难家庭出售。

7.5.3.4　公共租赁住房制度

《公共租赁住房管理办法》规定:

公共租赁住房,是指限定建设标准和租金水平,面向符合规定条件的城镇中等偏下收入住房困难家庭、新就业无房职工和在城镇稳定就业的外来务工人员出租的保障性住房。

申请公共租赁住房,应当符合在本地无住房或者住房面积低于规定标准、收入和财产低于规定标准、申请人为外来务工人员的,在本地稳定就业达到规定年限等条件。

7.5.4　法律救助

为了保障经济困难的公民获得必要的法律服务,促进和规范法律援助工作,2003 年 7 月 21 日颁布《法律援助条例》,自 2003 年 9 月 1 日起施行,该条例规定:

符合本条例规定的公民,可以依照本条例获得法律咨询、代理、刑事辩护等无偿法律服务,公民对下列需要代理的事项,因经济困难没有委托代理人的,可以向法律援助机构申请法律援助:

(1)依法请求国家赔偿的;

(2)请求给予社会保险待遇或者最低生活保障待遇的;

(3)请求发给抚恤金、救济金的;

（4）请求给付赡养费、抚养费、扶养费的；

（5）请求支付劳动报酬的；

（6）主张因见义勇为行为产生的民事权益的。

7.6 贫弱保障热点问题解答

本节根据民政部对人大代表建议和政协委员提案的回复，就有关贫弱保障热点问题进行解答。

7.6.1 将重度残疾人纳入低保

为保障残疾人基本生活，各级民政部门和残联组织针对残疾人的特殊困难和需求，对残疾人群体中的困难人员生活给予特殊制度安排和重点保障。《中华人民共和国残疾人保障法》《国务院关于加快推进残疾人小康进程的意见》《"十三五"加快残疾人小康进程规划纲要》中，都强调了兜住残疾人民生底线，加大残疾人社会救助力度。

一是全面落实低保政策，切实做到对残疾人"应保尽保"。根据《社会救助暂行办法》，共同生活的家庭成员人均收入低于当地最低生活保障标准，且符合当地最低生活保障家庭财产状况规定的家庭，可以在户籍所在地享受最低生活保障。考虑到重度残疾人的特殊困难，2015 年，民政部会同中国残联出台《关于加强残疾人社会救助工作的意见》，明确要求将生活困难、靠家庭供养且无法单独立户的成年无业重度残疾人，按照单人户纳入最低生活保障范围。截至 2018 年底，全国共有城乡低保 4526.1 万人，其中残疾人 578.3 万人（重度残疾人 196.3 万人），占比 12.8%。

二是指导各地提高对重度残疾人的救助水平。《社会救助暂行办法》规定，对获得最低生活保障后生活仍有困难的老年人、未成年人、重度残疾人和重病患者，县级以上地方人民政府应当采取必要措施给予生活保障。2017 年，民政部会同国务院扶贫办出台《关于进一步加强农村最低生活保障制度与扶贫开发政策有效衔接的通知》，明确要求"对于获得低保后生活仍有困难的老年人、未成年人、重度残疾人和重病患者等特殊困难人群,可根据当地规定适当增发低保金"。

三是全面实施残疾人两项补贴制度。2015 年 9 月,国务院印发《关于全面建立困难残疾人生活补贴和重度残疾人护理补贴制度的意见》。目前,31 个省(自治区、直辖市)和新疆生产建设兵团全部出台了具体实施意见,16 个省份将两项补贴制度列入省级政府民生工程、惠民工程或为民办实事项目,23 个省份进一步出台了具体实施办法。两项补贴制度已惠及 1000 余万困难残疾人和 1100 余万重度残疾人,年发放资金约 250 亿元,为兜底保障残疾人基本民生、助力打赢脱贫攻坚战、推动全面小康社会建设发挥了重要作用。

今后将积极协同相关部门,研究制定社会救助综合改革方案,聚焦重病重残人员,推进城乡统筹,进一步健全完善低保等社会救助制度,加强政策衔接,加大财政收入,切实提高城乡重病重残人员的获得感、幸福感。

7.6.2　将刚性支出家庭纳入低保

"支出型"贫困问题是社会救助工作的难点和热点。根据中央关于打赢脱贫攻坚战的决策部署,近年来,民政部就解决"支出型"贫困问题进行了积极探索:

2016 年 9 月,民政部会同国务院扶贫办等部门报请国务院办公厅转发了《关于做好农村最低生活保障制度与扶贫开发政策有效衔接的指导意见》,要求各地完善农村低保家庭贫困状况评估指标体系,以家庭收入、财产作为主要指标,根据地方实际情况适当考虑家庭成员因残疾、患重病等增加的刚性支出因素,综合评估家庭贫困程度。

2018 年,民政部会同财政部、国务院扶贫办印发《关于在脱贫攻坚三年行动中切实做好社会救助兜底保障工作的实施意见》,要求"进一步完善农村低保家庭经济状况核查机制,细化核算范围和计算方法,对于家庭成员因残疾、患重病等增加的刚性支出、必要的就业成本等, 在核算家庭收入时可按规定适当扣减"。同时,要求将未脱贫建档立卡贫困户中靠家庭供养且无法单独立户的重度残疾人、重病患者等完全丧失劳动能力和部分丧失劳动能力的贫困人口参照单人户纳入农村低保范围,并将"重度残疾人"范围拓展为"未脱贫建档立卡贫困户中持有中华人民共和国残疾人证的一级、二级重度残疾人和三级智力残疾人、三级精神残疾人"。

目前,各地普遍制定了配套政策措施,将符合条件的支出型贫困人口基本都纳入了救助范围。北京、上海、浙江等地还探索建立了因病支出型贫困家庭救助制度,取得了一定成效。安徽、内蒙古等地也在低保审核审批中充分考虑刚性支出导致的家庭贫困问题,将其作为认定低保对象的重要因素之一。

截至 2018 年底,全国共有城乡低保对象 4527.8 万人,全国城市低保平均标准达到 580 元 / 人·月,农村低保标准达到 4833 元 / 人·年,分别较上年同期增长 7.2%、12.4%。1～12 月全国累计支出低保资金 1593.4 亿元。

今后将进一步研究制定低保家庭经济状况评估认定的政策措施,指导各地在认定低保对象时统筹考虑刚性支出因素,适当扣减因病、因残等刚性支出,努力保障"支出型"困难群众的基本生活。

7.6.3 残疾孤儿医疗康复

在残疾孤儿生活保障方面,我国建立了孤儿基本生活保障制度,中央财政安排专项转移支付,按照东、中、西部每人每月 300 元、450 元、600 元的标准补助地方,向包括残疾孤儿在内的所有孤儿发放基本生活费。

2018 年,民政部会同最高人民法院、最高人民检察院、国家发展改革委、教育部、公安部、司法部、财政部、国家医保局、共青团中央、全国妇联、中国残联等 12 个部门联合出台了《关于进一步加强事实无人抚养保障工作的意见》,将事实无人抚养儿童的基本生活纳入制度性保障,按照与当地孤儿保障标准相衔接的原则确定补贴标准,参照孤儿基本生活费发放办法为事实无人抚养的儿童发放生活费。

在残疾孤儿医疗康复保障方面,民政部自 2004 年起,实施了"残疾孤儿手术康复明天计划",后改为"孤儿医疗康复明天计划",面向包括残疾孤儿在内的所有孤儿,免费为他们开展手术矫治和医疗康复。截至 2018 年,已累计投入彩票公益金 14.6 亿元,为 16.3 万名残疾孤儿提供了医疗康复服务。其中,2.7 万名术后康复孤儿被家庭收养,重新获得了父母关爱和家庭温暖。

今后,将进一步加强与完善孤儿保障工作,确保孤儿健康成长。

第8章 中国社会保障改革展望

社会保障是防范与化解社会风险的安全网,是收入分配的调节器,是社会发展的稳定器,是政党的执政纲领,是发展成果由人民共享的实现形式,是实现人民生活幸福美满、走向社会大同的伟大事业。

民惟邦本,本固邦宁。社会保障是重大民生工程,同民众的养老、医疗、就业、教育、住房等紧密关联,关乎国运,惠及子孙。

在社会主要矛盾转化为人民日益增长的美好生活需要和不平衡不充分的发展之间的矛盾的新时代,在全面开启建设社会主义现代化强国、实现中华民族伟大复兴的历史征程中,应当继承过去,开拓未来,树立起在发展中保障和改善民生的基本理念,按照全面建成覆盖全民、城乡统筹、权责清晰、保障适度、可持续的多层次社会保障体系的总体要求,深入推进新时代社会保障制度创新,打造民生保障升级版,尽快建成更高质量、更可持续的社会保障体系。

◖➡中国社会保障成就与挑战
◖➡中国社会保障改革思路

8.1 中国社会保障成就与挑战

尽管中国社会保障制度建设取得了巨大成就,但也面临多种挑战。在现有财力增长和资源分布不均衡的约束下,应当以发展中保障改善民生为指引,以建设更加公平、可持续的社会保障体系为导向,在经济发展水平与保障待遇水平同步增长上用力,在保障供给与保障需求相适应上发力,在"重点"改革上突破,织密织牢社会保障安全网。

8.1.1 中国社会保障制度建设取得巨大成就

8.1.1.1 中国建立了"职工 + 居民"的基本养老保险制度框架,基本实现了"应保尽保"

中国建立了社会统筹与个人账户相结合的职工基本养老保险制度, 截至 2018 年底,覆盖各类职工 4.19 亿人,其中参保职工 3.01 亿人,退休职工 1.18 亿人。中国建立了基础养老金与个人账户相结合的城乡居民基本养老保险制度,截至 2018 年底,覆盖城乡居民大概 5.24 亿人,其中参保缴费人数 3.65 亿人,领取待遇人数 1.59 亿人。两类养老保险制度覆盖 9.43 亿人以上,按 16 岁以上人口 11 亿人估计,养老保险覆盖率在 85% 以上,基本做到了"应保尽保",取得了巨大成就。

8.1.1.2 中国建立了"职工 + 居民"的基本医疗保险制度框架,基本实现了"应保尽保"

中国建立了社会统筹与个人账户相结合的职工基本医疗保险制度, 截至 2018 年底,覆盖各类职工 3.17 亿人。中国建立了政府补贴与个人缴费相结合的城乡居民基本医疗保险制度(含新农合),截至 2018 年底,覆盖城乡居民 10.27 亿人。两类医疗保险制度覆盖 13 亿人以上,医疗保险覆盖率在 95% 以上,基本做到了"应保尽保",取得了巨大成就。

8.1.1.3 中国建立了覆盖城乡居民的最低生活保障制度、特困群体救助供养制度

截至 2018 年底,享受城乡居民最低生活保障的人数 4500 万人,享受特困人员救助供养的人数为 455 万人。按照各地的保障标准,基本做到"应保尽保"。

8.1.1.4 中国社会保障成就得到了国际社会认可

2016 年 11 月,国际社会保障协会在第 32 届全球大会上,将"社会保障杰出成就奖"(2014～2016)授予中华人民共和国政府,以表彰中国近年来在扩大社会保障覆盖面工作中的卓越成就。

8.1.2 中国社会保障面临的挑战与问题

由于中国是发展中国家,地区之间、城乡之间的经济社会发展很不平衡,收入分配差距有扩大趋势,老龄化速度不断加快,社会保障事业的持续健康发展面临诸多挑战。

由于社会保障制度建设仍然处在初级阶段,还存在社会保障制度短板问题(比如病残津贴、遗属津贴、特殊工种、病假工资问题、护理假期、中断缴费等问题),仍然存在地区性养老负担畸轻畸重问题,仍然存在社会保险权益转移接续难的问题,仍然存在社会保障基金支付压力等问题。

面对挑战与问题,需要审时度势,分析原因,通过建立健全社会保障制度加以应对。

8.2 中国社会保障改革思路

中共十九大报告指出,"坚持人人尽责、人人享有,坚守底线、突出重点、完善制度、引导预期,完善公共服务体系,保障群众基本生活,不断满足人民日益增长的美好生活需要"。

应按照中共十九大报告精神,进一步明确改革理念、目标、原则与方略,进一步健全社会保障制度,确保社会保障事业更高质量更可持续发展。

8.2.1　社会保障改革理念

在社会主要矛盾转化为人民日益增长的美好生活需要和不平衡不充分的发展之间的矛盾的新时代,应当充分认识改革与完善社会保障制度、提高保障和改善民生水平的重要意义,树立起在发展中保障和改善民生的基本理念。

8.2.1.1　发展是保障和改善民生的基础

经济发展是民生改善的物质基础,离开了经济发展,改善民生就成为无源之水、无本之木。只有生产力不断发展、财富不断丰富,才能为保障改善民生奠定物质基础。

在生产力发展的基础上,还必须完善生产关系、规范财富分配、促进社会和谐发展,为保障和改善民生奠定社会基础。

在促进生产力发展、完善生产关系的基础上,还必须加强意识形态工作,提高人的综合素养,促进人的思想进步,为保障和改善民生奠定思想基础。

没有经济发展,保障和改善民生便失去物质基础;没有社会的和谐发展,保障和改善民生便失去社会基础;没有人的思想觉悟的提升,保障和改善民生便失去思想基础。因此,只有实现经济、社会、思想等方面的全面发展,才能为保障和改善民生奠定坚实基础。

8.2.1.2　保障和改善民生是发展的目的

发展本身不是目的,不能为发展而发展,也不存在任何无目的的发展。中共十九大报告指出"增进民生福祉是发展的根本目的"。因此,发展目的是保障和改善民生,抓发展就是为了惠民生,就是为了提高人民的生活水平。

"治国有常,而利民为本。"我们的发展是以人民为中心的发展,人民群众是发展的主体,也是发展的最大受益者。如果发展不能满足人民的期待,不能让群众得到实际利益,这样的发展就失去了意义,也不可能持续。要始终坚持发展为了人民、发展成果由人民共享,在推动经济持续健康发展的基础上,保证全体人民在共建共享发展中有更多的获得感,让社会主义制度优越性充分体现,不断促进人的全面发展,不断促进全体人民共同富裕。

随着生产力水平的提高,随着新时代社会主要矛盾的转化,中国的发展将由以经济为中心的发展转向以人民为中心的发展,将更加注重以保障和改善民生为目的的"五位一体"的综合发展①。

8.2.1.3 保障和改善民生能够促进发展

抓民生就是抓发展,抓发展就是为了惠民生。中国共产党始终把推动经济发展和改善民生有机联系起来,民生是做好经济社会发展工作的"指南针"。持续不断改善民生,既能有效解决群众后顾之忧,调动人民发展生产的积极性,又可以增进社会消费预期,扩大内需,催生新的经济增长点,为经济发展、转型升级,提供强大的内生动力。因此,既要通过发展经济,为持续改善民生奠定坚实物质基础,又要通过持续不断改善民生,为经济发展创造更多有效需求,实现二者良性循环。

中国社会主要矛盾转化为人民日益增长的美好生活需要和不平衡不充分的发展之间的矛盾,对持续在发展中保障和改善民生提出了新的要求,要着力解决好发展不平衡不充分的问题,提升发展质量和效益,更好地满足人民在经济、政治、文化、社会、生态文明等方面日益增长的需要。

8.2.1.4 寻求保障改善民生与发展之间的结合点

既要充分发展,做大蛋糕;也要平衡发展,分好蛋糕。要反对福利冒进,反对不切实际的高福利;同时要反对福利不足,反对在经济发展的情况下没有相应提高福利待遇水平。要在发展的基础上,不断提高保障改善民生水平,在"幼有所育、学有所教、劳有所得、病有所医、老有所养、住有所居、弱有所扶"上不断取得新进展,保证全体人民在发展中有更多获得感。

8.2.2 社会保障改革原则

8.2.2.1 坚持在发展中保障和改善民生的原则

在发展中提高保障和改善民生水平,实现民生保障事业由提供基本保障到提供更高生活质量保障的历史转型,是时代的要求。

---

① 指统筹推进经济、政治、文化、社会、生态文明建设。

在社会主要矛盾发生变化的新时代,在实现中华民族伟大复兴的历史征程中,人民对美好生活有了更全面更高层次的要求,人民在追求社会公平正义、合理分享财富、稳定安全预期、提升生活质量等方面有新的期待。因此,要随中华民族伟大复兴、全面建成社会主义现代化强国的历史脚步,同步推进与实现民生事业现代化,打造民生保障升级版,不断提高保障质量和改善民生水平。

8.2.2.2 坚持尽力而为、量力而行、共建共享的原则

天地之大,黎元为先。改革越是深化,越要重视增进人民福祉。发展越是向前,越要体现到民生改善上。习近平总书记指出,"民生工作直接同老百姓见面对账,来不得半点虚假,既要尽力而为,又要量力而行,承诺了的就要兑现"。这为我们做好民生保障工作提供了科学的方法论指导。

保障和改善民生,必须尽力而为。当前,中国特色社会主义进入新时代,伴随着社会主要矛盾发生变化,民生工作面临的宏观环境和内在条件也在发生变化。人民对美好生活的需要日益广泛,对于收入稳步提升、优质医疗服务、教育公平、住房改善、优美环境和洁净空气等,都有着更高层次的需求。要适应这些新变化,坚持尽力而为。按照守住底线,突出重点,完善制度,引导预期的工作思路,采取针对性更强,覆盖面更大,作用更直接,效果更明显的举措,带领人民不断创造美好生活。保障和改善民生没有终点,只有连续不断的新起点。每一个新起点都是一个明确时间节点。每一个时间节点都对应着一个个实实在在的民生目标,各个时间节点正是民生事业积小胜为大胜的重要坐标和里程碑。要拿出实实在在的举措,一个时间节点一个时间节点地向前推进,以钉子精神落实党中央关于民生保障工作的战略部署。

保障和改善民生,必须量力而行。一口吃不成胖子,民生改善有一个从低层次到高层次,从不均衡到均衡的过程。要看到中国仍处于并将长期处于社会主义初级阶段,改善民生不能脱离这个最大实际提出过高目标。只能根据经济发展和财力状况,逐步提高人民生活水平,做那些现实条件下可以做到的事情,既不能裹足不前,该花的钱不花,也不能好高骛远、寅吃卯粮、口惠而实不至。要从实际出发,将收入提高建立在劳动生产率提高的基础之上,将福利水平提高建立在经济和财力可持续增长的基础之上。一件事情接着一件事情办,一年接着一年干,锲而不舍往前走。

改善民生既是党和政府工作的方向，也是人民群众自身奋斗的目标。做好民生保障工作，必须坚持人人尽责、人人享有，让所有劳动者在推动发展中分享发展成果。必须坚持社会公平正义，必须坚持坚守底线、突出重点、完善制度、引导预期。对美好生活的向往，只能通过诚实劳动才能实现。发展中的各种难题，只有通过辛勤劳动才能破解。要引导广大群众树立勤劳致富理念，通过辛勤劳动、诚实劳动、创造性劳动，实现自身发展，共建美好未来。

8.2.2.3　坚持从收入、待遇、服务、富裕等方位全面提高保障和改善民生水平的原则

（1）提高收入水平

要坚持按劳分配原则，完善按要素分配的体制机制。鼓励勤劳守法致富，扩大中等收入群体，增加低收入者收入，调节过高收入，取缔非法收入。坚持在经济增长的同时实现居民收入同步增长，在劳动生产率提高的同时实现劳动报酬同步提高。随着经济增长，要不断提高最低工资标准。

（2）提高待遇水平

随着经济增长与物价水平提高，要相应提升养老金标准，提高最低生活保障标准，提高失业、工伤、生育津贴标准，提高病假工资标准。

（3）提高公共服务水平

加快推进基本公共服务均等化，建立基于居民的基本公共服务体系。提高医疗服务水平，实现便捷就医。提高教育服务水平，实现教育公平，提高教育质量，使人人享有相应的教育服务。提高养老服务水平，实现老有所养、老有所安。提高人力服务水平，使人人有横向流动与纵向流动的平等机会，使人人获得发展自我和奉献社会的机会，实现人力资源优化配置，调动人的积极性与创造力。提高法律服务水平，建立以权利公平、机会公平、规则公平为主要内容的社会公平保障体系，及时化解矛盾冲突，实现公平正义，增进社会和谐稳定。

（4）提高共同富裕水平

拓宽居民劳动收入和财产性收入渠道，强化再分配调节职能，缩小收入分配差距。推进城乡、地区协调发展，实施先富带后富、东部助西部的发展战略，缩小城乡、地区之间的发展差距。大力推进乡村振兴战略，实现乡村城镇化、农民市民化、农业工业化。当城乡之间的收入水平越来越接近的时候，当农业从业人

员占全体劳动力的比例在 10% 以下的时候,当全国各个地区的发展水平大幅提高且发展差距日益缩小的时候,中国就将实现共同富裕,将实现民族复兴,将建成社会主义现代化强国。

8.2.3　社会保障改革方略

中共十九大报告指出,按照兜底线、织密网、建机制的要求,全面建成覆盖全民、城乡统筹、权责清晰、保障适度、可持续的多层次社会保障体系。我国社会保障体系建设取得了长足进展,但同人民对美好生活的向往相比照,同中共十九大报告要求相比较,还有较大差距。应当从中国国情出发,深入推进新时代社会保障体系创新。

8.2.3.1　建成全面覆盖的"多支柱"社会保障体系,实现制度覆盖创新

全面覆盖的多支柱社会保障体系,应当是"全民覆盖、全风险覆盖、全生命周期覆盖和全待遇项目覆盖"的社会保障体系,应当是以"幼有所育、学有所教、劳有所得、病有所医、住有所居、老有所养、弱有所扶"为目标追求的社会保障体系。

（1）以人人享有为目标,实现由户籍地保障向居住地保障转变,实现全民保障

我国建立了覆盖职工和城乡居民的社会保障体系,在制度上实现了社会保障全民覆盖。所有的单位劳动者,不分地区、城乡、户籍、国籍等,均被社会保险制度所覆盖,履行社会保险义务,享有社会保险待遇。但由于受户籍和财政"分灶吃饭"体制的影响,我国城乡居民的社会保障仍然由户籍地提供,而不是由居住地提供。这种管理体制在社会保障待遇享受方面有诸多不便,尤其是医疗待遇与伤残待遇方面。同样,由于受到国籍的影响,我国尚未建立起针对境外非从业居民的社会保障制度（外籍单位劳动者与国内单位劳动者一样参加社会保险）。因此,未来全民覆盖的社会保障体系,应当由户籍地提供社会保障向居住地提供社会保障转变,由基于"公民身份"提供社会保障向基于"居民身份"提供社会保障转变。建立起基于居民的全民覆盖的社会保障体系,不仅有利于即时化解居民的各类社会风险（尤其是疾病风险）,还有利于优化人力资源配置,提高生产效率。

实现我国社会保障制度由户籍覆盖到居住覆盖，由公民覆盖到居民覆盖，是一个渐进的历史过程，需要具备一定条件。比如，管理体系应当进一步的完备，不仅要对每一位公民的户籍、国籍方面加强管理，而且在居住方面也要制定相应的制度，尤其是有完善居住证制度。再比如，要改革现有的财政管理体制，对于社会保障的部分项目，尤其是医疗和伤残等保障项目，应当由按户籍拨款向按居民拨款转变，以确保社会保障资金与保障对象相匹配。因此，基于居住的新时代社会保障体系建设，是需要深入研究的重大命题。

（2）以满足美好生活需要为导向，建成覆盖生老病死等多种社会风险的社会保障体系，实现"全风险"保障

我国已经建立了覆盖老年风险、疾病风险、失业风险、伤残风险、生育风险的各项社会保障制度，基本形成了防范和化解社会风险的安全网。但同国际劳工组织规定的标准相比较，同人民对美好生活的需要相对照，我国社会保障体系在风险覆盖方面还存在一定差距。比如，在婴幼保障、学前教育、遗属津贴、病残津贴、病假工资、特殊工种退休、缴费年限计算（尤其是中断缴费后的年限计算办法）等方面的规定还不够完善。同时，尽管在实际工作中，我国在教育保障、灾害保障、法律保障等方面都有所建树，但并没有将这些实践经验上升到理论。因此，应当按照"坚守底线、完善制度、突出重点、引导预期"的指导思想，不仅要在"幼有所育、学有所教、劳有所得、病有所医、住有所居、老有所养、弱有所扶"上取得新进展，还应当在"灾有所援、贫有所帮、理有所诉"等方面取得新进展。

实现幼有所育，建立健全生育保障体系与儿童福利体系；实现学有所教，建立健全教育保障体系，尤其是包括学龄前儿童与老年人在内的终生教育体系；实现劳有所得，建立健全就业保障体系与工资收入保障体系，健全失业预防，加强就业促进，完善工资支付与最低工资制度；实现病有所医，建立健全健康保障体系，实现公共卫生体系、医疗服务体系、医疗保险体系、药品供应体系协同发展，由注重治病向"防治并举"转变；实现住有所居，建立健全住房保障体系，坚持"房子是用来住的、不是用来炒的"指导思想，为中低收入阶层提供政策性住房；实现老有所养，建立健全养老保障体系，实现养老金体系、养老服务体系和老年长期照护体系协同发展；实现弱有所扶，建立健全伤残保障体系，实施工伤

保障体系和非工伤保障体系同步推进;实现灾有所援,建立健全灾害保障体系,实现灾害预防体系、灾害补偿体系、灾害救援体系协同发展;实现贫有所帮,建立健全贫困保障体系,实现贫困预防、贫困救助与精准扶贫工作协调开展;实现理有所诉,建立健全法律保障体系,切实加强纠纷防范、法律援助和司法救助等工作。通过以上制度的建立健全和卓有成效的工作开展,实现哪里有社会风险,哪里就有社会保障,织密织牢社会保障安全网。

(3)建立覆盖全生命周期的社会保障体系,实现终生保障

社会保障体系应当覆盖从出生、到青壮年、到老年、到终老各个生命阶段,应当覆盖学龄前、就学、参军、就业、转业、失业、伤病、流动、迁徙等各个历史阶段。要做到不同生命阶段有不同的社会保障制度安排,不同生命周期转换时能够实现社会保障权益的顺畅接转。我国基本建立了覆盖各个生命周期阶段的社会保障制度,但在一些方面还存在问题。比如,新生婴儿参加医疗保险还不够便捷,职业生涯不同阶段的社会保障权益衔接还不够顺畅,社区照护制度还不够完善,临终关怀制度还不够健全等。应当进一步完善制度,有效落实制度,使公民生命周期不同阶段的社会风险得到有效的防范和化解。

(4)建立现金待遇与服务待遇项目全覆盖的社会保障体系,实现待遇项目全覆盖

要有效防范与化解人们在社会经济生活中遇到的各类风险,必须提供相应的现金保障待遇,同时还要提供相应的服务保障待遇。社会保障现金待遇解决的是"资金来源"问题,社会保障服务待遇解决的是"人力服务"问题。没有资金来源将失去保障的基础,但仅仅有资金来源而不能提供相应的人力服务同样难以提供有效保障。总体来看,我国的社会保障体系比较重视现金待遇的提供,对服务待遇的提供往往不足。因此,应加强养老服务、医疗服务、就业服务、伤残服务等公共服务体系建设,形成"现金保障与服务保障"紧密结合的社会保障体系。

8.2.3.2　建成预防为先的"多层级"社会保障体系,实现保障手段创新

人们在社会经济生活中遭遇的社会风险往往是复杂的、多种多样的,需要通过"预防、救助、保险和福利"等多个层级予以保障,进而形成防范和化解社会风险的多级"防火墙"。多层级的社会保障体系包括:

(1)预防体系

预防体系包括社会预防和个人预防等部分,旨在防范风险,防患于未然。个人预防包括个人疾病预防、个人伤残预防等方面。个人是社会的细胞,人人防控风险,风险必将减少。社会预防具有普遍性和公益性,属于全民保障。公共卫生体系是社会预防体系的重要组成部分,通过公共卫生体系建设,可以防止疾病发生,提高人民健康水平。失业预防、伤残预防、灾害预防等,也是社会预防体系的重要部分。应当切实做好各项风险的预防工作,把风险保障的关口前置,努力将风险发生的可能和程度降至最低水平。

(2)救助体系

救助体系包括社会救助、社会互助、慈善捐助等部分,旨在通过再分配或自愿捐献的方式向困难群体提供帮助,确保困难者得到基本生活保障。社会救助的保障对象是低收入群体,由政府提供资金,在收入调查的基础上,免费对弱势群体提供保障,低保、五保等都属于社会救助的范畴。社会互助通常在行业内部、单位内部、社区内部等筹集定向资金,以便为风险遭遇者提供帮助,比如职工医疗互助等。慈善捐助是社会组织或个人向困难群体自愿捐献钱物等,以帮助困难人员渡过生活难关。

(3)保险体系

保险体系包括社会保险、补充保险、商业保险等部分,旨在通过筹措专项资金,为风险对象化解风险,实现互助共济,共担风险。社会保险由政府举办,具有公益性与普遍性,保障对象是有缴费能力的劳动者和城乡居民,其特征是先缴费后享受待遇,属于收入关联性保障,基本养老保险、基本医疗保险等都属于社会保险。补充保险由用人单位举办,政府监管,市场主体承办,旨在满足多层次保障需求,补充养老保险、补充医疗保险等均属于补充保险范畴。商业保险由市场主体举办,具有营利性与选择性,旨在为高收入者提供多层次保障,商业养老保险、商业健康保险等都属于商业保险的范畴。

(4)福利体系

福利体系包括社会福利和职工福利等部分,旨在分享发展成果,提高社会成员的生活质量。社会福利具有普遍性和公益性,资金由政府划拨,向符合一定条件的居民提供,比如高龄老年人津贴、残疾人津贴、儿童疫苗接种、义务教育等。职工福利包括职工培训、补充保险、相关补贴、单位服务设施利用等,是单位为职工提供的普遍性补贴或服务。

8.2.3.3　建成城乡统筹的"一卡通"社会保障体系,实现保障技术创新

城乡统筹的"一卡通"社会保障体系,就是城乡之间、地区之间、职工与居民之间的社会保障制度统筹设计、无缝衔接的社会保障体系。

我国已经建立了"职工 + 居民"的社会保障制度框架,已经建立了城乡一体的城乡居民基本养老保险体系、城乡居民基本医疗保险体系和城乡居民救助体系。经过多年改革,社会保障体系在制度设计上已经实现城乡统筹,但由于地区发展不平衡,统筹层次低等原因,在实际执行中还存在统筹地区之间的制度不衔接、数据不统一、技术网络不兼容、社会保障权益转接不够顺畅等问题,应当通过提高统筹层次,规范制度,提升技术等办法加以解决。

(1)提高社会保险统筹层次,实现制度规范统一

我国社会保险统筹层次低,存在较多的社会保险统筹地区,各个地区的社会保险制度有所不同(比如缴费费率、缴费基数、待遇项目等都可能有所不同),导致地区之间的社会保险关系转接困难。按照《中华人民共和国社会保险法》规定,基本养老保险逐步实现全国统筹,其他社会保险项目逐步实现省级统筹。通过提高统筹层次,有利于制度的规范统一,有利于统筹地区之间的社会保险权益的有机衔接。因此,要做到城乡统筹,必须实现制度统筹,为城乡之间的社会保险权益得到顺畅衔接奠定制度基础。

(2)建立以国家政务平台为入口的全国统一的社会保险公共服务平台

建立以国家政务平台为入口的全国统一的社会保险公共服务平台,是解决数据不兼容、信息孤岛的重要举措。

我国正在进行金保工程建设,在社会保险信息网络建设方面取得一定成效。但由于发展不平衡,我国社会保险以地区统筹为主,地区之间的信息网络存在较大不同,信息孤岛情况往往存在,致使社会保险关系转接存在困难。

应当以中共十九大报告提出的建立全国统一的社会保险公共服务平台的精神为指导,以国家电子政务工程为依托,运用大数据、云计算、物联网、人工智能等新技术,推进以国家政务平台为入口的全国统一的社会保险公共服务平台建设,实现集中管理、数据共享、瞬时运算,为社会保障无缝衔接奠定网络基础。

（3）实现全国社会保障"一卡通"，在全国范围内共担社会风险

基于国家电子政务平台，建立全国社会保障"一卡通"制度。所有城乡居民均应当持有全国通行的、唯一的社会保障卡（册），该卡（册）记录着每一个参保人员的缴费信息和待遇享受信息。社会保障卡（册）由参保人持有，工作转移到一个地区后，凭此卡（册）参加当地的社会保障项目（可考虑根据收入情况等缴费，与本人是否为本地户籍无关），并将该参保人员的缴费信息和待遇享受信息记录到该卡（册）上。参保人在某个地区发生风险并需要在当地享受社会保障待遇时，其他地区有义务将其曾经缴纳的费用（包括单位缴费和个人缴费）划拨到风险发生地，以资助该参保人化解风险。通过"一卡通"实现在全国范围内共担社会风险，确保社会保障系统的整体性、有效性和持续性，真正实现"以人为本"。

在数据规范、网络完备的基础上，逐步实现社会保险关系由手动转接到自动转接，由申请转接到"一卡通"。通过实现全国社会保障"一卡通"，就能够实现社会保障关系在全国范围内的有效接转，能够做到在全国范围内共担社会风险，防止社会保障制度的"城乡失灵和地区性失灵"，确保参保人的社会保障权益如银行存取款一样顺畅转接。

8.2.3.4 建成权责清晰的"协同式"社会保障体系，实现保障体制创新

权责清晰的"协同式"社会保障体系，就是以人人尽责为要求，"政府、社会、市场、单位、职工、居民"各尽其责、各得其所的社会保障体系。社会保障体系建设是一项系统工程，需要多个主体各尽其责，各尽所能，各得其所，共建共享。

（1）政府是社会保障体系建设的主要承担者

建立健全社会保障体系，不断提高保障与改善民生水平，是政府的重要职能。中央政府应当加强社会保障法治建设，不断完善社会保障制度。各级政府应当依法为社会保障体系建设提供资金支持，确保各项基金补助、经费补贴、税收减免、历史成本补偿等资金按时足额到位。各级政府应依法依规确保社会保险费按时足额征缴，确保各项社会保障待遇按时足额发放。政府通过举办社会救助、基本养老、基本医疗、公共就业等各项社会事业，使人民的生活得到基本保障。在建设社会主义现代化强国的历史进程中，在经济不断发展的基础上，政府应优先推进民生保障事业现代化，进而不断增进人民福祉，增强人民的获得感、安全感、幸福感。

（2）单位和个人是社会保障受益者与费用提供者

各类用人单位要依法为职工缴纳社会保险费,不得随意少缴、漏缴与缓缴,切实维护职工的合法权益。缴纳社会保险费是人力资本投资,可以调动职工积极性、增强凝聚力、提高生产率,使用人单位得到相应回报。职工、灵活就业人员和其他城乡居民应依法参加社会保险,按规定缴纳社会保险费和享受社会保险待遇。社会保险具有共济性、公益性和再分配性,可以防范化解劳动者和其他个人遭遇的社会风险,通过参保缴费使民众持续得到基本生活保障。因此,不论对单位还是对个人而言,参加社会保险不仅是义务更是权益。

（3）社会组织是社会保障体系建设的重要参与者

慈善组织、社团组织、社区组织等各类社会组织应当发挥自身优势,在慈善捐助、社会互助、公益服务、志愿活动等方面发挥作用,为社会保障大厦建设添砖加瓦。我国社会组织在参与社会保障体系建设方面发挥了积极作用,但也存在制度不健全、行为不规范等问题。我国已经颁布了慈善法,应当依法规范各类社会组织行为,以便更好地服务社会保障事业的发展。

（4）市场是社会保障项目的重要提供者

各类市场主体应当从满足人们多样化的保障需求出发,开发多种多样适合的产品,提供便捷优质的服务,满足高收入群体的高层次保障需求。我国正在探索建立企业年金制度、职业年金制度、个人储蓄养老保险制度、补充医疗保险制度、商业健康保险制度,总体上取得一定成效,但仍然难以满足多层次、个性化的社会保障需求。包括保险公司(尤其是互助保险公司)在内的各类市场主体,应当在基本保障项目的基础上提供多样化的补充保障项目,在建立健全新时代社会保障体系方面发挥积极作用。

8.2.3.5 建成保障适度、可持续、多层次的社会保障体系,实现保障机制创新

保障适度、可持续、多层次的社会保障体系,就是指社会保障水平与经济发展水平相适应、资金来源可持续、基本保障与补充保障并重的社会保障体系。

（1）在经济发展基础上提高保障水平,通过提高保障水平促进经济发展

发展是硬道理,必须在发展中保障、改善民生,必须在发展中补齐民生保障的短板。所以说,发展是保障的物质基础,没有发展就谈不上社会保障体系的完善,也谈不上民生保障水平的提升。

发展的目的是保障和改善民生,发展是为了改善人民的生活,发展是为了防范化解民众的各类风险,不能为了发展而发展。因此,我们一定要通过发展创造财富,实现发展成果人民共享,实现人民共同富裕。

(2)实现发展成果人民共享,形成民生保障增长机制

实现国家财力增长与民生保障投入增长同步,比如民生保障支出增长率不低于财政支出总体增长率等;实现劳动者的劳动收入增长与劳动生产率增长同步,比如工资增长率不低于人均国内生产总值增长率等;居民收入增长与国民收入增长同步,比如居民可支配收入增长率不低于国民收入增长率等。

(3)建立权利与规则公平的社会保障体系

权利公平就是指人人都有权得到相应的社会保障。根据《中华人民共和国宪法》的规定,中华人民共和国公民在年老、疾病或者丧失劳动能力的情况下,有从国家和社会获得物质帮助的权利。因此,权利公平在《中华人民共和国宪法》中已经明确。

规则公平就是指社会保障待遇的标准应该是统一的、科学的。所谓规则可以概括为:劳动收入者皆保险,低收入者、无收入者皆保障。也就是说,一个人有劳动能力,就要去劳动、去工作,在这个过程中,按照收入依法参加社会保险(包括养老保险、医疗保险、工伤保险、生育保险、失业保险等)。劳动收入者通过缴纳社会保险费用享受相应的社会保险待遇,老了之后会有养老金发放,得病之后能够报销一定的医疗费,一旦失业或发生工伤,或者生育子女,都有相应的津贴及相应的服务保障。而对于低收入、无收入的人员,要给予相应的救助,保障他们的基本生活,使他们能够化解相应的社会风险。

(4)建立基金来源与待遇水平可持续的社会保障体系

可持续的社会保障体系有两个重要的维度:一是要做到基金来源可持续,二是要做到待遇水平可持续。

社会保障归根到底是钱的问题,或者说是基金的问题。要确保社会保障可持续,就必须有稳定的基金来源。如果基金来源中断了,社会保障将难以持续。这里所说的基金,包括社会保险基金、社会救助基金、社会福利基金等基金。

我们不仅要确保社会保障基金有来源,确保社会保障基金不中断,还必须要使社会保障达到一定的保障水平和标准,只有达到一定待遇水平的保障才算可持续的保障。如果提供的待遇水平不能保障基本生活,不能化解相应的风险,

社会保障本身就已经属于不可持续了。

以社会保险为例。社会保险的基金主要来自于缴费,包括单位的缴费、劳动者个人的缴费。要确保基金来源的可持续,就必须维持一定的缴费水平,同时各类用人单位和个人也必须有一定的缴费能力。参保人员和单位只有有了一定的缴费能力,才能达到一定的缴费水平;只有参保人员和单位具备了一定的缴费水平,社会保险才能有一定的基金来源保证;社会保险只有有了基金来源的保证,才能提供相应的待遇水平。因此,我们要找到一个结合点——缴费可负担与待遇保基本的结合点。

因此,制度设计应当尽力而为,又量力而行。既要使我们能够负担得起缴费,又能够兼顾待遇水平,保障参保人基本生活。

(5)建立社会保障基金的自平衡机制和风险化解机制

未来要建成更加可持续的社会保障体系,应逐步建立社会保险基金的自平衡机制和风险化解机制。

随着经济的发展,随着财富的不断增加,社会保障待遇水平也应不断提高,但要做到制度更可持续,应当建立相应的内在平衡机制。所谓内在平衡机制就是制度本身应该是能够实现其自我平衡的。比如,在相关责任主体弥补养老保险历史转制成本的基础上,养老保险基金的收支应当通过内部参数的调整(包括退休年龄、缴费年限、缴费费率、待遇替代率)和外在变量的调控(包括人口结构与经济发展水平等)实现自我平衡。

一旦制度本身难以自我平衡,还应当有多层次的保障措施来化解。比如,我们建立社会保障储备基金,应对老龄化风险;划转部分国有资本充实社保基金,弥补历史转制成本造成的养老保险基金缺口;对部分养老保险基金进行安全投资,确保其保值增值。通过采取一系列的措施,可以形成风险防火墙,确保基金可持续、待遇可持续,进而实现社会保障事业的持续健康发展。

(6)建设多层次保障体系,实现权利义务相关,保障适度,各得其所

由于发展不平衡的矛盾长期存在、国民收入水平存在较大差距,需要建立适合不同收入水平的多层次社会保障体系。

第一,兜底保障层次。

针对"无收入"群体和其他特殊群体(比如高龄老年人),为保障与改善其基

本生活,建立主要由政府提供资金支持的社会救助与社会福利制度。

第二,基本保险层次。

国民基本保险:针对全体国民(尤其是非工薪收入的国民),建立基于个人适度缴费的、政府提供部分资助的、体现公平与普惠的国民基本保险制度。比如国民基础养老金制度。

职工基本保险:针对"工薪收入"的职工,建立基于单位与个人缴费的、政府提供必要资助与政策支持的、体现公平与效率兼顾的职工基本保险制度。比如职工基本养老保险制度。

第三,补充保险层次。

针对高收入群体,建立单位或个人附加缴费的、政府进行政策引导与监管的、体现效率的各类补充保险制度。比如,企业年金、职业年金和个人年金制度。

通过以上多层次社会保障体系的建立, 社会保险可以覆盖不同收入群体。灵活就业人员在收入低的时候,参加缴费水平低、待遇水平也低的国民基本保险;在收入高的时候,参加缴费水平与待遇水平均较高的职工基本保险。无收入群体被社会救助制度与社会福利制度所覆盖,高收入群体可以选择参加补充保险制度。如果只重视建设职工基本保险制度,低收入群体将无力缴费,将被排斥在参保门槛之外。如果试图建立含括职工与居民的一个基本保险制度,由于职工与居民的收入水平差距很大,难以满足各自的社会保障需求。就是说,一个基本制度难以同时实现全覆盖和满足不同收入群体的基本保障需求。因此,建立多层次的社会保障体系是由多层次的收入水平决定的,是化解"全覆盖与保基本"矛盾的内在要求,具有内在必然性。

通过推进新时代社会保障体系创新,有利于正确处理"政府与市场、基本与补充、保险与保障、中央与地方"的关系,有利于建立"政府与市场分责、基本与补充结合、公平与效率并重"的多层次社会保障体系,进而为实现社会保障事业更高质量、更可持续发展奠定基础。

附录 1:中国社会保障相关法律法规政策(1949~2019)*

一、综合

(一)宪法及其修正案

1949 年 9 月 29 日公布的《中国人民政治协商会议共同纲领》(1949 年 9 月 29 日中国人民政治协商会议第一届全体会议通过)规定:

人民政府应按照各地各业情况规定最低工资。逐步实行劳动保险制度。保护青工女工的特殊利益。实行工矿检查制度,以改进工矿的安全和卫生设备。

1954 年 9 月 20 日公布的《中华人民共和国宪法》(1954 年 9 月 20 日第一届全国人民代表大会第一次会议通过)规定:

第九十三条　中华人民共和国劳动者在年老、疾病或者丧失劳动能力的时候,有获得物质帮助的权利。国家举办社会保险、社会救济和群众卫生事业,并且逐步扩大这些设施,以保证劳动者享受这种权利。

1978 年 3 月 5 日公布的《中华人民共和国宪法》(1978 年 3 月 5 日第五届全国人民代表大会第一次会议通过)规定:

第五十条　劳动者在年老、生病或者丧失劳动能力的时候,有获得物质帮助的权利。国家逐步发展社会保险、社会救济、公费医疗和合作医疗等事业,以保证劳动者享受这种权利。

国家关怀和保障革命残废军人、革命烈士家属的生活。

1982 年 12 月 4 日公布的《中华人民共和国宪法》(1982 年 12 月 4 日第五届全国人民代表大会第五次会议通过 1982 年 12 月 4 日全国人民代表大会公告

---

* 由于历史和行文类型等原因,个别文件无发文号。

公布施行）规定：

第四十四条 国家依照法律规定实行企业事业组织的职工和国家机关工作人员的退休制度。退休人员的生活受到国家和社会的保障。

第四十五条 中华人民共和国公民在年老、疾病或者丧失劳动能力的情况下，有从国家和社会获得物质帮助的权利。国家发展为公民享受这些权利所需要的社会保险、社会救济和医疗卫生事业。

国家和社会保障残废军人的生活，抚恤烈士家属，优待军人家属。

国家和社会帮助安排盲、聋、哑和其他有残疾的公民的劳动、生活和教育。

2018 年 3 月 11 日修正的《中华人民共和国宪法》（1982 年 12 月 4 日第五届全国人民代表大会第五次会议通过 1982 年 12 月 4 日全国人民代表大会公告公布施行 根据 1988 年 4 月 12 日第七届全国人民代表大会第一次会议通过的《中华人民共和国宪法修正案》、1993 年 3 月 29 日第八届全国人民代表大会第一次会议通过的《中华人民共和国宪法修正案》、1999 年 3 月 15 日第九届全国人民代表大会第二次会议通过的《中华人民共和国宪法修正案》、2004 年 3 月 14 日第十届全国人民代表大会第二次会议通过的《中华人民共和国宪法修正案》和 2018 年 3 月 11 日第十三届全国人民代表大会第一次会议通过的《中华人民共和国宪法修正案》修正）规定：

第十四条 国家建立健全同经济发展水平相适应的社会保障制度。

第四十四条 国家依照法律规定实行企业事业组织的职工和国家机关工作人员的退休制度。退休人员的生活受到国家和社会的保障。

第四十五条 中华人民共和国公民在年老、疾病或者丧失劳动能力的情况下，有从国家和社会获得物质帮助的权利。国家发展为公民享受这些权利所需要的社会保险、社会救济和医疗卫生事业。

国家和社会保障残废军人的生活，抚恤烈士家属，优待军人家属。

国家和社会帮助安排盲、聋、哑和其他有残疾的公民的劳动、生活和教育。

（二）法律

2018 年 12 月 29 日，修正《中华人民共和国社会保险法》（2010 年 10 月 28 日第十一届全国人民代表大会常务委员会第十七次会议通过 主席令第三十五号 2011 年 7 月 1 日起施行 根据 2018 年 12 月 29 日第十三届全国人民代表大会常务委员会第七次会议《关于修改〈中华人民共和国社会保险法〉的决定》修正)。

2018 年 12 月 29 日,修正《中华人民共和国劳动法》(1994 年 7 月 5 日第八届全国人民代表大会常务委员会第八次会议通过　主席令第二十八号　1995 年 1 月 1 日起施行　根据 2009 年 8 月 27 日第十一届全国人民代表大会常务委员会第十次会议《关于修改部分法律的决定》第一次修正　根据 2018 年 12 月 29 日第十三届全国人民代表大会常务委员会第七次会议《关于修改〈中华人民共和国劳动法〉等七部法律的决定》第二次修正)。

2018 年 12 月 29 日,修正《中华人民共和国公务员法》(2005 年 4 月 27 日第十届全国人民代表大会常务委员会第十五次会议通过　根据 2017 年 9 月 1 日第十二届全国人民代表大会常务委员会第二十九次会议《关于修改〈中华人民共和国法官法〉等八部法律的决定》修正　2018 年 12 月 29 日第十三届全国人民代表大会常务委员会第七次会议修订)。

2018 年 12 月 29 日,修正《中华人民共和国老年人权益保障法》(1996 年 8 月 29 日第八届全国人民代表大会常务委员会第二十一次会议通过 根据 2009 年 8 月 27 日第十一届全国人民代表大会常务委员会第十次会议《关于修改部分法律的决定》第一次修正 2012 年 12 月 28 日第十一届全国人民代表大会常务委员会第三十次会议修订 根据 2015 年 4 月 24 日第十二届全国人民代表大会常务委员会第十四次会议《关于修改〈中华人民共和国电力法〉等六部法律的决定》第二次修正 根据 2018 年 12 月 29 日第十三届全国人民代表大会常务委员会第七次会议《关于修改〈中华人民共和国劳动法〉等七部法律的决定》第三次修正)。

2012 年 12 月 28 日,修正《中华人民共和国劳动合同法》(2007 年 6 月 29 日第十届全国人民代表大会常务委员会第二十八次会议通过　根据 2012 年 12 月 28 日第十一届全国人民代表大会常务委员会第三十次会议《关于修改〈中华人民共和国劳动合同法〉的决定》修正)。

2012 年 4 月 27 日,公布《中华人民共和国军人保险法》(第十一届全国人民代表大会常务委员会第二十六次会议通过　主席令第五十六号　2012 年 7 月 1 日起施行)。

1956 年 6 月 30 日,发布《高级农业生产合作社示范章程》(第一届全国人民代表大会第三次会议通过)。

(三)行政法规

2015 年 11 月 26 日,发布《居住证暂行条例》(国务院令第 663 号)。

2014年4月25日,发布《事业单位人事管理条例》(国务院令第652号)。

2011年4月16日,发布《个体工商户条例》(国务院令第596号)。

2008年9月18日,发布《中华人民共和国劳动合同法实施条例》(国务院令第535号)。

1999年1月22日,发布《社会保险费征缴暂行条例》(国务院令第259号)。

1951年2月26日,发布《中华人民共和国劳动保险条例》(1951年2月26日政务院公布,1953年1月2日政务院修正)。

(四)中央文件

2018年3月21日,发布《深化党和国家机构改革方案》(中国共产党第十九届中央委员会第三次全体会议通过)。

2013年11月12日,通过《中共中央关于全面深化改革若干重大问题的决定》(中国共产党第十八届中央委员会第三次全体会议通过)。

2003年10月14日,通过《中共中央关于完善社会主义市场经济体制若干问题的决定》(中国共产党第十六届中央委员会第三次全体会议通过)。

1993年11月14日,通过《中共中央关于建立社会主义市场经济体制若干问题的决定》(中国共产党第十四届中央委员会第三次全体会议通过)。

1984年10月20日,通过《中共中央关于经济体制改革的决定》(中国共产党第十二届中央委员会第三次全体会议通过)。

(五)国务院文件

2019年4月15日,发布《中共中央 国务院关于建立健全城乡融合发展体制机制和政策体系的意见》。

2019年4月1日,发布《国务院办公厅关于印发降低社会保险费率综合方案的通知》(国办发〔2019〕13号)。

2012年6月14日,发布《国务院关于批转社会保障"十二五"规划纲要的通知》(国发〔2012〕17号)。

2003年9月4日,发布《国务院办公厅关于深化地质勘查队伍改革有关问题的通知》(国办发〔2003〕76号)。

2000年10月24日,发布《国务院办公厅转发建设部等部门关于中央所属工程勘察设计单位体制改革实施方案的通知》(国办发〔2000〕71号)。

(六)规划文件

2016 年 3 月 17 日,发布《中华人民共和国国民经济和社会发展第十三个五年规划纲要》。

2011 年 3 月 16 日,发布《中华人民共和国国民经济和社会发展第十二个五年规划纲要》。

2006 年 3 月 14 日,发布《中华人民共和国国民经济和社会发展第十一个五年规划纲要》。

1986 年 4 月 12 日,发布《中华人民共和国国民经济和社会发展第七个五年计划》。

1957 年 10 月 25 日,发布《1956 年到 1967 年全国农业发展纲要(修正草案)》。

(七)部门规章

2019 年 11 月 29 日,发布《香港澳门台湾居民在内地(大陆)参加社会保险暂行办法》(中华人民共和国人力资源和社会保障部 国家医疗保障局令第 41 号)。

2018 年 12 月 14 日,修订《社会保险基金先行支付暂行办法》(2011 年 6 月 29 日中华人民共和国人力资源和社会保障部令第 15 号公布 根据 2018 年 12 月 14 日《人力资源社会保障部关于修改部分规章的决定》修订)。

2011 年 9 月 6 日,发布《在中国境内就业的外国人参加社会保险暂行办法》(中华人民共和国人力资源和社会保障部令第 16 号)。

2011 年 6 月 29 日,发布《社会保险个人权益记录管理办法》(中华人民共和国人力资源和社会保障部令第 14 号)。

2011 年 6 月 29 日,发布《实施〈中华人民共和国社会保险法〉若干规定》(中华人民共和国人力资源和社会保障部令第 13 号)。

1953 年 1 月 26 日,劳动部发布《中华人民共和国劳动保险条例实施细则修正草案》。

(八)部门文件

2019 年 9 月 24 日,发布《人力资源和社会保障部关于建立全国统一的社会保险公共服务平台的指导意见》(人社部发〔2019〕103 号)。

2018 年 12 月 5 日,发布《关于推进全方位公共就业服务的指导意见》(人社部发〔2018〕77 号)。

2016 年 7 月 6 日,发布《人力资源和社会保障部关于印发人力资源和社会保障事业发展"十三五"规划纲要的通知》(人社部发〔2016〕63 号)。

2015 年 2 月 3 日,发布《关于加强社会保险欺诈案件查处和移送工作的通知》(人社部发〔2015〕14 号)。

2011 年 12 月 2 日,发布《关于做好在我国境内就业的外国人参加社会保险有关问题的通知》(人社厅发〔2011〕113 号)。

2001 年 9 月 20 日,发布《关于职工在机关事业单位与企业之间流动时社会保险关系处理意见的通知》(劳社部发〔2001〕13 号)。

2000 年 8 月 10 日,发布《人事部、劳动和社会保障部、中国人民解放军总后勤部关于军队后勤保障社会化改革中人事和劳动保障工作有关问题的通知》(〔2000〕后司字第 332 号)。

1999 年 4 月 12 日,发布《科学技术部、国家经济贸易委员会、财政部、劳动和社会保障部、人事部等部门关于印发〈关于国家经贸委管理的 10 个国家局所属科研机构管理体制改革的实施意见〉的通知》(国科发政字〔1999〕143 号)。

1999 年 3 月 20 日,发布《劳动和社会保障部关于贯彻两个条例扩大社会保险覆盖范围加强基金征缴工作的通知》(劳社部发〔1999〕10 号)。

1995 年 8 月 11 日,发布《关于贯彻执行〈中华人民共和国劳动法〉若干问题的意见》(劳部发〔1995〕309 号)。

二、养老保障

(一)国务院文件

2018 年 5 月 30 日,发布《国务院关于建立企业职工基本养老保险基金中央调剂制度的通知》(国发〔2018〕18 号)。

2015 年 8 月 17 日,发布《国务院关于印发基本养老保险基金投资管理办法的通知》(国发〔2015〕48 号)。

2015 年 3 月 27 日,发布《国务院办公厅关于印发机关事业单位职业年金办法的通知》(国办发〔2015〕18 号)。

2015 年 1 月 3 日,发布《国务院关于机关事业单位工作人员养老保险制度改革的决定》(国发〔2015〕2 号)。

2014 年 2 月 21 日,发布《国务院关于建立统一的城乡居民基本养老保险制度的意见》(国发〔2014〕8 号)。

2011 年 6 月 7 日,发布《国务院关于开展城镇居民社会养老保险试点的指导意见》(国发〔2011〕18 号)。

2009 年 9 月 1 日,发布《国务院关于开展新型农村社会养老保险试点的指导意见》(国发〔2009〕32 号)。

2009 年 12 月 28 日,发布《国务院办公厅关于转发人力资源和社会保障部财政部〈城镇企业职工基本养老保险关系转移接续暂行办法〉的通知》(国办发〔2009〕66 号)。

2008 年 3 月 14 日,发布《事业单位工作人员养老保险制度改革试点方案》(国发〔2008〕10 号)。

2005 年 12 月 3 日,发布《国务院关于完善企业职工基本养老保险制度的决定》(国发〔2005〕38 号)。

2000 年 12 月 25 日,发布《国务院关于印发完善城镇社会保障体系试点方案的通知》(国发〔2000〕42 号)。

1997 年 7 月 16 日,发布《国务院关于建立统一的企业职工基本养老保险制度的决定》(国发〔1997〕26 号)。

1995 年 3 月 17 日,发布《国务院关于深化企业职工养老保险制度改革的通知》(国发〔1995〕6 号)。

1991 年 6 月 26 日,发布《国务院关于企业职工养老保险制度改革的决定》(国发〔1991〕33 号)。

1983 年 9 月 12 日,发布《国务院关于延长部分骨干教师、医生、科技人员退休年龄的通知》(国发〔1983〕142 号)。

1983 年 9 月 12 日,发布《国务院关于高级专家离休退休若干问题的暂行规定》(国发〔1983〕141 号)。

1982 年 1 月 4 日,发布《国务院、中央军委关于颁发〈关于军队干部离职休养的暂行规定〉的通知》(国发〔1982〕1 号)。

1981 年 10 月 13 日,发布《国务院、中央军委关于颁发〈关于军队干部退休的暂行规定〉的通知》(国发〔1981〕39 号)。

1980 年 10 月 7 日,发布《国务院关于老干部离职休养的暂行规定》(国发〔1980〕253 号)。

1978 年 6 月 2 日,发布《国务院关于颁发〈国务院关于安置老弱病残干部的暂行办法〉和〈国务院关于工人退休、退职的暂行办法〉的通知》(国发〔1978〕104 号)。

1965 年 6 月 9 日,发布《国务院关于精减退职的老职工生活困难救济问题的通知》(〔65〕国内字 224 号)。

1958 年 3 月 7 日,发布《国务院关于工人职员退职处理的暂行规定(草案)》。

1958 年 2 月 9 日,发布《国务院关于工人、职员退休处理的暂行规定》。

1955 年 12 月 29 日,发布《国务院关于处理国家机关工作人员退职、退休时计算工作年限的暂行规定》。

(二)部门规章

2017 年 12 月 18 日,发布《企业年金办法》(人力资源和社会保障部 财政部令第 36 号)。

2015 年 5 月 13 日,修订《企业年金基金管理办法》(2011 年 2 月 12 日人力资源和社会保障部、银监会、证监会、保监会令第 11 号,根据 2015 年 4 月 30 日《人力资源和社会保障部关于修改部分规章的决定》修订)。

(三)部门文件

2018 年 5 月 16 日,发布《中国银行保险监督管理委员会关于印发〈个人税收递延型商业养老保险业务管理暂行办法〉的通知》(银保监发〔2018〕23 号)。

2018 年 4 月 2 日,发布《财政部 税务总局 人力资源和社会保障部 中国银行保险监督管理委员会 证监会关于开展个人税收递延型商业养老保险试点的通知》(财税〔2018〕22 号)。

2017 年 9 月 14 日,发布《人力资源社会保障部财政部关于进一步完善企业职工基本养老保险省级统筹制度的通知》(人社部发〔2017〕72 号)。

2017 年 1 月 12 日,发布《人力资源和社会保障部 财政部关于机关事业单位基本养老保险关系和职业年金转移接续有关问题的通知》(人社部规〔2017〕1 号)。

2016 年 12 月 27 日,发布《人力资源和社会保障部 财政部关于进一步加强企业职工基本养老保险基金收支管理的通知》(人社部发〔2016〕132 号)。

2016 年 9 月 28 日,发布《人力资源和社会保障部 财政部关于印发〈职业年金基金管理暂行办法〉的通知》(人社部发〔2016〕92 号)。

2015 年 2 月 16 日,发布《中共中央组织部 人力资源和社会保障部关于机关事业单位县处级女干部和具有高级职称的女性专业技术人员退休年龄问题的通知》(组通字〔2015〕14 号)。

2014 年 2 月 24 日,发布《人力资源和社会保障部 财政部关于印发〈城乡养老保险制度衔接暂行办法〉的通知》(人社部发〔2014〕17 号)。

2013 年 12 月 6 日,发布《财政部 人力资源和社会保障部 国家税务总局关于企业年金 职业年金个人所得税有关问题的通知》(财税〔2013〕103 号)。

2013 年 5 月 31 日,发布《人力资源社会保障部办公厅关于职工基本养老保险关系转移接续有关问题的函》(人社厅函〔2013〕250 号)。

2005 年 11 月 1 日,发布《劳动和社会保障部、财政部、司法部关于监狱企业工人参加企业职工基本养老保险有关问题的通知》(劳社部发〔2005〕25 号)。

2001 年 12 月 22 日,发布《关于完善城镇职工基本养老保险政策有关问题的通知》(劳社部发〔2001〕20 号)。

2001 年 3 月 5 日,发布《劳动和社会保障部、财政部、中国人民银行关于农村信用社参加基本养老保险社会统筹有关问题的通知》(劳社部发〔2001〕3 号)。

1997 年 12 月 22 日,发布《劳动部办公厅关于印发〈职工基本养老保险个人帐户管理暂行办法〉的通知》(劳办发〔1997〕116 号)。

1992 年 1 月 27 日,发布《人事部关于机关、事业单位养老保险制度改革有关问题的通知》(人退发〔1992〕2 号)。

1992 年 1 月 3 日,发布《县级农村社会养老保险基本方案(试行)》(民办发〔1992〕2 号)。

1990 年 2 月 27 日,发布《人事部关于高级专家退(离)休有关问题的通知》(人退发〔1990〕5 号)。

(四)地方规章

2006 年 12 月 14 日,发布《北京市基本养老保险规定》(北京市人民政府令〔2006〕183 号)。

三、医疗保障

(一)法律

2019 年 8 月 26 日,修订《中华人民共和国药品管理法》(1984 年 9 月 20 日第六届全国人民代表大会常务委员会第七次会议通过 2001 年 2 月 28 日第九届全国人民代表大会常务委员会第二十次会议第一次修订 根据 2013 年 12 月28 日第十二届全国人民代表大会常务委员会第六次会议《关于修改〈中华人民共和国海洋环境保护法〉等七部法律的决定》第一次修正 根据 2015 年 4 月 24日第十二届全国人民代表大会常务委员会第十四次会议《关于修改〈中华人民共和国药品管理法〉的决定》第二次修正 2019 年 8 月 26 日第十三届全国人民代表大会常务委员会第十二次会议第二次修订)。

(二)国务院文件

2017 年 6 月 20 日,发布《国务院办公厅关于进一步深化基本医疗保险支付方式改革的指导意见》(国办发〔2017〕55 号)。

2017 年 4 月 23 日,发布《关于推进医疗联合体建设和发展的指导意见》(国办发〔2017〕32 号)。

2016 年 12 月 27 日,发布《国务院关于印发"十三五"深化医药卫生体制改革规划的通知》(国发〔2016〕78 号)。

2016 年 1 月 3 日,发布《国务院关于整合城乡居民基本医疗保险制度的意见》(国发〔2016〕3 号)。

2015 年 9 月 8 日,发布《关于推进分级诊疗制度建设的指导意见》(国办发〔2015〕70 号)。

2015 年 7 月 28 日,发布《关于全面实施城乡居民大病保险的意见》(国办发〔2015〕57 号)。

2015 年 4 月 21 日,发布《国务院办公厅转发民政部等部门关于进一步完善医疗救助制度全面开展重特大疾病医疗救助工作意见的通知》(国办发〔2015〕30 号)。

2013 年 10 月 10 日,发布《关于将在内地(大陆)就读的港澳台大学生纳入城镇居民基本医疗保险范围的通知》(教港澳台〔2013〕69 号)。

2013 年 2 月 22 日,发布《国务院办公厅关于建立疾病应急救助制度的指导意见》(国办发〔2013〕15 号)。

2009 年 3 月 18 日,发布《国务院关于印发医药卫生体制改革近期重点实施方案(2009～2011 年)的通知》(国发〔2009〕12 号)。

2008 年 10 月 25 日,发布《国务院办公厅关于将大学生纳入城镇居民基本医疗保险试点范围的指导意见》(国办发〔2008〕119 号)。

2007 年 7 月 10 日,发布《国务院关于开展城镇居民基本医疗保险试点的指导意见》(国发〔2007〕20 号)。

2005 年 3 月 14 日,发布《国务院办公厅转发民政部等部门关于建立城市医疗救助制度试点工作意见的通知》(国办发〔2005〕10 号)。

2003 年 1 月 16 日,发布《国务院办公厅转发卫生部等部门关于建立新型农村合作医疗制度意见的通知》(国办发〔2003〕3 号)。

2001 年 8 月 4 日,发布《国务院办公厅关于印发〈在京中央国家机关公务员医疗补助暂行办法〉的通知》(国办发〔2001〕55 号)。

2000 年 4 月 29 日,发布《国务院办公厅转发劳动保障部财政部关于实行国家公务员医疗补助意见的通知》(国办发〔2000〕37 号)。

1998 年 12 月 14 日,发布《国务院关于建立城镇职工基本医疗保险制度的决定》(国发〔1998〕44 号)。

1996 年 5 月 5 日,发布《关于职工医疗保障制度改革扩大试点的意见》(国办发〔1996〕16 号)。

1981 年 4 月 6 日,发布《国家机关工作人员病假期间生活待遇的规定》(国发〔1981〕52 号)。

1956 年 8 月 21 日,发布《国务院人事局、卫生部、内务部为国家机关工作人员退休后仍应享受公费医疗待遇的通知》([56]国人事字第 2289 号)。

1952 年 9 月 12 日,发布《中央人民政府政务院关于各级人民政府工作人员在患病期间待遇暂行办法的规定》。

(三)部门规章

2007 年 2 月 14 日,发布《处方管理办法》(中华人民共和国卫生部令〔2007〕第 53 号)。

(四)部门文件

2019 年 8 月 20 日,发布《国家医保局 人力资源和社会保障部关于印发〈国家基本医疗保险、工伤保险和生育保险药品目录〉的通知》(医保发〔2019〕46 号)。

2019 年 5 月 20 日,发布《国家医保局 财政部关于切实做好 2019 年跨省异地就医住院费用直接结算工作的通知》(医保发〔2019〕33 号)。

2017 年 8 月 22 日,发布《财政部关于印发〈社会保险基金财务制度〉的通知》(财社〔2017〕144 号)。

2017 年 2 月 28 日,发布《关于印发国家基本公共卫生服务规范(第三版)的通知》(国卫基层发〔2017〕13 号)。

2017 年 2 月 21 日,发布《人力资源和社会保障部关于印发国家基本医疗保险、工伤保险和生育保险药品目录(2017 年版)的通知》(人社部发〔2017〕15 号)。

2017 年 1 月 16 日,发布《关于进一步加强医疗救助与城乡居民大病保险有效衔接的通知》(民发〔2017〕12 号)。

2016 年 12 月 8 日,发布《人力资源和社会保障部 财政部关于做好基本医疗保险跨省异地就医住院医疗费用直接结算工作的通知》(人社部发〔2016〕120 号)。

2016 年 5 月 25 日,发布《关于印发推进家庭医生签约服务指导意见的通知》(国医改发〔2016〕1 号)。

2015 年 12 月 2 日,发布《人力资源和社会保障部关于完善基本医疗保险定点医药机构协议管理的指导意见》(人社部发〔2015〕98 号)。

2015 年 8 月 27 日,发布《关于印发〈关于做好进城落户农民参加基本医疗保险和关系转移接续工作的办法〉的通知》(人社部发〔2015〕80 号)。

2015 年 4 月 17 日,发布《关于全面推进基本医疗保险医疗服务智能监控的通知》(人社厅发〔2015〕56 号)。

2014 年 11 月 18 日,发布《关于进一步做好基本医疗保险异地就医医疗费用结算工作的指导意见》(人社部发〔2014〕93 号)。

2014 年 8 月 18 日,发布《关于进一步加强基本医疗保险医疗服务监管的意见》(人社部发〔2014〕54 号)。

2013 年 12 月 23 日,发布《城乡医疗救助基金管理办法》(财社〔2013

217 号)。

2012 年 11 月 14 日,发布《人力资源和社会保障部 财政部 卫生部 关于开展基本医疗保险付费总额控制的意见》(人社部发〔2012〕70 号)。

2012 年 8 月 24 日,发布《关于开展城乡居民大病保险工作的指导意见》(发改社会〔2012〕2605 号)。

2012 年 4 月 12 日,发布《关于推进新农合支付方式改革工作的指导意见》(卫农卫发〔2012〕28 号)。

2011 年 5 月 31 日,发布《关于进一步推进医疗保险付费方式改革的意见》(人社部发〔2011〕63 号)。

2010 年 6 月 1 日,发布《关于做好 2010 年城镇居民基本医疗保险工作的通知》(人社部发〔2010〕39 号)。

2009 年 12 月 31 日,发布《关于印发流动就业人员基本医疗保障关系转移接续暂行办法的通知》(人社部发〔2009〕191 号)。

2009 年 12 月 31 日,发布《关于基本医疗保险异地就医结算服务工作的意见》(人社部发〔2009〕190 号)。

2009 年 11 月 27 日,发布《关于印发国家基本医疗保险、工伤保险和生育保险药品目录的通知》(人社部发〔2009〕159 号)。

2009 年 7 月 24 日,发布《关于进一步加强基本医疗保险基金管理的指导意见》(人社部发〔2009〕67 号)。

2009 年 7 月 24 日,发布《关于开展城镇居民基本医疗保险门诊统筹的指导意见》(人社部发〔2009〕66 号)。

2009 年 7 月 13 日,发布《关于促进基本公共卫生服务逐步均等化的意见》(卫妇社〔2009〕70 号)。

2009 年 7 月 2 日,发布《关于巩固和发展新型农村合作医疗制度的意见》(卫农卫发〔2009〕68 号)。

2009 年 6 月 15 日,发布《民政部 财政部 卫生部 人力资源和社会保障部关于进一步完善城乡医疗救助制度的意见》(民发〔2009〕81 号)。

2005 年 11 月 7 日,发布《关于加强新型农村合作医疗机构医药费用管理的若干意见》(卫办农卫发〔2005〕243 号)。

2004 年 9 月 13 日,发布《关于印发国家基本医疗保险和工伤保险药品目录的通知》(劳社部发〔2004〕23 号)。

2003 年 11 月 18 日,发布《民政部 卫生部 财政部关于实施农村医疗救助的意见》(民发〔2003〕158 号)。

2003 年 5 月 26 日,发布《关于城镇灵活就业人员参加基本医疗保险的指导意见》(劳社厅发〔2003〕10 号)。

1999 年 6 月 30 日,发布《关于印发城镇职工基本医疗保险诊疗项目管理、医疗服务设施范围和支付标准意见的通知》(劳社部发〔1999〕22 号)。

1999 年 6 月 29 日,发布《关于印发加强城镇职工基本医疗保险费用结算管理意见的通知》(劳社部发〔1999〕23 号)。

1999 年 5 月 12 日,发布《关于印发城镇职工基本医疗保险用药范围管理暂行办法的通知》(劳社部发〔1999〕15 号)。

1999 年 5 月 11 日,发布《城镇职工基本医疗保险定点医疗机构管理暂行办法》(劳社部发〔1999〕14 号)。

1999 年 4 月 26 日,发布《城镇职工基本医疗保险定点零售药店管理暂行办法》(劳社部发〔1999〕16 号)。

1994 年 4 月 14 日,发布《关于职工医疗保险制度改革的试点意见》(体改分〔1994〕51 号)。

1993 年 10 月 8 日,发布《劳动部关于职工医疗保险制度改革试点意见的通知》(劳部发〔1993〕263 号)。

1992 年 9 月 7 日,发布《劳动部关于试行职工大病医疗费用社会统筹的意见的通知》(劳险字〔1992〕25 号)。

1989 年 8 月 9 日,发布《公费医疗管理办法》(卫计字〔89〕第 138 号)。

1984 年 4 月 28 日,发布《卫生部、财政部关于进一步加强公费医疗管理的通知》(〔84〕卫计字第 85 号)。

1979 年 12 月 15 日,卫生部发布《农村合作医疗章程(试行草案)》。

1978 年 8 月 2 日,发布《财政部、卫生部关于整顿和加强公费医疗管理工作的通知》(〔78〕财事字第 156 号)。

1965 年 10 月 27 日,发布《卫生部、财政部关于改进公费医疗管理问题的通知》(〔65〕卫计张字第 809 号)。

1953 年 1 月 23 日,发布《卫生部关于公费医疗的几项规定》(〔53〕卫医字第 93 号)。

(五)地方规章

2005 年 6 月 6 日,发布《北京市基本医疗保险规定》(2001 年 2 月 20 日北京市人民政府第 68 号令公布 根据 2003 年 12 月 1 日北京市人民政府第 141 号令第一次修改,根据 2005 年 6 月 6 日北京市人民政府第 158 号令第二次修改)。

(六)地方文件

2019 年 6 月 10 日,发布《关于调整基本医疗保险住院最高支付限额等有关问题的通知》(京医保发〔2019〕14 号)。

2017 年 11 月 30 日,发布《北京市人力资源和社会保障局印发〈北京市城乡居民基本医疗保险办法实施细则〉的通知》(京人社农合发〔2017〕250 号)。

2017 年 10 月 26 日,发布《北京市人民政府关于印发〈北京市城乡居民基本医疗保险办法〉的通知》(京政发〔2017〕29 号)。

2013 年 12 月 31 日,发布《关于印发北京市城乡居民大病保险试行办法的通知》(京发改〔2013〕2827 号)。

2001 年 2 月 28 日,发布《北京市基本医疗保险费用结算暂行办法》(京劳社医发〔2001〕17 号)。

2001 年 2 月 28 日,发布《关于印发〈北京市企业补充医疗保险暂行办法〉的通知》(京劳社医发〔2001〕16 号)。

2001 年 2 月 20 日,发布《关于印发〈北京市大额医疗费用互助暂行办法〉的通知》(京劳社医发〔2001〕18 号)。

四、就业保障

(一)法律

2015 年 4 月 24 日,修正《中华人民共和国就业促进法》(2007 年 8 月 30 日第十届全国人民代表大会常务委员会第二十九次会议通过,自 2008 年 1 月 1 日起实施 根据 2015 年 4 月 24 日第十二届全国人民代表大会常务委员会第十四次会议《关于修改〈中华人民共和国电力法〉等六部法律的决定》修正)。

(二)行政法规

2007 年 12 月 14 日,发布《职工带薪年休假条例》(国务院令〔2007〕第514 号)。

2002 年 5 月 12 日,发布《使用有毒物品作业场所劳动保护条例》(国务院令〔2002〕第 352 号)。

1999 年 1 月 22 日,发布《失业保险条例》(国务院令〔1999〕第 258 号)。

1993 年 4 月 12 日,发布《国有企业职工待业保险规定》(国务院令第110 号)。

1950 年 6 月 17 日,发布《关于救济失业工人的指示》。

(三)国务院文件

2019 年 12 月 13 日,发布《国务院关于进一步做好稳就业工作的意见》(国发〔2019〕28 号)。

2018 年 11 月 16 日,发布《国务院关于做好当前和今后一个时期促进就业工作的若干意见》(国发〔2018〕39 号)。

2000 年 6 月 1 日,发布《中共中央办公厅、国务院办公厅关于进一步做好资源枯竭矿山关闭破产工作的通知》(中办发〔2000〕11 号)。

1997 年 3 月 2 日,发布《国务院关于在若干城市试行国有企业兼并破产和职工再就业有关问题的补充通知》(国发〔1997〕10 号)。

1994 年 10 月 25 日,发布《国务院关于在若干城市试行国有企业破产有关问题的通知》(国发〔1994〕59 号)。

1986 年 7 月 12 日,发布《国营企业实行劳动合同制暂行规定》(国发〔1986〕77 号)。

(四)部门规章

2018 年 12 月 14 日,修订《就业服务与就业管理规定》(2007 年 11 月 5 日劳动和社会保障部令第 28 号公布 根据 2014 年 12 月 23 日《人力资源和社会保障部关于修改〈就业服务与就业管理规定〉的决定》第一次修订 根据 2015 年 4 月 30 日《人力资源和社会保障部关于修改部分规章的决定》第二次修订 根据 2018 年 12 月 14 日《人力资源和社会保障部关于修改部分规章的决定》第三次修订)。

2008 年 2 月 15 日,发布《机关事业单位工作人员带薪年休假实施办法》(人事部令〔2008〕第 9 号)。

2004 年 1 月 20 日,发布《最低工资规定》(劳动和社会保障部令〔2004〕第 21 号)。

(五)部门文件

2019 年 12 月 9 日,修订《失业保险金申领发放办法》(2000 年 10 月 26 日劳动和社会保障部令第 8 号公布 根据 2018 年 12 月 14 日《人力资源和社会保障部关于修改部分规章的决定》第一次修订 根据 2019 年 12 月 9 日《人力资源和社会保障部关于修改部分规章的决定》第二次修订)。

2019 年 9 月 11 日,发布《人力资源和社会保障部 财政部 国家税务总局关于失业保险基金省级统筹的指导意见》(人社部发〔2019〕95 号)。

2019 年 3 月 11 日,发布《人力资源和社会保障部 财政部 国家发展改革委 工业和信息化部关于失业保险支持企业稳定就业岗位的通知》(人社部发〔2019〕23 号)。

2019 年 1 月 16 日,发布《民政部关于进一步加强生活困难下岗失业人员基本生活保障工作的通知》(民发〔2019〕6 号)。

2018 年 12 月 5 日,发布《人力资源和社会保障部 国家发展改革委 财政部关于推进全方位公共就业服务的指导意见》(人社部发〔2018〕77 号)。

2017 年 10 月 13 日,发布《财政部 人力资源和社会保障部关于印发〈就业补助资金管理办法〉的通知》(财社〔2017〕164 号)。

2017 年 9 月 20 日,发布《关于调整失业保险金标准的指导意见》(人社部发〔2017〕71 号)。

2014 年 11 月 6 日,发布《关于失业保险支持企业稳定岗位有关问题的通知》(人社部发〔2014〕76 号)。

2007 年 7 月 6 日,发布《劳动和社会保障部、民政部、财政部关于进一步落实部分军队退役人员劳动保障政策的通知》(劳社部发〔2007〕28 号)。

1998 年 6 月 18 日,发布《劳动保障部、国家经贸委关于切实做好纺织行业压锭减员分流安置工作的补充通知》(劳社部发〔1998〕6 号)。

1996 年 7 月 19 日,发布《人事部关于印发〈国家公务员被辞退后有关问题的暂行办法〉的通知》(人发〔1996〕64 号)。

1994 年 12 月 9 日,发布《劳动部关于颁发〈未成年工特殊保护规定〉的通知》(劳部发〔1994〕498 号)。

1994 年 12 月 6 日,发布《工资支付暂行规定》(劳部发〔1994〕489 号)。

1986 年 5 月 30 日,发布《卫生部、劳动人事部、全国总工会、全国妇联关于印发〈女职工保健工作暂行规定(试行草案)〉的通知》(〔86〕卫妇字第 7 号)。

1983 年 2 月 22 日,发布《劳动人事部关于积极试行劳动合同制的通知》(劳人计〔1983〕11 号)。

1950 年 6 月 17 日,发布《救济失业工人暂行办法》。

(六)地方规章

2007 年 6 月 14 日,发布《北京市失业保险规定》(北京市人民政府〔2007〕第 190 号令)。

(七)地方文件

2011 年 6 月 29 日,发布《北京市人力资源和劳动社会保障局关于领取失业保险金人员参加职工基本医疗保险有关问题的通知》(京人社就发〔2011〕197 号)。

五、伤残保障

(一)法律

2018 年 12 月 29 日,修正《中华人民共和国职业病防治法》(2001 年 10 月 27 日第九届全国人民代表大会常务委员会第二十四次会议通过 根据 2011 年 12 月 31 日第十一届全国人民代表大会常务委员会第二十四次会议《关于修改〈中华人民共和国职业病防治法〉的决定》第一次修正 根据 2016 年 7 月 2 日第十二届全国人民代表大会常务委员会第二十一次会议《关于修改〈中华人民共和国节约能源法〉等六部法律的决定》第二次修正 根据 2017 年 11 月 4 日第十二届全国人民代表大会常务委员会第三十次会议《关于修改〈中华人民共和国会计法〉等十一部法律的决定》第三次修正 根据 2018 年 12 月 29 日第十三届全国人民代表大会常务委员会第七次会议《关于修改〈中华人民共和国劳动法〉等七部法律的决定》第四次修正)。

2018 年 10 月 26 日,修正《中华人民共和国残疾人保障法》(1990 年 12 月 28 日第七届全国人民代表大会常务委员会第十七次会议通过 2008 年 4 月 24 日第十一届全国人民代表大会常务委员会第二次会议修订 根据 2018 年 10 月 26 日第十三届全国人民代表大会常务委员会第六次会议《关于修改〈中华人民共和国野生动物保护法〉等十五部法律的决定》修正)。

2014 年 8 月 31 日,修正《中华人民共和国安全生产法》(2002 年 6 月 29 日第九届全国人民代表大会常务委员会第二十八次会议通过 根据 2009 年 8 月 27 日第十一届全国人民代表大会常务委员会第十次会议《关于修改部分法律的决定》第一次修正 根据 2014 年 8 月 31 日第十二届全国人民代表大会常务委员会第十次会议《关于修改〈中华人民共和国安全生产法〉的决定》第二次修正)。

(二)行政法规

2019 年 8 月 1 日,修订《烈士褒扬条例》(2011 年 7 月 26 日中华人民共和国国务院令第 601 号公布 根据 2019 年 3 月 2 日《国务院关于修改部分行政法规的决定》第一次修订 根据 2019 年 8 月 1 日《国务院关于修改〈烈士褒扬条例〉的决定》第二次修订)。

2019 年 3 月 2 日,修订《军人抚恤优待条例》(2004 年 8 月 1 日中华人民共和国国务院、中华人民共和国中央军事委员会令第 413 号公布 根据 2011 年 7 月 29 日《国务院、中央军事委员会关于修改〈军人抚恤优待条例〉的决定》第一次修订 根据 2019 年 3 月 2 日《国务院关于修改部分行政法规的决定》第二次修订)。

2019 年 2 月 17 日,发布《生产安全事故应急条例》(国务院令〔2019〕第 708 号)。

2017 年 2 月 7 日,发布《残疾预防和残疾人康复条例》(国务院令〔2017〕第 675 号)。

2017 年 2 月 1 日,发布《残疾人教育条例》(国务院令〔2017〕第 674 号)。

2010 年 12 月 20 日,修订《工伤保险条例》(2003 年 4 月 27 日中华人民共和国国务院令第 375 号公布 根据 2010 年 12 月 20 日《国务院关于修改〈工伤保险条例〉的决定》修订)。

2007 年 2 月 25 日,发布《残疾人就业条例》(国务院令〔2007〕第 488 号)。

1987 年 12 月 3 日,发布《中华人民共和国尘肺病防治条例》。

1950 年 12 月 11 日,发布《革命工作人员伤亡褒恤暂行条例》(政务院 1950 年 11 月 25 日批准 内务部 1950 年 12 月 11 日公布)。

(三)部门规章

2018 年 12 月 14 日,修订《工伤职工劳动能力鉴定管理办法》(2014 年 2 月 20 日人力资源和社会保障部令、国家卫生和计划生育委员会令〔2014〕第 21 号公布 根据 2018 年 12 月 14 日《人力资源和社会保障部关于修改部分规章的决定》修订)。

2012 年 4 月 27 日,发布《用人单位职业健康监护监督管理办法》(国家安全生产监管总局令〔2012〕第 49 号)。

2012 年 4 月 27 日,发布《工作场所职业卫生监督管理规定》(国家安全生产监管总局令〔2012〕第 47 号)。

2010 年 12 月 31 日,发布《工伤认定办法》(人力资源和社会保障部令〔2010〕第 8 号)。

2002 年 2 月 19 日,发布《职业病诊断与鉴定管理办法》(卫生部令〔2013〕第 91 号)。

(四)部门文件

2019 年 12 月 27 日,发布《关于印发〈关于完善残疾人就业保障金制度更好促进残疾人就业的总体方案〉的通知》(发改价格规〔2019〕2015 号)。

2019 年 9 月 26 日,发布《人力资源和社会保障部办公厅关于加快推进工伤保险基金省级统筹工作的通知》(人社厅函〔2019〕164 号)。

2019 年 7 月 4 日,发布《民政部 财政部 中国残联关于建立困难残疾人生活补贴和重度残疾人护理补贴标准动态调整机制的指导意见》(民发〔2019〕67 号)。

2018 年 1 月 2 日,发布《人力资源和社会保障部 交通运输部 水利部 能源局 铁路局 民航局关于铁路、公路、水运、水利、能源、机场工程建设项目参加工伤保险工作的通知》(人社部发〔2018〕3 号)。

2017 年 8 月 17 日,发布《工伤预防费使用管理暂行办法》(人社部规〔2017〕13 号)。

2017 年 7 月 28 日,发布《人力资源和社会保障部关于工伤保险待遇调整和确定机制的指导意见》(人社部发〔2017〕58 号)。

2016 年 3 月 28 日,发布《人力资源和社会保障部关于执行〈工伤保险条例〉若干问题的意见(二)》(人社部发〔2016〕29 号)。

2015 年 9 月 9 日,发布《财政部 国家税务总局 中国残疾人联合会关于印发〈残疾人就业保障金征收使用管理办法〉的通知》(财税〔2015〕72 号)。

2015 年 7 月 22 日,发布《人力资源和社会保障部 财政部 关于调整工伤保险费率政策的通知》(人社部发〔2015〕71 号)。

2014 年 12 月 29 日,发布《人力资源和社会保障部 住房城乡建设部 安全监管总局 全国总工会关于进一步做好建筑业工伤保险工作的意见》(人社部发〔2014〕103 号)。

2014 年 10 月 31 日,发布《职业病诊断通则》(国家卫计委 2014 年发布)。

2013 年 12 月 23 日,发布《关于印发〈职业病分类和目录〉的通知》(国卫疾控发〔2013〕48 号)。

2013 年 4 月 25 日,发布《人力资源和社会保障部关于执行〈工伤保险条例〉若干问题的意见》(人社部发〔2013〕34 号)。

2013 年 4 月 22 日,发布《人力资源和社会保障部关于进一步做好工伤预防试点工作的通知》(人社部发〔2013〕32 号)。

2013 年 4 月 22 日,发布《人力资源和社会保障部关于印发〈工伤康复服务项目(试行)〉和〈工伤康复服务规范(试行)〉(修订版)的通知》(人社部发〔2013〕30 号)。

2011 年 1 月 31 日,发布《人社部 财政部 国资委 监察部关于做好国有企业老工伤人员等纳入工伤保险统筹管理有关工作的通知》(人社部发〔2011〕10 号)。

2009 年 8 月 21 日,发布《关于开展工伤预防试点有关问题的通知》(人社厅发〔2009〕108 号)。

2008 年 3 月 11 日,发布《关于印发〈工伤康复诊疗规范(试行)〉和〈工伤康复服务项目(试行)〉的通知》(劳社部函〔2008〕31 号)。

2007 年 4 月 3 日,发布《关于印发加强工伤康复试点工作指导意见的通知》(劳社厅发〔2007〕7 号)。

2004 年 6 月 1 日,发布《关于农民工参加工伤保险有关问题的通知》(劳社部发〔2004〕18 号）。

2002 年 4 月 5 日，发布《职工非因工伤残或因病丧失劳动能力程度鉴定标准（试行）》（劳社部发〔2002〕8 号）。

1996 年 8 月 12 日，发布《企业职工工伤保险试行办法》（劳部发〔1996〕266 号）。

（五）地方规章

2012 年 11 月 27 日，发布《上海市工伤保险实施办法》（上海市人民政府令〔2012〕第 93 号）。

2011 年 12 月 5 日，发布《北京市实施〈工伤保险条例〉若干规定》（北京市人民政府令〔2011〕第 242 号）。

（六）地方文件

2019 年 12 月 20 日，发布《北京市工伤预防费使用管理暂行办法》（京人社工发〔2019〕157 号）。

2019 年 7 月 25 日，发布《关于印发〈上海市工伤保险储备金管理使用办法〉的通知》（沪人社规〔2019〕30 号）。

2011 年 12 月 7 日，发布《北京市人力资源和社会保障局、北京市财政局关于印发〈北京市国家机关和参照国家公务员法管理的事业单位、社会团体参加工伤保险办法〉的通知》（京人社工发〔2011〕332 号）。

六、生育保障

（一）法律

2018 年 10 月 26 日，修正《中华人民共和国妇女权益保障法》（1992 年 4 月 3 日第七届全国人民代表大会第五次会议通过 根据 2005 年 8 月 28 日第十届全国人民代表大会常务委员会第十七次会议《关于修改〈中华人民共和国妇女权益保障法〉的决定》第一次修正 根据 2018 年 10 月 26 日第十三届全国人民代表大会常务委员会第六次会议《关于修改〈中华人民共和国野生动物保护法〉等十五部法律的决定》第二次修正）。

2017 年 11 月 4 日，修正《中华人民共和国母婴保健法》（1994 年 10 月 27 日第八届全国人民代表大会常务委员会第十次会议通过 根据 2009 年 8 月 27 日第十一届全国人民代表大会常务委员会第十次会议《关于修改部分法律的决定》第一次修正 根据 2017 年 11 月 4 日第十二届全国人民代表大会常务委员会第三十次会议《关于修改〈中华人民共和国会计法〉等十一部法律的决定》第二次修正)。

2015 年 12 月 27 日,修正《中华人民共和国人口与计划生育法》(2001 年 12 月 29 日第九届全国人民代表大会常务委员会第二十五次会议通过 根据 2015 年 12 月 27 日第十二届全国人民代表大会常务委员会第十八次会议《关于修改〈中华人民共和国人口与计划生育法〉的决定》修正)。

(二)行政法规

2012 年 4 月 28 日,发布《女职工劳动保护特别规定》(国务院令〔2012〕第 619 号)。

2001 年 6 月 20 日,发布《中华人民共和国母婴保健法实施办法》(国务院令〔2001〕第 308 号)。

1988 年 7 月 21 日,发布《女职工劳动保护规定》(国务院令〔1988〕第 9 号)。

(三)国务院文件

2019 年 4 月 17 日,发布《国务院办公厅关于促进 3 岁以下婴幼儿照护服务发展的指导意见》(国办发〔2019〕15 号)。

2019 年 3 月 6 日,发布《国务院办公厅关于全面推进生育保险和职工基本医疗保险合并实施的意见》(国办发〔2019〕10 号)。

2015 年 12 月 31 日,发布《中共中央 国务院关于实施全面两孩政策 改革完善计划生育服务管理的决定》。

2011 年 7 月 30 日,国务院发布《国务院关于印发中国妇女发展纲要和中国儿童发展纲要的通知》(国发〔2011〕24 号)。

2001 年 5 月 22 日,国务院发布《中国妇女发展纲要(2001~2010 年)》。

1955 年 4 月 26 日,发布《国务院关于女工作人员生产假期的通知》。

(四)部门文件

2018 年 3 月 5 日,发布《人力资源和社会保障部 财政部 国家卫生计生委关于做好当前生育保险工作的意见》(人社部发〔2018〕15 号)。

2017 年 1 月 19 日，发布《国务院办公厅关于印发生育保险和职工基本医疗保险合并实施试点方案的通知》（国办发〔2017〕6 号）。

2016 年 11 月 15 日，发布《关于加快推进母婴设施建设的指导意见》（国卫指导发〔2016〕63 号）。

2015 年 7 月 27 日，发布《人力资源和社会保障部 财政部关于适当降低生育保险费率的通知》（人社部发〔2015〕70 号）。

2009 年 7 月 31 日，人社部办公厅发布《人力资源和社会保障部关于妥善解决城镇居民生育医疗费用的通知》（人社厅发〔2009〕97 号）。

2009 年 1 月 20 日，发布《关于进一步加强农村孕产妇住院分娩工作的指导意见》（卫妇社发〔2009〕12 号）。

2004 年 9 月 8 日，发布《关于进一步加强生育保险工作的指导意见》（劳社厅发〔2004〕14 号）。

1999 年 9 月 28 日，发布《关于妥善解决城镇职工计划生育手术费用问题的通知》（劳社部发〔1999〕32 号）。

1994 年 12 月 14 日，发布《企业职工生育保险试行办法》（劳部发〔1994〕504 号）。

1986 年 5 月 30 日，发布《卫生部、劳动人事部、全国总工会、全国妇联关于印发〈女职工保健工作暂行规定（试行草案）〉的通知》。

（五）地方规章

2005 年 1 月 5 日，发布《北京市企业职工生育保险规定》（北京市人民政府令〔2005〕第 154 号）。

（六）地方文件

2020 年 4 月 14 日，发布《关于调整本市职工生育保险政策有关问题的通知》（京医保发〔2020〕16 号）。

2019 年 12 月 25 日，发布《北京市生育保险和职工基本医疗保险合并实施意见》（京医保发〔2019〕30 号）。

七、贫弱保障

（一）法律

2012 年 10 月 26 日，修正《中华人民共和国未成年人保护法》（1991 年 9 月

4 日第七届全国人民代表大会常务委员会第二十一次会议通过 2006 年 12 月 29 日第十届全国人民代表大会常务委员会第二十五次会议修订 根据 2012 年 10 月 26 日第十一届全国人民代表大会常务委员会第二十九次会议主席令第 65 号《关于修改〈中华人民共和国未成年人保护法〉的决定》修正)。

(二)行政法规

2014 年 2 月 21 日,发布《社会救助暂行办法》(国务院令〔2014〕第 649 号)。

2010 年 7 月 8 日,发布《自然灾害救助条例》(国务院令〔2010〕第 577 号)。

2006 年 1 月 21 日,发布《农村五保供养工作条例》(国务院令〔2006〕第 456 号)。

2003 年 7 月 21 日,发布《法律援助条例》(国务院令〔2003〕第 385 号)。

2003 年 6 月 20 日,发布《城市生活无着的流浪乞讨人员救助管理办法》(国务院令〔2003〕第 381 号)。

1999 年 9 月 28 日,发布《城市居民最低生活保障条例》(国务院令〔1999〕第 271 号)。

1994 年 1 月 23 日,发布《农村五保供养工作条例》(国务院令〔1994〕第 1411 号)。

(三)国务院文件

2016 年 9 月 17 日,发布《关于做好农村最低生活保障制度与扶贫开发政策有效衔接的指导意见》(国办发〔2016〕70 号)。

2016 年 8 月 3 日,发布《"十三五"加快残疾人小康进程规划纲要》(国发〔2016〕47 号)。

2016 年 6 月 13 日,发布《国务院关于加强困境儿童保障工作的意见》(国发〔2016〕36 号)。

2016 年 2 月 10 日,发布《国务院关于进一步健全特困人员救助供养制度的意见》(国发〔2016〕14 号)。

2016 年 2 月 4 日,发布《国务院关于加强农村留守儿童关爱保护工作的意见》(国发〔2016〕13 号)。

2015 年 9 月 22 日,发布《关于全面建立困难残疾人生活补贴和重度残疾人护理补贴制度的意见》(国发〔2015〕52 号)。

2015 年 1 月 20 日,发布《国务院关于加快推进残疾人小康进程的意见》(国发〔2015〕7 号)。

2014 年 10 月 3 日,发布《国务院关于全面建立临时救助制度的通知》(国发〔2014〕47 号）。

2010 年 11 月 16 日,发布《国务院办公厅关于加强孤儿保障工作的意见》(国办发〔2010〕54 号）。

2008 年 2 月 3 日,发布《国务院关于做好促进就业工作的通知》(国发〔2008〕5 号）。

2007 年 8 月 7 日,发布《国务院关于解决城市低收入家庭住房困难的若干意见》(国发〔2007〕24 号）。

2007 年 7 月 11 日,发布《国务院关于在全国建立农村最低生活保障制度的通知》(国发〔2007〕19 号）。

2005 年 11 月 4 日,发布《国务院关于进一步加强就业再就业工作的通知》(国发〔2005〕36 号）。

2005 年 10 月 28 日,发布《国务院关于大力发展职业教育的决定》(国发〔2005〕35 号）。

1982 年 5 月 12 日,发布《城市流浪乞讨人员收容遣送办法》(国发〔1982〕79 号）。

(四)部门规章

2012 年 5 月 28 日,发布《公共租赁住房管理办法》(住房和城乡建设部令〔2012〕第 11 号）。

2010 年 10 月 22 日,发布《农村五保供养服务机构管理办法》(民政部令〔2011〕第 37 号）。

2007 年 11 月 8 日,发布《廉租住房保障办法》(建设部、国家发展和改革委员会、监察部、民政部、财政部、国土资源部、中国人民银行、国家税务总局、国家统计局令〔2007〕第 162 号）。

(五)部门文件

2019 年 4 月 25 日,发布《民政部 财政部 国家卫生健康委员会 国务院扶贫办 中国残疾人联合会关于在脱贫攻坚中做好贫困重度残疾人照护服务工作的通知》(民发〔2019〕33 号）。

2018 年 7 月 16 日,发布《关于在脱贫攻坚三年行动中切实做好社会救助兜底保障工作的实施意见》(民发〔2018〕90 号)。

2017 年 9 月 13 日,发布《关于进一步加强农村最低生活保障制度与扶贫开发政策有效衔接的通知》(民发〔2017〕152 号)。

2015 年 8 月 17 日,发布《关于加强残疾人社会救助工作的意见》(残联发〔2015〕34 号)。

2014 年 11 月 13 日,发布《住房城乡建设部 民政部 财政部关于做好住房救助有关工作的通知》(建保〔2014〕160 号)。

2008 年 10 月 22 日,发布《民政部、国家发展改革委、公安部、财政部、人力资源社会保障部、住房城乡建设部、人民银行、税务总局、工商总局、统计局、证监会关于印发〈城市低收入家庭认定办法〉的通知》(民发〔2008〕156 号)。

2006 年 7 月 24 日,发布《财政部 教育部关于完善中等职业教育贫困家庭学生资助体系的若干意见》(财教〔2006〕74 号)。

2006 年 7 月 24 日,发布《财政部 教育部关于印发〈中等职业教育国家助学金管理暂行办法〉的通知》(财教〔2006〕73 号)。

1982 年 3 月 12 日,发布《民政部、财政部关于进一步做好精减退职老职工生活困难救济工作的通知》(民〔1982〕城 14 号)。

(六)地方规章

2018 年 5 月 4 日,发布《北京市社会救助实施办法》(北京市人民政府令〔2018〕第 282 号)。

(七)地方文件

2020 年 7 月 24 日,发布《关于调整本市最低生活保障标准的通知》(京民社救发〔2019〕17 号)。

2018 年 12 月 6 日,发布《北京市人民政府办公厅转发市民政局〈关于进一步加强社会救助家庭经济状况认定工作的指导意见〉的通知》(京政办发〔2018〕45 号)。

2017 年 2 月 4 日,发布《关于印发〈北京市特困人员救助供养实施办法〉的通知》(京民社救发〔2017〕24 号)。

2015 年 5 月 15 日,发布《关于进一步完善本市临时救助制度的通知》(京政发〔2015〕26 号)。

附录2:主要参考文献

(一)电子资源

［1］国家卫生健康委员会.2018年我国卫生健康事业发展统计公报[DB/OL].http://www.gov.cn/guoqing/2020-04/29/content_5507528.htm.

［2］国家医疗保障局.2018年全国基本医疗保障事业发展统计公报[DB/OL].http://www.nhsa.gov.cn/art/2019/6/30/art_7_1477.html.

［3］国家医疗保障局.2019年医疗保障事业发展统计快报[DB/OL].http://www.nhsa.gov.cn/art/2020/3/30/art_7_2930.html.

［4］国家医疗保障局.对人大代表建议与政协委员提案的答复[DB/OL].http://www.nhsa.gov.cn/col/col26/index.html.

［5］民政部.2018年民政事业发展统计公报[DB/OL].http://www.mca.gov.cn/article/sj/tjgb/201908/20190800018807.shtml.

［6］民政部.对人大代表建议与政协委员提案的答复[DB/OL].http://www.mca.gov.cn/article/gk/jytabljggk.

［7］人力资源和社会保障部.2018年度人力资源和社会保障事业发展统计公报[DB/OL].[2019-06-11].http://www.mohrss.gov.cn/SYrlzyhshbzb/zwgk/szrs/tjgb/201906/t20190611_320429.html.

［8］人力资源和社会保障部.对人大代表建议与政协委员提案的答复[DB/OL].http://www.mohrss.gov.cn/SYrlzyhshbzb/zwgk/gggs/hyjyta/.

［9］人力资源和社会保障部.中华人民共和国社会保险法释义[DB/OL].[2012-08-06].http://www.mohrss.gov.cn/SYrlzyhshbzb/rdzt/syshehuibaoxianfa/bxffaguijijiedu/index_1.html.

［10］中国残疾人联合会.2019 年残疾人事业发展统计公报［DB/OL］.http：//www.caoss.org.cn/sbnr.asp?id=1571.

［11］C102–Social Security（Minimum Standards）Convention, 1952（No.102）［DB/OL］.https：//www.ilo.org/dyn/normlex/en/f?p=NORMLEXPUB：12100：0：：NO：：P12100 _INSTRUMENT_ID：312247.

［12］International Labour Office. World Social Protection Report 2017–19：Universal social protection to achieve the Sustainable Development Goals［M］. International Labour Office–Geneva：ILO, 2017.

（二）专著

［1］褚福灵.城乡基本养老保险关系转接研究［M］.北京：中国劳动社会保障出版社,2013.

［2］褚福灵.社会保障基础［M］.北京：中国劳动社会保障出版社,2009.

［3］胡晓义.领导干部社会保障工作读本［M］.北京：中国劳动社会保障出版社,2018.

［4］胡晓义.走向和谐：中国社会保障发展 60 年［M］.北京：中国劳动社会保障出版社,2009.

［5］劳动和社会保障部,中共中央文献研究室.新时期劳动和社会保障重要文献选编［M］.中国劳动社会保障出版社,中央文献出版社,2002.

［6］宋士云.新中国社会保障制度结构与变迁［M］.北京：中国社会科学出版社,2011.

［7］郑功成.中国社会保障 30 年［M］.北京：人民出版社,2008.

（三）期刊文章

［1］胡德忠.中国养老保险制度的演变与发展［J］.社会保障问题研究,2001（00）：333–352.

［2］李全利.农村合作医疗制度建设历程及发展方向［J］.中国国情国力,2018（09）：42–45.

［3］刘冠生,章慧敏.我国农村社会养老保险制度发展阶段论［J］.山东理工

大学学报:社会科学版,2017(03):5-8.

　　[4]屈小博.中国养老保险制度的演变、发展与思考[J].社会科学管理与评论,2010(03):57-65+112.

　　[5]乌日图.养老保险制度在中国的模式 第一篇:社会养老保险制度模式的演变和发展[J].中国人大,2010(12):23-27.

　　[6]张学安.浅析企业职工养老保险制度改革的发展阶段[J].福建质量管理,2016(03):65.